Reformation Thought

宗教改革
运动思潮

【英】阿利斯特·麦格拉思（Alister McGrath）著
蔡锦图　陈佐人　译

中国社会科学出版社

图字 01-2008-5804

图书在版编目(CIP)数据

宗教改革运动思潮 /（英）麦格拉思（McGrath，A.）著；蔡锦图，陈佐人译. —北京：中国社会科学出版社，2008.12（2017.8 重印）

（历史与思想研究译丛）

ISBN 978-7-5004-7489-0

Ⅰ.①宗…　Ⅱ.①麦…②蔡…③陈…　Ⅲ.①宗教改革运动－社会思潮－研究　Ⅳ.①B979

中国版本图书馆 CIP 数据核字（2008）第 206087 号

本书译文由（港）基道出版社授权出版

出 版 人　赵剑英
责任编辑　陈　彪
责任校对　许国永
责任印制　张雪娇

出版发行　中国社会科学出版社
社　　址　北京鼓楼西大街甲 158 号
邮　　编　100720
网　　址　http://www.csspw.cn
发 行 部　010—84083685
门 市 部　010—84029450
经　　销　新华书店及其他书店

印刷装订　北京明恒达印务有限公司
版　　次　2009 年 1 月第 1 版
印　　次　2017 年 8 月第 3 次印刷

开　　本　640×960　1/16
印　　张　21
插　　页　2
字　　数　340 千字
定　　价　45.00 元

历史与思想研究译丛

主　编　章雪富
副主编　孙　毅　游冠辉

"历史与思想研究译丛"总序

　　本译丛选择现代西方学者的思想史研究经典为译介对象。迄今为止，国内译介西方学术著作主要有两类：一是西方思想的经典著作，例如柏拉图的《理想国》和亚里士多德的《形而上学》等等；二是现代西方思想家诠释西方思想史的著作，例如黑格尔的《哲学史讲演录》和罗素的《西方哲学史》等等。然而，国内学术界对基于专业专精于学术富有思想底蕴的学者型的阐释性著作却甚少重视，缺乏译介。这就忽视了西方思想史研究的重要一维，也无益于西方思想史的真实呈现。西方学术界的实际情况却是相反：学者们更重视富有启发性的专业研究著作。这些著作本着思想的历史作历史的发微，使思想史的客观、绵延和更新的真实脉络得到呈现。本译丛希望弥补这一空缺，挑选富有学术内涵、可读性强、关联性广、思想空间宏阔的学者型研究经典，以呈献于中国学术界。

　　本丛书以"历史与思想"为名，在于显明真实地把握思想脉络须基于历史的把捉方式，而不是着意于把一切思想史都诠释为当代史。唯有真实地接近思想的历史，才可能真实地接近历史鲜活的涌动。

　　本丛书选译的著作以两次地中海文明为基本视野。基于地中海的宽度，希腊、罗马和犹太基督教传统多维交融、冲突转化、洗尽民族的有限性，终能呈现其普世价值。公元 1 世纪至 6 世纪是第一次地中海文明的发力时期，公元 14 世纪开始的文艺复兴运动则是西方文明的第二次发力。这两次文明的发生、成熟以及充分展示，显示了希腊、罗马和基督教所贡献的不同向度，体现了西方思想传统的复杂、厚实、张力和反思力。本丛书所选的著作均以地中海为区域文明的眼光，作者们以整体的历史意识来显示不同时期思想的活力。所选的著作以此为着眼点，呈现社会历史、宗教、哲学和生活方式的内在交融，从而把思想还原为历史的生活方式。

主编　章雪富

2008 年 12 月 16 日

目录

中文简体字版序

　　很荣幸能向中国读者介绍这本书。研究欧洲宗教改革运动是一个非常引人入胜的课题,也是一个重要的课题。这并不仅仅因为它在人类历史上具有举足轻重的地位,也因为它与基督教会和基督徒个体的生命直接相关。然而,宗教改革的思想需要我们谨慎地介绍。其原因有两点。首先,宗教改革的思想需要处境化。这些思想是在当时的背景下产生的,当时欧洲文艺复兴运动改变了思考基督教信仰之本质的方法,并且改变了圣经解读的模式。为了帮助那些对欧洲思想史不是很熟悉的读者,需要既简明又仔细地解释这些背景。其次,主要的宗教改革思想很容易被误解,因此需要非常仔细地研究。例如,马丁·路德唯独因信称义的教义常常被误解为我们被称为义是因为我们的信心——这并不是路德的本意。另外,宗教改革的重要原则 *Sola Scripture*——"唯独圣经"——常常被误解为改教家不参考圣经以外的其他神学权威。这也是对这一原则的误解。本书的目的是帮助读者了解宗教改革的重要主题。作者假设读者对神学或欧洲思想史了解甚少。这是一本名副其实的导论性著作介绍,书中为读者了解宗教改革的主题提供了大量的指导。我希望你们能享受对宗教改革运动的探索之旅,并从中获益。

麦格拉思

神学教授,国王大学

2008 年 12 月

蔡序

　　在中文著作中,专门讨论宗教改革运动发展和思想的著作仿如凤毛麟角,可是认识这方面的需要却相当大。基道出版社在 10 多年前取得牛津大学著名历史学者麦格拉思教授的《宗教改革运动思潮》一书,由陈佐人博士翻译出版,以精湛的笔触,把宗教改革运动的色彩缤纷呈现出来,陈博士的译文笔触细致动人,让读者可以迅速掌握这段时期的思想脉络。在《宗教改革运动思潮》英文初版出版之后,麦格拉思教授对本书作出两次重大修订,最后撰写了比初版篇幅多差不多一倍的增订版。本社承蒙允许出版增订版的中文译本,为读者提供迄今中文著作里对宗教改革运动最全面的讨论。由于本书是在初版的基础上扩写的,故此本书参考了陈佐人博士的译文。纵然本书是重新检阅,按照原文润饰再译,但由于珠玉在前,文中保留了部分初版译文的精髓和优美之处。此外,林子淳博士审阅全书译文,也让我们铭感于心。

　　本书在译语的考虑上,斟酌其多,例如在教理方面,按上下文的情况,以"因信称义"译称义的教理;在地域方面,以"英格兰"译 England,"法兰西"译 France,"日耳曼"(民族)和"德意志"(地方)译 German 和 Germany;在历史用语方面,以"宪制的宗教改革"译 magisterial Reformation,都是尽可能贴近原意的译法。读者如对书中的译语有任何意见,敬请加以指正,让我们对这段重要历史有更深切的理解。

　　对于宗教改革运动,华人教会很多时是以敬畏的角度,远距离遥望这段缤纷复杂的岁月,而甚少投身其中,领略个中的浮沉起伏,以及这段日子对当代教会的意义和影响。我曾经有几次机会探访欧洲宗教改革运动的重镇,不论路德在寒冬中伏案的书桌,抑或加尔文宣讲圣道的讲坛,都叫自己不断反省事奉的意义。盼望本书可以引领读者回到过去，重寻宗教改革运动的真貌，从而思索它对今天的意义。

蔡锦图

2006 年 8 月 31 日

陈序

　　若说中世纪与宗教改革运动之研究是日新月异或方兴未艾,似乎是有点倒置时间之嫌,但这岂不正是历史探究引人入胜之处吗? 历史之反思正正表明过去不等同过时,这特别是近年英美与欧陆对宗教改革运动研究之写照。因着浪漫主义之历史观,产生了无数之"运动"、"革命"与"革命英雄"之见解,而宗教改革运动便经常被视为一场宗教革命,路德与加尔文便变成了革命英雄,而大大小小之路德传均致力呈现其生平之传奇性。可惜这些努力均无法还历史之原貌,更不能与史实相符。路德终一生仍不脱其中世纪之宗教观,即使在改教之后,他仍然持守一种升华式之修道主义。至于加尔文常被人神话化为现代民主之滥觞,但他明显是拥护君主制或贵族制,纵然他在《基督教要义》中稍微批判专制政权,但其主张仍然相异于现代之共和政体。1517 年所揭橥之宗教改革运动,绝不是我们所想象之现代运动,绝大多数改教领袖均为中古世界观之士,他们的著述、言论与抉择,甚至殉道均在在表现了一种中古层阶式之世界观,这是一个由主教、贵族、武士、诗人、教父、神甫、修道士、神秘主义者、改教家与活生生信众,一起组成之西方中世纪之基督教世界,这非但不是封建、老套、沉寂、迂腐与僵化之黑暗纪元,反而是充满活力、生机盎然之世代。许多史家与文化研究学者均重新发现中古世纪与现代世界之间,存着千丝万缕之关系,因而有学者倡导将"中世纪"译为"中近代"。此种以"中近代"之观照来重新设定宗教改革运动之代表学者,有古典自由神学之特洛尔奇 (Ernst Troeltsch),历史学界之奥伯曼(Heiko Oberman),德国哲学界之布鲁门伯格(Hans Blumenberg),文学界之路易斯(C. S. Lewis),福音派改教宗之穆勒(Richard Muller),以及本书作者麦格拉思。

　　麦格拉思是英美神学界中著作等身之学者,而此书是他较认真之作,不单可读性强,更具参考性。本书英文版第三版增添了一章论述英格兰之宗教改革运动,更补充了主要改教家之生平资料,在观点上亦包含了有关文艺复兴与改教时期之最新见解。其中尤以新添之"英格兰宗教改革运动思潮"一章至为重要。近年在宗教改革运动的研究上,许多学者均在不同之领域中以不同之探究方法,不约而同地将宗教改革运动之研究归结于一:清教徒。特别是近年中国学界对宪政与共和国理论之探讨,亦因此追溯至具清教徒背景之霍布斯(Thomas Hobbes)与洛克(John Locke)。此种从史学、文学与神学,最终至法学观点之探究,充分显明了宗教改革运动之跨学科性,亦突显了宗教改革运动之中心性。

　　总的来说,宗教改革运动不只是新教之肇始,更不是现代式之革命,而是正如其名,是一场宗教文化之重构,其所致力的,与其说是改革,不如说是更新,宗教改革运动是一场旧世界之更新,但正如大多数之"新文化运动",不论就其立足点或终结点而言,均是无法完全摆脱其所反抗之旧有传统的。

陈佐人
2006 年 10 月

原书序

对历史学家来说，16世纪欧洲的宗教改革运动是最具吸引力的研究范畴之一。对于那些对基督教会史及其宗教观念感兴趣的人来说，这范畴对他们仍有重大意义。宗教改革运动包括了若干范畴，即使有重叠之处，仍然是人类活动相当突出的范围——教会与社会的道德与结构的改革，政治问题的新取向，经济思想的转型，基督教属灵观的更新，以及基督教教义的改革。这运动是基于一组差不多是紧扣相连的观念，相信那足以说成是改教方案的基础观念。

然而，这些观念是什么？它们是从何而来的？它们又如何被当时的社会状况所影响？宗教改革运动的历史学家正面对一个十分严重的问题——可能是最严重的问题——就是对这运动背后的观念感到陌生。许多研究宗教改革运动的现代学生，对基督教神学涉猎甚少。例如，伟大的改教口号"唯独因信称义"，对于今天很多人来说似乎是不能理解的，正如16世纪因圣餐而起的论争那样错综复杂。为什么这些似乎含糊的问题，在当时能牵起风云际会？对于要了解宗教改革运动的学生来说，避免触及这运动背后的观念，而只把它视为一个纯粹的社会现象，那是明显的试探。

本书的撰写，是相信很多人并不满足于肤浅地探求宗教改革运动，而是渴望认真处理——然而，他们在试图理解这些观念时遇到巨大困难，就会使他们感到沮丧。在研究宗教改革运动时，基督教神学永远有一个重要的位置。若是在某种程度上缺乏对神学的认识，就难以理解宗教改革运动时代的文化和自觉意识。在宗教改革运动的发展和扩展中，宗教观念主导了一个重要部分。若是研究宗教改革运动而没有考虑刺激它发展的宗教观念，就正如研究俄罗斯革命而不理会马克思主义一样。历史学者不能漠视他们所研究时代的语言和观念。

学生在研究中会遇到的另一个困难,是近 40 多年来的研究对宗教改革运动本身和其文艺复兴后期背景的(特别是与中世纪后期经院哲学有关的)了解,有长足进展,很多这类著作已逐渐广为学生知道,故此,现今迫切需要一部著作能解释近期学术上的发现,并显出其对了解宗教改革运动的重要性。

这部著作希望做到的就是这些。本书假设读者并不认识基督教神学,故此旨在提供一些观念的入门指引,而这些观念在这运动是被视为如此中心性的,同时为近代学者在这范围中的发现起提纲挈领作用。本书是源自笔者在牛津大学多年教授宗教改革运动的经验,并且在此愿意表明这是受惠于那些学生们的,他们教晓我,宗教改革运动中那常常被视为想当然的而实际上有必要加以阐释的东西是何等的多。他们指出哪些是有困难的地方,需要特别讨论。他们也表示了对这部著作的需要——而假如读者读后发觉有帮助,要感谢的应该是那些学生才对。我也要感谢牛津大学神学系和历史系的同事,当我要在现代时期教授宗教改革运动思想而遇到困难时,他们给予许多有帮助的讨论。

本书英文版于 1988 年初次出版,立即显示出它满足了真实的教学需要。第二版的增订版在 1993 年出版。本书是最新的版本,保留了早期版本吸引学生的一切特色,同时加入直接相关的附加资料。除了按需要增订之外,也反映了自从初版以来在学术研究上的发展,新版本提供了更多关于主要改教家的书目,并且扩充了包括英格兰宗教改革运动的思想。

麦格拉思
牛津
1999 年 1 月

如何使用本书

　　本书的目的可总括为三点:介绍、阐释、处境化地了解。本书旨在介绍16世纪上半叶欧洲宗教改革运动的主要观念。本书就像一幅简略的地图,标示出其思想风貌的主要特色,而书中的注释和参考书目可让读者稍后详加考究。第二,本书旨在阐释这些观念。这里假设读者对宗教改革运动背后的基督教信仰认识甚少,故此便会解释"唯独因信称义"和"预定"等词汇的意思,以及它们与宗教和社会相关的原因。第三,本书也要处境化地了解这些观念的、社会和政治的恰当背景。那些背景包括像人文主义和经院哲学等伟大的思潮运动、极端的宗教改革运动和罗马天主教等其他宗教意识形态,以及16世纪早期的帝国城市的政治和社会实际。所有这些因素皆影响众改教家的思想,以及它对公众的影响——本书也解释这些影响及其结果。

　　本书附录协助读者面对阅读与宗教改革运动有关的作品时要处理的困难。这些缩略语是什么意思?我要怎样理解从原始资料和二手资料而来的引文?"帕拉纠派"是什么意思?我可以从哪里找到更多关于宗教改革运动的资料?诸如此类的问题,本书都会详尽处理,使本书更完整。本书也假设读者不懂英语之外的其他语言,故此所有拉丁文的引文或口语都会翻译和解释。虽然本书内容相当依赖外语的学术成果,而它们还没有英文版本,本书仍然为读者的需要提供可用的英文书目。

1

导　　论

　　许多学生探讨宗教改革运动的问题，就像中世纪的旅行者接近德意志南部广大的黑森林一般，有点犹疑，并带焦虑，经常担心前头尽是难以通过的地带，或至少是他们极易迷失方向的地方。他们往往像是探险者，冒险深入新的领域，不晓得可以找到什么，有时在未经勘探的旷野迷途，有时却因意想不到的远景与山谷而兴奋雀跃。正如但丁（Dante Alighieri）一样，他们发现自己也在期待一位引导他们的向导维吉尔（Virgil），通过这若非指引就难以明了，显然相当错综复杂的事情。这些学生的试探之一，就是忽略了所有宗教改革运动的"观念"（ideas），而只是集中于它的社会或政治层面。不过，这种较容易掌握宗教改革运动的方法，代价却是难以捕捉其作为历史现象的精髓，以及不能明了当代许多关于宗教世界及其他领域的争论，为何仍然是以宗教改革运动作为基本参照点。

　　对于一位同情现代西方文化俗世主义的学生来说，要认识一个由宗教观念推动的运动，困难程度可想而知。我们常常倾向把这些观念置于边缘位置，并以现代的世界观来了解 16 世纪。不过，正如任何历史现象一样，宗教改革运动也要求它的诠释者进入它的世界观中。我们必须学习融入其关怀与观点中，借此明白这些事情如何影响历史的洪流。瑞士及日耳曼的宗教改革运动，直接建基于值得考虑的宗教观念。即使是在英格兰，当地形势使得政治因素比宗教观念影响更大，这些观念仍然对改教发展具有核心的意义。本书的目的是尽量清楚解释宗教改革运动实际上所建基的宗教观念,以及这些观念又如何影响接受它们的人。

2   本章导论旨在处理一些初步的问题,借此提供以下各章对宗教改革运动思潮的讨论基础。

改革的呼声

"宗教改革运动"(Reformation)一词立即显示了某些事情(在此则是指西欧的基督教)要改革。正如被历史学者用来表明人类历史时期的许多其他名称,例如"文艺复兴"或"启蒙运动"一样,"宗教改革运动"一词也是备受批评的。例如,在 12 世纪西欧教会出现过类似的改革努力,但"宗教改革运动"一词却不会用来形容这么早期的运动。某些人可能认为,还有其他名称更适合我们谈到的这个 16 世纪的现象。无论如何,"宗教改革运动"一词一直是广泛地被接纳为这运动的适当名称,部分由于这运动承认,西方教会不论在建制上、实践上与观念上,都需要激烈而彻底的检修。这个名称有助于表明其所指称的运动,同时具有社会性与思想性的层面。

在 16 世纪初叶,西欧的教会显然再次急需改革。"首脑与成员的改革"的呼声,可以说是总括了这危机的性质,并预告了解决的方案。教会生命的血液似乎不再于其血脉中流动。教会司法制度迫切需要彻底革新,而教制的官僚主义已经变得声名狼藉,腐败无能。圣职人员的道德生活经常很散漫,变成会众的丑闻来源。圣职人员(即使是最高层的)经常不在他们的牧区。在德意志地区,据说 14 个牧区中才有一个是有牧者留驻的。法兰西桑斯(Sens)大主教安东尼(Antoine du Prat)只在他的座堂举行过一次宗教仪式;而且他在这次仪式中的出现与角色都是极为被动的,因为这次是他的丧礼。大多数高层的教制职位都是通过暧昧的途径而获得的,一般是倚仗候选人的家庭关系、政治或经济地位,而不是他们的属灵素质。故此,萨伏伊的阿玛迪斯八世(Amadeus Ⅷ of Savoy)公爵于 1451 年为他的儿子弄到日内瓦主教的高级职位任命;倘若有任何人因着新主教只有 8 岁,从没有受过按立而疑虑不安,他们也会智慧地闭口不言。教宗亚历山大六世(Alexander Ⅵ)是以疯狂宴乐闻名的博尔吉亚(Borgia)家族成员,虽然拥有数位情
3 妇与 7 名儿女,仍能在 1492 年当选为教宗,这主要是因为他能够以较高价钱购得教职,打败其竞争对手。

马基雅维利（N. Machiavelli）把文艺复兴晚期意大利的散漫道德，归咎于教会及其圣职人员的腐败榜样。对于许多人来说，改革的呼声是要求改革教会的行政、道德与法治：歪行与败德的事必须除掉；教宗必须较少关注俗世的事务；圣职人员一定要受合宜的教育；教会的行政必须简化，清除所有滥用职权的弊端。对于其他人来说，教会的灵性才是最紧迫的需要。如何重新捕捉基督徒信仰的活力与生气，是迫切的需要。许多人回顾公元 1 世纪，缅怀使徒时代基督教的简朴与激情。究竟可否重拾这个基督教信仰的黄金时期？或许借着反思新约圣经的文献？这种改革的方案，成为半个欧洲所有知识分子的梦想。然而，那些文艺复兴时期的教宗似乎就对俗世事务较属灵事情更感兴趣，在他们之间造成了许多前所未有的贪婪、贿赂、败德和触目却不成功的权力政治。意大利哲学家皮科（Gianfresco Pico della Mirandola，常被误为其叔父 Giovanni）于 1517 年 3 月简洁地总结了在当时许多知识分子心中痛苦挣扎的思想："假如我们要赢取敌人和叛教者回到我们的信仰中来，那么我们应该让败坏的道德重新恢复至古代善行的准则，这比我们用舰队来纵横黑海更为重要。"

不过，还有其他人在这清单上加添另一个要求——对基督教教义、神学与宗教观念的改革要求。对于像维腾堡（Wittenberg）的马丁·路德（Martin Luther）与日内瓦的加尔文（John Calvin）来说，教会已经失掉它的思想遗产。现在正是时候，重新开拓基督教会黄金时代的观念。教会在 16 世纪初的可悲情况，根本就是更严重疾病的征兆——偏离了基督教信仰的独特**观念**；失去了智性的身份认同；未能掌握基督教的真正本质。除非我们首先了解基督教的真正意义，否则我们断不能予以改革。对于这些人来说，文艺复兴后期教会的明显衰落，是始自 12 世纪神学复兴的逐渐发展过程——基督教教义与道德的腐化。对于路德与加尔文这样的思想家来说，基督教信仰与实践所根据的独特观念，即使不是完全受到扭曲，也是被蒙蔽了，这些是由中世纪以来一连串的发展所造成的。这些思想家认为，现在是时候改正这些转变，消除中世纪的工作，以致可以返回更纯正和清新的基督教形态，就是历代向他们召唤的信仰。宗教改革家呼应着当时人文主义者的口号："回到本源"（*ad fontes*），返回教会的黄金时代，借此在陈旧与腐化的时代，重拾清新、纯正与生气。

当代的著作无疑描绘了一幅教会不断腐化与无能的图画，显示中世纪晚期的教会迫切需要改革。不过，我们却要在解释这些资料来源上辅以谨慎的态度。这些资料来源很可能同时记录了人们对中世纪晚期教会不断提高的期望，以及教会不断低沉的表现。中世纪晚期教会思想史的一项重要因素，就是受教育的信众增加，导致对教会的批评越来越多，原因是教会**是如何**与**应如何**之间有明显差异。不断提升的批评层次，也许正好反映了更多人通过受教育机会的增加，可以对教会加以批评——而不一定是反映了当时教会标准的更多倒退。

然而，谁能够改革教会呢？到了 16 世纪的最初 10 年，欧洲大陆权力的重要转移基本上已经完成。教宗的权力日渐衰微，俗世的欧洲政府权力日渐增加。1478 年，西班牙的异端裁判所成立，拥有高于圣职人员与修会（最后甚至高于主教）的权力——控制这审讯制度的不是教宗，而是西班牙国王。《博洛尼亚协定》(Concordat of Bologna, 1516) 赋予法兰西国王权力，委任法兰西教会的所有高级圣职人员，让他有效地直接控制教会及其财政。横跨整个欧洲，教宗对教会加以改革的能力正日渐式微；即使在文艺复兴后期的教宗之间不乏有改革的雄心者（只有少数人有此迹象），但改革的能力却不断下降。不过，上述教廷权威的积弱，并没有导致本地或国家教会权力的减少，这些教会仍然对国家民族构成重要影响。教宗拥有在我们这个时代已经衰落的能力，控制着本地或国家的权力。

所以，我们要特别留意新教改教家如何与地区或城镇的权力联盟，以便有效推行他们的改革计划，这是十分重要的。为了改革，路德诉诸日耳曼贵族，茨温利 (Huldrych Zwingli) 则求助于苏黎世市议会，表明改革的结果对两者会造成的好处。由于我们即将解释的种种原因，英格兰的宗教改革运动与欧洲的运动，整体上截然不同（政治的因素较大，神学上的考虑沦为次要）。欧洲大陆的宗教改革是由改教家与国家或城镇权力的共生联盟所推动，双方均相信宗教改革运动的结果对国家有利。改教家没有过分关注他们对国家功能或"神圣诸侯"(godly prince) 的理论对俗世统治者赋予过多的权力；最重要的是，这些俗世统治者支持宗教改革运动的事业，即使他们这样做的原因不是完全值得称许的。

主流的改教家都是务实主义者，他们都预备容许俗世统治者那无情需索，只要宗教改革运动的目的得以顺利展开。当然，同样地，宗教改革运动的反对者也毫不犹疑地求助于俗世权柄的支持，而后者就是那些觉得维持宗教的现况 (status quo) 才是他们利益的最佳保障者。任何对宗教改革运动的研究，都不应忽视其政治与社会层面，当时欧洲北部的俗世政权正见到他们可以从教会夺回权力的机会,即使因此要附和新的宗教秩序也在所不惜。无论如何,某些独特的宗教观念广泛流传,实际上也影响了 16 世纪的西欧社会。对于任何研究宗教改革运动的人来说,这些观念都不应遭忽视或排斥。本书的目的就是希望对这些观念加以介绍、解释和考虑。

"宗教改革运动"的概念

"宗教改革运动"一词包含多种意义,加以辨别会有助理解。它的定义包括四个元素,每个均会在下文略述:信义宗(Lutheranism)、改革宗教会[the Reformed church,往往是指"加尔文主义"(Calvinism)]、极端的宗教改革运动[the radical Reformation,往往是指"重洗派"(Anabaptism)]和"反宗教改革运动"(Counter-Reformation)或"天主教的改革运动"(Catholic Reformation)。从最广义来说,"宗教改革运动"一词是统称上述四个运动。这名称也经常用于较狭义的"新教宗教改革运动"(the Protestant Reformation),而不包括天主教的改革运动。从这个意义来说,它是指上述的三个新教宗教改革运动。不过,在许多学术著作中,"宗教改革运动"一词却经常用来代表有时称为"宪制的宗教改革运动"(the magisterial Reformation)或"主流的宗教改革运动"(the mainstream Reformation)——换言之,那是指信义宗与改革宗的教会,而不包括重洗派在内。

"宪制的宗教改革运动"一语并不常见,故此要略为解释。它所着重的是主流改教家与俗世政权(例如诸侯、地方行政官员或市议会)的关系。极端的改教家认为这类当权者无权干涉教会,而主流的改教家则认为教会(至少在某种程度上)是臣服在俗世的政府机构之下。地方行政官员在教会中有权行使职权,正如教会可以倚靠地方行政官员的职权去执行教规、压制异端或维持秩序。"宪制的宗教改革运动"一语旨在表明地方行政官员与教会之间的密切关系,这是马丁·路德或布塞(Martin Bucer)等作者心中对宗教改革方案的想法。

上述三个"宗教改革运动"用语的意义,都可以在阅读 16 世纪作品的过程中遇见。"宪制的宗教改革运动"一词越来越多被用来指前两方面的意义(即指信义宗和改革宗教会),而"极端的宗教改革运动"则代表第三个意思(即指重洗派)。本书的内容主要是关于宪制的宗教改革运动的观念。

"新教"（Protestant；译按：另译"更正教"或"抗议宗"，"新教"是华人教会较多采用的泛称）一词也要加以解释。这词是源自第二次施佩耶尔会议（the Second Diet of Speyer，1529 年 2 月）之后，该次会议投票结束了在当时德意志地区对信义宗的宽容。同年 4 月，6 名日耳曼诸侯与 14 个城市一起抗议是次会议的压制措施，维护良心自由与宗教少数派的权利。"新教"（即"抗议宗"）一词就是源自这次"抗议"。故此，严格来说，把"新教"一词用来指早于 1529 年 4 月的个别人士、或声称那日期之前的事件属于"新教宗教改革运动"，都是不正确的说法。"福音派"（evangelical）一词往往出现在文献中，指上述日期之前在维腾堡及其他地方（例如法兰西与瑞士）的宗教改革派别（另参附录 1：神学及历史用语汇编）。虽然"新教"一词经常用来指这个较早时期，不过这用法严格来说是弄错了时代。

信义宗的宗教改革运动

信义宗的宗教改革运动特别是关乎德意志地区，以及一个渗透个人魅力的人——马丁·路德。路德尤其关心称义的教义，以此成为他宗教思想的中心要点。信义宗的宗教改革运动最初是一种学术运动，基本上是关乎维腾堡大学神学教育的改革。维腾堡在当时是一所不太重要的学府，而路德及其同僚在神学系中所推动的改革也没有引起多少注意。激起波澜的是路德个人所做的事——例如他张贴著名的《九十五条论纲》（ninety-five the-ses，1517 年 10 月 31 日）和在莱比锡（Leipzig）的辩论（1519 年 6 至 7 月），才让在维腾堡流传的观念吸引到更多人的兴趣。

严格来说，信义宗的宗教改革运动只是到了 1522 年才开始，当时路德从被逼匿居的瓦特堡（Wartburg）返回维腾堡。路德在 1521 年的沃尔姆斯帝国会议（the Diet of Worms）上受到谴责。由于忧虑他的安危，某些有势力的支持者把他秘密送往被称为"瓦特堡"的城堡，直至他的生命不再受到威胁。当路德销声匿迹期间，他在维腾堡的一个学术同僚卡尔施塔特（An-dreas Bodenstein von Karlstadt）在维腾堡开始了的一项改革计划，似乎陷入了混乱。路德相信，宗教改革运动若要在卡尔施塔特的愚昧下幸存，就需要他，故此他离开安全的地方，返回维腾堡。

在这时候，路德的学术改革方案逐渐变成教会与社会的改革方案。路德的活动领域不再是大学的观念世界——他现在发现自己被视为一场宗教、社会和政治改革运动的领袖，按照当代某些观察家的想法，这场运动开启了欧洲新的社会与宗教秩序。事实上,路德的改革方案,比他某些改革宗教会的同僚远为保守,例如茨温利。此外,它的结果也不如想象中那么成功。这运动一直牢牢地局限在德意志地区,而且[除了斯堪的那维亚(Scandinavia)地区以外]从没有赢到期望瓜熟蒂落而得到的外国权力基地。路德对"神圣诸侯"角色的了解(即有效地确保君主对教会的控制),并没有想象中的那么具有吸引力,尤其是按照改革宗思想家(例如加尔文)普遍拥有共和政体的观点而言。英格兰的例子特别有启发性:正如在低地国家(Lowlands)一样,新教神学在此最后更多倾向改革宗,而不是信义宗。

改革宗教会

改革宗教会最初是起源于瑞士联邦地区之内的。信义宗的宗教改革运动肇始自学术环境,改革宗教会则是源于以更符合圣经的模式对教会的道德与崇拜(但不一定是它的**教义**)所进行的一连串改革尝试。虽然大多数的早期改革宗神学家(例如茨温利)都具有学术的背景,但他们的改革方案在本质上却不是学术性的。他们是针对教会的,那是他们在一些瑞士的城市[例如苏黎世、伯尔尼(Berne)与巴塞尔(Basel)]所建立的。路德坚信称义的教义对他的社会与宗教改革有极重要价值,早期的改革宗思想家却对教义没有那么大兴趣,更何况是某一具体的教义。他们改革的方案是以建制、社会与道德为中心的,有许多方面与源自人文主义的改革呼声相近。本书将较详细地讨论人文主义的观念,此刻要特别留意的是,所有主要的早期改革宗神学家都与人文主义运动有关,不过路德却是例外的,他对人文主义是持某种程度的怀疑态度的。

改革宗教会的巩固期,一般被视为始于苏黎世宗教改革运动稳定下来之时,那是茨温利在战争中逝世之后(1531),在他的承继人布林格(Heinrich Bullinger)领导之下,最后结束于 16 世纪 50 年代日内瓦成为改革宗教会的权力基地和加尔文担任领导发言人之时。改革宗教会内部的权力逐渐转移(起初由苏黎世移往伯尔尼,然后由伯尔尼移至日内瓦),大约是发生于 1520 至 1560 年间,最终不仅确立了日内瓦的政治体系(共和政体)而且确立了宗教思想家[最初是加尔文,他死后是贝扎(Theodore Beza)]作为改革宗教会之内的主力。这样的发展也通过日内瓦学院(Genevan Academy,成立于 1559 年)的成立而加强,该院是训练改革宗牧者的。

"加尔文主义"一词往往被用来形容改革宗教会的宗教观念。虽然在讨论宗教改革的作品中仍然通行，不过这种做法现今已普遍少见。16 世纪晚期的改革宗神学，越来越清楚是取材自有别于加尔文个人思想的其他来源。把 16 世纪晚期与 17 世纪的改革宗思想称为"加尔文派"(Calvinist)，暗示它基本上是加尔文的思想——可是现今普遍认为，加尔文的观念是经过他的后继者所巧妙修改的。（我们将在讨论预定的教义时解释这一发展。）"改革宗"(Reformed)一词现今较为可取，不论是指那些教会（主要是在瑞士、低地国家、德意志地区）或宗教思想家［例如贝扎、柏金斯(William Perkins)或欧文(John Owen)］，他们都是基于加尔文的著名宗教课本《基督教要义》(*The Institutes of Christian Religion*)或以此为基础的教会文献［例如著名的《海德堡教理问答》(*Heidelberg Catechism*)］。

"加尔文派"一词还有另外一点值得一提。这词大约起源于 16 世纪 60 年代，当时德意志地区内的政治情况发生了极大转变。在 16 世纪 40 年代与 50 年代早期，德意志地区由于信义宗与罗马天主教之间的冲突而变得动荡不安，而普遍认为这冲突正在破坏神圣罗马帝国。"奥格斯堡和约"(The Peace of Augsburg，1555 年 9 月)借着把当时德意志某些地区分配给信义宗，余下的则归给罗马天主教，从而解决了当时日耳曼的宗教问题——这个著名的原则就是"你的地区决定了你的宗教"(*cuius regio，eius religio*)。不过对于改革宗信仰，却没有作出任何安排，实际上是宣布了它在德意志地区"不存在"。然而，在 1563 年 2 月出版了《海德堡教理问答》，这表明了改革宗神学直至此时在德意志地区的信义宗领地中占得一席位。这份教义问答立即被信义宗抨击为"加尔文派"——换言之，是外来的。"加尔文派"一词被当时德意志信义宗人士采用，意在怀疑这日渐具有影响力的新文献，特别是借此指称其缺乏爱国热忱。由于此词原来所具有的争论性味道，历史学家便觉得更合宜的做法是不用此词，而倾向于一个较为中性的用语——这样，"改革宗"一词毫无疑问就发挥了这用处。

在新教宗教改革运动的三个组成部分（信义宗、改革宗或加尔文派，以及重洗派）中，改革宗的一翼对于英语世界来说，特别具有重要性。清教徒主义(Puritanism)就是一种改革宗神学，在 17 世纪英格兰历史中扮演显著的角色，对于同期及以后新英格兰(New England)的宗教与政治观，也是十分重要的。若要认识新英格兰的宗教与政治发展史，或例如爱德华滋(Jonathan Edwards)等作者的观念，我们就必须至少对清教徒主义的一些神学观念和宗教立场有所掌握，那是构成他们社会与政治取向的原则。本书希望有助于这个认识的过程。

极端的宗教改革运动（重洗派）

"重洗派"一词的起源与茨温利有关［此词的字义是"再次领洗者"（re-baptizers），所指的可能是重洗派最独特的做法——坚持只有那些作出个人公开认信者才应该受洗］。重洗派最初似乎是在苏黎世四周开始的，那是1520 年初茨温利在苏黎世推动改革之后的一段时期。它以一群人为中心［其中一个是格列伯（Conrad Grebel）］，认为茨温利并没有忠于他的改革原则，教导的是一套，实行的却是另一套。虽然茨温利宣称忠于"唯独圣经"（*sola scriptura*）的原则，格列伯却认为他的某些做法是没有圣经支持和命令的——包括婴儿洗礼、教会与地方行政官员的密切关系，以及基督徒参军。"唯独圣经"的原则在这些极端的思想家手中变得相当偏激：改革宗的信徒变得只相信和实践那些在圣经中明确教导的事情。茨温利对此感到不安，认为这是一个不稳定的发展，显示苏黎世的改革宗教会有从其历史根源及与过去基督教传统的延续割离的危险。

重洗派对茨温利妥协态度的指责，是有其合理原因的。1522 年，茨温利撰写了一篇作品（*Apologeticus Archeteles*），在其中承认"凡物公用"的观念是一个真正的基督徒理想。他写道："没有一人说他的东西有一样是自己的，都是大家公用。"不过到了 1525 年，茨温利改变了他的看法，再次接受私有财产毕竟不是一件坏事的观点。

虽然重洗派是在德意志与瑞士兴起的，接下来却在其他地区产生影响力，例如低地国家。这运动没有产生多少神学家，一般认为最重要的三位是胡伯迈尔（Balthasar Hubmaier）、马尔贝克（Pilgram Marbeck）与门诺·西门（Menno Simons）。这方面的不足，反映了此运动缺乏任何实质的共同神学基础。不过，那也是由于其他的因素，至少重洗派受到了俗世政权的压制。

在这运动的不同分支中，我们可以分辨出一些共同的元素：对外来权威的普遍怀疑；拒绝婴孩受洗而赞同成年信徒洗礼；财物的共同拥有权，以及强调和平主义与不抵抗原则。举其中一点说明：在 1527 年，苏黎世、伯尔尼和圣盖尔（St Gallen）等地政府控诉重洗派信徒相信"真正的基督徒是不会给予或收取某笔资本的利息或收益；所有现世财物都是免费和公用的，所有人对其都有完全的所有权"。为此缘故，"重洗派"经常被称为"宗教改革运动的左翼"[培登(R. H. Bainton)]或"极端的宗教改革运动"[威廉斯(G. H. Williams)]。威廉斯认为,"极端的宗教改革运动"是相对于"宪制的宗教改革运动",他认为后者大体上是指信义宗与改革宗的宗教改革运动。在研究宗教改革运动的学术圈子中,这些名词越来越被普遍接受,而读者十分可能在阅读一些有关这运动的近期研究中,碰见这些名词。

"施莱塞穆信纲"(Schleitheim Confession)可能是这运动所产生的最重要文献,由萨特勒(Michael Sattler)于 1527 年 2 月 24 日草拟。这信条的名称取自沙夫豪森(Schaffhausen)州内一个小镇,它的功能是把重洗派从四周的人中区别出来——尤其是文件中所指的"天主教徒和反天主教徒"(papists and antipapists,那是指没有参与宗教改革运动的天主教徒,以及宪制的福音派信徒)。实际上,"施莱塞穆信纲"整体上是"分离的条文"——即是说,那是一系列的信念和看法,把重洗派区别于宗教改革运动内外的其他对手,构成团结的中心,不论他们之间有任何其他差异之处。

11

天主教的改革运动

这名称通常是指在特兰托公会议(the Council of Trent, 1545)召开之后的时期,罗马天主教会内部的复兴。在较旧的学术著作中,这运动常被称为"反宗教改革运动":正如这名词所示,罗马天主教会发展了一些对抗新教宗教改革运动的方法,借此限制其影响力。不过,越来越清楚显明,罗马天主教会对宗教改革运动的抗衡,部分是由于它内部的革新,借此抵消新教批评的根据。从这个意义来说,这运动是罗马天主教会的改革运动,同时是针对新教宗教改革运动的回应。

潜伏于欧洲北部新教宗教改革运动背后的关注,同样地被引导进天主教会的更新中,特别是在西班牙与意大利。特兰托公会议是天主教宗教改革运动最重要的面貌,会议上澄清了天主教会在某些困惑问题上的教导,而且提出了许多急切需要的改革,包括圣职人员的操守、教会纪律、宗教教育与宣教事工。罗马天主教会内部这次改革运动,大大促使了许多旧修会的改革,以及一些新修会的成立[例如耶稣会(Jesuits)]。天主教的宗教改革运动特别考虑到的神学层面,是关乎圣经与传统、因信称义和圣礼的教导。

天主教宗教改革运动的结果之一,是许多原本引发改革要求的弊端都得以除掉,不论这改革要求是来自人文主义者,抑或是新教徒。不过,到了这阶段,新教宗教改革运动已经发展到一个地步,只是除去歪行与弊端不足以扭转局势：对于教义、宗教意识形态与教会的改革，现已成为新教与罗马天主教争论的重要部分。这一点显示出考虑"宪制的宗教改革运动"背后的宗教观念的需要，对于新教与罗马天主教在 16 世纪中进行的辩论日渐重要。

印刷术的重要性

　　近代对于信息处理与传播领域的科技发展，已经对现代生活的许多方面产生革命性影响。在宗教改革运动前夕，有一项科技革新也注定要对西欧产生巨大影响力。当然，这项革新就是印刷术。若要低估它对宗教改革运动的影响，根本是没有可能的。

　　虽然印刷术原本是由中国人在许多世纪以前发明的，第一批能够可靠地确定年份的欧洲印刷文献，要溯源至约 1454 年古腾堡（Johann Gutenberg）在美因茨（Mainz）的印刷厂。1456 年，同一印刷厂印刷了一本拉丁文圣经。跟着是 1457 年出版的所谓《美因茨诗篇》(Mainz Psalter)，从此便确立了在书籍首页标明印刷商、印刷地点、出版日期的传统。这项技术由当时德意志地区被带往意大利，在苏比亚科（Subiaco，1464）与威尼斯（1469 年）都设立了印刷厂。1476 年，卡克斯顿（William Caxton）在伦敦的威斯敏斯特（Westminster）开设了印刷店。1495 年，罗曼（Aldus Manutius Romanus）在威尼斯成立了著名的阿尔迪内印刷所（Aldine Press），这印刷所带给后世两样重要发展："小写字体"(lower case letter，由于常置于两格字盘的下格而得名)，以及倾斜的"斜体字体"[italic type，这名称的字面意思是"意大利字体"，英文书籍如此形容，是因为威尼斯位于意大利，罗曼称它为"文书体"(Chancery)]。

　　印刷术为何对宗教改革运动产生如此巨大的影响力？以下的主要因素表明了它在这个问题中的重要性。

　　首先，印刷术意味着宗教改革运动的宣传可以迅速而经济地传播。抄写文献的冗长乏味过程已经不再需要。此外，抄写过程所产生的错误，也可以消除；只要把一部作品排版妥当，就能够印出没有错误的复本。任何人只要懂得阅读及可以付出书价，就有机会得知从维腾堡与日内瓦而来的轰动消息。故此，英格兰受过教养和富裕的阶级，被证明就是在 16 世纪 30 年代最了解信义宗思想的人。信义宗的书籍被当权者视为煽动而取缔,却沿着汉撒贸易路线(Hanseatic trade route),经安特卫普(Antwerp)与易普斯威奇(Ipswich)而偷运到剑桥。路德根本不用访问英格兰以传播他的思想,因为印刷文字已经使其广为流传。

这一点对于早期宗教改革运动的社会研究来说,是相当有趣的。例如,不论在英格兰还是法兰西,第一批新教徒通常来自社会上层阶级,正是因为这些阶层拥有阅读与购买书籍的能力(书籍往往是从外地偷运入境,故此一般较为昂贵)。同样,新教思想的影响力在剑桥较在牛津为大,部分是反映了前者较接近欧陆的港口,以致新教书籍得以由此(非法地)入口。

第二,宗教改革运动是基于某些特定的资料来源:圣经及前五个世纪的基督教神学家[通常称为"教父"或"教父作家"(patristic writers)]。印刷术的发明对这些资料来源产生了两个实时的影响,对于宗教改革运动的起源也有相当的重要性。首先,现在可以印行这些著作更准确的版本——例如,抄写的错误可以避免。只要把著作的印刷版本与手稿来源作一比较,就可以确定最佳的版本,并以此作为神学反省的基础。在 15 世纪末与 16 世纪初,人文主义的学者就翻遍欧洲许多图书馆,寻找可供他们编辑与印制的教父文献。第二,这些资料来源得以广泛流传,是从前完全做不到的。到了16 世纪 20 年代,几乎任何人都可以找到新约希腊文圣经或希波主教奥古斯丁(Augustine of Hippo,改教家特别喜爱的一位教父作家)等著作的可靠版本。

奥古斯丁总共 11 册的著作经过 1490 至 1506 年的漫长编辑过程,由阿默巴赫(Amerbach)兄弟于巴塞尔印行。虽然每一册似乎只是刊印了 200本,它们却广泛流传,成为对这个重要作者的最可靠参考版本。鹿特丹的伊拉斯谟(Erasmus of Rotterdam)在 1516 年出版了首本刊印的希腊文新约圣经(它的书名是 *Novum Instrumentum omne*),共分三个主要部分:新约希腊文原文;上述希腊文经文的拉丁文新译本,修改了现存的不适当译文,尤其是拉丁文武加大译本(Vulgate);最后是对经文的延伸注释,以注解的形式撰写。这部作品被赞同宗教改革理想的人所广泛采用。对于改教家来说(特别是路德及其维腾堡的同僚),宗教改革运动的宗教观念主要是建基于圣经和奥古斯丁的。印刷术的出现,以及随着书籍销售的方法更有效率,显示这些材料的准确可靠版本可以广泛通行,因而有助于这些观念在最初的发展和以后的传播。正如鲁普(Gordon Rupp)曾经指出的:

新的工具，新的文本，尽管它们是那么的粗糙，没加鉴别和不修边幅，或许正如它们的编辑一样，却使专注圣经成为可能，结果是令人吃惊和十分有效的。维腾堡、苏黎世、巴塞尔、斯特拉斯堡（Strasbourg）和圣盖尔的改教家知道他们是在做什么……在相距甚远的剑桥和牛津，清楚显示年轻学者因着它们而极尽努力，热切地冒险寻找这些学习圣经的新工具。它们构成了宗教的、神学的改革基础。把火种点起，燃亮里德利（Nicholas Ridley）的烛光的，不是政治家克伦威尔（Thomas Cromwell），而是书商加勒德（Thomas Garrard）。

印刷术的重要性对于宗教改革观念的传播来说，丝毫没有夸大。综览法兰西中产阶级家庭的个人藏书，便显示出这个趋势的宗教含义。勒菲弗尔在 1523 年出版的法文新约圣经（Lefèvre's French New Testament），强调是献给"所有基督徒男女"（*à tous les chrestiens et chrestiennes*），加上他在 1524 年出版的法文诗篇，通行整个法兰西，甚至在莫城（Meaux）这个改革中的主教辖区免费派发。这些作品随着伊拉斯谟、梅兰希顿（Philipp Melanchthon）和勒菲弗尔的注释，经常出现在 16 世纪 20 年代末**中产阶级**（bourgeois）藏书的书架上。假如这些作品曾被藏书者阅读（这是非常有可能的事），那么就会发展出相当大的改革力量。

有一个例子可以说明印刷术对宗教改革观念传播海外的重要性。法兰西宗教改革运动的一个关键转折点，就是加尔文的《基督教要义》法文版于 1541 年出版。忽然间，条理分明、论辩谨慎的宗教改革教义，就在法兰西以大众可以明白的语言出现。

有人似乎按下了恐慌的按钮。1542 年 7 月 1 日，巴黎的最高法院下令所有包含异端教义的作品（尤其是加尔文的《基督教要义》）必须 3 天内交给当局。政府官员查访书店成为压制异端运动漫延的重要方式。在接下来的一年，由法王委任维护正统教义的巴黎神学院列出含 65 部颠覆性作品名称的清单，立即加以取缔。其中 36 项可鉴别和确定出版日期的，有 23 项在日内瓦印刷。

这样，加尔文的《基督教要义》——通过印刷文字为媒介——就被视为日内瓦攻击法兰西教会的先锋。1545 年 6 月 23 日出版了一份增订的禁书清单。在含 121 项法文作品的清单中，差不多有一半是在日内瓦出版的。巴黎的书商立即有所反应：他们声言若再被禁止售卖这些书籍，他们就会面临破产。那些被神学院视为危险有害的书籍，显然具有重大的市场——

15 这是另一个证据,显示受过教育而富裕的平信徒对发扬加尔文派宗教改革观念的重要性。事实上,加尔文的朋友和书商劳伦特(Laurent de Norman-die)发现走私书籍利润丰厚,于是他移居日内瓦,以便可以出版这些书籍,而不只是售卖它们。

不过,这不是说宗教改革运动完全是依靠一项技术上的革新。现存的证据显示,印刷术是当时思想气候转变的媒介,而城市一般是因着宗教传道者与名人的影响而归向宗教改革运动的目标。我们必须记得,对于大多数是文盲的群众而言,讲坛的影响力具有决定性的地位——而且许多印刷所的出版物,皆以讲道集的形式面世。

宗教改革运动的社会背景

欧洲北部的宗教改革运动大部分以城市为基地。在德意志地区的 65 个"帝国城市"(Imperial Cities)中,超过 50 个对宗教改革运动有积极的回应,只有 5 个选择不加理会。在瑞士,宗教改革运动起源于城市的处境(苏黎世),通过同盟城市的公开辩论过程传扬开去,例如伯尔尼和巴塞尔及其他通过条约而相关联的中心(例如日内瓦和圣盖尔)。法兰西的新教思想始于一场主要在城市的运动,扎根于里昂、奥尔良(Orléans)、巴黎、普瓦提埃(Poitiers)和卢昂(Rouen)等大城市。

越来越清楚显明,在这些城市中宗教改革运动的成败,部分是基于政治与社会因素。到了 15 世纪末与 16 世纪初,帝国直辖市的市议会已取得相当程度的独立。事实上每个城市俨如小型国家,市议会就如政府,其他居民就是公民。

当时德意志城市的面积与重要性的增长,成为 14 世纪末至 15 世纪历史的较重要因素之一。不断增加的粮食危机,加上黑死病的蹂躏,引发了一场农业危机。从 1450 至 1520 年间,小麦的价格急降,叫人恐慌,导致农村人口减少,农民迁往城市,期望找到食物和工作。他们被拒于贸易商会与市议会的门外,不满的情绪便在这些新兴的城市无产阶级中日渐增加。

16 因此,16 世纪初见证了在许多城市中逐渐增加的社会不安,同时对有广泛基础与更具代表性的政府的要求,也渐趋强烈。在许多情况中,宗教改革运动都是关联于这些社会改革的要求,以致宗教与社会变迁互相连结,一起并进。我们不必以为对宗教的关注掩盖了所有其他的思想活动——这些关注只是为其他思想活动提供了焦点。经济、社会与政治因素,也同时解释了宗教改革运动为何在纽伦堡(Nuremberg)与斯特拉斯堡成功,却在爱尔福特(Erfurt)失败。

有些理论提了出来,解释宗教改革运动对城市的吸引。莫勒(Berndt Moeller)认为,借着城市之间逐渐增加的社会张力,以及越来越倾向依靠外来的政体(例如帝国政府或教廷),社群的城市意识已经在15世纪瓦解。莫勒建议,这些城市因着接纳信义宗的宗教改革,能够重建一套社群的身份认同,包括一个共同宗教群体维系市民共享宗教生活的概念。值得注意的是,莫勒特别注意路德有关信徒皆祭司的教义的社会含义,打破了城市社会之间的某些传统差别,促进了一种社群合一的意识。

另一个解释是由布雷迪(Thomas Brady)提出的,主要建基于他对斯特拉斯堡的城市分析。布雷迪认为,在斯特拉斯堡接纳新教思想的决定是阶级斗争的结果,在其中,一个由显贵与商人结合的统治联盟相信,他们的社会地位只能通过与宗教改革运动站在同一阵线来维持。城市的寡头执政者引介宗教改革,把其作为保持自己利益的巧妙工具,当时他们的利益正受到群众抗议运动的威胁。布雷迪认为,相同的情况存在于其他许多城市中。

16世纪宗教改革运动吸引城市群众的第三个解释,集中于因信称义的教义(本书第六章会详论这个观念)。奥兹门特(Steven Ozment)在1975年出版的一份研究中,认为新教思想的群众诉求是源自它那因信称义的教义,以致舒缓了中世纪晚期的悔罪系统以及相关的"半帕拉纠"(semi-Pelagian)称义教义所带来的心理压力。他指出,这个心理负担在城市社群中是十分沉重和明显的,正是在这些社群中,新教思想得到了最多民众的支持。奥兹门特认为,莫勒对路德与西南部神学家之间的差异言过其实。早期的改教家都有一个共同的信息,可以总括为个别信徒从中世纪晚期宗教所强加的心理负担中解放出来。不论他们有何差异之处,宪制的改教家(例如布塞、茨温利和路德)都是同样宣讲因信借着恩典称义的教义,从而消除了对赦罪券、炼狱和圣徒代求等问题的神学需要,也减轻了大众对这些问题的关注。对本书来说,这个理论是十分重要的,因为它说明观念在驱动改革和转变中的角色:倘若奥兹门特是正确的,那么促使社会改变的动力就是宗教观念的**结果**,而不是**原因**。

上述每一个理论都具有意义,它们共同提供了一个重要的刺激,以致可以更详细地研究城市新教思想在宗教改革运动第一阶段中的发展。同样地,若期望那是放诸四海皆准的理论,那么每个理论都有其明显的短处。例如,正如我们将会见到的,在日内瓦的情况中,社会张力最后造成其与新教城市伯尔尼的联盟,以及接纳茨温利的宗教改革,不是产生自阶级的差异,而是源自在同一社会阶级中对是否支持萨伏伊(Savoy)或瑞士联邦的分歧。拥护萨伏伊的马木路克派(Mammelukes)与拥护伯尔尼的胡格诺派(Eiguenots)都是源自同一社会群体,具有类似的经济、家庭和社会关注。同样地,奥兹门特提出一个对称义教义的普遍关怀,在与瑞士联邦有关的城市(例如苏黎世、圣盖尔和日内瓦)中没有多少支持的证据,而且忽略了在许多瑞士改教家之中,不少人对这个教义显然抱有犹豫。

不过,研究发现宗教改革运动在欧洲北部某些主要城市的起源和发展,例如奥格斯堡、巴塞尔、伯尔尼、科尔马(Colmar)、康斯坦茨(Constance)、爱尔福特、法兰克福、日内瓦、汉堡、吕贝克(Lübeck)、梅明根(Memmingen)、乌尔姆(Ulm)和苏黎世,都出现了某些共同特征。对它们加以探讨,是十分有帮助的。

首先,城市的宗教改革显然是回应民众要求改革的压力的某种形式。纽伦堡是一个罕有的例子,市议会在事前没有明显的民众抗议或要求之下,推动宗教改革。16世纪初城市人口之中的不满情绪,不一定只有宗教的性质;社会、经济和政治的抱怨,在不同的程度上,无疑也是存在于当时的动荡不安中。市议会一般会回应当地的民众压力,往往根据他们自己的需要和目标而加以疏导。这样对于民众压力的微妙操控,显然是吸纳和控制民众潜在危险的抗议运动的一种方式。对于城市的宗教改革,其中一个较为重要的观察是,现存的城市政体往往相对不会因着新的宗教观念和实践的引进而改变,暗示市议会有能力在回应这样的群众压力时,不用对现存的社会秩序作出激烈的改变。

第二,宗教改革在一个城市中的成功,取决于历史上某些偶然发生的事件。接纳宗教改革,就要在政治的结盟上冒灾难变动的危险,与那些选择仍然留在天主教会的地区或城市之间所订定的条约和关系(军事、政治和商业),通常都是以毁约收场。一个城市的贸易关系——该市的经济可能赖以为生——可能因而不幸地被放弃。故此,宗教改革在圣盖尔市的成功,部分是由于该市的亚麻布制品工业没有因着接纳宗教改革的决定而产生任何严重的不利影响。同样地,一个城市(例如爱尔福特)与天主教城市(美因茨)

和信义宗地区［萨克森（Saxony）］接壤，就有可能卷入与一个或其他有利害关系的集团的军事冲突之中，这对该市独立构成潜在的破坏性结果。此外，决定引进宗教改革若带来严重的内部不和，就有可能让城市容易受到外界的影响——这是 16 世纪 20 年代爱尔福特市议会决定停止改革活动的一个主要考虑因素。

第三，一个改教家抵达一个城市宣讲福音，随即让该市决定接纳宗教改革原则的浪漫化及理想化憧憬，是必须抛弃的不现实想法。在宗教改革运动的整段过程中，从最初决定实施改革的程序，直至后来决定改革提案的性质和步骤，都是由市议会控制着的。茨温利在苏黎世推行的宗教改革，远比他所想象的缓慢，原因是市议会在紧要关头采纳了一个谨慎的取向。布塞在斯特拉斯堡的行动自由，同样是受到限制的。正如加尔文发现的，市议会完全能够把改教家从他们的管辖区域中逐出，只要他们逾越了议会的公众政策或决定。

事实上，市议会与改教家之间的关系一般而言是共生的。改教家借着提出一个基督教福音的清晰异象，以及这对一个城市的宗教、社会和政治结构与实施有何含义，足以防止城市陷入混乱的潜在革命处境。不断出现重投天主教会怀抱或受到重洗派运动颠覆的威胁，导致对改教家无可避免的需要。一个运动若是不受抑制或缺乏方向，就可能会陷入混乱，必须有某个人赋予宗教的方向，因为那样的混乱是市议会现存的权力架构和掌管它们的个人所不欢迎的严重后果。同样地，改教家是在当局之下，他的行动自由受到当权的政客所左右，后者会小心维护他们的权威，而且他们的改革议程往往会超过改教家的想法，延伸至包括巩固他们的经济和社会影响上。故此，改教家与市议会的关系是十分脆弱的，相当容易瓦解，因为真正的权力总是在后者的手中。

在日内瓦的情况中，该市的改教家［起初是法雷尔（Guillaume Farel）和加尔文，后来只有加尔文］与市议会之间的关系就相当脆弱。市议会意识到要小心维护它那得来不易的权力和自由，就决定不要由一个改教家来取代一个天主教主教的专制。1536 年，该市刚从萨伏伊得到独立，而且尽管伯尔尼想要把该市变成殖民地，它却大致上维持了独立。日内瓦并不想受到任何人所支配，除非他们是处于受到巨大的经济和军事压力之下的处境。结果，加尔文的各种活动受到严格限制。他就是那种选择的自由受到严格限制的人。加尔文于 1538 年被逐离开日内瓦，证明政治权力仍然稳固地掌

19

握在市议会的手中。加尔文是"日内瓦的独裁者"(dictator of Geneva)这个想法,完全是缺乏历史基础的。然而,市议会发现当加尔文不在时,自身难以处理一个正在恶化的宗教环境。在一个相当值得注意的社会实用主义和宗教现实主义的行动中,市议会召回他们的改教家,而且容许他继续他的改革工作。日内瓦需要加尔文,正如加尔文需要日内瓦一样。

我们可以留意到,信义宗与改革宗思想在这点上的一个重要分别。路德是来自一个小小的市镇萨克森(Saxon),在地方贵族的统治之下成长,而伟大的宗教改革思想家茨温利与布塞却是孕育于著名的自由城市苏黎世与斯特拉斯堡。对于后者而言,宗教改革运动包括了对"公民"与"基督徒"的身份认同,非常强调生活的政治层面,而这些都是路德的思想中所缺少的。故此,茨温利十分强调对**群体**改革和拯救的需要,路德则集中于**个人**改革与拯救的需要。路德借着他的"两个国度"(Two Kingdoms)的教义,有效地分隔了俗世生活与宗教观念,而茨温利则强调它们的互相整合。所以,明显的结果是改革宗教会在当时德意志南部与瑞士的城市中,取得最稳固的权力基地,而这些地区都是在社会、文化和经济上较北方的城市先进的,这些城市却注定要成为信义宗的阵地。

宗教改革运动的社会处境本身是一个引人入胜的题目,不过在此主要是集中解释它对改教家在某些宗教观念上至少明显带来的影响。例如,有明确的理由显示,茨温利的许多思想(特别是他对圣礼的社会功能的观念)是直接受到苏黎世的政治、经济与社会环境所影响的。同样地,加尔文对于一间基督教会的恰当结构的某些观念,似乎也反映了在他未抵达日内瓦前已经存在的架构。我们在本书中将会再次探讨这个问题。

改教家的宗教观念

本文在此介绍改教家的宗教观念是十分合宜的。这些观念将在本书的探讨中不断详述与发挥,故此本段旨在为读者提供初步的概览。正如一份粗略的地图提供了一个地区的概括综览,以便稍后再绘制细节,本段也是为了帮助读者对本书后文所遇到的观念有一初步的印象。

对于宪制的宗教改教家来说,推动他们的基本信念是通过回到初期教会的信仰与操守,才能最有效地改革与更新基督教。最初 5 个世纪[通常被称为"教父时期"（patristic period）]倾向被视为基督教的黄金时代。16世纪许多改教家的伟大理想，可以总结为"基督教的重生"（*Christianismus renascens*）这句拉丁文的口号。这样的再生究竟如何才会出现？改教家指向使徒时代基督教的活力，正如新约圣经所见证的，而且辩称我们能够并且必须重拾基督教教会历史中重要时期的精神与形态。我们必须回到新约圣经及其最早的诠释者，以便可以向他们学习。这些都是基督教世界的权状，也是基督教信仰与实践的泉源。

改教家站在旧约先知的伟大传统中，挑战当时的宗教领袖。他们认为后者所犯的罪恶是容许对基督教信仰的加添与曲解——这些篡改反映了教会的筹款者的利益，同时满足了普罗大众的迷信心态。炼狱的教义与售卖赎罪券（indulgences）的相关做法，被标明为代表基督教的迷信行径，利用了一般人民的希望与恐惧。这是清除这些腐败的时候了，方法是不断诉诸早期教会的信仰与实践，借此建立一个改组和清除的榜样，那是教会所急需的。

这种极度强调早期基督教是16世纪"基督教的重生"的理想规范与参照点的看法，让我们明白改教家为何如此强调新约圣经以及常被称为"教父"或"教父作家"的早期基督教作者。教会改革与更新的蓝图，都可以见于这些著作，也可以在其中看到基督教的原初理想。故此，第一部希腊文新约圣经的出现，以及奥古斯丁（被大多数改教家视为教父作家的**代表**）著作的初版印刷，成为16世纪宗教改革运动的里程碑，而且在欧洲广泛流传。对于马丁·路德来说，改革的方案可以总结于一个简单的句子："圣经与圣奥古斯丁"。

文艺复兴时代人文主义的兴起，一般被视之为极有助益，在西欧对古籍相关的希伯来文与希腊文研究的重大进步，预备了直接研究圣经之路，并取代了不太可靠的拉丁文武加大译本。人文主义者所倡导的新的文本学与语文学技术，被公认为是通往新约世界（因而是通往真正的基督教）的钥匙。正当16世纪踏入第二个十年时，许多人感到新纪元正待破晓，而真正基督教沉寂已久的声音，得以再次被人听到。

宗教改革运动的方案虽然可能看来简单，却遇到令人畏惧的困难，本书后文将会提及。宗教改革的议程已经设定，所赖以取得成功的工具也准备好了。不过，我们若要明白这段人类历史的舞台背景，就必须投入15世纪至16世纪初的思想洪流中。

然而，欧洲不是每一处地方都被宗教改革运动熔炉产生的新宗教观念所影响的。在某些情况中,这些观念对社会或教会造成的结果(而不是这些观念本身)才是改变的催化剂。例如,德意志地区直接深受宗教观念的影响,而英格兰却明显没有那么受影响,反而发展出宗教改革运动一个较为政治化的形式。我们如何理解这些发展?它们有何意义?我们将会较为详细地探讨德意志地区与英格兰的情况,尝试明白宗教观念在这两个处境中的不同功能。

宗教观念的社会角色:日耳曼与英格兰

在亨利八世(Henry Ⅷ)的统治下,16世纪英格兰宗教改革运动与日耳曼的情况没有什么关联。历史学者波威克(F. W. Powicke)指出,"英格兰的宗教改革运动可说是一次国家的行动",而且,"英格兰的宗教改革运动是议会的事务"。[1]波威克的归纳是正确的,显示出德意志地区与英格兰的宗教改革运动的一个重要分别。

在德意志地区中,福音派信徒与天主教作者和教士之间在16世纪30年代期间持续了漫长的斗争,双方各自试图在有争议的地区增加影响力。在英格兰,亨利八世仅是宣告在他的领土上只有一个国家教会。通过皇家谕令,在英格兰之中只可以有一个基督身体。故此,英格兰的改革宗教会在界定它与同一地区的其他教会的关系上,没有任何压力。英格兰的宗教改革运动起初推动的方式,毫无界定教义的需要,英格兰教会的定义从社会的层面看,不论在政治上有何改动,根本与宗教改革之前没有什么分别。这不是说,英格兰在宗教改革时期没有任何神学上的争议,而只是指出,那不涉及它的身份问题。[2]

德意志地区的信义宗教会被迫在宗教观念的层面上为它的存在和范围作出界定和维护,因为它是脱离自中世纪的天主教会——这个教会在信义宗地区的四周仍然一直存在,驱使信义宗借着为它的观念辩护,继续证明它的存在是合理的。在16世纪60年代和70年代之间,随着加尔文主义开始较多侵入以前是信义宗的地区,德意志地区的情况变得越来越复杂。基督教三大教派如今在同一地区中建立基业——信义宗、加尔文派和罗马天主教会。他们都承受着建立自己身份的压力。信义宗人士一方面被迫要解释它与加尔文派有何不同,另一方面还要解释与罗马天主教会的分别。教义证明是识别和解释这些分别的最可靠方式："我们相信这个,他们相信那个。"1559 至 1622 年这段时期的特征,就是重新强调教义纯正的需要,这被称为"正统教义时期"(period of orthodoxy)。

信义宗思想与加尔文主义在许多层面上都是类似的。两者都宣称自己是福音派;换言之,两者都认为自己是植根在福音(拉丁文是 *evangelium*)上,而不是人类的传统。两者都或多或少抗拒中世纪天主教会的同一核心层面。不过,虽然有这些明显的相似之处,信义宗与加尔文主义却必须加以区分。德意志地区的政治要求以某些简单的方式识别信义宗与加尔文主义,而教义就证明是区分这两个在其他方面都十分相似的群体的最可靠方式。在大部分教义的论点上,信义宗与加尔文派大体上都能取得一致意见。不过两者在一个问题上(预定的教义)却是南辕北辙。加尔文派在 1559 至 1622 年间对预定教义的强调,部分反映了一个事实,就是这教义与他们的信义宗同侪有所不同。

卢曼(Niklas Luhmann)可能是近期研究基督教教义的社会功能这个问题最重要的社会学家,他强调教义的出现,部分是为了回应一个群体的独特宗教身份所感受到的威胁,那可能是通过与其他宗教系统的接触或冲突而产生的。卢曼认为,教义是一个宗教群体的自我反省,借此维持它的身份,调节它与其他这类群体的关系。信义宗在面对同一德意志地区的加尔文派和罗马天主教会的反对时,维护它的独特身份的情况,很好地说明了这个原则。同时也清楚显示,在英格兰出现的改革宗教会为何没有维护自己身份的需要,以便对付这样的内部抗拒;在《统一法案》(Act of Uniformity)之下,根本就不会有抗拒存在。

故此,在亨利统治下的英格兰教会认为把自己界定为一个社会单位就足够了,没有必要进一步在教义层面上作出定义。在伊丽莎白一世(Elizabeth Ⅰ)统治之下,情况大致相同。"伊丽莎白议决"(Elizabethan Settlement,1559)决定,在英格兰只有一个基督教会——"英格兰国家教会"(the Church of England),保持宗教改革之前教会的宗教垄断状态,同时承认了君王(而不是教宗)的权威。正如霍尔斯伯理(Halsbury)在《英格兰法律》(*Laws of England*)一书中的定义,"英格兰国家教会"一语在法律上丝毫没有涉及它的教义:"英格兰国家教会"被视为英格兰在公元 597 至 686 年间建立的教会的延续。罗马天主教会、信义宗和加尔文派——这三个基督教会正在争夺欧洲大陆的支配地位——不会在英格兰中受到容忍。故此,

23

英格兰国家教会没有要集中处理教义的特别理由。伊丽莎白保证,它在英格兰没有可以匹敌的对手。教义的目的之一,就是作出区分——而英格兰国家教会是不必与谁区分的。宗教改革运动和后宗教改革时期在欧洲大陆让教义显得重要的因素,都没有影响英格兰。

事实上,确保所有英格兰基督徒(不论是倾向某类新教形式或罗马天主教会)在英格兰国家教会中都感到合理适意的需要,导致有必要淡化教义的问题:对教义的强调,可能会引起新建立的教会之内的分歧,因而产生内部的弱点。当伊丽莎白试图确保英格兰在 16 世纪晚期危机重重的世界中享有安全时,她就不会愿意见到英格兰被教义的分歧所撕裂。一个分裂的英格兰教会,就意味着一个分裂的英格兰;而一个分裂的英格兰就是一个软弱和易受攻击的英格兰。

故此,宗教改革运动的社会处境对于宗教观念发生作用的范围具有重要的影响。在德意志地区中,这样的观念显然是十分重要的;在英格兰就非常微小。只有到了 16 世纪末,清教徒主义的兴起在英格兰成为一个值得注意的宗教和政治力量时,宗教观念才开始在英格兰处境中变得重要。

不过,德意志地区或许比英格兰更能提供一个可靠的典范,让我们理解宗教观念在法兰西、低地国家、意大利北部或瑞士等地的巨大冲击。英格兰由于北海(North Sea)和英吉利海峡(English Channel)的缘故而与欧洲大陆隔离,不用受到宗教观念力量的影响,这不是典型的情况;宗教观念的力量席卷欧洲,有时甚至引起宗教的战争。研究英格兰宗教改革运动的人可能会辩称,他们得到的印象是宗教观念在当时只是扮演了一个次要的角色;不过在其他地方,故事就不一样了。是时的英格兰不能被视为一个理解宗教观念的角色和影响力的决定性典范(controlling paradigm)。

在探讨过某些初步的问题之后,我们现在可以面对宗教改革运动了。最适当的入手处,就是探讨中世纪晚期宗教的世界,也是现在要转到的课题。

注释

[1] F. M. Powicke, *The Reformation in England* (London, 1941), pp. 1, 34。进一步参 A. G. Dickens, 'The Reformation in England,' in *Reformation Studies* (London, 1982), pp. 443-456; J. J. Scarisbrick, *The Reformation and the English Peo-*

ple (Oxford, 1985)，pp. 61-84。

[2] 有关分析，参 Alister E. McGrath，*The Genesis of Doctrine*（Oxford/Cambridge，Mass. , 1990），pp. 37-52。

进深阅读

关于宗教改革运动的整体综览，参：

John Bossy，*Christianity in the West 1400 - 1700*（Oxford，1987）.

Euan Cameron，*The Reformation*（Oxford，1991）.

Owen Chadwick，*Pelican History of the Church*，vol. 3：*The Reformation*（London，1972）.

A. G. Dickens and John M. Tonkin，*The Reformation in Historical Perspective*（Cambridge，Mass. , 1985）.

Steven E. Ozment，*The Age of Reform 1250 - 1550*（New Haven/London，1973）.

关于宗教改革运动的社会背景，参：

Hans Baron, 'Religion and Politics in the German Imperial Cities during the Reformation,'*English Historical Review* 52 (1937)：405-427, 614-633.

Basil Hall, 'The Reformation City,'*Bulletin of the John Rylands Library* 54 (1971)：103-148.

Berndt Moeller，*Imperial Cities and the Reformation：Three Essays*（Philadelphia，1972）.

Steven Ozment，*The Reformation in the Cities：The Appeal of Protestantism to Sixteenth-Century Germany and Switzerland*（New Haven/London，1975）.

关于印刷术所造成的影响，参：

M. U. Chrisman，*Lay Culture，Learned Culture：Books and Social Change in Strasbourg，1480 - 1599*（New Haven/London，1982）.

Elizabeth L. Eisenstein，*The Printing Press as an Agent of Change：Communications and Cultural Transformations in Early Modern Europe*，2 vols.（New York，1979）.

关于 16 世纪与宗教改革运动有关实例的极佳汇集，参：

Pierre Chaunu，*The Reformation*（Gloucester，1989）.

2

中世纪晚期宗教

中世纪晚期是宗教改革运动的背景。在近年的学术著作中,越来越多人强调要将宗教改革运动置于中世纪晚期的处境,并把对中世纪晚期、文艺复兴与宗教改革运动的研究成果,互相参照。这些领域的分割(例如,通过各自的大学讲座教席、期刊与学术团体),大大妨碍这种综合与落实的过程,但这过程对了解宗教改革运动的观念是极为重要的。在接下来的两章中,我们会仔细检讨在中世纪晚期欧洲两股最重要的思想力量:人文主义(humanism)与经院神学(scholastic theology)。本章处理的是中世纪晚期宗教的一些基本要点。

民众宗教的增长

对于宗教改革运动背景的较旧研究,经常试图把中世纪晚期描绘为一个宗教没落的时代。这样,部分地反映了这些研究对 15 世纪抨击教会的文献采取的不加批判的态度。现代研究运用了较为可靠的标准,显示了恰恰相反的情况。从 1450 至 1520 年间,德意志地区正经历了民众宗教(popular religion)敬虔的显著增长。这点尤其清楚见于莫勒的专文《1500 年间德意志的宗教虔诚》(Piety in Germany around 1500)。[1]

莫勒基于一系列的研究,证明从各方面最可能的客观标准看来,在宗教改革运动前夕的德意志地区，民众宗教出现了惊人的增长。从 1450 至 1490 年间，奥地利上层贵族所资助的弥撒数目持续增加，这在 1490 至 1517 年间达到顶点。宗教互助会的成立蔚然成风，目的是让互助会成员逝世之时，可以聘请教士为其举行弥撒。这些团体基本上是由穷人捐献而成立的。这种情况存在的本身，关乎死亡与永生的信仰——例如炼狱与圣徒代求的观念。单单在汉堡一地，在宗教改革运动前夕，就有 99 个这样的互助会，大多数更是在 1450 年之后才成立的。兴建教会的工程，在 15 世纪后期十分蓬勃，正如朝圣与收集不同圣物的时尚一样。15 世纪被形容为"神秘主义文学膨胀的时期"[奥伯曼（Heiko A. Oberman）]，反映了民间对宗教兴趣的增加。正是这种民间对宗教的兴趣，引致对建制教会的批判，指其不能尽上其应有的责任。这种批判在以前的研究中，被说成是宗教**衰落**的证据，但这实际上却是指向宗教的**兴盛**。有趣的是，这些宗教敬虔的兴盛，似乎大部分局限于平信徒会众；当时的圣职人员没有显示出任何属灵更新的征兆。整个境况预备了反教权主义（anti-clericalism）的兴起，圣职人员则被视为只是利用此种对宗教的新兴兴趣，而不是培养之。

27

反教权主义的兴起

"反教宗主义"（anti-papalism）与"反教权主义"是 15 世纪日耳曼宗教现象的重要一环。[2] 反教权主义出现的一个因素，就是显贵的圣职人员素质恶劣。在文艺复兴的意大利，教区的教士通常没有受过什么训练；他们的有限知识都是源自观察、协助和效法较年老（却不一定较有智慧）的同工。主教辖区的巡访，往往显示教士是知识浅陋的，或经常遗忘了他们的日课经（breviaries）。教区圣职人员的恶劣素质，反映了他们的社会地位低下：在 16 世纪初的米兰，专职教士的薪酬比没有技术的工人还低。许多人借着贩卖牛马，才足以糊口。同一时期在法兰西的农村地区，低阶教士的社会地位大概等同于流浪汉：他们不用缴税，免受民事起诉，免服兵役，差不多与当时四处流浪的乞丐没有分别。

圣职人员可以豁免大部分的课税。这样的宽免成为许多民众愤怒的原因，尤其是在经济困难的时候。在法兰西的莫城主教辖区中（这地方在 1521 至 1546 年间成为宗教改革运动活跃分子的中心），圣职人员获豁免一

28 切形式的税项,包括与军需供应和驻防有关的费用——这激起了当地相当大的愤慨。在卢昂的主教辖区中,民众抗议教会在 16 世纪 20 年代严重失收时还借着售卖谷物而大发横财。圣职人员免受民事法庭的起诉,进一步把圣职人员与市民大众隔离开来。[3]

在法兰西,16 世纪 20 年代的粮食危机,在巩固反教权主义的态度上扮演了一个重要的角色。拉杜里(Le Roy Ladurie)在对朗格多克(Langue-doc)的著名研究中,指出 16 世纪 20 年代见证了扩展和复苏过程的完结,那段过程是百年战争之后两代人的特征。自此以后,一场危机开始出现,包括瘟疫、饥荒,以及贫农迁往城市寻找食物和工作。同样的模式,现在已被视为当时法兰西卢瓦尔河(Loire)北部大部分地区的情况。这场粮食危机,把民众的目光集中于劳动阶级与教会建制之间的巨大社会差距。

文艺复兴晚期在法兰西的主教大多数是贵族出身,这个趋势见于一个又一个的主教辖区。[4] 在莫城,教会建制的较高阶层都是出身自城市的贵族阶级,在布理(Brie)全地的高级教士就是这样。同样的模式可以见于卢昂,正如加尔文的出生地努瓦永(Noyon),当地的汉格斯(de Hangest)家族垄断了教会的事务,掌握任命的实权,而且在超过四分之一世纪中,提供了大部分齄区的主教。在朗格多克省中,高阶的圣职人员大多是门外汉,往往是由贵族以王室任命权强加在主教辖区中。这些圣职人员甚少留在他们的辖区中,只把他们的属灵和现世责任,视之为不劳而获的收入来源,并用来促进在其他地方的政治雄心。主教与高级教士的贵族背景和地位,使他们远离工匠和农夫并隔绝于 16 世纪 20 年代的经济危机之外。16 世纪 20 年代高级教士(主要是建基于乡镇和城市)与农民之间的紧张关系不断加剧,构成了宗教改革运动在法兰西起源的背景。

在 16 世纪 10 年代和 20 年代的西欧大部分地区,人文主义者圈子对教育新的强调,导致教会建制被视为反动的、敌视新学问的,而且受到教育的发展与强调信仰的个人应用所威胁。16 世纪 20 年代开始出现的作品显示,圣职人员的衣着喜爱维持旧款的、散漫的样式,以致他们几乎不会被视为教师、属灵导师或道德榜样。拉伯雷(Rabelais)不是唯一揭露和嘲讽修士陋习的人,伊拉斯谟也不是唯一批评经院哲学(scholasticism)的枯燥和圣职人员的不当者。

29 反对教宗的情绪,在文艺复兴的晚期也有所增加,尤其是在德意志地区。这类针对教宗的敌意的发展,往往涉及教宗是由意大利人掌握的看法。

对教宗的敌意，在受过教育的阶层以及统治阶级中可能最为强烈，他们对教宗干涉地方教会与政治事务深感愤慨；至于对圣职人员的敌意，则在平民百姓中间最为严重，尤其是在乡镇中，他们不满圣职人员的特权（例如豁免赋税），另外圣职人员也经常像当时日耳曼的地主那般压制农民。研究指出，对于反教权的传统与反教宗的情绪，显然存在于一种所谓"教会的牢骚文学"中。[5]路德在他著名的改革论文《致德意志贵族书》（*Appeal to the German Nobility*）中，列出了教宗与圣职人员的陋习，类似一个世纪之前流行的清单。路德似乎是承接了对教会长期不满的传统，借此为他的改革方案赢取支持。

在一般日耳曼人民的心中，路德与其他诸如胡腾（Ulrich von Hutten）等人，都被视为针对教会压制的解放者。此外，有证据显示日耳曼的民族主义，受到反教宗与反意大利情绪的煽动，在1517至1521年间达至高峰。当时出现了一种流行的传说，认为日耳曼是上帝拣选成就其旨意的国家民族。虽然各传说于1530至1560年间被人文主义者逐步除掉，仍然有许多人视当时由路德领导的日耳曼宗教改革运动为神圣的默示与引导。当然，这现象不只限于德意志地区，例如在英格兰罗拉德派的运动（Lollard movement）也有相同的特征。

关于中世纪晚期民众宗教的兴盛，最后还有一点值得注意。在某种程度上，民众宗教可说是企图将神学家的抽象观念转化为一些较具体事物的一种尝试。洗礼、婚姻与死亡成为一些充斥着民间信仰与习俗的事情［通常称为"民俗宗教"（folk religion）］，虽然这些事情起初是源于神学家所写的课本，最终却往往没有什么关联。民众宗教通常是以农村社会的事务为中心，反映了他们的生活节奏和季节。这类农业社会的耕作需要（例如制备干草和收割庄稼），深深结合在民众宗教的仪式中。因此，在法兰西莫城的主教辖区中，宗教礼仪提升至防止动物与婴孩的疾病、瘟疫与眼疾，或祈求年轻妇女找到合适的丈夫。

中世纪晚期民众宗教最重要的元素，可能是一连串有关死亡的信念和习俗，其中必然有一位教士参与。出席这些死人礼仪的费用是十分昂贵的，反映在宗教互助会（fraternities）的兴起中，这类团体就是为了预备其成员可以得到合适的礼仪而设的。正如上文所述，在经济困难之时，难免出现反圣职人员的情绪，因为圣职人员似乎就是从赤贫的活人为他们死去亲属的忧虑中谋取利益。在这些习俗中，最核心的是炼狱的观念，炼狱在但丁的

30

《神曲》(*Divine Comedy*)卷二中被生动描绘出来,表达了死人在进入天堂之前,要为他们余下的罪孽受罚和洁净的观念。事实上,那里被想成是一种让死人等候最后审判期间的清账交易所。这个观念对许多人特别具有吸引力,正如以后赎罪券买卖大行其道所显示的,赎罪券所提供的至不济是一张加快通过炼狱的通行证,从最好方面看,却可以借它完全免责。

在德意志地区中,路德认为赎罪券的交易在道德上是可耻的,在神学上也是很成问题地利用民众对死者的自然感情。他的《九十五条论纲》(1517年10月31日)直接批评那些主张,也即只要付出恰当的数额给获授权的教会销售商,死者的灵魂就会立即从炼狱中得到释放。对于日耳曼民众来说,他们更觉羞辱的是,他们所付出的费用最终是去了意大利,资助文艺复兴教宗的奢华挥霍。路德尤其反对台彻尔(Johann Tetzel)宣传赎罪券的广告:

> 钱币叮当一声落入银库,
> 灵魂立即从炼狱中跳跃出来!

路德那唯独因信称义的教义,排除了炼狱和赎罪券的需要;死人可以安躺在平安中,这是因着他们的信心,让他们与上帝建立正确的关系,而不是由于他们给了教会什么好处。在法兰西,利奥十世(Leo Ⅹ)和法兰西斯一世(Francis Ⅰ)在1515年也策动了一场赎罪券运动,以图资助十字军。然而,在1518年,巴黎神学院抗议这场运动所提出的某些迷信观念。它被斥责为是"错误和可耻的"教导,因其主张"不论是谁,只要为十字军的募捐,投入一个银币或捐献一个灵魂在炼狱中的价值,让那灵魂立即获释,那灵魂就必然会到达天堂"。这些信念虽然被学术界的神学家所质疑,却深深迷倒一般普罗大众。一个"非官方"神学开始形成,大部分与被认可的神学教科书无关,而是深深建基于社会大众的盼望和恐惧之上。

正当民间信仰与神学之间的裂缝日渐扩大,改革的可能性也渐渐微弱。若要改革民间信仰,使其与"官方"神学互相吻合,就首先得假设大家都同意那神学的本质是什么——而在接着的下文中,我们可以见到教义多元化与混乱的发展,均最终否定此可能性。最后,改教家快刀斩开这难解之结的方法,在于同时抨击民间的信仰与习俗,**以及**这些信仰至终所建基的神学基础(即使那是日趋薄弱的关系),并且倡导大规模的教育计划。可是,对于那些试图改革中世纪晚期民众宗教的人来说,这些宗教改革运动时期的大规模计划是相对失败的,而且也将他们面对的问题更清楚地显明:民众宗教与大众迷信是极难根除的。

教义多元主义的兴起

中世纪宗教思想的最重要发展之一,是不同神学"学派"(schools)的兴起。正如 20 世纪见证了"弗洛伊德派"(Freudian school)与"阿德勒派"(Adlerian school)在心理分析上的兴起,以及"巴特派"(Barthian school)在神学上的发展,中世纪也同样经历了许多卓然成家的神学思想学派的确立。其中两个学派可以简略一提:"托马斯学派"(Thomist school)是建基于托马斯·阿奎那(Thomas Aquinas)的著作,而"司各脱学派"(Scotist school)是基于约翰·邓·司各脱(John Duns Scotus)著作中相当不同的思想。中世纪是欧洲的大学与学派扩展的时期。此种发展不可避免的结果,就是思想的多元化。换句话说,学术越加以发展,结果是造成越多意见的流传。到了 16 世纪初,差不多有九个这样的学派在西欧的教会之内建立起来。[6]

这些思想学派现在对一些主要的问题有十分不同的理解。譬如,他们对于称义的教义(本书第六章会再论及)便显示了在某些课题上的分歧——例如个人若要称义,应做何事。其他相似的分歧,亦见于对个人性宗教与教会体制有何直接重要性的一连串问题上。不过,哪一个思想学派才是**正确**的? 哪一个最接近教会的官方教导? 以恰当的专门用语来说,哪些只是"神学意见",哪些才是"大公教条"? 显然,某些**衡量**新教义是否可靠的方法,应该加以运用。然而,正如我们在下文指出的一些原因,这些评估没有一个被采用。教宗不愿意定义什么才是"真正的教义",而且显然不能强推这些教义。结果难免是:混乱。几乎没有人可以十分肯定在某些问题上,究竟什么才是教会的官方教导。称义的教义是这些问题之一,此教义后来成为主要宗教改革运动的中心——与马丁·路德有关的——或许就毫不意外了。

上述的教义迷惘,实际的结果在文献上显而易见。在意大利文艺复兴晚期的一段插曲,已经足以说明。在 16 世纪最初十年间,一小群年轻的意大利贵族定期聚会,为的是讨论宗教的事情。这个小组的成员拥有共同的关怀:怎样可以确保他们的灵魂得拯救。不过,这是如何达成的? 为了得拯救,他们必须做什么事情? 这个直接的问题,从教会当局那里显然得不到清楚明确的答案。小组中出现了危机,在 1510 年达到顶点。这个小组分裂成两部分。其中一个小组确信,拯救的达成,唯有借着拒绝世界和舍己,进入修道院避世,在那里让他们的拯救不受堕落世界的影响所侵害。另一个小组却选择留在世界中。他们解释,以某种方法必然可以留在世界,而且得着拯救。不过,没有人可以完全确定教会对这个重要问题的官方立场——这个问题就是路德后来在因信称义的教义中论及的。

教会对称义的官方教导的混乱,极大地促成了路德在德意志的改革方案的出现。最近所知与这教义有关,由一个被认可的德国教会团体所发出的权威公告是公元 418 年,而它那混乱和过时的陈述,在 1100 年之后的 1518 年,也没有对这个问题的教会立场作出多少澄清。对路德来说,当时教会似乎已经陷入了帕拉纠主义(Pelagianism),这是一个涉及如何进入与上帝团契的不可接受的教导。路德相信,教会教导个人可以因着他们自己的成就和地位,在上帝眼中得蒙悦纳,从而否定了恩典的整全概念。路德在这方面的忧虑,大概并不正确——然而,当时教会存在相当大的混乱,没有人能够让他知道教会在这个问题上的权威立场。即使是在阿维农的教廷统治的地区,也是普遍盛行无政府式的观念。阿默巴赫(Boniface Amerbach)写道:"任何人都可以有自己的意见",他在 16 世纪 20 年代期间在这个教廷据点提倡"杰出博士马丁"的观念,使混乱的状况雪上加霜。

我们在中世纪后期会谈及一系列思想谱系(spectrum)。当时正流传着范围相当广泛的教义体系。对于 20 世纪的作者来说,我们有着事后孔明的好处,自然很容易看出第一代改教家所发展的观念带有潜在的危险性——
33 但在**当时**,这些观念却甚少受到保卫正统教义的官方护卫者所注意。正统与非正统之间的界线是如此模糊不清,根本没有可能将一些个人例如路德定为异端——而到了必须采取这些行动时,宗教改革运动已经取得很大的动力,极难加以制止。中世纪晚期教会的教义多元化,便设下了未来宗教冲突的场景。

权威的危机

权威危机的增加是中世纪晚期的发展之一,清楚见于 14 世纪以后,这对宗教改革运动的研究十分重要。究竟我们应向何人或何方寻求对教义的权威性宣讲?究竟什么人才有权柄清楚地宣告说"大公教会在**这样**问题上的立场是**那样**的"？在当时经历了神学论争急速发展的年代,十分需要一些人来界定什么只不过是神学的思辨,什么才是真正的大公教义。那时在教会内存在普遍的想法,认为神学的思辨是可以被接纳的——毕竟,学术界要做些事情打发他们空闲的时间,而教会也对其教导的真理有十足的信心,容许它们经过仔细的审查。不过,显然也有需要采取一些强制正统教义的措施(当然这里假设了"正统教义"是可以被定义的,但随着时间过去,这却逐渐受到怀疑)。教宗需要一些措施来强逼那些不符合正统教义观点的人放弃其教训,或至少抑制那些教训的散播。

由于在中世纪晚期教会内两方面发展的影响所及,以致在 15 世纪末与 16 世纪初时,若要对正统教义加以定义与强制施行,几乎是没有可能的。首先,因着西方教会大分裂(the Great Schism)及其余波,教宗的权柄受到质疑。教会大分裂(1378—1417)导致西方基督教世界在格列高利十一世(Gregory Ⅺ)死后决裂。意大利的阵营由乌尔班六世(Urban Ⅵ)领导,而法兰西的阵营则由克莱门七世(Clement Ⅶ)领导。这样的情况持续到 1417 年的康斯坦茨会议(Council of Constance)选出马丁五世(Martin Ⅴ)成为教宗才停止。在 1409 年左右的短暂时期中,竟然出现了三位自称是教宗的人物。

上述情况的关键问题是：究竟怎样才能解决谁是**真正**教宗的争议？普遍认为,教宗是教会内所有教义纷争的最后裁决者——但**哪位**教宗才能解决这场纷争？最后决定,必须召开一次大公会议,连同掌权者一起寻求解决的方案。康斯坦茨会议(1414—1417)的召开,就是要在三位敌对教宗的候选人之间[格列高利十二世(Gregory Ⅻ)、本尼迪克十三世(Benedict ⅩⅢ)与约翰二十三世(John ⅩⅩⅢ)]作出选择。这次会议略过了此三人,选择了它自己的候选人(马丁五世),因而方便地解决了问题。由此似乎确立了一个重要的原则：大公会议的权威高于教宗。不过,马丁五世却有不同的想法。

这样,就形成了对教会内权威的两种对立理论的发展境况：一些人认为一个全体的会议具有至高的教义权威["议会派"(conciliarist)立场],而另一些人则认为教宗本人才拥有此权威["教廷派"(curialist)立场]。正当教会需要改革的意识在 15 世纪日渐明显之际,议会派人士便强调,这样改革的唯一盼望在于召开一次改革的全体会议。马丁·路德在 1520 年的《致德意志贵族书》中反映了上述立场,他在文中辩称,当时日耳曼诸侯是有权召开这样的会议的。议会派运动的失败,一般被认为是宗教改革运动的主要

34

原因,理由有两方面。首先,它产生了盼望,以为教会可以从其内部改革——当这盼望破灭之后,许多人便转而寻求其他方法,**强行**在教会进行改革,甚至可能借着向俗世政权寻求帮助。其次,它也造成对教宗的教义权威的挑战,由此加深了中世纪晚期神学思想的混乱情况。因着不知道谁才拥有最终的教义权威,许多神学家便自行发展他们的神学立场,不再过多追问这些立场的真确性。

第二方面的主要因素,涉及欧洲俗世统治者权力的兴起,他们越来越倾向认为教宗的问题并不具有太大的重要性。此外,那些教宗似乎不愿意运用一些已有的渠道来强制教义上的正统。例如,当时德意志地区的主教辖区和教省议会是具有审查异端的权力的——可是这些议会却没有在 16 世纪初有需要时召开。许多欧洲统治者起初只是集中注意法兰西与意大利的战争,接着是哈布斯堡王朝与瓦卢瓦王朝的冲突(Hapsburg-Valois conflict),当时只要有政治权力的首肯,宗教改革运动就**可能**被用武力加以压制。

不过,教宗召唤俗世统治者执行他们的宗教意愿的能力,逐渐衰落消失。民族主义日渐成为重要的因素,削弱了阿尔卑斯山脉(Alps)以北的教廷权威,正如在法兰西的情况所见的。1515 年 9 月,法兰西斯一世戏剧性地战胜了教廷与瑞士在马里尼亚诺(Marignano)的联军,让他成为一股在意大利事务中足以抗衡的力量,而且提高他对法兰西教会的权力。接下来《博洛尼亚协定》(1516)赋予法兰西斯一世委任法兰西教会所有高级教士的权
35 力,有效地削弱了教宗对教会的直接控制。法兰西斯察觉到在他的领土上有实施宗教正统教义的需要,便把这个问题的责任委派给巴黎大学神学院——这群人很快被称为"索邦神学院"(the Sorbonne)。法兰西斯逐步朝向专制主义迈进,虽然他在帕维亚战役(Pavia,1525)战败,随后在马德里被监禁,因而暂时受阻,却导致教宗在法兰西事务上的权威相应降低,不论是国家还是教会的事务。

结果,法兰西的改革运动被视为是关乎法兰西斯一世的事务,与教宗没有多少关系。即使教宗想要插手法兰西教会的事情,还有一连串外交上和法律上的艰巨障碍等着他。法兰西斯刚刚在战争中击败教宗,显示出他没有多少兴趣维护教宗在法兰西的利益,除非它们是与法兰西的君主统治一致。

教宗权威受到俗世统治者严厉限制的另一个例子,可以见于亨利八世

企图与阿拉贡的凯瑟琳(Catherine of Aragon)离婚一事。当亨利请求教宗允许他离婚(一般来说不会有什么困难),教宗发现自己受到来自皇帝查理五世(Charles V)的巨大压力——查理五世刚好与阿拉贡的凯瑟琳有关。由于查理最近攻入罗马城大肆劫掠,在这地区驻留了庞大的军队,教宗就面对着要么冒犯国王(他从来没有,似乎也永远不会挥军接近罗马),要么冒犯皇帝(他有这样的军队,而且绝对可以随时运用它们)之间的抉择。结论早已确定了,亨利八世不会被允许离婚。

故此,在中世纪晚期教会内存在了权力的双重危机。当时明显地产生了**神学**权威运用的性质、范围与方式的混乱局面,同时**政治**权威既不愿也不能压制宗教改革运动的新兴观念。正是在此教会混乱和没有作为的境况中,宗教改革运动以急促的步伐前进,直至地方性的压制对它而言已不足为虑之时。

英格兰的个案研究：罗拉德派

宗教改革运动不是把教会从无变为有的;在欧洲各地,它是建基在现存的基础上。越来越多人承认,英格兰的宗教改革运动是建基于罗拉德派的基础。因此,在本章对中世纪晚期宗教的分析中,我们以罗拉德派作为个案研究,说明民众宗教的元素如何有助于本地宗教改革的出现和形成的方式。

近期研究已经证明罗拉德派的复杂性,以致若要概括说明它的基本信仰,就会相当冒险。例如,虽然某些罗拉德派信徒反对炼狱的观念,大多数人却容忍它的存在;在英格兰对这个概念的严厉抗拒,似乎只有随着弗里思(John Frith)在 1533 年因这个问题受到处死而得到动力。然而,在这场运动中似乎广泛通行着某些基本看法,可以归纳如下。一般而言,罗拉德派相信:

1. 圣经应该有本地方言的版本。
2. 敬奉雕像是不可以接受的。
3. 朝圣的习俗是要受到严厉批判的。
4. 每一个平信徒都是祭司。
5. 教宗行使了过度的权力。
6. 基督在圣餐饼中的临在纯粹是属灵性的[反对中世纪变质说

（transubstantiation）的教义〕。

在某种程度上,上述信念可以说是与牢骚文学的形式不相伯仲。不过,它指出了某些在罗拉德派圈子中盛行的看法,当路德的思想于 16 世纪 20 年代在英格兰出现时,这些看法提高了对路德思想的接受程度。因为,路德的教义与这些看法互相共鸣。例如,路德的"信徒皆祭司"的教义,就符合罗拉德派不喜欢教士的看法,罗拉德派相信所有平信徒都可以自称为祭司。同样地,路德对因信称义的教义似乎(至少对罗拉德派来说)暗示,在拯救的过程中,不再需要教宗、教士或建制教会——这些全都是他们所强烈憎恶的。每一个人都能够与上帝和平共处,不用涉及让人厌恶的教会统治集团。

类似罗拉德派的运动似乎在欧洲许多地方都存在,这提供了肥沃的温床让宗教改革运动的观念可以发芽植根。罗拉德派并没有发展出信徒皆祭司或唯独因信称义等精深教义。他们充其量是拥有一种态度或意向,即对当时的教会持严厉批判的态度。不过,当路德的观念来到时,却对罗拉德派带来许多意义。他们与这些看法彼此共鸣,并增强了他们的论据,为罗拉德派的热忱加添了智性上的精密,把一个新的神学基础赋予他们对英格兰教会的批判。

37 在此综览了中世纪晚期教会中逐渐增加的压力。不稳定的情况与日俱增。显然某类改变不可避免是会出现的了。结果,它以宗教改革运动的形式出现,正如我们现在所知道的。文艺复兴人文主义兴起,是在这个中世纪现存宗教信念和习俗不稳定的过程中的一个重要额外因素。在不久前,人文主义的新方法对中世纪的教义观点提出了严厉的提问。在下一章我们将会探讨这方面的发展。

注释

[1] Berndt Moeller, 'Piety in Germany around 1500,' in *The Reformation in Medieval Perspective*, ed. Steven E. Ozment (Chicago, 1971), pp. 50-75.

[2] 最好的研究是 H. -J. Goertz, *Pfaffenhass und gross Geschrei: Die reformatorischen Bewegungen in Deutschland 1517 - 1529* (Munich, 1987)。另参 H. J. Cohn, 'Anti-clericalism in the German Peasants'War, 1525,' *Past and Present* 83 (1979): 3-31.

［3］H. Heller，*The Conquest of Poverty*：*The Calvinist Revolt in Sixteenth-Century France* (Leiden，1986).

［4］M. Edelstein，'Les origines sociales de l'épiscopat sous Louis XII et François Ier,' *Revue d'histoire moderne et contemporaine* 24 (1977)：239-247.

［5］Gerald Strauss，*Manifestations of Discontent in Germany on the Eve of the Reformation* (Bloomington，Ind. ，1971)；A. G. Dickens，'Intellectual and Social Forces in the German Reformation,'in *Reformation Studies* (London，1982)，pp. 491-503.

［6］关于教义多元主义的起源和影响，参 Alister E. McGrath，*The Intellectual Origins of the European Reformation* (Oxford，1987)，pp. 12-28。

进深阅读

以下著作提供了宗教改革时期欧洲文化和社会的出色综览：

B. Moeller，*Imperial Cities and the Reformation*：*Three Essays* (Philadelphia，1972).

K. von Greyerz (ed.)，*Religion and Society in Early Modern Europe 1500 –1800* (London，1984).

E. I. Kouri and T. Scott (eds)，*Politics and Society in Reformation Europe* (London，1987).

F. Oakley，*The Western Church in the Later Middle Ages* (Ithaca，NY，1979).

S. E. Ozment，*The Age of Reform 1250 –1550*：*An Intellectual and Religious History of Late Medieval and Reformation Europe* (New Haven，CT，1980).

关于中世纪晚期宗教文献的出色综览，参：

F. Oakley，'Religious and Ecclesiastical Life on the Eve of the Reformation,'in *Reformation Europe*：*A Guide to Research*，ed. Steven Ozment (St Louis，1982)，pp. 5-32.

关于反教权主义，参：

H. J. Cohn，'Anti-Clericalism in the German Peasants'War 1525,' *Past and Present* 83 (1979)：3-31.

C. Haigh，'Anticlericalism and the English Reformation,' *History* 68 (1973)：391-407.

R. N. Swanson，*Church and Society in Late Medieval England* (Oxford，1989).

关于中世纪晚期教义分歧的重要性,参:

Alister E. McGrath, *The Intellectual Origins of the European Reformation* (Oxford, 1987), pp. 9-31.

Jaroslav Pelikan, *The Christian Tradition: A History of the Development of Doctrine. 4. Reformation of Church and Dogma (1300 – 1700)* (Chicago/London, 1984), pp. 10-22.

关于罗拉德派,参:

M. Aston, *Lollards and Reformers: Images and Literacy in Late Medieval Religion* (London, 1984).

J. F. Davis, 'Lollardy and the Reformation in England,' *Archiv für Reformationsgeschichte* 73 (1982): 217-237.

A. Hudson, *The Premature Reformation: Wycliffite Texts and Lollard History* (Oxford, 1988).

K. B. McFarlane, *Lancastrian Kings and Lollard Knights* (Oxford, 1972).

3

人文主义与宗教改革运动

在许多促成宗教改革运动洪涛的支流中,至今最为重要的仍然是文艺复兴的人文主义。虽然宗教改革运动可能是开始于当时德意志与瑞士的城市中,却极有理由显示,这是 14 世纪意大利随着我们现今称为"意大利文艺复兴"运动发展渐趋有力的必然结果。本章综览文艺复兴人文主义的方法与观念,借此了解它对宗教改革运动的影响。

当 20 世纪的作者运用"人文主义"一词时,我们通常是指一种强调人的尊贵,而没有涉及任何有关上帝的反宗教哲学。"人文主义"具有十分强烈的俗世主义,甚至无神主义的含义。不过在 16 世纪,正如我们在下文将会见到的,"人文主义"一词却有相当不同的意义。14、15 与 16 世纪的人文主义者都是极其敬虔的,他们所关心的是基督教会的**更新**,而不是**废除**。故此,读者必须放下现代对"人文主义"一词的理解,才能准备好去认识在文艺复兴晚期处境中的这种现象。

在我们开始讨论人文主义与文艺复兴,以及它们与宗教改革运动的关系之前,我们必须澄清专有名词的重要问题。即使在英语的著作中,读者很可能会遇到以下一些意大利文用语:*Trecènto*、*Quattrocènto* 与 *Cinquecènto*(重音符号常被省略)。这些名词按次序是指 14 世纪、15 世纪与 16 世纪。同样地,*quattrocentista* 一词是指 15 世纪的人物,而 *cinquecentista* 一词是指 16 世纪的人物。许多英语读者误以为 *Quattrocènto* 是指 14 世纪,结果造成严重的混淆。

40   **"文艺复兴"的概念**

虽然"文艺复兴"(Renaissance)这个法兰西用语现今已被普遍用来代表14、15世纪意大利文学与艺术的复兴,当代作者却倾向以其他名词来描述此运动:"复修"(restoration)、"复兴"(revival)、"觉醒"(awakening)与"重新盛放"(re-flowering)。[1](当然此处所说的"意大利"是指地理上,而不是政治体制上的)。在1546年,乔维欧(Paolo Giovio)形容14世纪为"拉丁文字母重生(*renatae*)的快乐年代",便预见此发展。某些历史学家[最著名的是布克哈特(Jacob Burckhardt)]认为,文艺复兴造成了现代(the modern era)的诞生。布克哈特强调,正是在这个年代,人类才开始想到自己是**个体**(individuals)。中世纪的集体意识被文艺复兴时期的个人意识所取代。佛罗伦萨(Florence)成为新的雅典,那是一个勇敢新世界的思想首府,由阿尔诺河(river Arno)分隔了新与旧的世界。[2]

布克哈特以纯粹个人主义的用语来定义文艺复兴,在许多方面都受到质疑,因为有强烈的证据显示,意大利文艺复兴的人文主义是具有强大的集体价值观的层面——例如,对于城市生活[见于佛罗伦萨的公民人文主义(civic humanism)]、政治(例如 *parte Guelfa*)、商业(见于羊毛同业公会)和家庭生活,均有集体性的取向。不过,在某种程度上,布克哈特无疑是正确的:在文艺复兴的意大利中,出现了既新颖又令人兴奋的**某些事物**,足以让数代思想家陶醉于其中。

为何整个意大利,或特别是佛罗伦萨,成为这场思想史上辉煌新运动的摇篮,至今仍不太肯定。以下是一些被视为与这问题有关的因素:

1. 意大利浸淫于古代伟大事物鲜明可见的回忆中。古罗马建筑和遗迹的残垣断壁,散布在这片土地上的每一角落。正如魏斯(Roberto Weiss)在他的《古典年代的文艺复兴发现》(*Renaissance Discovery of Classical Antiquity*)中指出,这些残垣断壁代表了与伟大古代的充满活力的联系。它们显然在文艺复兴时期点燃起对古罗马文明的兴趣,极重要地刺激其思想家在一个他们认为是文化枯竭和贫瘠的时代中,重新发现古典罗马文化的生命力。

2. 经院神学——中世纪最重要的思想力量——从来没有在意大

利产生特别的影响力。虽然许多意大利人成了著名的神学家［例如托马斯·阿奎那与利米尼的格列高利(Gregory of Rimini)］，但他们一般在欧洲北部的大学活动。故此，在 14 世纪的意大利就产生了思想上的真空。这真空亟待填补——而文艺复兴的人文主义填补了这独特的空隙。

　　3. 佛罗伦萨是依赖其共和政体(republican government)，才得享政治上的安定。故此，它十分自然地转向以罗马共和政体作为其研究对象，包括它的文学与文化，以此作为佛罗伦萨的榜样。

　　4. 佛罗伦萨的经济繁荣创造了闲暇的时间，因而产生了对文学与艺术的诉求。对于文化与艺术的赞助，也被视为对盈余财富的适当运用。[3]

　　5. 随着拜占庭王朝(Byzantium)开始瓦解——君士坦丁堡(Constantinople)在 1453 年终于陷落——操希腊语的知识分子便大量向西迁移。意大利刚好十分接近君士坦丁堡，结果就有许多流亡者定居于意大利的城市中。这样，无可避免地导致了希腊语言的复兴，以及随之而来对希腊古典文学的兴趣复现。

"人文主义"的概念

　　"人文主义"一词是 19 世纪杜撰出来的用语。德语的 *Humanismus* 首先出现于 1808 年，指一种强调研读希腊文与拉丁文古典著作的教育形式。英语的"人文主义"(humanism) 一词稍后才出现。它首次见于泰勒(Samuel Coleridge Taylor)的著作(1812)，用来指称一个基督论的立场——认为耶稣基督纯粹是人的信念。这个用语在文化的意义上的首次使用是在 1832 年。

　　"人文主义"一词在文艺复兴时期并没有使用过，认识这一点十分重要，虽然我们可以经常见到意大利文 *umanista*。这个词是指教授人文学或人文研究(*studia humanitatis*) 的大学讲师——即人文研究(human studies)或"博雅人文科"(liberal arts)，例如诗词、文法与修辞学。[4]［英语"人文主义者"(humanist)首先于 1589 年出现，意思是"文学学者，尤其是指精通拉丁文研究的人"。］"人文主义"一词在相当后期才出现的情况，暗示着文艺复兴时期的作者本身并没有意识到这个名词现今为人所知的普遍看法和世界观

右侧页边：41

42 的存在。现代读者倾向假设,"人文主义者"是个别赞同所谓"人文主义"的信念、态度和观点等主体的人物,正如马克思主义者就是赞同马克思主义的人物。然而,这个假设缺乏历史的证据。我们即将见到,这个信念、态度和观点等主体是什么,显然极难界定。

本节主要讨论人文主义的定义问题。这用语至今仍然广泛地在文艺复兴与宗教改革运动的研究中使用,其不确定的含义往往叫人困惑。"人文主义"的意义究竟是什么? 在近期的研究中,有两种对此运动的主要诠释。首先,人文主义被视为强调古典学术与语言学的运动。其次,人文主义是文艺复兴的新哲学。正如即将清楚指出的,这些对人文主义的诠释,都有其不足之处。

古典学术与语言学

毫无疑问,文艺复兴时期见证了古典学术的兴起。希腊文与拉丁文的古典作品都按照其原文被广泛研读。虽然某些早期研究建议,人文主义是起源于大学以外的处境,现存的证据却指出,人文主义与意大利北部的大学毫无疑问有密切的关系。故此,人文主义基本上可以视之为是一场致力研究古典时代的学术运动。不过,这可能会忽视了人文主义者**为何**首先希望研读古典作品的原因。从现存的证据来看,这些研究显然是一种达到目标的**途径**,而不是**目标**的本身。那目标就是提升当代写作与说话表达的雄辩能力。[5]换句话说,人文主义者研究古典作品是以之作为写作修辞的典范,借此获得灵感与指导。古典著作的研究与语言学的能力,只不过是运用古代资源的工具。正如许多人经常指出的,人文主义者的著作不论对文字或语言修辞上的发扬,远超过其对古典学术与语言学的重视。

文艺复兴的新哲学

根据近年数位人文主义的诠释学者来看,这运动体现了文艺复兴时期的新哲学,它的兴起是作为对经院哲学的一种反应。故此,文艺复兴被认为是柏拉图主义(Platonism)的时代,而经院哲学则是亚里士多德主义(Aristotelianism)的时代。其他人则主张,文艺复兴基本上是反宗教的现象,预

43 示了18世纪启蒙运动的俗世主义。巴伦(Hans Baron)认为,人文主义基本上是一场共和主义者的运动,借研读西塞罗(Cicero)的作品,吸收其中的政治思想。[6]

上述对人文主义相当大胆的诠释，面临两个主要困难。首先，人文主义者的基本关注似乎是雄辩修辞的发扬。虽然我们不可以说人文主义者对哲学毫无建树，事实上他们的兴趣始终都是主要在于文字的世界。故此，与那些努力"追求修辞技巧"的人比较，显然较少人文主义者的作品是涉及哲学的——即使有的话都是一些较为外行的作品。巴伦对于人文主义者阅读西塞罗作品的看法，其弱点在于大多数人文主义者研读西塞罗的作品，都是在于学习他的写作技巧，而不是吸纳他的政治观念。[7]

其次，对于人文主义作品的仔细研究，亦发现了另一叫人不安的事实，就是"人文主义"显然是由不同的成分形成。例如，许多人文主义作家的确是喜爱柏拉图主义——但也有其他人喜爱亚里士多德主义。整个文艺复兴时期对亚里士多德主义的顽强坚持［例如在帕多瓦（Padua）大学］，对于那些强调人文主义在哲学上是一元性的人，构成了严重的障碍。某些意大利人文主义者的确表现了似乎是反宗教的态度——但另一些意大利人文主义者却是极为虔敬的人。某些人文主义者确实是共和主义者——但其他却采纳了不同的政治取向。近期研究也使人注意到人文主义不太有吸引力的一面——某些人文主义者对法术与迷信的着迷——而这是相当难以与对此运动的惯常看法互相调和的。简单来说，"人文主义"越来越清楚是没有一致的哲学主张的。没有一套单一的哲学或政治思想，主导或涵括着整场运动。事实上，"人文主义"一词似乎应该从历史学家的词汇中删掉，因为它缺乏有意义的内涵。把一个作家冠以"人文主义者"的称号，根本就不能表达他对哲学、政治与宗教的观点。

事实上，意大利文艺复兴显然是如此多面的，以致任何对其"独特观念"普遍化的结论，都会易于曲解此现象。正是为此原因，克里斯特勒（Paul Oskar Kristeller）提出对人文主义的看法，就具有决定性的价值。克里斯特勒对人文主义的理解，在北美与欧洲的学术界广受接纳，但仍然有其不足之处。

克里斯特勒对人文主义的观点

克里斯特勒视人文主义为一种文化与教育的运动，主要关心的是以不同形式发扬雄辩修辞的学问。它对道德、哲学与政治的关注，只占次要的地位。作为人文主义者，最先和首要的关注是雄辩的能力，其他是附带的事情。人文主义基本上是一种文化的方案，以古代的经典作为修辞的典范。不论在艺术与建筑，或是书写与语言的用词上，古代遗留下来的东西都被视

44

为文化的资源,可以被文艺复兴所取用。彼特拉克(Petrarch)称西塞罗为他的父亲,维吉尔是他的兄弟。15世纪的建筑家刻意忽视欧洲北部的哥特式风格,为的是回到古代建筑的经典风格。人们研读西塞罗的作品是以他作为演说家来看,而不是视他为政治或道德作家。

简单来说,人文主义所关注的是**如何获得和表达观念**,而不是**那些观念的真正本质**。人文主义者可以是柏拉图主义者或是亚里士多德主义者——但在这两种情况中,其思想都是取材自古代。人文主义者可以是怀疑论者或宗教信徒——但这两种取向都可以从古代得到维护。克里斯特勒对人文主义的理解,其极为引人入胜之处乃在于它能够卓越地描述文艺复兴异常多元化的特质。巴伦认为这一组是中心的思想,而布克哈特则认为是另一组观念,克里斯特勒却指出这些观念作为中心特性的产生与处理过程。文艺复兴人文主义之**观念**的多元性特质,是基于**如何获取与表达这些观念**的基本共识。

显然,任何对人文主义与宗教改革运动关系的讨论,将会完全视乎对人文主义所下的定义。克里斯特勒对人文主义的定义,容许了至今对这两种运动之间关系的最可靠评估。

Ad fontes:回到本源

人文主义的文学与文化方案,可以总结为一句拉丁文口号——"回到本源"(*ad fontes*)。越过中世纪的糟粕,为的是重拾古典时代思想与艺术的光辉。中世纪的释经书籍(不论是有关法律或圣经的注释)所形成的"过滤器"必须加以弃掉,才能直接回到原来的文本。以此用于基督教会,"回到本源"的口号就表示直接回到基督教的权状上——即早期的教父作家,以及至终的圣经上。

不过,这句口号不只指出在文化更新中所采用的资料来源,也说明了对待这些资料来源所应采取的具体态度。我们应要记得,不论在地理上与科学上,文艺复兴是一个发现的时代。美洲的发现触发了后期文艺复兴的想象力,正如对人类身体与自然界运作的崭新理解,也带来同样的效果。故此,阅读古典资料是为了重新发现它们所反映的经验。维吉尔在他的史诗《埃涅阿斯纪》(*Aeneid*)中描述发现新奇古怪的土地,同样地,文艺复兴晚期的读者也怀着期望来阅读维吉尔的作品，因为他们亦处于寻索未知之知识领域（*terrae incognitae*）的过程中。盖伦（Galen）的作品也是在新亮光下重新理解：他向当代埋首于相同寻索的人，述说他在生理学上的发现。圣经也是一样。新约圣经描述信徒与复活基督的相遇——文艺复兴晚期的读者也是怀着期望来阅读圣经的文本，期望他们也能遇见复活的基督，而这相遇似乎是为他们那时代的教会所否定的。

这一点经常受到忽视，却是理解人文主义者尊崇古代文本的关键所在。对于人文主义者来说，古典文本向后世传达了一种经验——这经验是可以透过正确处理文本而重新获取的。文艺复兴时期思想家所发展的新语言学与文学方法，因而被视为重拾古典时期活力的途径。对于基督教会来说，这是打开了一个新颖、刺激和充满挑战的可能性——那是新约圣经描述的第一代基督徒的经验，可以重拾并转移至后世历史的某一点。正是由于这个因素，可能多于其他原因，有助解释为何在整个欧洲宗教改革运动的圈子中，人文主义者受到异常重视。对许多人来说，中世纪基督教的贫乏形态，似乎可以透过圣经的研读，代之为另一新颖、充满活力且动态的形式。"回到本源"不只是一句口号：对于许多为了中世纪晚期教会的状况感到绝望的人来说，它是一条救生索。使徒时代教会的黄金时代，可以再次成为现今的实况。

对于一些现代的读者来说，可能会较难体会到这种兴奋和期待的感受。不过，我们若要进入宗教改革运动前夕欧洲的思想世界，就必须尝试重温此种期待的感受。对于许多当时欧洲的个人与群体来说，教会历史的新日子似乎即将来到，复活的基督复归教会。对于许多像路德的人来说，上帝在他的旨意中已将钥匙（在崭新的人文主义者的文本和语言学工具中）交给了教会，借此使新约圣经对基督的经验得以解开，并可供人分享。

欧洲北部的人文主义

现在我们必须稍稍停下来，说明一个要点。影响宗教改革运动的"人文主义"，基本上是指**欧洲北部**（译按：当时欧洲北部地区并不完全等同今天所谓的"北欧"）**的人文主义**，而不是意大利的人文主义。故此，我们必须了解欧洲北部这场运动的发展形态。

欧洲北部对意大利文艺复兴的反应

越来越清楚显明,欧洲北部的人文主义在每一发展阶段上,都受到了意大利人文主义的影响。假如欧洲北部真的有任何独立于意大利之外的本土化人文主义运动(这是十分存疑的),那么证据无疑指出,这些运动后来始终仍然受到了意大利人文主义的影响。这并不是说北部的人文主义者大体上只不过是袭取了意大利的观念;相反,这些观念之所以被吸纳和调适,似乎是由于它们符合北部的情况。例如,与佛罗伦萨城市联系在一起的公民人文主义(civic humanism),因而没有广泛地在欧洲北部得到吸纳,只有少数德意志和瑞士城市例外。

意大利文艺复兴的方法与观念在欧洲北部传播,大约有三条主要渠道。

1. 欧洲北部的学者向南移居至意大利,可能是在意大利的大学念书,或作为外交任命的部分。当他们回到自己的国土时,就带回了文艺复兴的精神。这方面的杰出例子是舍约尔(Christoph Scheurl),他在博洛尼亚大学修读法律,后来带着法律博士学位和对文字的热爱,返回新成立的维腾堡大学。不久,这反映在维腾堡学校课程的重要改革上,对于吸引路德在此任教极具重要性。

2. 意大利人文主义者的对外通信。人文主义关注写作修辞的提升,而书信便被视为是具体表达与传播文艺复兴思想的途径。意大利人文主义者对外通信的范围十分广泛,遍及欧洲北部的大部分地区。

3. 印刷书籍,大多数是来自类似威尼斯的阿尔迪内印刷所。这些书籍通常是由欧洲北部的印刷厂加以重印,特别是在瑞士巴塞尔的印刷厂。意大利人文主义者经常将他们的著作献给欧洲北部的资助者,因而确保它们受到各地人等的注意。维腾堡的大学图书馆以拥有大量人文主义者的藏书而闻名,许多都是献呈给智者腓特烈(Frederick the Wise)的。

47

欧洲北部人文主义的观念

虽然欧洲北部的人文主义存在着重要的差异,在整场运动中却有三个主要观念似乎是受到广泛接纳的。首先,正如意大利的改革一样,大家都是同样强调"优美文学"(*bonae litterae*)——书写与语言的修辞是以古典时代的风格为圭臬。其次，我们可以发现直接指向基督教会整体复兴的宗教方案。这方案的目的可以总结为一句拉丁文口号"基督教的重生"，也表明了它与文艺复兴有关的文字"再生"的关系。虽然布克哈特认为，文艺复兴引致对个人主观意识的新强调，他的看法无疑是正确的，但欧洲北部的人文主义者却在这个对个人的新强调上，补充加上个人所属群体（不论是教会与国家）更新的需要。在此需要特别指出这一点，文艺复兴对个人主观意识的强调是特别与因信称义的教义有关的，而我们将会在本书第六章再论及此点。再次，欧洲北部人文主义的某些分支，在 16 世纪初采纳强硬的和平主义取向，这大部分是对法兰西与意大利战争悲剧的反应。当时，尤其是在瑞士，大多数人文主义者都支持寻求国际之间的和平与互相了解。对于教宗玩弄政治权力的厌恶，就成了瑞士宗教改革运动背景的重要元素。

瑞士东部的人文主义

或许是由于它的地理位置，瑞士东部显然特别容易接纳意大利文艺复兴的观念。维也纳大学（University of Vienna）吸引了大量来自这地区的学生。在文学院中出现了一次宫廷革命，主要通过策尔蒂斯（Konrad Celtis）的影响所操纵，确保维也纳在 15 世纪末年成为一处人文主义者学习的中心，吸引了诸如瓦狄亚努斯［原名是 Joachim von Watt，瓦狄亚努斯（英文拼写可作 Vadian）是他的化名］等伟大的人文主义作家。瓦狄亚努斯在维也纳广得学术上的荣誉，返回他出生的城镇圣盖尔，在 1529 年成为当地的杰出市民（Burgomeister）。巴塞尔大学在 16 世纪 10 年代取得了相似的名声，成为一群人文主义者［通常称之为"宗教社"（sodality）］的中心，聚集了诸如维腾巴赫（Thomas Wyttenbach）等人。

瑞士东部的人文主义已经成为深入研究的课题，它的基本精神特质相当容易理解。对于它的主要代表人物——瓦狄亚努斯、齐洛塔特斯（Xylotectus）、雷纳努斯（Beatus Rhenanus）、格拉雷安（Glarean）和迈科尼乌斯（Myconius）——来说，基督教主要是一种生活方式，多过一套教义。他们认为改革实际上是需要的——不过改革主要是关乎教会的道德生活，以及个别信徒在个人道德上的更新。没有任何迫使教会教义改革的压力。[8]

瑞士人文主义的精神特质具有强烈的道德色彩，圣经被视为提供了正确的基督徒道德行为指引，多过叙述上帝的应许。这种精神特质有几个重要的含义，尤其是关乎称义的教义。首先，促使路德关心教义的问题，在瑞

48

士的圈子中完全不见踪影,称义在他们当中根本不是问题。第二,随着称义成为德意志地区的一个课题,在16世纪20年代瑞士人文主义者圈子中对于路德的称义教义出现了某种程度的焦虑。对于瑞士人文主义者来说,路德似乎是在提出一些对道德构成极大威胁的观念,因而威胁到他们运动的独特精神特质。

这些观察在涉及茨温利时就十分重要,他先后在维也纳大学(1498—1502)和巴塞尔大学(1502—1506)接受教育。茨温利在苏黎世的改革方案始于1519年,具有瑞士人文主义的道德主义色彩。奥古斯丁作为"恩典博士"(doctor of grace),直至16世纪20年代才在茨温利的思想中扮演重要的角色(即使到了那时,他的影响也是主要在茨温利的圣礼思想上)。最后,茨温利冲破了瑞士人文主义的道德主义(可能在1523年左右,到了1525年已经确定),不过直至此际,他的改革方案都是建基在道德式教育观点上,故此具有当时瑞士人文主义者圈子的特征。

法兰西的法律人文主义

在16世纪初的法兰西,法律的修习处于激烈修订的过程中。在法兰西斯一世治下的专制法兰西君主政体,随着它越来越倾向中央集权管理,就视法律的改革对法兰西的现代化来说是不可或缺的。为了加快法律改革的过程,至终导致在法兰西遍地通行一套法律系统的构想,它资助了一群学者,集中在布尔日(Bourges)和奥尔良的大学,致力在普世公认的原则上,研究法律规条的理论观点。其中一个先驱人物是比代(Guillaume Budé),他认为要直接回到罗马的法律,这样既有说服力,也比较经济,以此作为满足法兰西新的法律需要的工具。意大利人的惯例(*mos italicus*)是在评注(文本的注解)和中世纪法学家诸如巴托利斯(Bartholis)和阿库修斯(Accursius)等人的注释之亮光下,阅读古典法律文献,相比之下,法兰西人则提出了一套步骤(*mos gallicus*),直接以原文诉诸原来的古典法律材料。

直接推动"回到本源"的人文主义者方案的一个直接结果,就是显然难以再容忍评注和注释。它们不再被视为有用的研究工具,反而越来越被认为是研读原来文本的障碍。巴托利斯和阿库修斯等作者所撰写的古典罗马法律文献的解释,开始被视作毫不相干的。它们就像是扭曲了的过滤镜,置于读者与文本之间。随着人文主义学术越来越对自己的主张有信心,阿库修斯等人的可信性就越来越受到法律人文主义者的质疑。伟大的西班牙学者聂伯里赫（Antonio Nebrija）出版了一本详尽的纪录，列出他从阿库修斯的评注中所发现的错误，而拉伯雷则轻蔑地称之为"阿库修斯的笨拙见解"。法兰西的法律人文主义（legal humanism）的基础，已经得到确立。

上述发展对宗教改革运动的重要性必须提出来。在法兰西的法律人文主义全盛时期，有一个在布尔日和奥尔良的学生，他就是未来的改教家加尔文，可能在 1528 年抵达奥尔良。加尔文通过在奥尔良和布尔日修读民事法，能够亲身接触这场人文主义运动的主要构成元素。这样的接触，让加尔文成为一个称职的律师：当他以后获邀协助日内瓦的"法律和谕令"的法典编纂时，他能够利用他对《民法大全》（*Corpus iuris civilis*）的知识，作为契约、资产法律和司法程序的典范。不过，加尔文从法兰西的法律人文主义所学到的，比这更多。

比代的作品显示，他的信念不只是古典遗产（包括它的法律制度和法规）对现今极具重要性，更在于古代遗物的研究是对耶稣基督的福音的恰当预备。加尔文在《基督教要义》1559 年的重要版本中，采纳了类似的取向，容许西塞罗引导读者，从古代遗物的自然宗教走向耶稣基督的崇高福音。

加尔文可能是当时最伟大的圣经注释家和讲道家，他这方法的根源，可能是在于他在奥尔良和布尔日的开明气氛中研读法律。加尔文从比代学习，有迹象显示他需要成为一个称职的语言学者，可以直接阅读重要的文本，在文中的语言和历史特征中加以解释，而且把它应用在当时的处境中。正是这样的态度，构成了加尔文解释圣经的基础，尤其是在他的讲章中，他致力把圣经的视野与他听众的境况互相融合。法兰西的法律人文主义同时给予加尔文鼓励和工具，容让过去岁月的文献，对 16 世纪 50 年代日内瓦城市的环境造成影响。

50

英格兰的人文主义

在英格兰宗教改革的背后，可以提出三个重要的宗教和思想元素：罗拉德派、信义宗思想和人文主义。这些元素每一个都被宗教改革运动学者视之为极具重要性：例如，鲁普认为信义宗思想有决定性的影响，麦科尼克（J. K. McConica）认为是人文主义，而斯米顿（Donald Smeeton）则认为是罗拉德派。不论这场辩论最终证明了谁是谁非，这三个元素中的每一个，至少在某种程度上，都卷入到了 16 世纪 20 至 30 年代的英格兰面临宗教与神学改变的压力的一代人中。我们在此所关心的，是人文主义的形式在这场辩论中被证明是极具影响力的。

　　在 16 世纪初的英格兰，人文主义最重要的中心或许就是剑桥大学，尽管牛津和伦敦的重要性也是不容低估的。剑桥是早期英格兰宗教改革运动的家乡，集中于"白马圈子"（White Horse Circle，根据一间现今已经拆毁，接近女王学院的小酒馆而命名），这群人包括了巴恩斯（Robert Barnes）等人，他们在 16 世纪 20 年代初聚在一起热烈研读和讨论马丁·路德最近期的著作。这间小酒馆很快就被起了"小德意志"的诨名，正如英王街一带地区（King Street，一度是剑桥共产党的发源地）在 20 世纪 30 年代被称为"小莫斯科"一样。

　　自从西博姆（Frederick Seebohm）的《牛津改教家》（*Oxford Reformers*，1867）出版以来，英格兰思想史公认的传统之一，就是提到人文主义作为"新学问"在剑桥及其他地方的发扬。然而，近代资料显示，这个词组是用于 16 世纪 30 年代，指的是早期新教的观念。以此方式，拉蒂默（Hugh Latimer）致休伯丁（William Huberdin）的信函（1531）提到，英格兰教会可以通过新教改教家的活动而获得"新学问"。

51　　英格兰的人文主义完全不是本土出现的运动，实质上是舶来品。魏斯已经证明，英格兰人文主义可以溯源至 15 世纪的意大利。15 世纪 30 年代，波焦·布拉乔利尼（Poggio Bracciolini）旅访英格兰，接下来是意大利的文艺复兴思想家。在 15 世纪末至 16 世纪初的剑桥大学倾向聘任意大利人——其中我们可以一提的有奥伯利诺（Gaio Auberino）、苏理戈纳（Stefano Surigone）和特拉弗萨尼（Lorenzo Traversagni），不是由于缺乏本地的英格兰教师，而是由于他们的意大利同侪被公认为卓越不凡。特拉弗萨尼是一个来自萨瓦罗纳（Savarona）的法兰西斯会修士，在剑桥发表了相当出色的修辞学演讲，而且（据我们所知，因着群众的要求）很快刊行。

　　不过，人事的流通不是单向的。著名的英格兰学者前往意大利，亲身汲取文艺复兴的精神。冈索普（John Gunthorpe）和塞林（William Selling）是这方面的先行者；他们的意大利游记始自 15 世纪上半叶，并为下一世纪无数其他游记定下了模板。由于吸纳了意大利人文主义的精神，他们便很难避免在返回英格兰时把它的观念传播出去。

　　或许一次在文艺复兴的剑桥的委任，尤能见证英格兰对文艺复兴观念的接受程度。1511 年，一位来自荷兰的著名人文主义作家被委任当大学的道学教席，那是刚由玛格丽特·波福（Margaret Beaufort）夫人建立的（环绕她身旁的是一群 16 世纪初的热心改教家）。他的名字是伊拉斯谟。

鹿特丹的伊拉斯谟

在芸芸欧洲北部的人文主义者中，有一位昂然伫立其中，对日耳曼与瑞士的宗教改革运动产生了无可估计的影响，他就是鹿特丹的伊拉斯谟（Erasmus of Rotterdam）。虽然伊拉斯谟对路德与加尔文的直接影响可能没有想象中那么大，但许多其他的改教家（例如茨温利与布塞）却是深受他的影响。故此，必须较为仔细地检视他对宗教改革运动思想的深远贡献。

不过，首先有一点需要注意。伊拉斯谟经常被视为欧洲北部人文主义的最佳代表。虽然这点可以获得许多支持，但我们却必须注意，在欧洲北部人文主义中是存在某些张力的。其中较为有趣的两点是：国族语言的问题，以及国族界线的问题。关于语言的问题，伊拉斯谟承认自己是"世界公民"，而西塞罗式的拉丁文是当时世界的语言。国族语言就成了他所憧憬由拉丁语所联合的大都会式欧洲理想的障碍。对于其他人文主义者来说，特别在德意志和瑞士，国族语言却被大力提倡，借此提高国族的身份意识。不过，伊拉斯谟认为国家主义会威胁大都会式欧洲的憧憬，国家主义只会强化过时的概念，例如"国族的身份意识"，以及诸如国族边界的相关观念。相反，其他人文主义者认为自己是在致力争取**提升**国族身份。当伊拉斯谟宁愿集中于**消除**国家主义的观念和价值时，格拉雷安、迈科尼乌斯和齐洛塔特斯等瑞士人文主义者却自认为具有借着文学工具去维护瑞士的国族身份与文化的神圣义务。在"世界主义者"与"国家主义者"之间的上述张力，一方想要**废除**而另一方想要**巩固**国族身份，反映了在人文主义内流行的不同看法：这也显示了伊拉斯谟正如一些学者所认为的，不应被视为完全代表人文主义的发言人。

在 16 世纪最初 10 年间的欧洲，广泛流传且最深具影响力的人文主义著作是伊拉斯谟的《基督精兵手册》（*Enchiridion militis Christiani*）。[9] 虽然这本书于 1503 年初版，1509 年再版，它的真正影响力却是始于 1515 年的第三版。从那时开始，此书成为风靡一时的著作，在以后 6 年间显然印刷了 23 版。它是针对受过教育的男女平信徒撰写的，这些人被伊拉斯谟视为是教会真正宝藏的所在。本书在 1515 年之后洛阳纸贵，让人感到平信徒因此而对自我的理解经历了一次重大的改变——而我们也不能忽略苏黎世与维腾堡的改革呼声,也是在《基督精兵手册》成为畅销书之后不久发出的。伊拉斯谟的成功,也突显了印刷术作为散播前卫新观念的重要媒介——不论是茨温利还是路德,在他们传播这些观念时,都没有忽略这一点。

《基督精兵手册》提出了极富吸引力的论点,声称当时的教会若整体回归到教父与圣经著作上,就可以革新。恒常阅读圣经是提升平信徒敬虔的钥匙,也是教会可以更新与改革的基础。伊拉斯谟认为,他的著作是一本平信徒的读经指南;书中提供了对"基督哲学"(*philosophia Christi*)简单而富学术性的诠释。这"哲学"实际上是一种实践道德的形式,而不只是学术性的哲学思想;新约圣经谈及善恶的知识,借此使其读者可以避免后者,追求前者。新约圣经是"基督的律法"(*lex Christi*),为基督徒蒙召遵从者。基督是基督徒蒙召学效的典范。不过,伊拉斯谟并不认为基督徒的信仰只是外在地遵守某种道德规条。他持有典型强调内在宗教信仰的人文主义观点,以致他认为研读圣经可以**转化**它的读者,使他们获得新的动力去爱上帝及其邻舍。

在此有数点是特别重要的。首先,伊拉斯谟认为基督教的未来活力在于平信徒,而不是圣职人员。圣职人员只能被视为教育者,其作用是让平信徒去达到与他们一样的认知水平。没有任何迷信的空间,使圣职人员可以拥有高于其牧养信众的恒久地位。第二,伊拉斯谟对内在宗教信仰的强烈重视,产生了一种不须涉及教会(礼仪、教士与教制)的基督教观念。伊拉斯谟质疑说,既然你可以直接向上帝认罪,为何还要向另一人告解认罪那么麻烦,只不过因为他是一个教士?宗教是个人心灵与思想的事情;它是一种内在的状态。伊拉斯谟在讲解基督徒的生活时,直接避免提及任何圣礼。同样地,他也抨击"宗教的生活"(那是指修士或修女的修道生活)是基督教生活最高形式的看法:研读圣经的平信徒,正如任何虔诚的修士一样,都是忠于他的召命。

伊拉斯谟的《基督精兵手册》的革命性特点,在于书中果敢的新建议,认为对平信徒基督徒召命的认可,正是教会复兴的秘诀。圣职人员与教会制度的权威不受重视。圣经应该也必须供给所有人使用,借此使所有人都可以"回到本源",饮于基督教信仰又新又活的泉源,而不是中世纪晚期宗教浓浓混浊的一池死水。

不过,伊拉斯谟开始察觉在他所提倡的路线中,存在着严重的障碍,而他也承担了一连串重要的发展来消除这些障碍。首先,有需要以原文来研读新约圣经,而不是根据不准确的拉丁文武加大译本。这样便衍生了两样必备的工具,都是当时所阙如的:研读新约希腊文经文所需要的语文能力,以及通向经文本身的直接渠道。

第一类工具的取得,是因着伊拉斯谟发现瓦拉(Lorenzo Valla)在 15 世纪的新约希腊文经文注释。这些注释长埋在一间当地修道院的图书馆中,由伊拉斯谟发现,并在 1505 年出版。第二类工具是借着伊拉斯谟出版他印刷的首本希腊文新约圣经(*Novum Instrumentum omne*)而获得,该书是于1516 年在巴塞尔的弗罗本(Froben)印刷所刊印的。虽然同一经文的另一较佳版本已经于两年前在西班牙的阿尔卡拉(Alcalá)排版〔称为《康普路屯多语对照圣经》(Complutensian Polyglot)〕,却可能是由于政治的原因,延至 1520 年才出版。伊拉斯谟的版本并不如想象中那么可靠:他只得到仅仅 4 份新约圣经的抄本,包括大部分新约,最后部分的《启示录》则只有 1 份抄本。结果,那份抄本缺少了 5 节经文,伊拉斯谟唯有从拉丁文武加大译本转译回希腊文。无论如何,这版本始终是文字出版上的里程碑。神学家第一次有机会得以将后来译为拉丁文的武加大译本与原来的希腊文新约圣经互作比较。伊拉斯谟基于瓦拉的著作,显示出武加大译本在许多重要的新约经文上,都有严重的误译。由于中世纪教会的一些习俗与信念是建基于这些经文,许多天主教保守人士(他们希望保存这些习俗与信念)对伊拉斯谟的主张就感到十分惶恐,而改教家(他们一心想要除掉这些东西)对此却都大感欣喜。下文会提及一些例子,显示伊拉斯谟在圣经学术研究上的相关性。

基督教教会经常对某些礼仪或敬拜形式赋予独特的重要性,称之为**圣礼**(sacraments)。早期教会承认两个这类圣礼为"属主的"(dominical,意思是它的权威可以追溯至耶稣基督),就是洗礼,以及另一个现今具有不同称谓的圣礼:"弥撒"(Mass)、"主餐"(Lord's supper)、"掰饼"(breaking the bread)与"圣餐礼"(eucharist)。伟大的教父神学家奥古斯丁在他讲解好撒玛利亚人的比喻的时候(路加福音 10:25—37)指出,撒玛利亚人交给店主的两钱银子(10:35)是基督交给教会之福音的两个圣礼的象征。

不过,到了 12 世纪末,圣礼的数目却增加至 7 个。教会圣礼制度的发展与巩固,是中世纪神学其中最重要的一面,部分是由于中世纪神学的一部重要著作——伦巴德(Peter Lombard)的《四部语录》(*Four Books of the*

54

Sentences)。教会现今承认的 7 项圣礼,包括圣餐、洗礼、补赎礼、坚振礼、婚礼、按立礼和临终涂油礼。

对于许多人来说,伊拉斯谟的新约圣经新译本似乎是在质疑这整个制度。著名的英格兰学者林纳克(Thomas Linacre)为了担任司铎,放弃了行医的工作,据载当他首次按照希腊原文阅读福音书之后,说了以下的话:"要么这不是福音,要么我们就不是基督徒。"探讨驱使林纳克说出上述话的某些事情,将会十分有帮助。

55　　许多中世纪神学把婚礼包括在圣礼的名单内,理由是基于一段新约圣经的经文——至少是在武加大译本中——提及婚姻时称之为**圣礼**(*sacramentum*,以弗所书 5:31—32)。伊拉斯谟根据瓦拉的研究,指出这个翻译成"圣礼"的希腊字(*musterion*)其原意是"奥秘"。根本没有任何证据显示婚礼是一种"圣礼"。中世纪神学家用以支持把婚礼包括在圣礼名单内的其中一段典型经文证据,就这样被判为无效了。

同样地,武加大译本把耶稣事工的开场白(马太福音 4:17)译为"**赎罪吧**(*Do penance*),因为天国近了"。这段翻译暗示,天国近了与补赎的圣礼有直接的关系。伊拉斯谟再次根据瓦拉的研究,指出此处的希腊文应该译成"**悔改吧**(*repent*)!因为天国近了"。换句话说,武加大译本在此似乎是指外在的做法(补赎礼),伊拉斯谟却坚持此处是指内在的心理态度——即"悔改"。教会圣礼制度的另一重要支持理由,再一次受到挑战。

中世纪神学家另一远超早期教会朴素观点的神学范围,涉及耶稣的母亲马利亚。对于许多中世纪晚期的神学家来说,马利亚经常被视为恩典的储藏库,在有需要时可加以支取。这种看法部分是基于中世纪把恩典视为某类实体(substance)的理解——这理解在宗教改革时期受到扬弃。它也是基于武加大译本对加百列向马利亚说话的翻译(路加福音 1:28),译成"恩宠丰满(*gratia plena*)者",因而暗示了一个盛满(恩典)的蓄水池的形象。不过,正如伊拉斯谟与瓦拉一同指出的,此处的希腊文只不过是说"蒙恩者"或"蒙眷顾者"。中世纪神学的一个重要特征,似乎再次与人文主义者的新约圣经研究互相抵触。

因此,大众对武加大译本(圣经的"官方"拉丁文译本)的可靠性失去了信心。[10]"圣经"与"武加大经文"之间不可能再画上等号。不过,对于改教家来说,这些发展绝不是偶然的。正如我们所见,改教家想要回归早期教会的信仰与实践——如果伊拉斯谟的新约圣经新译本可以有助废除中世纪对这些信仰与实践的增添附会,那就更好了。人文主义者的圣经研究,因而被说成是有助于回归使徒教会的纯朴的一个奋斗伙伴。[11]中世纪晚期许多宗教观念和习俗的复杂网络,由于被视为是基督教早期简朴形式的扭曲(或加添),因而可以放在一旁。

伊拉斯谟的改革方案也要求预备回到教父的著作里。这样便需要印制一些诸如安布罗斯(Ambrose)、奥古斯丁与哲罗姆(Jerome,他是伊拉斯谟最喜欢的一位教父)等神学家著作的可靠版本。伊拉斯谟对一些编辑工作作出了重要的贡献,出版了一系列成为当世瑰宝的教父著作集。虽然伊拉斯谟所编辑的奥古斯丁著作集,仍然比不上 1506 年阿默巴赫版本的 11 册洋洋巨著,但他所编辑的哲罗姆著作集却被广泛认为是思想世界的奇珍。

不要以为中世纪时期的神学家忽略了诸如奥古斯丁等教父作家的观点。他们是尊重这些作品,却从来没有阅读过完整和准确的版本。故此,中世纪作者倾向从教父著作中引用非常短的篇幅,一般称之为"短句"(sentences)。这些短句的引用,往往是忽略了上文下理的。由于这些被引用作品的完整版本是被锁于修道院图书馆的一些抄本,故此几乎没可能去审查这些教父的观点是否受到正确的表述。奥古斯丁尤其是经常被断章取义而产生误解者。这些著作印刷版本的出现,让人可以研究这些引句的上文下理,以致对教父著作产生深入的理解,而这些理解是被早期中世纪作家所忽略的。

此外,许多流传于中世纪附会为奥古斯丁的著作,其实都是由他人杜撰的。这些"伪奥古斯丁"的作品经常发展了一些与奥古斯丁相违的看法,以致读者很难理解这些似乎是矛盾的引句。[12]人文主义学者带来经文鉴别学的方法,让人得以认出这些"伪奥古斯丁"作品,因而排除在奥古斯丁著作集的权威版本之外。由此,借着删除一些伪造的"教父"著作,从而开拓了一条较可靠的诠释教父作品之路。辨别伪造作品的学术方法是由瓦拉在 15 世纪发展出来的,用以证明著名的《君士坦丁御赐教产谕》(Donation of Constantine)是伪造的文件(这份文件据称是君士坦丁大帝所拟,把某些特权赋予西方教会)。

这样,由人文主义学者例如伊拉斯谟和阿默巴赫兄弟所整理的教父著作版本,让教父著作的神学得以在较过往更完整、更可靠的形式中呈现。结果,奥古斯丁等作家与那些中世纪晚期神学家的重点与要义之间的主要差异,就有可能加以识别。按照路德的看法,中世纪教会的思想需要改革,借

57　着回归奥古斯丁的真正教导，尤其是涉及恩典的教义。因此，教父作家的新版本为教会的改革要求火上加油。

人文主义与宗教改革运动的评价

　　人文主义对宗教改革运动有何冲击？为了可靠地回答这个问题，我们需要区分宗教改革运动的两大阵营：由马丁·路德在维腾堡领导的宗教改革运动，以及由茨温利在苏黎世率领的宗教改革运动。这两大阵营具有十分不同的特性，若是把"宗教改革运动"一概而论，往往会把两者混淆。某些讨论宗教改革运动的著作所基于的假设——认为它在理性和文化上都是一致的——具有十分严重的缺点。正如我们较早时所强调的，虽然维腾堡与瑞士的宗教改革运动（最终导致信义宗与改革宗教会的成立）是诉诸大体上相同的神学材料（圣经和教父著作），作为他们改革方案的基础，两者却采用了十分不同的方法，相应的引致不同的结果。这些宗教改革运动阵营之间的一大差异，就是他们与人文主义之间有相当不同的关系。我们将会分别讨论，然后再回到较为全面的评论上。

人文主义与瑞士宗教改革运动

　　瑞士宗教改革运动的起源，可以追溯至 16 世纪早期在维也纳与巴塞尔大学中人文主义团体（通常称为"宗教社"）的兴起。[13] 在 15 世纪时，瑞士学生倾向在一些与经院神学有特别关联的大学求学，可是现在他们却宁愿前往一些与人文主义有强烈联系的大学念书。瑞士在地理上接近意大利，在 16 世纪初，瑞士就俨如文艺复兴思想在欧洲北部传播的集散地。许多欧洲著名的印刷所——例如苏黎世的弗洛斯豪尔（Froschauer），巴塞尔的弗罗本与克坦德（Cratander）——都是位于瑞士的。正当瑞士的国族身份似乎日渐受到法意战争的威胁时，许多瑞士的人文主义者显然受到憧憬激发，要建立瑞士的文学与文化的身份认同。

58　　　16 世纪初瑞士知识分子生活给人的总体印象，乃是许多以瑞士大学城市为基地的知识分子群体，开始孕育了"基督教的重生"的异象。这运动的转折点，是其中一位人文主义宗教社的成员茨温利于 1519 年 1 月被邀往苏黎世担任传道者。茨温利利用他的职位，开展了一个大体上是基于人文主义原则的宗教改革运动,尤其是强调基于圣经与教父以集体更新教会与社会的异象。

茨温利早期就读于维也纳与巴塞尔的人文主义大学,而他的早期著作也反映了瑞士人文主义的独特关注。茨温利曾经与伊拉斯谟会面,当时后者于 1516 年在巴塞尔视察弗罗本为他印制的希腊文新约圣经,茨温利深深受到他的思想与方法的影响。以下各点说明了伊拉斯谟对茨温利的影响:

1. 宗教被视为是属灵与内在的事物;外在的事物不具有基本的重要性。宗教的基本目的是谆谆教诲信徒一系列内在的态度,例如谦卑和愿意顺服上帝。虽然茨温利大概认为,任何称得上改革的方案都会延伸至外在的事物(例如敬拜的本质,以及教会管理应该采取的方式),但他的主要重点显然肯定是在于内在更新的需要。

2. 相当重要的是道德与伦理的更新与改革。许多学者认为,早期的瑞士宗教改革运动似乎基本上是一场道德的改革运动,强调个人与社会两者都有更新的需要。

3. 耶稣基督对基督徒的相关性,基本上是一种道德的典范。伊拉斯谟发展了“效法基督”(*imitatio Christi*)作为基督徒信仰的观念,而茨温利在这方面也跟随他的观点。

4. 某些早期教父被选出且被认为具有独特的重要性。对于伊拉斯谟与茨温利来说,哲罗姆与奥利金(Origen)都是特别有价值的。虽然茨温利后来开始认识到奥古斯丁的重要性,这样的发展却要直至 16 世纪 20 年代才开始:茨温利宗教改革方案的来源,似乎不是归因于奥古斯丁。

5. 宗教改革运动的基本关注是教会的生活与道德,而不是它的教义。许多人文主义者认为,“哲学”是生活的过程,而不是一套哲学性的教理(例如,见于伊拉斯谟“基督哲学”的观念,基本上是一种生活的法则)。起初,茨温利似乎并不认为教会的改革需要伸延至它的教义——只是改革它的生活便可。故此,茨温利最初的改革行动只是关注苏黎世教会的实践——譬如崇拜秩序的方式,或是教会布置的形式。

6. 宗教改革运动被视为一个训学或教育的过程。它基本上是人为的过程,建基于从新约圣经与早期教父著作而得的亮光。只是到了 16 世纪 20 年代初,我们才发现茨温利放弃了这观念,接受宗教改革运动是上帝胜过人类软弱的行动的观念。

　　总的来说,瑞士宗教改革运动是由人文主义所主导,而这是当时该地区唯一具有影响力的思想力量。茨温利早期的改革方案完全是人文主义的,借用了瑞士人文主义和伊拉斯谟的典型观点。人文主义对瑞士宗教改革运动,具有决定性的影响。这与维腾堡的宗教改革运动形成对比,下文将会对此讨论,明确地表明出来。

人文主义与维腾堡宗教改革运动

　　虽然到了 16 世纪早期,人文主义已经成为德意志地区相当重要的思想力量,但它对马丁·路德的影响却似乎十分有限。[14]路德是一位学术上的神学家,他的世界是由经院神学的思想模式所主导。通过仔细研读奥古斯丁的著作,路德开始确信他所熟悉的经院神学是错误的。它不能正确了解上帝的恩典,而且倾向暗示个人可以赚取救恩。他的任务就是要抗拒这种神学。茨温利认为教会的**道德**需要改革,路德却认为其实是教会的**神学**才要革新。路德的革新神学是在学术的环境(维腾堡大学)之下从事的,以学术为目标["唯名论"(nominalism)的神学,或是"新路派"(*via moderna*),下章将会详细论及]。此外,路德与经院神学之间的论争,还集中于称义的教理——此一关注却丝毫没有反映在瑞士的宗教改革运动中。

　　同样地,路德对**教义**的关注,也没有见于人文主义或早期的瑞士宗教改革运动中。正如上文所述,人文主义认为宗教改革运动是关乎教会的**生活与道德**——而不是教义。事实上,许多人文主义者对教义的兴趣,似乎等同于对经院神学的着迷。不过,我们在路德身上找到的是钻研教会教导的决心,以按着圣经的亮光来加以改革为目的。当然,瑞士宗教改革运动后来(尤其是在布林格和加尔文的领导之下)真的较为关心教义的事情。不过,在这个早期的阶段,在茨温利的领导之下,教义是受到忽视的。

　　为了打击经院主义,路德主要是依靠圣经与教父著作(其中以奥古斯丁为最首)。在这样做时,他运用了人文主义者所编辑的希腊文新约圣经,以及奥古斯丁著作集的新版本。路德认为,这些新资料可以及时出现,用来支持他的改革方案,根本就是上帝的护理使然。他对希伯来文的知识,他的奥古斯丁版本,他的希腊文新约圣经——全都是由人文主义的编者和教育家所提供的。在许多方面,路德和卡尔施塔特在维腾堡所发展的神学方案可以视之为人文主义者的。路德和人文主义者都强烈反对经院哲学(虽然彼此各有不同理由,正如下文所述的)。

事实上，路德同情人文主义的印象是在 16 世纪 10 年代末取得的，或许主要是由于 1519 年莱比锡辩论的结果，路德在其中与天主教的对手艾克（Johann Eck）就一系列课题辩论。在那次辩论中，路德大部分言论似乎都是在重复着人文主义者的关注。毫不意外地，在人文主义者圈子中开始流传传记载，提到这个以往是模糊的人物，已经公开地以这样的声势为人文主义的观念辩护。假如人文主义者不是这么热心地支持路德的目标，确信他是他们之中的一员，莱比锡辩论会可能只是一场晦涩难解的学术辩论。

不过，没有真凭实据证明，路德对人文主义有任何这样的兴趣：他只不过是利用其成果，完成自己的目标。两个方案之间在外表上的相似，掩盖了深层的差异。路德及其同侪只是运用了人文主义的经文与语言技巧，却对人文主义者一直采取敌对的态度。在本章的最后一段中，我们将会对这点加以发挥。

宗教改革运动与人文主义的张力

虽然正如上文所述，人文主义对宗教改革运动的发展具有决定性的贡献，可是人文主义与宗教改革运动两大阵营之间仍然存在张力。在此可以提出五方面作为评论：

1. 他们对待经院神学的态度。人文主义者、瑞士的改教家与维腾堡的改教家都是绝不犹疑地拒绝经院主义的；然而，他们的原因十分不同。人文主义者否定经院主义是因着它的晦涩难懂与缺乏美感的表达方式；他们想代之以较纯朴与更具说服力的神学。同样的态度也存在于瑞士的宗教改革运动中。相对之下，维腾堡的改教家（尤其是路德与卡尔施塔特）对于**理解**经院神学却是毫无困难；他们之所以拒绝经院哲学是基于他们相信其神学是犯了基本的错误。人文主义者与茨温利排斥经院主义，视之为毫不适切，而维腾堡的改教家却认为它是建构改教神学道路上的重大障碍。

2. 他们对待圣经的态度。三派的人都认为圣经是改革教会的关键所在，因为圣经见证了基督徒信仰与实践的最原始形态。对于人文主义者来说，圣经的权威是在于其流畅性、简朴性与远古性。相对之下，瑞士与维腾堡的改教家却将圣经的权威置于"上帝之道"的概念上。圣经被视为具体体现了上帝的诫命与应许，因而使其地位超越及凌驾于任何单纯是人类的文献之上。"唯独圣经"一语表达了宗教改革运动的基本信念，就是除了圣经之外，不需要用任何其他材料来参照基督徒的信仰与实践等事情。在瑞士与维腾堡改教家之间存在着另一张力：前者认为圣经基本上是道德指引的根源，而后者则认为圣经基本上是上帝拯救那些相信者的恩慈应许的记载。

3. 他们对待教父作品的态度。 人文主义者认为，教父时期的作者代表了基督教的纯朴与可理解的形式，而其权威是基于其远古性与流畅性。一般来说，人文主义者似乎认为所有教父作品或多或少有同等的地位，因为他们大约来自同一年代。不过，伊拉斯谟认为某些教父作品具有独特的重要性；在16世纪初期，他挑出奥利金（公元3世纪的希腊教父，其著作中不正统的思想，与其精确的思想同样见称）予以特别重视，到了1515年，他已经决定选择哲罗姆。他对哲罗姆的新爱好，可以解释为基于他对新约圣经经文的研究，导致他在1516年出版了新约圣经希腊文版本。哲罗姆在早期曾对圣经不同版本进行了广泛的研究，而伊拉斯谟似乎为此缘故而对哲罗姆产生了新兴趣。伊拉斯谟这种对待教父作品的态度，也可以见于瑞士宗教改革运动中。

相对之下，维腾堡的改教家路德与卡尔施塔特却认为奥古斯丁在教父中占有崇高的地位。人文主义者以两项准则来衡量教父作品：远古性与流畅性——故此，伊拉斯谟对奥利金与哲罗姆较为偏好。不过，维腾堡的改教家明显地以**神学**的准则来衡量教父作品：他们作为新约圣经的诠释者，究竟有多可靠？基于这个准则，奥古斯丁受到偏爱，而奥利金则受到怀疑。人文主义者没有打算以这么明显的神学准则来衡量教父作品之间的优劣，因而增加了这两个运动之间的张力。

4. 他们对待教育的态度。 在宗教改革运动中，一连串新的宗教观念孕育诞生（或至少对大多数16世纪的人来说是新的，即使改教家辩称他们是在重新发现古老的观念），不论对于维腾堡或瑞士的改教运动来说，开展宗教教育的主要方案是十分重要的。人文主义基本上是一场建基在博雅人文科改革上的教育与文化运动，结果大部分16世纪早期的人文主义者都是专业的教育家。故此十分有趣的是，大多数欧洲北部人文主义者加入宗教改革运动的事业，不一定是因为他们同意它的**宗教**观念，而是因为他们被其**教育观念**所强烈吸引。改教家关注的是所教导的宗教观念，视教育方法为达到那目的的途径，而专业的人文主义教育家基本上关注的是如何发展教育技巧，而不是所教导的观念。

5. 他们对待修辞学的态度。 正如我们所见，人文主义所关注的是表达方式的流畅性，不论是书写抑或话语。修辞学因而被视为是达至这目的之

方法来研读。不论是当时在德意志还是瑞士的改教家,所关注的是宣扬他
们的宗教观念,通过书写的文字(例如像加尔文著名的《基督教要义》那一类
书)或是宣讲的言论(例如讲章,1522 年路德在维腾堡的 8 篇讲章就是出色
的例子)。故此,修辞学是达至宣扬宗教改革运动观念这一目的之途径。譬
如,近期研究十分强调加尔文的风格是如何深受修辞学的影响。所以,不论
是人文主义者还是改教家都十分重视修辞学——不过各有不同的理由。对
于人文主义者来说,修辞学是为了提升流畅的表达方式;对于改教家来说,
修辞学则是为了推动宗教改革运动。我们再一次见到两者在表面上的相
似,却掩饰了深层的差异。

　　基于我们至今的讨论,可以明显地看见宗教改革运动的瑞士一方,受人
文主义影响之深,远超过维腾堡一方。不过,在许多人看来,即使在维腾堡,
研读圣经与奥古斯丁作品的新方案,依然受着人文主义的极大启发。由于
我们有事后孔明的优势,自然相当容易把路德和卡尔施塔特从人文主义者
那里分别出来——然而在**当时**,这种分别几乎是不可能作出的。对于许多
观察者来说,路德与伊拉斯谟致力的都是同一场斗争。 63

　　人文主义者这样误解路德的一个著名例证,可以在此一提。1518 年,
路德发表了著名的《海德堡辩论讲辞》(Heidelberg Disputation),他在其中
提出了一个极端的反人文主义与反经院哲学的神学。当时他的听众之一是
年轻的人文主义者布塞,这人后来成为斯特拉斯堡的主要改教家。布塞满
腔热忱地写信给他的人文主义者笔友比亚图斯·雷纳努斯,宣称路德只是
陈述了伊拉斯谟的观点,不过却是更有力的表述。若是仔细把那封信与路
德的著作对比,那么布塞似乎显然在每一点上都误解了路德。再者,路德于
1519 年在莱比锡辩论中的立场——例如,反映出他对教宗权威的批判——
广泛被视为是人文主义者的,而且导致他成为人文主义者圈子中一个受到
敬仰的人物。不过,路德在莱比锡的立场,无论在任何用词意思上,都并不
是特别"人文主义者"的;它所反映的改革观念,开始在当时欧洲福音派的圈
子中得到广泛的聆听。

　　人文主义与宗教改革运动之间的张力,到了 1525 年才完全展现出来。
那年,茨温利与路德执笔抨击伊拉斯谟,两人都集中于讨论"意志自由"的观
念。对于两位改教家来说,伊拉斯谟所提倡人类意志之完全自由的教导,将
会引致对人性过分乐观的概念。随着茨温利的《论真假宗教注释》(Com-
mentary on True and False Religion)与路德的《论意志的捆绑》(On the

Bondage of the Will)出版之后，一直存在于人文主义与宗教改革运动之间的种种张力，也明显地公之于世了。

注释

[1] Wallace K. Ferguson, *The Renaissance in Historical Thought* (New York, 1948).

[2] Jacob Burckhardt, *The Civilization of the Renaissance in Italy* (New York, 1935), p. 143.

[3] 参 Peter Burke 的宝贵研究：*The Italian Renaissance: Culture and Society in Italy*, revised edn (Oxford, 1986)。

[4] 参 W. Rüegg, *Cicero und der Humanismus* (Zurich, 1946), pp. 1-4；A. Campana, 'The Origin of the Word "Humanist",' *Journal of the Warburg and Courtauld Institutes* 9 (1946): 60-73。

[5] Charles Trinkaus, 'A Humanist's Image of Humanism: The Inaugural Orations of Bartolommeo della Fonte,' *Studies in the Renaissance* 7 (1960): 90-147; H. H. Gray, 'Renaissance Humanism: The Pursuit of Eloquence,' in *Renaissance Essays*, ed. P. O. Kristeller and P. P. Wiener (New York, 1968), pp. 199-216.

[6] Hans Baron, *The Crisis of the Early Italian Renaissance: Civic Humanism and Republican Liberty in an Age of Classicism and Tyranny*, revised edn (Princeton, N. J. , 1966).

[7] Jerrold E. Seigel, 'Civic Humanism or Ciceronian Rhetoric? The Culture of Petrarch and Bruni,' *Past and Present* 34 (1966): 3-48.

[8] E. Ziegler, 'Zur Reformation als Reformation des Lebens und der Sitten,' *Rorschacher Neujahrsblatt* (1984): 53-71.

[9] "手册"(*enchiridion*)一词的字面意思是"持于手中的某个东西"，可以有两个意思：在手中的**兵器**(即短剑)或在手中的**书籍**(即"手册")。

[10] 关于武加大译本，参本书第八章；另参 R. Loewe, 'The Medieval History of the Latin Vulgate,' in *Cambridge History of the Bible II: The West from the Fathers to the Reformation*, ed. G. W. H. Lampe (Cambridge, 1969), pp. 102-154.

[11] 人文主义对改教家的影响极为深远，比这里的简短概览更为广泛。读者可以参考 Alister E. McGrath, *The Intellectual Origins of the European Reformation* (Oxford, 1987)，相关讨论有两个要点：(1) 人文主义对圣经文本的影响(122—139页)和(2) 人文主义对圣经诠释的影响(152—174 页)。关于"教父的印证"对宗教改革运动的全面重要性，参上书，175—190 页。

［12］某些"伪奥古斯丁"的著作依然逃过了人文主义者的审查：奥古斯丁著作的阿默巴赫版本包括了《论真假忏悔》（*De vera et falsa poenitentia*），书中多处重点与奥古斯丁著作互相矛盾。

［13］详参 McGrath，*Intellectual Origins*，pp. 43-59。

［14］详参 McGrath，*Intellectual Origins*，pp. 59-68。

进深阅读

关于人文主义的概论，参：

Paul O. Kristeller，'Valla,' in Kristeller, P. O. , *Eight Philosophers of the Italian Renaissance* (Stanford, CA, 1964)，pp. 19-36.

_____, 'The European Diffusion of Italian Humanism,' in *Renaissance Thought II: Humanism and the Arts* (New York, 1965)，pp. 69-88.

_____, *Renaissance Thought and Its Sources* (New York, 1979).

Alister E. McGrath，*The Intellectual Origins of the European Reformation* (Oxford, 1987)，pp. 32-68.

Nicholas Mann，'The Origins of Humanism,' in *The Cambridge Companion to Renaissance Humanism*，ed. J. Kraye (Cambridge, 1996)，pp. 1-19.

Charles G. Nauert，*Humanism and Culture of Renaissance Europe* (Cambridge, 1995).

Albert Rabil (ed.)，*Renaissance Humanism: Foundations, Forms and Legacy* (3 vols; Philadelphia, 1988).

C. H. Stinger，*Humanism and the Church Fathers* (Albany, NY, 1977).

James D. Tracey，'Humanism and the Reformation,' in *Reformation Europe: A Guide to Research*，ed. Steven E. Ozment (St Louis, 1982)，pp. 33-57.

Roberto Weiss，*The Renaissance Discovery of Classical Antiquity* (Oxford, 1988).

关于人文主义与圣经，参：

J. H. Bentley，*Humanists and Holy Writ: New Testament Scholarship in the Renaissance* (Princeton, NJ, 1983).

C. Celenza，'Renaissance Humanism and the New Testament: Lorenzo Valla's Annotations to the New Testament,' *Journal of Medieval and Renaissance Studies* 24 (1994): 33-52.

Alasdair Hamilton，'Humanists and the Bible,' in *The Cambridge Companion to Renaissance Humanism*，ed. J. Kraye (Cambridge, 1996)，pp. 100-117.

G. Lloyd Jones, *The Discovery of Hebrew in Tudor England* (Manchester, 1983).

N. G. Wilson, *From Byzantium to Italy: Greek Studies in the Italian Renaissance* (London, 1992).

关于欧洲北部的人文主义,参:

Albert Hyma, *The Brethren of the Common Life* (Grand Rapids, 1950).

R. R. Post, *The Modern Devotion: Confrontation with Reformation and Humanism* (Leiden, 1968).

Lewis W. Spitz, *The Religious Renaissance of the German Humanists* (Cambridge, Mass., 1963).

关于伊拉斯谟,参:

Roland H. Bainton, *Erasmus of Christendom* (New York, 1969).

Margaret M. Philipps, *Erasmus and the Northern Renaissance* (London, 1949).

James K. McConica, *Erasmus* (Oxford, 1991).

Erica Rummel, *Erasmus'Annotations on the New Testament* (Toronto, 1986).

James D. Tracy, *The Politics of Erasmus: A Pacifist Intellectual and His Political Milieu* (Toronto, 1978).

关于英格兰的人文主义,参:

B. Bradshaw and E. Duffy (eds), *Humanism, Reform and the Reformation* (Cambridge, 1989).

A. G. Chester, 'The New Learning: A Semantic Note,' *Studies in the Renaissance 2* (1955): 139-147.

Roberto Weiss, *Humanism in Fifteenth-Century England*, 3rd edn (Oxford, 1965).

关于改教家的教育方法,参:

Gerald Strauss, *Luther's House of Learning: Indoctrination of the Young in the German Reformation* (Baltimore, 1978).

4

经院哲学与宗教改革运动

在人类的历史中,经院哲学大概是其中一个最被人鄙视的思想运动。故此,英语的"笨伯"(dunce)一词,便是源自其中一位最伟大的经院哲学作家邓·司各脱(Duns Scotus)的名字。经院哲学的思想家——称之为"烦琐哲学家"(schoolmen)——经常被形容为热衷于争辩(即使毫无意义)究竟有多少天使可以在针尖上跳舞。虽然这一类辩论从没有真正发生过,但结果却毫无疑问会引起好奇,这例子正好说明了在 16 世纪初,经院哲学在许多人(尤其是人文主义者)心目中的印象:对无关痛痒之事所作的毫无意义、枯燥、理性的玄思。在 15 世纪末,伊拉斯谟曾经在由经院主义控制的巴黎大学度过了一些时间。他提到许多他对巴黎厌恶的事情:虱子、恶劣的食物、发出恶臭的公厕,以及烦琐哲学家所争论的乏味辩论。上帝可否成为黄瓜,而不是成为人?他可以把一个娼妓变成一个处女,从而改变过去吗?虽然在这些辩论的背后,存在着严肃的问题,伊拉斯谟尖锐的机锋却让人从这些问题本身,转而注意他们辩论所用的无聊可笑的方式。

许多论及宗教改革运动的课本因而认为不理会经院哲学是合理的,却没有真正解释它的本质,及它为何对维腾堡的宗教改革运动如此重要。本章尝试解释上述两者。

我们先尝试为"经院哲学"下定义。

"经院哲学"的定义

67　　"经院哲学"一词可以说是人文主义者的创作,意图丑化它所代表的运动。"中世纪"(Middle Ages)一词无疑大部分是人文主义者的发明,由 16 世纪人文主义作家例如瓦狄亚努斯和雷纳努斯杜撰,以贬抑的口吻来指在古代(古典时期)与现代(文艺复兴时期)之间的一个淤塞停滞的无趣时期。"中世纪"被视为只不过是古代的文化壮丽及其在文艺复兴时期复苏之间的一段插曲。同样地,"经院哲学"(*scholastici*)在人文主义者手中也是一样语含贬抑,用来指中世纪的观念。人文主义者在丑化中世纪的观念,意图吸引人注意他们诉诸古典时期中,甚少有兴趣区分不同类型的"经院哲学"——例如托马斯主义者(Thomists)和司各脱主义者(Scotists)。因此,"经院哲学"一语同时是有贬义和松散的;不过,历史学者不可能避免使用它。

　　经院哲学可以如何定义?就像人文主义一样,难以为它提供一个精确的定义,足以公平地描述中世纪时期所有主要学派各自的立场。或许以下的工作定义可以提供协助:经院哲学最好被视为是中世纪的运动,其全盛时期为 1200 至 1500 年间,特别强调宗教信仰的理性证明,以及那些信仰的系统阐述。故此,"经院哲学"不是指**一套特定的信仰系统**,而是指一种**整理神学的特独方式**——那是一套高度发展的方法,包括材料表述,提出精良的定义,而且试图达致一个神学的综合观点。或许可以理解人文主义批评者为何认为,经院哲学似乎堕落成只不过是逻辑上的吹毛求疵了。

　　当欧洲西部终于脱离了所谓黑暗时期时,学术研究的每一领域都得到复兴。在 11 世纪晚期,法兰西恢复某种程度的政治稳定,鼓励了巴黎大学的重新发展,并且很快被视为是欧洲的思想中心。在塞纳河的左岸,以及著名的巴黎城岛(Île de là Cité),一些神学"学派"相继在刚建成的巴黎圣母院主教座堂的影子下成立。两个主题迅速地主导了当时的神学论争:对基督教神学加以**系统化**与**扩展**的需要,以及**证明**此神学**内在合理性**的需要。虽然大多数早期中古神学只不过是奥古斯丁观点的再现,却有越来越多的压力,要求将奥古斯丁的观念加以系统化,并进一步予以发挥。不过,这如何达成呢?借着什么方法?究竟基于哪一种哲学体系才能证明基督教神学的合理性?

上述问题的答案来自对亚里士多德的重新发现，那时是 12 世纪晚期与 13 世纪初。[1]到了大约 1270 年，亚里士多德已被确立为"哲学家"的典范。他的观念开始主导神学的思想，尽管遭受过较保守一方的强烈反对。通过一些例如托马斯·阿奎那与司各脱等作者的影响，亚里士多德的思想开始被确认为建立与发展基督教神学的最佳媒介。基督教神学的思想因此被系统化地整理与统合，建基于亚里士多德的前设上。同样地，基督教信仰的合理性也是基于亚里士多德的思想而证明的。故此，阿奎那一些对上帝存在的著名"论证"（proofs），实际上是基于亚里士多德的物理学原理，而多过基于基督教的思想。[2]

68

　　例如，以他对运动的论证为例。阿奎那认为，基于亚里士多德式的原理，任何事物的运动，都是由其他东西所推动。任何运动都有一个动因。事物不只是在运动——它们也是被推动着。（司各脱不同意这一点；他认为，天使是可以成为运动的独立媒介的。）于是，每一个运动的动因本身都必须有一个动因。而**那**动因也必须有一个动因。故此，阿奎那认为我们所知的世界之下，有一系列运动的动因。阿奎那指出，除非这些动因是无穷无尽的，否则在系列的源头必然有一个单独的动因。从这个运动的源头动因，至终衍生出所有其他运动。这是一连串因果关系的源头，让我们可以在世界运行的方式中见到。由于事物是在运动之中，阿奎那因而认为这一切运动的单一源头动因的存在——这是最初的不动的首动者（Prime Unmoved Mover），而阿奎那推断，它就是上帝本身。然而，正如以后他的批评者指出的，这是基于十分危险而且不能证明的假设，即最初的不动的首动者与基督教的上帝是等同的。对于那些批评者来说（其中必然包括马丁·路德），亚里士多德的神明与基督教的上帝似乎根本毫不相同。

　　那么，这就是经院哲学的本质：借着诉诸哲学来证明基督教神学的内在合理性，并且通过仔细审查其不同成分的相互关系，来显示这神学的完整和谐。经院派著作倾向长篇论述，往往建基于细密辩论的区分。故此，司各脱（常被称为"精微博士"）就要分辨出拉丁文"理性"（ratio）一词的 15 种意义，借此支持他对神学功能的看法。

　　著名的中世纪历史学家吉尔松（Etienne Gilson）十分正确地把庞大的经院哲学体系描述为"理性的殿堂"（cathedrals of the mind）。每一个经院哲学体系都尝试从总体性的角度来涵括实在（reality），从中涉及逻辑、形而上学与神学。在无所不包的思想体系中，每一样东西都被显示它有其合理地位。以下我们会概览在中世纪出现的经院哲学的几个主要类别。不过，我们首先应该考虑经院哲学蓬勃的环境。

⁶⁹ 经院哲学与大学

由于明显的原因，经院哲学的影响力在中世纪的大学中是最大的。经院哲学所影响的范围十分有限，这与 15 世纪的人文主义十分不同，后者在大学中十分蓬勃，而且在社会中有相当大的影响力。人文主义吸引了教育、艺术与文化的世界，而经院哲学却至多只可以有限地（以拙劣的拉丁文）来吸引那些喜爱辩证的人。在一个修辞学与辩证法被视为互不兼容的时代中，前者的优胜吸引力几乎是代表了后者的没落。在 15 世纪后期，人文主义与经院哲学的冲突，可见于许多大学里。[3] 对于瑞士宗教改革运动的发展有特别影响力的维也纳大学，在 15 世纪最后的 10 年中，就正正目睹了这种人文主义对经院哲学的反叛抗争。在 16 世纪早期，许多学生似乎已经开始回避一些传统受经院哲学主导的大学，转而趋向一些设有人文主义教育课程的大学。故此，当 16 世纪曙光初露之际，经院哲学在其许多学术阵地中，其影响力也日渐式微。

虽然经院哲学作为学术力量正在日渐式微，然而事实上马丁·路德的神学发展仍然是对经院神学的反动。经院哲学在瑞士已是微不足道的思想力量，反而在当时德意志仍然十分重要，特别在爱尔福特大学（University of Erfurt，路德就学之地）。路德早期作为神学改革者的工作是在大学的处境中进行的，当时他是视之为学术上的对头加以对抗。正如我们所见，瑞士改教家相反的是人文主义者，决心改革他们当时教会的生活与道德；他们完全不用理会经院哲学。相比之下，路德被逼与他当时思想领域中的主要力量（经院哲学）进行对话。瑞士改教家能够取笑经院哲学，因为他们完全不受威胁——路德却要与之正面交锋。

这一点也进一步说明了瑞士与维腾堡宗教改革运动之间的分别，两者完全不同的处境亦往往被忽视。茨温利是从改革城市（苏黎世）开始的，路德却是始于改革大学的神学系（维腾堡）。茨温利开始于对抗宗教改革前苏黎世教会的生活与道德，路德却始于反抗经院派神学的某一独特形式。开始时，茨温利并无建议改革教会教义的需要，但对于路德来说，教义上的改

革却是他宗教改革运动的出发点。在下一章中,我们将研究路德对经院神　70
学的回应。现在让我们看看中世纪晚期出现的经院哲学的类型。

经院哲学的类型

　　读者在进一步阅读本段前,首先应该谅解的是,下文所涉及资料根本没
法进一步简化。我教授宗教改革运动神学的经验,显示许多读者在我试图
解释某些经院哲学的主要观念时,很可能有冗长乏味的感觉(这实际上相当
可以解释人文主义在宗教改革时期为何如此有吸引力)。不过,为了理解路
德的神学发展,我们必须尝试掌握在中世纪晚期经院哲学中,两个主要运动
的基本原理。

唯实论对唯名论

　　为了明白中世纪经院哲学的复杂性,有必要理解"唯实论"(realism)与
"唯名论"的分别。经院哲学时期的早期(约 1200—1350)由唯实论主导,而
后期(约 1350—1500)则受唯名论主导。此两个系统的不同,可以总结如
下。例如以两块白色石头为例,唯实论主张这两块石头包含的是"白色"这
一共相(universal concept)。这些个别的白色石头具有"白色"的普遍特质。
不过,白石存在于时空之中,但"白色"的普遍性却存在于一个不同的形而上
层面。相对之下,唯名论却认为"白色"的共相并无必要,反而强调我们应该
集中于个体。那是这两块白色石头——根本不必谈及什么"白色的共
相"。[4]

　　"共相"的概念在此没有定义,需要进一步探讨。以苏格拉底(Socrates)
为例。他是一个人,也是人类的一个例子。现在再看柏拉图和亚里士多德。
他们也是人,亦是人类的例子。我们可以继续这样说下去,随我们喜欢提到
许多人物,不过相同的基本模式一再出现:某个人是人类的一个例子。唯
实论认为,"人类"这个抽象观念是自存的。它是一个共相,而某一个人
物——例如苏格拉底、柏拉图和亚里士多德——是这个共相的个别例子。　71
人类的共有特质把这三个人联合起来,它本身是有其真实的存在。

　　这样的论争可能给许多读者的印象是典型的经院哲学:毫无意义与卖
弄学问的。不过,读者需要看见"唯名论"一词是涉及对共相的争论,这是十

分重要的。**它在神学上没有直接的相关性,也没有设定具体的神学立场。**我们稍后会再讨论这点。

中世纪的早期由两个受唯实论影响的经院哲学学派所主导,那是**托马斯主义**(Thomism)与**司各脱主义**(Scotism),分别源自托马斯·阿奎那与司各脱的著作。这些学派对宗教改革运动都无甚重大影响,故此不需要进一步讨论。[5] 不过,有两种经院哲学较晚期的形式却似乎深深影响了宗教改革运动,故此值得仔细注意。这是**新路派**与**新奥古斯丁派**(*schola Augustiniana moderna*)。

许多课本在处理宗教改革运动时,经常提及在宗教改革前夕"唯名论"与"奥古斯丁主义"(Augustinianism)之间的冲突,并解释宗教改革运动是后者战胜前者的结果。不过,近年学者对中世纪晚期经院哲学的理解有了很大进展,由此引致早期宗教改革运动思想史的重写。以下,我们将按照最近期学术研究的成果,描绘当时的情况。

在 1920 至 1965 年间的上一代学者著作,认为"唯名论"是一个宗教思想学派,在中世纪晚期深深影响了大部分欧洲北部大学的神学系。不过,这种神学的具体特征却极难加以辨识。某些"唯名论"神学家〔例如奥卡姆的威廉(William of Ockham)与比尔(Gabriel Biel)〕似乎对人类的能力十分乐观,暗示人类可以作任何与上帝建立关系的事情。其他"唯名论"神学家〔例如利米尼的格列高利与奥维多的于格利诺(Hugolino of Orvieto)〕似乎对同一能力抱有极悲观的态度,暗示人类若没有上帝的恩典,完全无法进入此关系中。学者开始绝望地谈及"唯名论的多样性"(nominalistic diversity)。不过,这问题的真正答案终于出现:事实上根本有**两个**不同的思想学派,他们共同的特征都是反唯实论的。两个学派在逻辑与知识论上都采纳了唯名论的立场——不过,他们的神学立场却截然不同。在较早时,我们提及"唯名论"一词只是涉及共相的问题,并没有代表什么独特的神学立场。故此,两个学派都拒绝共相的必需性——但之后却几乎再没有任何共同点。其中一派对人类的能力抱有极度乐观的态度,另外一派则是相当悲观的。这两派现在通称为"新路派"与"新奥古斯丁派"。我们现在会仔细探讨这两个学派。不过首先,我们会留意"帕拉纠主义"与"奥古斯丁主义",这两名词必然会出现在有关中世纪晚期经院哲学的讨论中。下文将会解释这些名词的意义。

"帕拉纠主义"与"奥古斯丁主义"

在路德的宗教改革运动中特别重要的称义教理,论及的是个人如何进入与上帝的关系中这问题。究竟罪人如何才能被公义的上帝所接纳？究竟个人应作何事才能被上帝接纳？这问题在公元 5 世纪早期,奥古斯丁与帕拉纠(Pelagius)之间已有激烈争辩。这场论争通常被称为"帕拉纠论争",而奥古斯丁针对这场论争而撰写有关恩典与称义教理的著作,被统称为"反帕拉纠著作"。[6] 在许多方面,这场论争似乎在 14 与 15 世纪重演,而新路派倾向帕拉纠的立场,新奥古斯丁派则倾向奥古斯丁的立场。以下,我将会为各自的立场提供一个简略的提纲。

奥古斯丁思想的中心主旨是人类本性的**堕落**。"堕落"的意象是来自《创世记》三章,表明人类的本性从起初纯朴的状况就已经"堕落"。故此,人类本性的现今状况不是上帝的心意。创造的秩序不再是直接按照它原来完全的"美善"。它已经失陷了。它已经受到破坏或毁坏了——但那并非无法挽救,正如救恩和称义的教义所申明的。一个"堕落"的意象所传达的观念,就是受造物现在是处于比上帝所期望的较低水平。

根据奥古斯丁的说法,现今所有人类因此从出生的那一刻开始,都受到罪的污染。相对于 20 世纪许多存在主义哲学家[例如海德格尔(Martin Heidegger)]主张"堕落"(*Verfallenheit*)是我们选择的一个决定(而不是由某些东西为我们选择了),奥古斯丁把罪描绘成是人类本性与生俱来的。它是我们的存有所必有的一部分,而不是可有可无的。这样的理解在奥古斯丁的原罪教义中有更精密的论述,对他的罪与救恩的教义极为重要。在其中,所有人都罪人,都是需要拯救的。所有人都亏缺了上帝的荣耀,所有人都需要救赎。

对奥古斯丁来说,人类若只有自己的伎俩与资源,永远无法进入与上帝的关系中。人类所做的一切事,不论男女,都不足以打破罪恶的控制。以奥古斯丁幸运地从未遇上的一个譬喻来说,那就像是吸毒者尝试脱离海洛因与可卡因的控制一样。这情况不能从内里得到改变;所以,如果有任何改变的话,它必须是来自人类处境以外的一些地方。奥古斯丁认为,那是上帝介入了人类的困境。他本来不需要这样做,但基于他对堕落人类的爱,他在耶稣基督的个人中,进入人类的处境,借此施行拯救。

奥古斯丁如此强调"恩典",以致他时常被冠以"恩典博士"(*doctor gratiae*)的称谓。"恩典"是上帝给我们所不配授予不当得的礼物,上帝借此自愿打破罪对人类的辖制。救赎只可能是神圣的礼物。这不是什么我们自己可以成就的事情,而是一些为我们成就的事情。奥古斯丁因此强调,拯救的来源必须在人类之外,在上帝那里。上帝采取主动,展开拯救的过程,而不是由男或女所做的。

不过,在帕拉纠看来,情况截然不同。帕拉纠认为,拯救的源头是在人类之内。个别的人是有能力拯救自己的。他们不是被罪所困,而是有能力成就一切借此得救的事情。拯救是可以借着好行为来赚取的事情,因而使上帝对人类负有义务。帕拉纠把恩典的观念置于边缘地位,把其理解为对人类的要求,借此成就拯救——例如十诫或基督的道德教训。帕拉纠主义的精神,可以总结为"借功德得救",而奥古斯丁则是主张"借恩典得救"。

明显地,这两类不同的神学对人性有十分不同的理解。对奥古斯丁来说,人性是软弱、堕落与无能的;对于帕拉纠来说,人性却是自主与自足的。奥古斯丁认为,人必须依靠上帝才可以得救,帕拉纠却认为上帝只是指出达至拯救要做的事情,然后让人(不论男女)在毫无辅助之下达至该情况。奥古斯丁视拯救为不配得的礼物,帕拉纠则说拯救是公平赚得的报酬。奥古斯丁对恩典的理解之其中一面,需要进一步论述。由于人类没有能力拯救自己,而且因着上帝将他恩典的礼物给某些人(但不是所有人),因此上帝"预先拣选"了一些人可以得救。奥古斯丁运用在新约圣经中隐伏此观念的线索,发展出预定的教义。"预定"(predestination)一词是指向上帝原初与永恒的定意,要拯救某些人,而不是其他人。正是奥古斯丁思想的这一方面,让许多他的同代人(何况是他的后人)觉得不能接纳。更无需说在帕拉纠的思想中,根本无法找到与此相等的观念。[7]

在西方教会产生的论争中,奥古斯丁的立场被视为真正基督教的立场,而帕拉纠的观点则被视为异端。奥古斯丁的观点被两个重要的会议确立为正统规范:迦太基会议(Council of Carthage,418)与奥兰治第二次会议(Second Council of Orange,529)。有趣的是,奥古斯丁对预定论的观点有点被淡化了,即使他余下的系统被热烈采纳。"帕拉纠主义"一词从此被丑化,用来描述"过度依赖人为能力,没有足够信靠上帝的恩典"。在宗教改革时期,路德深信大部分西方教会都失却了"上帝恩典"的观念,进而依赖人为的自给自足。因此,他视自己的任务为重新呼召教会,回到奥古斯丁的观点,正如我们在本书第六章将会见到的。我们现在必须看看 14、15 世纪在新路派与新奥古斯丁派之间,如何重演这场论争,前者大致上接纳了帕拉纠的立场,后者则接纳奥古斯丁的看法。

新路派（"唯名论"）

"新路派"一词现今已经大致被接纳为描述所谓"唯名论"运动的最佳方式，包括了一些附和它的 14、15 世纪思想家，例如奥卡姆的威廉、德埃利（Pierre d'Ailly）、霍尔科特（Robert Holcot）和比尔。在 15 世纪时，新路派开始显著地入侵许多欧洲北部的大学——例如巴黎、海德堡与爱尔福特。除了它在哲学上的唯名论立场外，这场运动也采纳了一种称义的教理，被许多批评者冠之为"帕拉纠主义"。由于这种经院哲学的形式对路德神学上突破的重要性，我将在下文详细解释它对称义的理解。[8]

新路派的救恩论（拯救的教义）的主要特色是上帝与人类的契约。中世纪晚期政治与经济理论的发展是建基在契约（covenant）的观念上（例如君王与子民之间），新路派的神学家很快就察觉此观念在神学上的潜力。君王与子民之间的**政治性**契约，规范了君王对子民与子民对君王的责任，那么上帝与其子民之间的**宗教性**契约也规范了上帝对他子民与他们对上帝的责任。[9]当然，这契约不是由协商产生的，而是由上帝单方面颁布的。因着上帝与人类之间契约的观念是旧约读者所熟悉的主题，新路派的神学家就借用他们自己政治与经济世界的观念，把此主题加以发挥。 75

根据新路派神学家的看法，上帝与人类之间的契约设定了称义必要的条件。上帝命定了他会称一个人为义，只要此人首先满足一些要求。这些要求可以总结为拉丁文的一句格言：*facere quod in se est*，字面意思是"作你心中之事"或"尽你所能"。当这人满足了此先决条件时，上帝就会因着契约的条款，有责任称他为义。这一点往往是用一句拉丁语表达："上帝不会拒绝向那些行心中之事的人施予恩典"（*facienti quod in se est Deus non denegat gratiam*）。著名的中世纪晚期神学家比尔（众所周知，他的著作影响了路德）解释，"尽你所能"的意思是拒绝罪恶，努力行善。

在这点上，显示了新路派与帕拉纠之间的相同点。两者均主张，男女都可以借着自己的努力和成就而得蒙接纳。两者都断言人类的行为使上帝有责任来报酬他们。新路派的作者似乎不过是帕拉纠思想的翻版，只是运用了较为复杂的契约式架构。不过，在这点上，新路派的神学家采纳了当代的经济理论，来辩称他们并无此意。他们对中世纪晚期经济理论的运用十分引人入胜，其中说明了中世纪神学家在探讨思想时，愿意采纳其社会处境的程度。我们将会较为详细地查看他们的论点。

这些神学家经常援引君王与小铅币的经典例子,说明好行为与称义的关系。[10]中世纪的货币制度大多数是以金币与银币为主的。这样的好处是保证货币的价值,即使这亦可能鼓励了从钱币边"剪掉"贵重金属的做法。后来引进了把钱币轧齿边的技术,试图防止以此方法来削掉金银。不过,君王有时(例如在战争的情况下)也会陷于经济危机中。对付此情况的正常方法,就是收回这些金币与银币,然后熔掉使用。这样,收回的金银币便可以用来资助战争。

不过,与此同时,仍然需要某种形式的货币。为了满足这一需要,便会发行细小的铅币,这些铅币具有与金银币同等的面值。虽然它们的**内蕴**价值微不足道,但它们被**赋予**或**外加**的价值却是十分可观的。君王会答应一旦经济危机过去,他必会把铅币换回等值的金币与银币。故此,铅币的价值
76 就是基于君王答应的承诺,稍后以它们全部被赋予的面值赎回。金币的价值来自其含金量,但铅币的价值却是来自王室的承诺,把这些钱币看成**仿佛是黄金**。当然,相同的情况也存在于现代大部分的经济体系中。譬如,纸币的内蕴价值无足轻重,其价值是本于发钞银行兑现钞票全部票面值的承诺。

新路派的神学家运用这个经济的类比,以反驳称他们是帕拉纠主义的控告。对于指责他们夸大了人类行为的价值(即是他们似乎让人觉得可以赚取拯救),他们的回答全无此用意。他们辩称,人类的行为就像铅币一样——毫无内在价值。然而,上帝却借着契约,命定要视这些行为具有更大的价值,正如君王会视铅币如金币一样。他们认为,帕拉纠无疑说人类的行为好像黄金一样,可以赚取拯救。不过,**他们**却认为人类的行为只是像铅一样,若有任何价值,唯一的理由只是上帝恩慈地承诺了要视他们为具有更宝贵的价值。上述从神学上利用钱币内在与外加价值之分别的反省,让新路派的神学家得以脱离一种可能十分尴尬的困境,然而即使如此,亦不能使他们较严厉的批评者(例如马丁·路德)感到满意。

正是这种对称义的"契约式"理解,成为马丁·路德神学突破的背景,我们在下一章将会再讨论。现在,我们的注意力要转到与新路派对立的思想上,那是中世纪晚期经院神学对奥古斯丁思想的重新信奉。

新奥古斯丁派("奥古斯丁主义")

新路派在14世纪早期的大本营之一是牛津大学。[11]某些主要来自墨敦学院(Merton College)的思想家,发展了上文所述为新路派独有的称义思

想。正是在牛津大学,新路派首次遇到了反击。[12]这次反击的代表人物是布拉得瓦丁(Thomas Bradwardine),他后来成为坎特伯雷大主教。布拉得瓦丁撰写了《上帝反对帕拉纠主义之理》(*De causa Dei contra Pelagium*),强烈攻击牛津新路派的思想。在本书中,他指责墨敦学院的同僚为"现代帕拉纠派",并且发展出一套回到奥古斯丁观点的称义理论,正如在反帕拉纠著作中所见的。

　　尽管牛津是十分重要的神学中心,但百年战争(Hundred Years War)导致它与欧洲大陆越来越隔离。虽然布拉得瓦丁的思想后来由威克里夫(John Wycliffe)在英格兰加以发挥,却被利米尼的格列高利带往欧洲大陆,在巴黎大学承继。格列高利较布拉得瓦丁更为优胜之处是:他是修会的成员[圣奥古斯丁隐修会(Hermits of St Augustine),通常称为"奥古斯丁修会"(the Augustinian Order)]。正如多米尼克会修士(Dominicans)发扬托马斯·阿奎那的思想,法兰西斯会修士(Franciscans)发扬司各脱的思想一样,奥古斯丁修会也宣扬利米尼的格列高利的思想。正是这种奥古斯丁传统的传递,源自利米尼的格列高利,在奥古斯丁修会之内流传的思想,逐渐被确认为"新奥古斯丁派"。这些观点究竟是什么?

　　首先,格列高利在共相的问题上,采取唯名论的立场。正如他同时代的许多思想家一样,格列高利并不认同阿奎那或司各脱的唯实论。在这方面,他与新路派的思想家相当类似,例如霍尔科特和比尔。其次,格列高利发展了一种救恩论,其中反映了奥古斯丁的影响。我们发觉他强调恩典的需要、人类的堕落与罪性、上帝在称义上的主动,以及上帝的预定。拯救被理解为**完全**是上帝的工作。新路派主张,人类可以借着"尽其所能"而得以称义,格列高利则强调只有上帝才可以启动称义。新路派主张,拯救所需的大部分(但不是所有)资源都是在人性**之内**。基督的功德是作为人性之外的资源的一个例子;克胜罪恶和归向公义的能力则是(对于像比尔一类的作者而言)一个例子,显示出在人性之内所不可少的拯救资源。显然相当不同,利米尼的格列高利认为这些资源完全是在人性**之外**的。即使是克胜罪恶和归向公义的能力,也是源自上帝的行动,而不是人类的行动。显然,这些代表了对称义过程中,人类与上帝角色两种完全不同的理解。

　　虽然这种学术上的奥古斯丁主义特别是与奥古斯丁修会有关联,但似乎不是每个奥古斯丁修院或大学都采纳了其思想。不过,一个强烈奥古斯丁特色的思想学派似乎已经在中世纪晚期,宗教改革运动的前夕存在。在许多方面,维腾堡的改教家特别强调奥古斯丁反帕拉纠的著作,借此他们可以说是这传统的重现和继承者。因着某些主要改教家的观点(例如路德或加尔文)似乎相当接近这学术性的奥古斯丁主义,因而产生的问题是:究竟
78　改教家是否直接或间接地受了这个奥古斯丁传统的影响? 我们在下一节中将会讨论这个问题。

中世纪经院哲学对宗教改革运动的冲击

毫无疑问,宗教改革运动的两颗耀眼明星是马丁·路德和加尔文。在下文中,我们将会讨论经院神学的形式对他们可能存在的影响,叙述他们的教育环境如何让他们接触到中世纪晚期经院哲学的主要观念。

路德与中世纪晚期经院哲学的关系

无疑,路德熟悉经院哲学与神学。他在爱尔福特大学期间(1501—1505),文学院是由新路派的代表人物所主导的。他在这段时期之中,大概会深入认识这个唯名论哲学的主要特色。在他决定进入奥古斯丁修院之后(1505 年),他被认为是已经浸淫在新路派的神学中,大量阅读这场运动主要代表人物的著作,例如奥卡姆的威廉、德埃利和比尔。比尔的《弥撒典文注释》(*Commentary on the Canon of the Mass*)是预备接受按立者的标准神学教科书,有大量证据显示路德研读过他的著作,而且理解其内容。

1508 年秋天,路德前往刚成立的维腾堡大学教授哲学伦理学。在那一年较早时,大学章程特别是有关文学院的条文经过了重大的改动。在这之前,学院成员只准按照托马斯派(*via Thomae*)和司各脱派(*via Scoti*)的观点授课——换言之,只容许托马斯·阿奎那与司各脱的思想,而不是新路派的立场。然而,按照新章程,他们现在也可以按照"格列高利派"(*via Gregorii*)的观点来授课。不过,这个以前不为人知的派别究竟是什么? 早期学者认为这只不过是新路派的另一种描述方式,因而把维腾堡与当时德意志其他大学放在同一阵线。

我们知道,新路派在不同的大学中有几个不同的名称。例如,这个学派
79　在海德堡被描述成"马西利乌斯派"(*via Marsiliana*),以这运动的一个著名代表人物马西利乌斯(Marsilius of Inghens)命名。"格列高利派"可能是指

利米尼的格列高利,他是新路派哲学的一个著名阐述者,虽然他的神学是相当奥古斯丁主义的。这个传统观点认为,"格列高利派"一词只是当地提到新路派的一种方式。不过,奥伯曼在 1974 年发表了一篇重要论文,指出这名词应该有一个十分不同的解释。[13]

奥伯曼认为,"格列高利派"是指新奥古斯丁派,源自利米尼的格列高利(即"格列高利派"的格列高利)。在此所描述的,是格列高利的神学(而不是他的哲学)观念。奥伯曼在叙述这学派的观念可以通过许多途径传到青年的路德之后,他总结说:

> 评估了这些逐渐增加、已被公认的环境证据之后,我们可以指出,显然,新奥古斯丁派(源自利米尼的格列高利,反映在奥维多的于格利诺)之精神活跃于爱尔福特的奥古斯丁修院,而且由施道比茨(John von Staupitz)转化成为一种牧职更新的神学,这是在维腾堡产生的神学之根源的最可能情况——而不是其起因。[14]

假如奥伯曼的说法是正确的,那么路德及他的"真正神学"就是处于中世纪奥古斯丁悠长传统的末端,显示路德的宗教改革运动可能代表这传统在 16 世纪的胜利。

奥伯曼的建议无疑十分重要,不过其中却存在许多严重的困难。在此简述如下:[15]

1. 路德似乎在 1519 年之前仍未见过利米尼的格列高利的任何著作——但奥伯曼的假设却要求路德这位改教家在 1508 年就应该已经有机会阅读他的著作。

2. 奥伯曼把施道比茨称为这传统的传递者,众所周知,他对路德的发展有某些影响,不过他却难以说成是新奥古斯丁派的一个代表人物。在他的著作中,我们发现他不愿引述与这运动有关的任何作者(例如利米尼的格列高利或奥维多的于格利诺),而且显然较为喜爱引述较为古老的作者。

3. 利米尼的格列高利被巴黎大学的章程明确地认定为新路派的主要领军人物,与奥卡姆的威廉并列。因此显示"格列高利派"实际上只不过是"新路派"的另一称谓而已。

4. 路德早期的神学(1509—1514)丝毫没有任何极端奥古斯丁主义的色彩,这主义与利米尼的格列高利和新奥古斯丁派有关。假如路德真如奥伯曼所说的那么熟悉这种神学,那么该如何解释呢?

5. 1508 年维腾堡的章程是关于文学院的,而不是神学院。故此,它们所赞同的理应是利米尼的格列高利在哲学方面的观点,而不是神学方面的。正如上文所述,格列高利的哲学观点是典型的新路派,即使他的神学是极端的奥古斯丁主义。因此,章程似乎是容许格列高利的哲学观点——即新路派的观念——在维腾堡中教授。近期大多数研究的共识显然倾向认为,奥伯曼的假设虽然有助刺激对路德与中世纪晚期思想关系的研究,却似乎是站不住脚的。

加尔文与中世纪晚期经院哲学的关系

加尔文于 16 世纪 20 年代在巴黎大学开始他的学术生涯。随着越来越多的研究显示,巴黎大学〔尤其是加尔文的学院蒙太古学院(Collège de Montaigu)〕是新路派的重镇。加尔文在巴黎的文学院修读的四五年间,不可能避免接触这运动的主要观念。

加尔文与中世纪晚期神学之间相似的一个明显要点是关于唯意志论(voluntarism)——这教义认为功德的最终基础在于上帝的意志,而不是一个行动的内在美善。[16] 若要探讨这教义,就让我们考虑人类的一项道德行动——例如,施舍金钱。这项行动的功德价值是什么?它在上帝的眼中有何价值? 行动的道德(moral,那是人类的)与功德(meritorious,那是上帝的)价值之间的关系,是中世纪晚期神学家的主要关怀。由此发展了两个各有特色的取向:唯智性论者(intellectualist)和唯意志论者(voluntarist)。

唯智性论的取向认为,上帝的智性承认一项行动的内在道德价值,而且据此给予回报。在道德与功德之间,存在直接的关联。唯意志论反对这一点,认为它会让上帝从属于他的受造物。一项人类行动的功德价值不可以是预先决定的;上帝拥有自由去抉择什么是他喜欢的价值。故此,没有必要把道德与功德联系起来。所以,一项人类行动的功德价值不是取决于它的内在价值,而是唯独建基于上帝所选择归属于它的价值。

81   这个原则在司各脱的格言中概括说明(虽然不是完全正确,却往往被视为在中世纪晚期思想中朝向唯意志论的创始者),指出一项捐献的价值只是由上帝旨意所决定而影响的,而不是在于它的内在美善。上帝的旨意选择把诸如此类的价值赋予人类的行动,从而维持了上帝的自由。在中世纪晚期,唯意志论的立场逐渐得到赞同,尤其是在极端奥古斯丁主义的圈子中。

大多数新路派和新奥古斯丁派的神学家都接纳它。

加尔文在《基督教要义》中论到基督的功德时，正是采纳了这个唯意志论的立场。虽然这在该书的早期版本中是含蓄地暗示的，只有在 1559 年的版本中，以及后来加尔文与苏西尼（Laelius Socinus）的通信中论到这课题时，才明确地说出来。在 1555 年，加尔文回应由苏西尼提出来的问题，论到基督的功德和信心的保证，而且似乎把这些回复直接并入《基督教要义》1559 年版本的内容中。

基督在十字架上的受死，是基督徒思想和敬拜的中心焦点。不过，基督的受死为何应该如此重要？因着它的中心性，称义可以给予什么？**基督**（而不是其他人）的受死为何宣称有独特的意义？在上述通信的过程中，加尔文仔细考虑了这个问题，在技术上称为"基督的功德的基础"（*ratio meriti Christi*）。基督在十字架上的受死，为什么足以买赎人类？基督的位格是否有某些内在的东西，正如路德所主张的？对于路德来说，基督的神性足以宣称他的受死拥有独特的重要性。或者，是上帝选择接纳他的受死有足够功德去买赎人类？这价值是**内在**于基督的受死，或是由上帝**加入**其中？加尔文清楚表明，基督的功德的基础不在于基督献上自己（这等于是以唯智性论的取向对待"基督的功德的基础"），而在于上帝决定接纳这样的献上是有足够的功德去买赎人类（这等于是唯意志论的取向）。对于加尔文来说，"除了上帝的喜悦之外，基督不可能有任何功德"（*nam Christus nonnisi ex Dei beneplacito quidquam mereri potuit*）。加尔文与中世纪晚期的唯意志论传统之间，显然有其延续性。

以往，加尔文与司各脱之间的这种相似性，被视为暗示司各脱对加尔文有直接的影响。然而，事实上，加尔文显然是延续中世纪晚期的唯意志论传统，那是源自奥卡姆的威廉和利米尼的格列高利，对此司各脱可以作为一个转折点。基督牺牲拯救的功德本质是上帝以恩慈这样命定接纳的，没有理由可以给予。加尔文与这个晚期传统的延续性是十分明显的。

1963 年，卢达（Karl Reuter）出版了一部有关加尔文思想的专论，提出了加尔文研究的一个重要假设，后来他在 1981 年进一步发挥：那就是，加尔文是深深受到当时在巴黎任教的苏格兰经院派神学翘楚梅杰（John Major 或 John Mair）所影响。[17] 卢达认为，梅杰在巴黎让加尔文接触到"反帕拉纠思想与司各脱神学的新概念，以及全新的奥古斯丁主义"。按照卢达的看法，通过梅杰的影响，加尔文接触了奥古斯丁、布拉得瓦丁与利米尼的格列高利等作者的思想。

82

卢达的假设遇到相当大的批评,大部分集中于他所提供的环境证据的性质。譬如,完全没证据显示加尔文曾受教于梅杰,不论他们的思想是多么相似。同样地,加尔文早期的著作(例如《基督教要义》的 1536 年版本)完全没提及梅杰。不过,加尔文显然是呈现了与新奥古斯丁派极为相似的思想,而加尔文可能是反映了这一传统的影响,而不是其中个别人物的影响。即使卢达原本提出的假设是站不住脚的,似乎也有极好的理由认为,加尔文大概反映了中世纪晚期奥古斯丁主义传统的影响,例如与新奥古斯丁派有关的思想。

对加尔文神学的分析,可以显示这个可能性为何有理。以下七点加尔文神学的主要特征,与新奥古斯丁派的思想直接平行:

1. 在知识论上是严格的"唯名论"(nominalism/terminism)。

2. 对于人类的功德与耶稣基督的功德,以唯意志论作为理解的基础,而反对唯智性论。

3. 大量运用奥古斯丁的作品,尤其是他反对帕拉纠的著作,集中于恩典的教义上。

4. 对于人性有强烈的悲观看法,而堕落被视为人类拯救历史的一个分水岭。

5. 强调上帝在人类救赎中的优先性。

6. 绝对双重预定论(参本书第七章)的极端教义。

7. 否认居间阶段(intermediaries)[例如"恩典的创造习性"(created habits of grace)]在称义或功德上的角色。上帝可以接纳个人直接与他建立关系,无需这类本性上的居间阶段。

最后一点特别有趣,因为它代表了"奥卡姆的剃刀"(Ockham's razor)的应用例子。奥卡姆的威廉提出了一个具有唯名论特色的概念,认为居间性的观念或概念应该省掉,或减至最少。例如,奥卡姆把一个共相的概念视为完全没有必要的居间阶段,可以予以除掉。显然,加尔文借着运用这把剃刀,准备剃掉早期经院哲学的许多神学观念。

83

经院哲学的社会处境

在评估任何思想运动的价值时,必须首先确定传递与发展其思想的社会不同部分。譬如,我们已经看见人文主义基本上是一种文化与教育的运动,其思想在文艺复兴时期广泛地在意大利(在欧洲北部没有那么盛行)的上层社会、文学院与教育家的圈子中流传。人文主义的思想据说也被许多修会的成员所接纳。[18] 由此给人的印象是这种思想运动的观念之接纳和传递,跨越了不少重要的社会界限。

不过,在经院哲学的例子中,我们却遇见十分不同的情况。主要的经院哲学学派都是个别系于某修会。故此,多米尼克会倾向宣扬托马斯主义,法兰西斯会则发扬司各脱主义,虽然新路派的思想早在 15 世纪已在两个修会中完全确立。一个经院哲学家通常都是某修会的成员。帕多瓦大学(University of Padua)代表了一个较为罕见的例子,没有特别关联于某修会的经院哲学。故此,经院哲学显然对社会的影响受到很大的限制。人文主义所拥有的社会流动性,显然付之阙如。同样地,经院哲学也明显受到地理的限制:例如,经院哲学是 16 世纪初德意志的重要思想力量,却不见称于瑞士。故此,当 16 世纪早期受教育的人几乎没可能避免人文主义的影响时,经院哲学却是日渐衰退的思想力量,越来越局限于欧洲北部的某些据点之内。

显然有两点是与宗教改革运动有关的。首先,改教家开始投身他们改革事业之前的背景,决定了他们受经院哲学的影响程度,或是感到有责任与之对话的重要决定因素。我们可以指出,路德是主要改教家中唯一的一位,其出身显示他接触过经院哲学;因为他是从事大学教育的修会成员,而茨温利却只是一个教区的教士。同样地,路德是日耳曼人,而茨温利则是瑞士人。其次,从与人文主义观念有关的社会流动性角度来看,我们可以明白路德的思想在 1517 至 1519 年间是如何广泛流传的。虽然路德在这时期的神学仍然具有相当明显的经院派形式,它受到了人文主义团体“有成效的误解”(productively misunderstood,这是莫勒的说法),他们视之为体现了**人文主义式**价值,由此便使这些观念得到通常是人文主义才有的流通性。不论是在德意志地区或瑞士,人文主义运动都是宗教改革运动观念的主要传送者:在两种宗教改革运动之间的基本分别是,茨温利的思想在开始时**是**人文主义式的,而路德却是被**误解**为属于人文主义的立场。

路德在 16 世纪 20 年代经常受到误解,对此不应大惊小怪。没有多少人有机会阅读路德的著作;随着对他的观念在西班牙和意大利被接纳的研究显示,大多数人似乎是通过二手或三手资料来认识他的思想。结果,扭曲和误解是无可避免的。以一个明显的例子说明(也许是一个经常引用的例子),日耳曼农民以为路德是会同情他们的,而当他们弄清楚他的真正立场时,就感到被出卖了。还有,罗拉德派提出的态度,通常是强烈的反教士、反圣礼和反教会的,他们相信,既然路德的称义教义似乎是强化了这些态度,那么路德本人在他改革基督教的理想蓝图中,也不会容许教士、圣礼或教会的建制存在。路德对罗拉德派的部分吸引力,就这样基于他们对其立场的误解上。

在本章中,我们讨论了中世纪经院哲学的现象,而且指出它与宗教改革运动的潜在关联。在下一章中,我们将会探讨人文主义与经院哲学如何汇聚于马丁·路德的神学突破中。

注释

[1] David Knowles, *The Evolution of Medieval Thought* (London, 1976), pp. 71-288; Paul Vignaux, *Philosophy in the Middle Ages* (New York, 1959), pp. 69-90.

[2] 关于阿奎那,参 Etienne Gilson, *The Christian Philosophy of St Thomas Aquinas* (New York, 1956)。

[3] 参 Charles G. Nauert, 'The Clash of Humanists and Scholastics: An Approach to Pre-Reformation Controversies,' *Sixteenth Century Journal* 4 (1973): 1-18; James Overfeld, 'Scholastic Opposition to Humanism in Pre-Reformation Germany,' *Viator* 7 (1976): 391-420。关于这个主题,特别有用的论文是 A. H. T. Levi, 'The Breakdown of Scholasticism and the Significance of Evangelical Humanism,' in *The Philosophical Assessment of Theology*, ed. G. R. Hughes (Georgetown, 1987), pp. 101-128。

[4] 关于共相的问题,参 John Hospers, *An Introduction to Philosophical Analysis*, 2nd revised edn (Englewood Cliffs, N. J., 1976), pp. 354-367。关于中世纪的唯实论和唯名论,参 Etienne Gilson, *History of Christian Philosophy in the Middle Ages* (London, 1978), pp. 489-498; M. H. Carré *Realists and Nominalists* (Oxford, 1946)。

[5] 关于托马斯主义,参 Gilson, *History of Christian Philosophy in the Middle Ages*, pp. 361-383。关于司各脱主义,参同书,454—471 页。

[6] 关于帕拉纠论争的历史沿革与其涉及的问题,参 Peter Brown, *Augustine of Hippo: A Biography* (London, 1975), pp. 340-407; Gerald Bonner, *St Augustine of Hippo: Life and Controversies*, 2nd edn (Norwich, 1986), pp. 312-393。

[7] 参 Alister E. McGrath, *Iustitia Dei: A History of the Christian Doctrine of Justification* (2 vols; Cambridge, 1986), vol. 1, pp. 128-145; Brown, *Augustine of Hippo*, pp. 398-407。

[8] 关于下文所述, 参 McGrath, *Iustitia Dei*, vol. 1, pp. 119-128, 166-172。

[9] 参 Francis Oakley, *The Political Thought of Pierre d'Ailly: The Voluntarist Tradition* (New Haven, 1964)。

[10] 参 William J. Courtenay, 'The King and the Leaden Coin: The Economic Background of Sine Qua Non Causality,' *Traditio* 28 (1972): 185-209。

[11] 关于所涉及的人物, 参 William J. Courtenay, *Adam Wodeham: An Introduction to his Life and Writings* (Leiden, 1978)。

[12] 参 Heiko A. Oberman, *Masters of the Reformation: The Emergence of a New Intellectual Climate in Europe* (Cambridge, 1981), pp. 64-110。

[13] Heiko A. Oberman, 'Headwaters of the Reformation: *Initia Lutheri-Initia Reformationis*,' 再刊于 *The Dawn of the Reformation: Essays in Late Medieval and Early Reformation Thought* (Edinburgh, 1986), pp. 39-83。

[14] Oberman, 'Headwaters of the Reformation,' p. 77.

[15] Alister E. McGrath, *The Intellectual Origins of the European Reformation* (Oxford, 1987), pp. 108-115.

[16] Alister E. McGrath, 'John Calvin and Late Medieval Thought: A Study in Late Medieval Influences upon Calvin's Theological Development,' *ARG* 77 (1986): 58-78; McGrath, *Intellectual Origins*, pp. 94-107.

[17] Karl Reuter, *Das Grundverständnis der Theologie Calvins* (Neukirchen, 1963); idem, *Vom Scholaren bis zum jungen Reformator: Studien zum Werdegang Johannes Calvins* (Neukirchen, 1981).

[18] 参 P. O. Kristeller, 'The Contribution of Religious Orders to Renaissance Thought and Learning,' *American Benedictine Review* 21 (1970): 1-55。

进深阅读

关于"经院哲学"现象的出色导论, 参:

Josef Pieper, *Scholasticism: Personalities and Problems of Medieval Philosophy* (London, 1960).

关于"新路派", 参:

W. J. Courtenay, 'Nominalism and Late Medieval Religion,' in *The Pursuit of Holi-*

ness in Late Medieval Religion, ed. C. Trinkaus and H. A. Oberman（Leiden，1974），pp. 26-59.

_____ , 'Late Medieval Nominalism Revisited: 1972 – 1982,' *Journal of the History of Ideas* 44（1983）: 159-164.

Alister E. McGrath，*The Intellectual Origins of the European Reformation*（Oxford，1987），pp. 70-85.

关于"新奥古斯丁派"，参：

McGrath，*Intellectual Origins of the European Reformation*，pp. 86-93.

Heiko A. Oberman，*Masters of the Reformation: The Emergence of a New Intellectual Climate in Europe*（Cambridge，1981），pp. 64-110.

David C. Steinmetz，*Luther and Staupitz: An Essay in the Intellectual Origins of the Protestant Reformation*（Durham，N. C.，1980），pp. 13-27.

5

改教家生平导论

或许我们会忽略一个事实,就是宗教改革运动不只是涉及社会力量(这个弱点严重削弱社会历史学者所提供的宗教改革运动典范的价值),或只是关乎宗教的观念(这个弱点往往见于较为明确的宗教改革运动神学的记述中)。宗教改革的思想是由一群相当重要的个人所孕育和发展的。这些观念是以什么态度被接受的,以及它们对社会整体有何影响,无疑与社会因素有深刻的关系,可是这不等于我们可以忽略那些对宗教改革运动思潮的产生和发展极具贡献的个人。

一般人都同意,宗教改革运动有两个杰出的领导人物:马丁·路德和加尔文。虽然普遍认为瑞士改教家茨温利对瑞士宗教改革运动的起源和早期发展相当重要,不过他却被视为宗教改革运动的"第三号人物"。通常对茨温利这样的较低评价,往往受到学者的批评,他们渴望指出他的思想的独创性,以及他在某些主要由瑞士人影响政治领域的地区中,奠下巩固宗教改革基础的重要角色。不过,不论这正确与否,一般认为茨温利对于西方基督教思想的塑造,并没有路德或加尔文那样具有影响力。

本章综览五位改教领袖的生平。除了上文提到的三个人物,还会简略介绍路德的同工梅兰希顿,以及斯特拉斯堡这座大城的改教家布塞。在此强烈建议,在你阅读后面较为分门别类讨论宗教改革的神学观念之前,首先阅读本章。本章提供了重要的历史和生平资料,是这些观念的基本背景材料。我们由改教家的五道洪流中最巨大的一道开始——马丁·路德。

马丁·路德

马丁·路德(1483—1546)被公认为最重要的改教家。路德于 1483 年
11 月 10 日在德意志城镇艾斯莱本(Eisleben)出生,由于他的受洗日期 11
月 11 日正是纪念图尔的马丁(Martin of Tours)的节期,所以取名马丁。他
的父亲汉斯·路德(Hans Luder,这个名字是当时的拼写方式)在翌年迁往
邻近的曼斯菲尔德(Mansfeld),在此经营一个小小的铜矿业务。1501 年,路
德在爱尔福特开始接受大学教育。他的父亲明确想要他成为一个律师,显
然知道这会为家族带来经济上的好处。1505 年,路德在爱尔福特完成一般
的文科课程,可以继续研读法律。

不过最后,他没有用多长的时间念法律。约在 1505 年 6 月 30 日,路德
到访曼斯菲尔德之后返回爱尔福特。就在他行近斯道特亨(Storterheim)的
村庄时,遇到一场大雷雨。忽然间,一道闪电击中他附近的地面,把他抛离
马背。路德在惊恐中高呼:"圣安妮救我,我愿意做一名修士!"[圣安妮(St
Anne)是矿工的主保圣徒(patron saint)。]1505 年 7 月 17 日,他进入了爱尔
福特七大修道院中最严格的那间——奥古斯丁修院。路德的父亲对这个决
定感到十分恼怒,在相当长的一段时间中,与儿子保持疏远。

爱尔福特的奥古斯丁修道院与爱尔福特大学之间关系密切,容许路德
在预备接受圣职的课程中,钻研中世纪晚期宗教思想的重要人物,例如奥卡
姆的威廉、德埃利和比尔等。1507 年,他被任命为教士。到了 1509 年,他
获得了第一个主要的神学资格。最后,1512 年 10 月 18 日,他获授神学博士
学位,达至他学术研究的高峰。不过,到了那时,他已经迁离爱尔福特,在邻
近的城镇维腾堡安顿,当地有一间相当新的日耳曼大学。

维腾堡大学(University of Wittenberg)是由选侯智者腓特烈于 1502
年建立的。他建立这个学问中心的动机,不只是为了教育;他可能想要超越
邻近的莱比锡大学的名声。路德在得到博士学位之后不久,就取得了维腾
堡的圣经研究教席,而且余生都留在那里(除了偶尔离开之外)。他是接替
施道比茨的教席,后者是德意志严守会规的奥古斯丁修会(German Observ-
ant Augustinian)的代理会长,在路德之前负责那个教席。

一般认为,路德在维腾堡的讲学构成了他以后神学发展的基础。路德

逐渐显明的神学思想,背后是由持之以恒地研读某些圣经经文作为基础,这一点相当重要。在 1513 至 1519 年这段重要时期中,路德讲授了以下的科目:

> 1513 至 1515 年　诗篇(首次课程的讲授)
> 1515 至 1516 年　罗马书
> 1516 至 1517 年　加拉太书
> 1517 至 1518 年　希伯来书

在这段期间的某一刻,路德彻底改变了他的神学观点。对于这个突破的性质和日期,学者之间存在着强烈的争论。在本书以后的章节中,我们将会详细讨论这一点。

路德通过一连串的争论,声名大噪。最先的一个争论是集中于赎罪券的买卖。美因茨的大主教阿尔伯特(Albert of Mainz)允许在他的辖区中售卖赎罪券。在维腾堡地区负责推销赎罪券的是台彻尔,此人让路德深感气愤,促使他写信给大主教阿尔伯特,对这种做法提出抗议,而且撰写了 95 条拉丁文的论纲,打算在维腾堡大学中辩论。路德的同侪梅兰希顿以后记述,这论纲也"张贴"(为了向公众展示而钉上)在维腾堡的城堡教堂门上,日期是 1517 年 10 月 31 日。这一天后来被视为是宗教改革运动开始的标志。事实上,这份论纲并没有引起多大注意,直至路德把它们广泛流传,而且翻译成德文。

大主教认为,这些论纲是对他的权威的直接挑战,于是把它们随同一封指控信呈交给罗马。然而意外的是,这没有引起多大冲击。教廷这时候需要智者腓特烈的支持,确保可以选出教廷属意的候选人,继承神圣罗马帝国君主马克西米连(Maximillian)的帝位。结果,路德没有被召唤至罗马,为对他的指控答辩,而是由教廷代表卡耶坦(Cajetan)于 1518 年在当地审问他。路德拒绝收回他对售卖赎罪券的做法的批评。

在 1519 年的莱比锡辩论中,路德的名声更加高涨。路德与他在维腾堡的同侪卡尔施塔特在这场辩论中,一同对抗一个来自因戈尔施塔特(Ingolstadt)的著名神学家艾克。在论到权威的本质的复杂辩论过程中,艾克设法要路德承认,在路德看来,教宗与一般教会会议都有可能犯错。更为甚者,路德暗示在某种程度上支持波希米亚(Bohemia)的改教家胡斯(Jan Huss),后者早已被谴责为异端。艾克显然认为自己已经赢了这场辩论,因为他迫使路德表明了对教廷权威的观点,而这些按照当时的标准来说是非正统的。

然而,其他人却欣然接纳路德的批评。许多人文主义者的反应尤其重要,他们认为路德的批评显示出他是他们的一分子。事实上,实情不是这样的。不论如何,这个"建设性的误解"(constructive misunderstanding)却导致路德被当时的人文主义者捧为名人,在人文主义者的圈子中声名鹊起。虽然路德与伊拉斯谟在 1524 至 1525 年间的辩论,最后终止了路德同情人文主义者进程的想法,他却至少享受了在莱比锡辩论之后几年间许多人文主义者(包括伊拉斯谟和布塞)的默默支持。

路德与人文主义者之间在 1519 年前后的短暂甜蜜相处,可以见于他塑造自己风格的方式。当时有一个虚荣的做法,就是人文主义作者坚持以他们名字的拉丁文或希腊文的拼写方式自称,这或许是为了让他们看来较为高贵。就这样,菲利普·史华兹尔特(Philipp Schwarzerd)变成了梅兰希顿(Melanchthon,字面意思是"黑色的大地"),约翰·胡斯根(Johann Hauschein)变成了厄科兰帕迪乌斯(Oecolampadius,字面意思是"屋子的光")。大约在 1519 年,路德顺从了这种时代趋势。到那时候,路德一直被誉为中世纪教会的批评者。他对基督徒自由的强调——证据见于 1520 年所撰写的《基督徒的自由》(On the Freedom of a Christian)——导致他把玩了他的家族名称的原来拼写方式 Luder,他把这个字改为埃留提利乌斯(Eleutherius,字面意思是"解放者")。在似乎是一段相当短的时间中,他厌倦了这类做作。不过,他的家族名称依然采纳了一个新的拼写方式:Luder 变成了 Luther。

1520 年,路德出版了三部重要的著作,立即成为人所共知的改教家。路德聪明地以德文写作,使他的观念可以被大众所明白:当时拉丁文是欧洲知识分子和教会精英所用的语言,平民百姓所用的是德文。在《致德意志贵族书》中,路德热情地指出教会改革的需要。不论是教义和陈规,16 世纪的教会都已经远离新约圣经。他那简洁有力和措辞巧妙的德文,吸引群众认真思考某些严肃的神学观念。

路德受到这本著作的非凡成就所鼓舞,跟着撰写了《教会被掳巴比伦》(The Babylonian Captivity of the Christian Church)。在这篇相当有力的作品中,路德指出福音已经被掳至建制的教会中。他认为,中世纪的教会已经把福音禁锢在教士和圣礼的复杂系统中。教会变成了福音的主人,然而它应该是福音的仆人。这一点在《基督徒的自由》中进一步加以讨论,路德在这部作品中,同时强调信徒的自由和责任。

直至现在,路德都是争论和谴责的中心。1520 年 6 月 15 日,路德受到 90 一道教宗诏书所谴责,而且命令他撤回自己的观点。他拒绝了,而且公开把诏书烧毁,以表羞辱。翌年 1 月,他被革除教籍,而且被传召前往出席"沃尔姆斯会议"。他再一次拒绝撤回他的观点。路德的处境变得越来越严峻。认识到这一点,一个友好的日耳曼诸侯安排他被"绑架",把他藏匿在爱森纳赫(Eisenach)附近的城堡瓦特堡。路德在被隔离的 8 个月中,让他有时间仔细思考他许多观念的含义,而且检讨他的动机的真诚。当他在 1522 年返回维腾堡负责城中的宗教改革运动时,他的观念已经得到欧洲各地相当大的支持。到了这个阶段,宗教改革运动可以说是开始了。在它的早期阶段,肯定是由路德所塑造的。

路德在这个早期阶段对宗教改革运动的影响是基础性的。他在瓦特堡被隔离期间,容许他致力于几项主要的改革计划,包括礼仪的修订、圣经的翻译,以及其他改革的专著。1522 年,德文的新约译本面世,尽管整本圣经的翻译和出版要到 1534 年才完成。1524 年,路德提议有必要在德意志的城镇中设立学校,把教育延伸至妇女。1529 年的两部教理问答打开了宗教教育的新领域(参本书第十二章)。

然而,严重的争议迅速出现。1524 年,伊拉斯谟出版了一部著作,其中最要紧的是他对人类自由意志的观点。路德在 1525 年的回应并不是措辞最圆滑的文献,而且这导致他与伊拉斯谟最终的决裂。更严重的是,1525 年的农民战争(Peasants' War)使路德的声誉受到极大损害。路德认为,封建地主有权制止农民的叛乱,在必要时可以运用武力。路德对这个问题的论著——例如《斥亦盗亦凶的农民暴众》(*Against the Thieving and Murderous Hordes of Peasants*)——对于叛乱差不多没有任何影响,却严重破坏了他的形象。

或许最重要的争论,出现在路德与茨温利之间对"真实临在"(real presence)的本质观点的极度分歧(参本书第九章)。路德坚持基督在圣餐中的真实临在,显然与茨温利的比喻性或象征性的取向相当不同。虽然许多人试图协调两者的观点,或至少把分歧所造成的损害减至最少——最后都是徒劳无功。由黑塞的菲利普(Philip of Hesse)所安排的马尔堡对谈(Colloquy of Marburg, 1529),尤其显得重要。它的失败,可以视之为是在政治和军事的因素日渐不利,极需共同合作之时,却造成了日耳曼和瑞士的改教阵营永久分离。

91 到了 1527 年,路德的健康状况显然不佳,他所患的病现在可确认为是美尼尔氏症(Meniere's disease)。路德相信自己不会活得长久,就娶了一个曾是修女的女子伯拉(Katharina von Bora)为妻。虽然路德在晚年仍然继续撰写了一些重要的神学著作(尤其是《加拉太书》的注释),他却越来越注意他的健康状况,以及宗教改革运动斗争的政治活动。1546 年,当他试图去调解曼斯菲尔德城某些德意志贵族之间的龃龉时,溘然长逝了。

路德对宗教改革运动每一层面的影响,实际上都相当大。他如何理解圣经解释、称义、教会和圣礼的教义,仍然是神学上的里程碑,在本书中将会详论。然而,他对政教关系的观点可能未经深思熟虑,给人以在冲突压力之下构思出来的印象。不论如何,路德必须被视为宗教改革运动两个最重要的人物之一,故此他的思想必须进一步详论。

现在,我们转而探讨另一个没有那么重要的人物的生平,他就是瑞士改教家茨温利。

茨温利

若要明白瑞士改教家茨温利(1484—1531)的事业和策略,就不能不考虑他在瑞士联邦中的背景。"瑞士"(Switzerland)一词是衍生自三个原本的区域——施维茨(Schwyz)、乌里(Uri)和翁特瓦尔登(Unterwalden)——它们于 1291 年签署一份共同抵御奥地利人的公约。这份公约称为"海尔维第(瑞士)同盟"(*Confederatio Helvetica*),在以后年间逐步扩大。1332 年,卢塞恩(Lucerne)加入联邦,然后是苏黎世(1351 年)、格拉鲁斯和楚格(Glarus and Zug, 1352),以及伯尔尼(1353 年)。这个同盟的强处见于 1388 年的纳肯费尔斯(Nähenfels)战役,在这场历史著名的战役中,确定了它的存在。瑞士的传奇爱国英雄威廉·特尔(William Tell)对抗奥地利压迫者的故事,就是源自这个时期。1481 年,索洛图恩(Solothurn)和弗里堡(Fribourg)等州加入同盟,把成员州增至 10 个。1501 年,巴塞尔和沙夫豪森也加入,然后是 1513 年的阿彭策尔(Appenzell)。在法国大革命之后,再没有其他州加入同盟了。

92 茨温利生于 1484 年元旦,出生地是圣盖尔州的吐根堡河谷(Toggen-burg valley),位于今天瑞士的东部。严格来说,圣盖尔不是瑞士联邦的一部分。不过在 1451 年,圣盖尔与瑞士某些州结盟,故此茨温利经常自称为瑞士人。茨温利早期在伯尔尼就读,然后进入维也纳大学(1498—1502)。由于维也纳当时正在推行大学改革,被公认是接近瑞士的最出色大学之一。在卓越的人文主义者领导下(例如策尔蒂斯),大学接纳了人文主义者的改革。然后,他前往巴塞尔大学(1502—1506),在那里强化了他的人文主义立场。1506 年,他被按立为教士,随后 10 年在格拉鲁斯任职,然后于 1516 年调往艾因西德伦(Einsiedeln)的本尼迪克会(Benedictine)修院担任"民众教士"(Leutpriest)。

茨温利在格拉鲁斯担任教区教士期间,成为瑞士士兵的随军教士,这些士兵当时是在法国与意大利战争中的雇佣兵。他随军参与了马里尼亚诺战役(1515),瑞士军队在这场战役中惨败,大量士兵死亡。这次事件导致茨温利坚决反对雇佣兵行业的立场,也对瑞士孤立主义的发展极具重要性。因着马里尼亚诺战役,瑞士人决定不再参与别人的战争。

到了 1516 年,茨温利已经深信教会需要改革,站在伊拉斯谟等圣经人文主义者的同一阵线。他购买了伊拉斯谟的希腊文新约版本,而且研读希腊文和拉丁文教父的著作。茨温利在离开艾因西德伦前往苏黎世之时,已经相信基督徒的信仰和实践是要基于圣经的需要,而不是人文的传统。

1519 年 1 月 1 日,茨温利在苏黎世大教堂就任"民众教士"的新职位。从一开始,他决心改革的计划已经十分明显。他开始讲授《马太福音》的一系列讲章,完全不理会传统的经课。茨温利在苏黎世的事业几乎突然陷于终结;1519 年夏天,苏黎世爆发瘟疫,让他差点死去。他得以逃过大难,影响了他对"护理"(providence)的想法,本书在稍后会再讨论这一点(参本书第七章)。

不久之后,茨温利的改革变得更为激进。1522 年,他的讲道积极攻击传统天主教信仰生活的每一层面,包括圣徒崇拜的仪式、禁食的做法,以及对马利亚的敬拜。他的讲道在城中引起了争论,让市议会感到不安。市议会担心动荡会在城中漫延,因此决定要把问题解决。1523 年 1 月,安排了一场大型的公众辩论,由茨温利与他的天主教对手互相对垒。当茨温利与当地某些天主教教士辩论他的改革方案时,由市议会坐席审判。很快显示,茨温利占了上风。茨温利可以毫不困难地把希伯来文、希腊文或拉丁文翻译成为苏黎世的本地语言,显示他对圣经的掌握是他的对手根本没法比得上的。结果显而易见。市议会决定了一个基于圣经的改革方案,由茨温利草拟,成为该市的官方政策。

1525 年,苏黎世市议会终于废止了弥撒,由茨温利的圣餐版本所代替。茨温利对于圣餐含义的观点,最后造成了极大争论(参本书第九章);事实上,茨温利最为人所记得的,可能就是他对主餐的极端"记念论"(memorialist)的看法,认为那是当基督不在时记念他的受死。

茨温利受到改革成功所鼓舞,劝服其他市议会以同样方式进行公众辩论。1528 年出现了一次重大的突破,当时伯尔尼市在一场类似的公众辩论之后,决定接纳宗教改革运动。伯尔尼是在这地区的一个政治和军事的重要中心。它于 1536 年在政治和军事上支持被围困的日内瓦,证明在宗教改革运动的第二阶段中,对于树立加尔文的影响力极具决定性。故此,加尔文作为一个改教家的成就所归功于茨温利的程度,比一般人所认为的还要深。

茨温利在 1531 年 10 月 11 日一场捍卫他的改革的战役中逝世。

梅兰希顿

梅兰希顿(1497—1560)是路德在维腾堡最亲密的同工之一。梅兰希顿生于 1497 年 2 月 16 日,就读于海德堡(Heidelberg,1509—1512)和图宾根(Tübingen,1512—1518)的大学。然后,他于 1518 年前往维腾堡大学担任一个新开设的教席。

虽然梅兰希顿的专长是希腊文,他很快就发展了对神学的兴趣,在不少领域受到路德的鼓励,迅速被他影响。梅兰希顿的一个最早期的神学重点,就是关于圣经的权威。他在 1519 年为神学学士学位发表的一系列论文,尤其清楚见到这一点。然而,人们普遍认为对圣经权威的这个重点,最清楚见于梅兰希顿一本值得纪念的著作——《教义要点》(*Loci Communes*),这本书的初版于 1521 年面世。

我们在本书第十二章中将会探讨《教义要点》的影响。不过,在这个阶段我们可以指出,梅兰希顿这本著作是围绕一系列的圣经主题建构的,尤其是关于称义的教义。全书的主旨是提供一个基督教神学的系统,由圣经来塑造和支配。梅兰希顿显然认为,伦巴德的中世纪神学标准教科书《四部语录》在这方面是有缺陷的,而且期望采纳一个以《罗马书》的主题为基准的取向。他作为一个教育家的角色,也特别见于他对《奥格斯堡信条》(Augsburg Confession，1530)及其论辩作出的定稿,两者都是在 1530 年出版的。

　　路德被罗马谴责,导致他的旅行自由受到严重的限制。故此,梅兰希顿经常要肩负起在萨克森选侯以外地区演讲交流的责任。结果,信义宗的宗教改革运动的发展和扩散,往往反映了特别与他有关的强调之处。尤其是梅兰希顿所强调的"中性之事"(*adiaphora*),即相信可以容许对某些事情有不同的意见。1546 年路德逝世之后,这个问题就变得特别重要,当时出现了一连串的政治和军事挫折,意味着信义宗要面对失去支持的情况逐渐增加。梅兰希顿试图发展一套实用主义的取向,以便尽可能在新的环境下维护信义宗的遗产,当时的情况是已经有许多人背叛了。"真正信义宗信徒运动"(Gnesio-Lutheran movement)的出现,可以看作是对梅兰希顿的调解的回应。

　　现在,我们转而探讨另一个改教家,他在当时有相当大的成就,不过往后却被许多人遗忘了,他就是布塞。

布塞

　　布塞(1491—1551,他的名字可以拼作 Butzer)生于法国的阿尔萨斯(Alsace)。他早年加入多米尼克会,可能是为了得到接受教育机会的好处。布塞于 1517 年前往海德堡研读神学。他开始景仰伊拉斯谟,这一点在 1518 年得到证实,而且明显地改变了方向,当时他在海德堡的辩论中听到路德的演讲。布塞觉得,路德只是明确地说出伊拉斯谟含蓄地暗示的意思,因而认为路德和伊拉斯谟都可以被视为在一套共同的假设上,致力争取改革。

95

　　1523 年 5 月,布塞移居斯特拉斯堡这个帝国城市。宗教改革当时正在这个城市推行,尽管形式稍微减弱和不稳定。布塞开始投身于这场运动,成为它最重要的护教家和理论家之一。他深入参与福音派内部的对话,致力维护宗教改革运动的合一。虽然布塞个人在真实临在的辩论中是支持茨温利的一方,他却积极谋求在这个问题上的和解,深深感到它对合一的严重威胁。《维腾堡协定》(Wittenberg Concord，1536)一般被视为他在这方面的最大成就,在协定中发展出福音派思想基础的一套共识,在这个基础上,不同的重点或强调都是可以被接纳的。

布塞的最大影响是对斯特拉斯堡这个城市本身。在 16 世纪 30 年代期间,布塞能够建立一间可实行的改革宗教会,成为其他想在别的城市推行类似事情者的典范。正如我们将要指出的,加尔文在斯特拉斯堡的旅居(1538—1541)特别有其重要性。然而,在施马加登同盟(Schmalkaldic League)于 1546 至 1547 年间被帝国军队击败而产生的政治困境之后,布塞选择于 1549 年离开斯特拉斯堡。同一事情曾经为梅兰希顿造成类似的困境,现在对布塞带来相关的难题。

布塞移居英格兰。他被爱德华六世(Edward Ⅵ)委任为剑桥大学钦定神道学教授,要他专注于撰写一部讨论理想的基督教社会的重要作品。《论基督的统治》(De regno Christi)在 1550 年出版,这本书被视为是改革宗神学的典范,书中致力在福音的基础上,改革教会和社会。布塞于 1551 年逝世,未能达成他所致力追求的改革。

在神学上,布塞可以被视为一个复杂的混合体。他对神圣主权的强调,尤其见于他的拣选教义中,可以被认为是暗藏了加尔文对这个问题的许多说明。虽然他热情地支持路德的宗教改革,却在圣餐的真实临在这问题上,倾向瑞士的立场。他似乎也暗示,路德对称义的理解,没有对善工给予恰当的位置;在某些方面,布塞的取向——基于"不敬虔者的称义"是通过信心与"敬虔者的称义"是通过善工的区分——可以被视为代表了伊拉斯谟的立场,强调称义的道德含义。

96

我们探讨布塞的思想层次,在本书中将会涉及几个要点。现在,我们要讨论宗教改革运动两个主要神学家中的另一位——加尔文。

加尔文

对许多人来说,加尔文(1509—1564)的名字差不多等同于日内瓦。虽然日内瓦现在是瑞士的一部分,但在 16 世纪却是一个小小的独立城邦。不过,加尔文是一个法国人。1509 年 6 月 10 日,他在法国的努瓦永这个主教座堂城市出生,该市位于巴黎东北 70 英里。他的父亲负责本地主教辖区的财务行政,可以依靠主教的资助,以确保供养他的儿子。在 16 世纪 20 年代初的某段时间(可能是 1523 年),年轻的加尔文前往巴黎大学升学。

加尔文在科迪埃(Mathurin Cordier)手上奠立了拉丁文语法的完整基

础之后,就进入了蒙太古学院。加尔文在完成了严格的文科教育后,迁往奥尔良学习民事法律,那时可能是 1528 年。虽然加尔文的父亲原本期望儿子研读神学,却显然改变了心意。加尔文后来提到,他的父亲似乎明白,研读法律通常都会让人富有。加尔文的父亲可能也失去了本地主教的资助,因为在努瓦永有财务上的争议。

一般认为,加尔文详细研读民事法律,让他得以掌握方法和观念,后来用于改教家的事业中。他在奥尔良学习希腊文。大约在 1529 年,加尔文移居布尔日,受到伟大的意大利法学家阿尔恰蒂(Andrea Alciati)的名望所吸引。大多数研究加尔文的学者认为,加尔文极度清晰的表达方式是受到阿尔恰蒂的影响。加尔文接触法兰西的"法律人文主义",普遍被认为对于塑造他的理解方式——以古典的文献(例如圣经或罗马的法律文献)应用于现今的处境——具有相当大的重要性。

加尔文在完成法律课程之后,很快就返回努瓦永。他的父亲患病,在 1531 年 5 月逝世。他已经被当地的主教座堂教士团革除教籍。加尔文不再有家庭的责任(他的母亲在他年幼时已经逝世),就返回巴黎继续他的学习,而且越来越同情当时在该市甚嚣尘上的宗教改革观念。然而,大学和城市当局对路德的观念深具敌意。1533 年 11 月 2 日,加尔文突然被迫要离开巴黎。巴黎大学校长科普(Nicolas Cop)发表了一篇大学演说,公开支持路德的因信称义的教义。巴黎的议会立即对付科普。科普的演说副本出现在加尔文的手稿中,暗示他可能参与编写这篇演说。不论如何,加尔文恐怕自己的安全受到威胁,就逃离巴黎。

到了 1534 年,加尔文成为宗教改革运动的热心支持者。在以后的年间,他定居在瑞士城市巴塞尔,不再受到法国的任何威胁。他善用自己被迫而有的闲暇,出版了一本注定对宗教改革运动极具影响力的著作:《基督教要义》。这本书的初版在 1536 年 5 月出版,系统并清晰地说明基督教信仰的要点。作者极其专注,运用余生一再增订这本著作。本书的初版有 6 章,最后在 1559 年出版的版本(加尔文于 1560 年把它翻译成他的母语法文)却有 80 章。它被广泛视为在宗教改革运动中出现的最伟大著作之一。我们将在本书第十二章中较为详细地讨论这本书的发展和影响。

加尔文于 1536 年初结束他在努瓦永的事务之后,决定到斯特拉斯堡定居,从事个人研究的生活。可惜的是,从努瓦永前往斯特拉斯堡的直接通路不再可以通行,原因是法国的法兰西斯一世与皇帝查理五世之间爆发战争。

97

加尔文必须迂回绕道,途经日内瓦,这座城市最近从萨伏伊邻近领地中取得独立。日内瓦当时陷入混乱的景况中,刚刚逐走当地的主教,开始了一场在法国人法雷尔与维若特(Pierre Viret)之下的极具争议的改革方案。他们听闻加尔文在城中,就要求他留下来,协助宗教改革的事业。加尔文勉为其难地应允了。

他尝试为日内瓦教会提供教义和教规的坚固基础,遭遇到强烈的反对。日内瓦人刚刚驱逐了当地的主教,许多人都不想再强加给他们一套新的宗教规条。加尔文试图改革日内瓦教会的教义和教规,受到一个相当有组织的反对力量的强烈抗拒。在一连串争论之后,事情于 1538 年的复活节有了终结:加尔文被驱逐出这个城市,逃亡至斯特拉斯堡。

加尔文比预期迟了两年到达斯特拉斯堡,开始补回失去了的时间。他迅速地写了一系列重要的神学著作。他修订和扩充了《基督教要义》(1539),而且翻译了这部著作的首个法文版本(1541);他在著名的《复萨多雷托书》(*Reply to Sadoleto*)中,撰写了一篇论宗教改革原则的主要辩词(萨多雷托枢机主教曾经致函日内瓦人,邀请他们重投罗马天主教会的怀抱);他在释经上的技巧,也见于他的《〈罗马书〉注释》(*Commentary on the Epistle to the Romans*)。加尔文作为该城说法语会众的牧者,也可以得到改革宗牧者所要面对的实际难题的经验。加尔文通过他与斯特拉斯堡改教家布塞的友谊,可以深入思考城市与教会的关系。

1541 年 9 月,加尔文获邀重返日内瓦。当他不在期间,宗教与政治的情况已经恶化。该城邀请他回去,重建城中的秩序和信心。这时候返回日内瓦的加尔文已经是一个有智慧和经验的年轻人,远比三年之前更有能力担负面前的重任。虽然加尔文仍然与城市当局不和超过 10 年之久,却处于拥有权力的地位。最后,反对他的改革计划的力量逐渐消失。在他人生的最后 10 年中,他实际上对城中的宗教事务拥有决定权。

当第二次在日内瓦期间,加尔文可以发展他的神学和日内瓦改革宗教会的组织。他设立了宗教法庭(Consistory),借此加强教会的教规,而且创立了日内瓦学院,训练改革宗教会的牧者。这期间并不是没有争议。加尔文卷入了与卡斯特利恩(Sebastien Castellion)的严重神学争论中,涉及基督降在阴间的正确解释,以及《雅歌》是否正典的问题。他与博尔塞克(Jerome Bolsec)之间对于预定的教义,也爆发了相当强烈和公然的辩论。卡斯特利恩和博尔塞克最后都要离开日内瓦。一场较为重要的争论是关于塞尔维特

(Michael Servetus)的,他被加尔文指控为异端,最后于 1553 年被判火刑烧死。虽然加尔文在这次事件中的角色,并非如某些批评者所暗示的那样显著,不过塞尔维特的事件却不断损害了加尔文作为一个基督徒领袖的名声。

到了 1564 年春天,加尔文显然病入膏肓。2 月 6 日主日的早上,他在圣皮埃尔(Saint-Pierre)讲坛作了最后一次讲道。到了 4 月,加尔文无疑已经药石无灵。他的呼吸困难,一直气喘吁吁。1564 年 5 月 27 日黄昏 8 点钟,加尔文与世长辞。根据他的遗愿,他被葬在一个公墓中,没有立石记录他的埋葬之处。

加尔文的神学一直引起人们相当大的兴趣,尤其是关于他对预定的观点,以及教会的教义。我们在本书中将会较为详细地探讨这些观念。

在探讨推动宗教改革运动思潮的主要人物的背景之后,我们现在可以开始较为详细地讨论这些观念。我们以路德最重要的一个主题——因信称义——开始。

99

注释

以下著作列举了以英语撰写的有用导论,围绕本章所探讨的五个人物的生平和主要思想。

马丁·路德

P. Althaus,*The Theology of Martin Luther* (Philadelphia, 1966).〔中译本：保罗·阿尔托依兹著,段琦、孙善玲译：《马丁·路德的神学》(译林出版社,1998)。〕

R. H. Bainton,*Here I Stand：A Life of Martin Luther* (New York, 1950).〔中译本：罗伦·培登著,古乐人、陆中石译：《这是我的立场：改教先导马丁·路德传记》(译林出版社,1993)。〕

G. Ebeling,*Luther：An Introduction to his Thought* (London, 1970).

J. M. Kittelson,*Luther the Reformer：The Story of the Man and His Career* (Minneapolis, 1986).

A. E. McGrath,*Luther's Theology of the Cross* (Oxford：Blackwell, 1985).

H. A. Oberman,*Luther：Man between God and the Devil* (New Haven, 1986).

茨温利

O. Farner,*Zwingli the Reformer：His Life and Work* (Hamden, CT, 1968).

E. J. Furcha and H. W. Pipkin (eds), *Prophet, Pastor, Protestant: The Work of Huldrych Zwingli after Five Hundred Years* (Allison Park, PA, 1984).

G. W. Löcher, *Zwingli's Thought: New Perspectives* (Leiden, 1981).

G. R. Potter, *Zwingli* (Cambridge, 1976).

W. P. Stephens, *The Theology of Huldrych Zwingli* (Oxford, 1986).

R. C. Walton, *Zwingli's Theocraty* (Toronto, 1967).

梅兰希顿

P. Fraenkel, *Testimonia Patrum: The Function of the Patristic Argument in the Theology of Philipp Melanchthon* (Geneva, 1961).

C. L. Manschreck, *Melanchthon: The Quiet Reformer* (New York, 1958).

E. P. Meijering, *Melanchthon and Patristic Thought: The Doctrines of Christ and Grace, the Trinity and the Creation* (Leiden, 1983).

布塞

M. U. Chrisman, *Strasbourg and the Reform* (New Haven, 1976).

H. Eells, *Martin Bucer* (New Haven, 1931).

C. Hopf, *Martin Bucer and the English Reformation* (Oxford, 1946).

W. P. Stephens, *The Holy Spirit in the Theology of Martin Bucer* (Cambridge, 1970).

D. F. Wright (ed.), *Martin Bucer: Reforming Church and Society* (Cambridge, 1994).

加尔文

W. Bouwsma, *John Calvin: A Sixteenth-Century Portrait* (New York, 1987).

Q. Breen, *John Calvin: A Study in French Humanism* (Hamden, CT, 1968).

E. A. Dowey, *The Knowledge of God in Calvin's Theology* (New York, 1952).

H. Höpfl, *The Christian Polity of John Calvin* (Cambridge, 1982).

A. E. McGrath, *A Life of John Calvin* (Oxford, 1990).

W. Monter, *Calvin's Geneva* (New York, 1967).

T. H. L. Parker, *John Calvin: A Biography* (London, 1975).

F. Wendel, *Calvin: Origins and Development of His Religious Thought* (London, 1963).

6

因信称义的教义

宗教改革运动思潮首个研究的主要课题是因信称义的教义。在探讨这个课题之前,必须先考虑基督教思想的一个中心主题,也是本书在许多课题的讨论中一再强调的。若对"借基督得救赎"(redemption through Christ)这个复杂的概念缺乏理解,就不可能讨论称义、恩典、预定或圣礼的教义。下文介绍这个主题,说明它在大体上对宗教改革运动思潮的重要性。

奠基性主题:借基督得救赎

"借基督得救赎"的主题一再贯穿新约、基督教崇拜和基督教神学。它的基本概念是上帝已经借着基督在十字架上受死,完成了对有罪的人类的救赎。[1]这救赎是不可能通过其他途径来达成的。在基督教神学著作中运用的"救恩论"[soteriology,源自希腊文的 *soteria*(拯救)]一词,指的是围绕基督借着受死和复活完成救赎所构成的观念和形象的网络系统。在这个观念的网络中,可以识别出五个不同的构成元素:

1. 得胜(victory)的形象。基督借着他的十字架和复活,已经胜过罪、死亡和邪恶。信徒因着信心,可以分享这胜利,而且宣称已经拥有它。
2. 法律地位改变的形象。基督借着他在十字架上的顺服,为罪人取得饶恕（forgiveness）和赦免（pardon）。那些有罪（guilty）的人可以清洗他们的罪孽，而且在神的眼中得称为义。他们免除刑罚，而且获赐在神面前成义的地位。"称义"（justification）是属于这个类别的形象。

102
　　3. 个人关系改变的形象。人类的罪必然导致与神疏离。"神在基督里叫世人与自己和好"（哥林多后书 5：19），因而让他与人类的更新关系既是可能，也是可以做到的。正如互相疏离的人可以通过宽恕（forgiveness）和复和（reconciliation）的过程，从而再次建立关系，那些与上帝远离的人也可以借着基督的受死，得以亲近上帝。

　　4. 释放的形象。那些被邪恶、罪孽和惧怕死亡的压制力量所囚禁的人，可以借着基督的死而得到释放。正如基督突破了死亡的囚牢而得以自由，信徒也可以因信而突破罪恶的束缚，从而得到丰盛的生命。"救赎"（redemption）是属于这个类别的形象。

　　5. 复原（restoration）至完全的形象。那些因罪而不完美者，可以借着基督的十字架而再次得以完全。借着基督的十字架和复活，他能够包扎我们的创伤，医治我们，让我们得以复原至完全和灵性健康。"拯救"（salvation）是属于这个类别的形象。

"称义"是上述救恩论用语系列的成分之一，用来描述基督徒借着基督得蒙救赎的经验。它所采取的立场，在宗教改革时期尤其重要，部分是由于对保罗作品的新兴趣，它在其中具有显著的特色（特别是在《罗马书》和《加拉太书》）。在宗教的处境中，"称义"一词并不常见，故此我们在进一步讨论前需要一些解释。英文的"称义"是试图表示"在上帝面前正直（right）"的复杂旧约概念。经过一段曲折而复杂的翻译和诠释传统——从希伯来文至希腊文、从希腊文至拉丁文，以及最后从拉丁文至英文——"称义"变成是指在上帝眼中的义的（righteous）地位。"称义"一词可以意译成"与上帝正确（being right）相处"。同样地，"称为义（to be justified）"可以意译成"与上帝处于正确（right）的关系"。路德改教方案的中心，就是罪人如何称义的问题。我们由查考"恩典"（grace）一词的意思开始讨论这个课题。

恩典的概念

正如我们所见，"恩典"一词基本上是指"对人类不配得与非赚取的神圣

恩宠"。在新约圣经中,恩典的观念特别与保罗的著作有关。在基督教会历 103
史中,最有力发展与维护上帝恩典观念的作者,就是希波的奥古斯丁。事实
上,正是因为他对这观念的强调,使他被称为"恩典博士"。因着文艺复兴晚
期与宗教改革时期产生了对保罗与奥古斯丁两人著作的兴趣,就不难理解
由此也重新产生了对恩典观念的兴趣。

　　在中世纪期间,恩典倾向被理解为一个超自然的实体(substance),由上
帝注入人类的灵魂,从而促使救赎出现。[2] 这个取向的论据之一,在于诉诸
上帝与人类本性之间那完全和不可逾越的鸿沟。由于这个鸿沟的缘故,人
类根本不可能与上帝建立一个有意义的关系。在我们得蒙上帝悦纳之前,
需要有某些东西填补这鸿沟。那"东西"就是恩典。

　　故此,恩典被理解为某些由上帝在我们里面创造的东西,以致成为一座
桥梁,跨越纯粹的人性与神性——这是某类中介的东西。这样,恩典被视为
某类桥头堡或中介物,借此让原本是神人之间的鸿沟得以跨越。恩典是一
个实体,不是上帝的一种态度;正如上文所述,中世纪对马利亚的观念是视
之为一个恩典的蓄水池,部分是基于对一段关键圣经经文的误译,而部分是
因着把恩典视为某类物质的观念。上述对恩典的观念在宗教改革运动之前
已经受到严厉的批评;到了 16 世纪开始时,它们大多数已经声名狼藉。

　　正是恩典的上述观念,把其视为上帝所给予不当得的恩惠,构成了因信
称义的教义,这教义通常正确地被视为当时德意志信义宗的宗教改革运动
起源之基础。瑞士宗教改革运动也对恩典观念有类似的关注,虽然此关注
是以十分不同的方式表达。正如我们将会见到的,茨温利与加尔文都相当
强调与神圣主权相关的观念,特别是关于预定论的教义。我们首先看看路
德如何发现唯独因信称义的教义。

马丁·路德的神学突破

　　马丁·路德广泛地被视为欧洲宗教改革运动最重要的人物。他不只赫
然耸现于基督教会的历史上,更在欧洲(特别是当时的德意志地区)的思想 104
史、政治史与社会史上占有重大位置。在许多方面,他都表现为一位悲剧性
人物,并兼惊人的魄力与严重的缺点。他在沃尔姆斯会议上面对神圣罗马
皇帝,显出他极大的个人勇气,即使他未必可能真正说出那句归给他的名

言:"这是我的立场,我别无他法。"然而在数年之间,他谴责当时日耳曼农民因着压迫而起的反叛,对于许多人来说,似乎显示了他在政治上的天真。

路德是本于一个观念而踏上人类历史舞台的。该观念使他确信当时的教会误解了福音,那是基督教的本质。故此,有必要重新唤起它归回本来面目,首先改革它的思想体系,然后是它的做法。他的观念可以总结为"唯独因信称义"一语,在此有必要解释这观念是什么意思,以及这观念为何如此重要。路德的神学突破[通常被称为"高塔经验"(*Turmerlebnis*)],所关心的问题是罪人如何与公义的上帝建立关系。因着这问题对日耳曼宗教改革运动发展极为重要,我们打算在此详细探讨。

称义的教义

正如上文所述,在基督教信仰中心的观念,是相信尽管人类如何有限与脆弱,仍然有可能进入与永生上帝的关系中。不论在最初的新约圣经作品(尤其是保罗书信)或后期基于这些经文而建立的基督教神学思想中,这观念都是以一连串的隐喻或形象来表达的,例如"拯救"与"救赎"。到了中世纪晚期,其中一个形象越来越显得特别重要:称义。"称义"一词与"称为义"(to justify)这动词的意思是"进入与上帝正确(right)的关系中",或可能是"如何在上帝眼中成为义(righteous)"。称义的教义,被认为是关乎个人应作何事才能得拯救的问题。从现存的史料看,在 16 世纪曙光初露之际,这个问题越来越多被人提到。我们已经指出,人文主义的兴起如何带来对个人意识的再次重视,以及对人类个体性的重新觉醒。在这个人意识渐渐觉醒之际,产生了对称义教义的新兴趣——那是人类**作为个体**如何进入与上帝的关系的问题。对于保罗与奥古斯丁两人著作的新兴趣,反映了上述对个人主体性(subjectivity)的关注。[3]这关注尤其可见于彼特拉克(1304—1374)的作品。

不过,教会如何回答以下的关键问题:"我必须做什么事才可以得拯救?"在上文我们提到中世纪晚期在教义上的混乱情况。这混乱似乎最有可能是关于称义的教义。有多个因素引致这混乱。首先,教会已经有一千多年没有对此问题作出权威性的宣告。在 418 年,迦太基大公会议讨论过这问题,而第二次奥兰治会议也于 529 年提出较为详细的建议。不过由于无法解释的原因,后一个会议及其决定竟然不为中世纪的神学家所知。这个会议似乎要到 1546 年才被重新"发现"——那时宗教改革运动已经展开了一代之久。其次,称义的教义似乎是中世纪晚期神学家喜爱辩论的题目,结果导致对此问题不成比例的大量意见流传。不过,哪一种意见才**正确**呢?教会在衡量这些意见时所表现的勉强与无能,让这个本来已经十分棘手的问题越加混乱。

人文主义的兴起带给教会的主要问题是——"我**作为一个个体**究竟必须做何事才可以得拯救?"这问题却找不到任何可靠的答案。人文主义把一个问题强加在教会身上,日后事件显出,教会无法作答。整个场景已经设定成一幕悲剧,而路德却碰巧站在舞台上,担当了这悲剧的主角。

路德早期的称义观

路德是在爱尔福特大学就学的(1501—1505),当时该校由新路派控制着。路德在经过一段为修会担当不同职务的时期之后,于 1511 年被委任为维滕堡大学圣经研究的教授。根据路德的工作规定,他讲授了不同的圣经书卷:《诗篇》(1513—1515)、《罗马书》(1515—1516)、《加拉太书》(1516—1517)与《希伯来书》(1517—1518),以后他第二次再讲授《诗篇》(1519—1521)。我们现在拥有路德每次讲授的记录(以不同形式),让我们得以追寻其思想的发展,由这时期一直至《九十五条论纲》(1517)与著名的莱比锡辩论会(1519)。

我们的兴趣特别集中于他首次诗篇课程的讲授,通常称之为《〈诗篇〉讲义》(*Dictata super Psalterium*)。当时为期两年,每周 2 至 3 小时,路德逐篇讲解《诗篇》意思,按照他的了解,以各样方法向那些被其风格深深吸引的听众讲授。路德经常在这些课堂上讨论称义的教义,让我们可以清晰地探讨他早期对此课题的观点。结果,我们发现路德起初可以说是新路派思想相当忠心的追随者。[4] 上帝已经与人类制定了契约(*pactum*),上帝就有责任向任何满足某项最低先决条件["尽你所能"(*quod in se est*)]的人,把其称之为义。事实上,路德教导上帝施恩给谦卑人,所以凡是在上帝面前谦卑者,自然可以被称为义。在《〈诗篇〉讲义》中有两段引文可以说明这原则:

> 正是为此原因,我们才可以得救:上帝与我们已经立下遗约(tes-

106

tament)与契约(covenant),以至任何相信与受洗的人都必得救。在这契约中,上帝是全然真实与信实的,而且受其应许所规范。

"你们祈求,就给你们,寻找,就寻见,叩门,就给你们开门。因为凡祈求的,就得着……"(马太福音 7:7—8)因此,那些神学博士十分正确地说,上帝一定向那些行心中之事(quod is se est)的人施予恩典。

由于罪人承认他们对恩典的需要,并且向上帝呼求赐予,故此要求上帝履行其责任,称罪人为义。换句话说,罪人借着呼求上帝,采取主动:罪人可以做一些事,以保证上帝会作出回应,称其为义。正如我们在上文所说的,上帝与人类之间的契约规定了一个架构,在其中相对微小的人为努力,可以获得不成比例的极大神圣回报。不论如何,那是需要某些有限的人为努力,才可以要求上帝履行其义务,以恩典来赏赐罪人。

路德对"上帝的义"的发现

路德发现自己在"上帝的义"(iustitia Dei)的观念上,碰到难以解决的困难。这个观念在《诗篇》与《罗马书》中都极为重要,而路德在 1513 至 1516 年间也是讲解这些书卷。故此,我们发现他在授课期间有时会详细讨论这个观念。在他思想发展的这个阶段,他理解的"上帝的义"为不偏不倚的神

107 圣属性。上帝以完全的无私来审判个人。如果某个人符合称义的基本先决条件,那么不论男女均可被称为义;如果没有的话,不论男女均被定罪。上帝不会在审判中宽容或偏袒:他全然是按照功德来审判的。上帝是公平与公正的,他给每个人的正好是他们所当得的——不会算多,也不会算少。[5]

在 1514 年底或 1515 年初,路德越来越清楚地看见这个取向的困难。假如罪人无法满足这些基本的先决条件,那会如何?倘若罪人是被罪所困与挫败,以致完全不能满足上帝对他们的要求,那又会如何?帕拉纠与比尔二人均处理过"上帝的义"的观念[6],他们认为人类可以满足这些先决条件,没有太大困难——但路德似乎开始在这点上逐渐接纳奥古斯丁的睿见,主张人在其罪性中如此受困,以致除非有上帝的介入,人是无法自拔的。

路德对于这个困局的评论极富启发性。他描述他如何尽其所能,做出成就救恩所需要的一切事情,结果却是越来越相信他不能得救。

我是个好修士，严守我的会规，以致如果有一个修士可以因着修道操练而进入天国的话，我就是那个修士了。我在修院的所有同伴都会肯定此事……

但我的良心却不会给我肯定，我时常怀疑并说："你所作的并不完善。你的懊悔不够。你在认罪中遗漏了那事。"我越试图借着人的传统来补救这个不确定、软弱与烦恼的良心，我就每天越发现它的不确定、软弱与烦恼。

对于路德来说，他似乎根本不能满足拯救的先决条件。他没有得拯救所需的资源。上帝根本没法公正地赐给他拯救——有的只是定罪。

因此，"上帝的义"的观念成为对路德的威胁。它只是意味着定罪和刑罚。称义的应许是十分真实的——可是这应许所附带的先决条件，却根本无法满足。这就像是上帝应许要给瞎子 100 万元，条件是只要他能够看见。"上帝的义"的观念根本不是对罪人的福音，不是好消息，它所带来的只是定罪。路德对充满罪性的人类之能力的悲观态度逐渐增加，以致他对自己得拯救绝望，越来越看似是没可能的事。他问道："我怎样才能找到一位满有恩慈的上帝？"(*Wie kriege ich einen gnädigen Gott?*)到了 1514 年底，路德看来不能找到这问题的答案了。

这不仅是神学上的问题，即纯粹是学术的兴趣而已。路德对此越来越感到忧虑，显示了十分强烈的存在(existential)向度。这是关乎他个人的事情，并不只是在课本上遇到的困难。对于路德来说，正如对许多其他人来说一样，人类存在的关键性问题，在于如何抓紧自己的拯救。某些现代读者大概难以感受此关注，这是可以理解的。不过，若要进入路德个人的处境，从而完全明白他的"神学突破"的重要性，我们就必须理解这问题对他是何等关键。这是他个人进路的**最**关键性的问题。

然后，有些事情发生了。我们永远不可能知道究竟发生了什么事，也不知何时发生的。我们甚至不知道它是在什么地方发生的——许多学者喜欢把这发现称为"高塔经验"，这是根据路德后来(却略为含糊)的个人回忆，似乎暗示他的突破是发生在奥古斯丁修院的一座塔上。然而不论这是何事，何时及何地发生，它完全改变了路德对生命的看法，最终驱使他走向宗教改革运动的最前线。

在他去世前一年的 1545 年，路德为他的拉丁文著作全集首册撰写了一篇序言，叙述了他与当时教会决裂的经过。这篇序言的撰写目的显然是向读者介绍自己,那些人可能不知道他怎样开始持守以他的名字命名的极端改教观点。路德在这篇通常称为"自传式散篇"中,意图为这些读者提供背景资料,介绍他蒙召成为一个改教家的经过。在开首叙述他直至1519年为止的历史故事之后,他转而谈及自己对"上帝的义"这问题的困难:

> 我当然想要明白保罗在《罗马书》中所说的。可是让我难以明白的不是因为惧怕,而是在第一章的句子:"上帝的义正在……显明出来"(罗马书1:17)。我讨厌"上帝的义"这句话,按照我所受的教导去了解,此义即上帝所仗之以为义的,并且刑罚不义的罪人。
>
> 虽然我作为一个修士是过着无可指摘的生活,却感到我在上帝面前是良心不安的罪人。我也不能相信我以行为可以取悦上帝。我非但不爱这位刑罚罪人的公义上帝,相反的我真是憎恨他……我拼命想要知道保罗这段经文的意思。最后,正当我夜以继日地默想"上帝的义正在……显明出来,……如经上所记:'义人必因信得生'"等字词的关系时,我开始明白"上帝的义"就是义人借此靠着上帝的恩赐(信心)而得生的基础;而这句"上帝的义正显明出来"指的是一种被动的义,乃是恩慈的上帝借信称我们为义,正如经上所记:"义人必因信得生。"这马上使我感到好像重生一般,仿佛我已经穿过了敞开的门,进入乐园里。从那时起,我以全新的亮光来看圣经的全貌……而现在,我开始酷爱和赞美这个曾经憎恶过的用语:"上帝的义",视之为所有句子中最甜美的,以致保罗这段经文成为我真正的乐园大门。[7]

路德在这篇著名的文章中,激荡着发现的惊喜,他想要说的究竟是什么?显然,他对"上帝的义"一语的理解,起了根本性的改变。然而,这改变的本质是什么?

这个主要改变是十分重要的。路德原本认为称义的先决条件是人为的行为,那是不论男女的罪人在被称为义之前都要履行的事情。可是,路德借着阅读奥古斯丁的著作,越来越深信这是不可能的事,路德只能把"上帝的义"解释为一种**刑罚**的义。然而在此文中,他描述他如何发现此词语的"新"意义——那是上帝**赐给**罪人的义。换句话说,上帝亲自满足了此先决条件,满有恩慈地将他对罪人称义的要求赐给他们。我们可以用一个比方(这不是路德所用的)来帮助理解上述两种取向的分别。

譬如你正在坐牢,而你得自由的条件是要支付庞大的罚款。这个承诺是真的——只要你能满足此先决条件,承诺就会实现。帕拉纠和比尔都接纳这假设,路德在早期也同样有此看法,认为你所需要的金钱正存放在某处。由于你的自由是比这些罚款更加珍贵的,你所得到的是十分值得的东西。故此,你支付了罚款。只要你有所需的资源,这便显得没有问题。不过,路德越来越认同奥古斯丁的看法,认为有罪的人类根本没有资本。他们所接受的假设是,由于你没有这笔金钱,自由的承诺对你的处境无大关系。故此,对于奥古斯丁与路德来说,福音的好消息正是你要购买你自由所需要的金钱,已经**赐给**了你。换句话说,有人已为你满足了先决的条件。

　　路德在这自传式引文中所描述的亮光,就是基督教福音的上帝不是一位严峻的法官,只按功德来回报个人;反而是一位怜恤与恩慈的上帝,把义作为礼物赐给罪人。我们在前文已经提过,奥古斯丁派与帕拉纠派两者对 110 称义的观念之间的差异。我们可以说,在路德的早期阶段,他采纳了一个近乎帕拉纠派的立场,后来逐渐变成近似奥古斯丁派的立场。正是为此原因,让研究路德的学者倾向对"新"或"发现"等用词加上引号:路德的思想对他自己来说可能是新的,却极难说成是基督教的新发现。路德的"发现"其实是"**再**发现"(rediscovery)或"再挪用"(reappropriation)奥古斯丁的睿见。这不是说,路德只不过是重复了奥古斯丁的教训;他所引进的一些观念,可能会吓怕奥古斯丁——例如,他主张神圣的义是与人类对义的观念互相对立的,奥古斯丁却说两者是互相补足的。与卡尔施塔特的对比在此显得重要:卡尔施塔特只是重复了奥古斯丁的看法,那是在反帕拉纠著作中的观点,而路德却是偶尔"创新地再阐释"奥古斯丁的观点。不过,路德在现今所构建的基本**架构**却无疑是属于奥古斯丁式的。真正的悔改应被视为恩典的结果,而不是它的先决条件。

　　这样的转变究竟在什么时候发生? 在《〈诗篇〉讲义》(1513—1515)与《〈罗马书〉讲义》(1515—1516)的证据显示,路德似乎在 1545 年所描述的基本改变,大约发生于 1515 年间。[8] 此点无可避免地存在着若干疑点与不确定的地方,原因有数个。以下分别谈论。第一,路德在 1545 年时对 16 世纪10 年代之间事情的回忆,可能有一点混淆。毕竟,路德在撰写这些话时,已经是一个老人,而老人的回忆并不总是可靠的。尤其是,路德看事物的眼光可能已经"缩窄"了,把实际上长时间发生的事情浓缩成一段短时间。第二,1545 年的文献没法肯定是暗示路德的突破发生于 1519 年,还是指到了1519 年完成。路德所用的拉丁文转折用语显示,他是在使用某种"倒叙"的

技巧,类似在《欲海情魔》(*Mildred Pierce*)或《相逢恨晚》(*Brief Encounter*;
译按:这是两部1945年的电影)等影片的手法。换言之,路德在他的历史
事件叙述中,把他的读者带往1519年,然后追忆过去了的事件——例如他
对上帝的义的发现。研究路德的学者一般的共识,是他的称义神学大约于
1515年间经历了决定性的转变。路德在1517年10月张贴《九十五条论纲》
之前,已经拥有了他的改革方案所建基的见解。

这些见解的中心是"唯独因信称义"的教义,而对这个用语之意义的了
解是十分重要的。"称义"的观念已是十分熟悉。不过,"唯独因信"一词又
作何解?称义的信心又有何性质?

¹¹¹ 称义之信心的性质

"某些人不明白为何唯独因信称义的原因,在于他们不明白信心是什
么。"路德在写这些话时,把我们的注意力放在需要深入探讨"信心"这个让
人困惑的词上。路德对信心的观念涉及三点,可以视之为对他的称义教义
特别重要。这些论点每一个都被后来的作者(例如加尔文)所采用和发挥,
显示路德在这点上对宗教改革思想具有十分重要的贡献。这三个要点是:

1. 信心是个人的一个参照点,而不是纯粹历史性的。
2. 信心是关乎信靠上帝应许的。
3. 信心联合信徒与基督。

我们将会分别讨论这些要点。

首先,信心不只是历史性的知识。路德认为,一个只是满足于相信福音
书的历史可靠性的信心,不是称义的信心。罪人完全有能力相信福音书的
历史细节,不过这些事实本身并不足以构成真正的基督徒信心。拯救的信
心是关乎相信和信靠基督是为我们(*pro nobis*)而生,并且是个别地为我们
而生,而且为我们成就了拯救的工作。正如路德所说的:

> 我经常提到两类不同的信心。第一类是这样的:你相信基督真的
> 是如在福音书中所描述和宣称的那位,不过你并不相信他是这样一个
> 为你而生的人。你怀疑你是否可以从他得此,而且你想:"是的,我肯
> 定他是为别人而生的人(就像彼得和保罗,以及虔诚和圣洁的人)。不

过,他是为我而生的人吗? 我可以确信期待得到从他而来的每样东西,正如圣人所期待的吗?"你看,这样的信心是空泛的。它没有从基督得到什么,也没有尝到他的什么。它没有感到喜乐,也没有爱他或被他所爱。这是一个关乎基督的信心,却不是一个对基督的信心……唯一称得上是基督徒的信心是这样的:你无条件地相信,基督不只是为彼得和圣人而生的那位,他也是为了你自己——事实上,为你比其他一切人更甚。

第二点是以信心为"信靠"(*fiducia*)。信靠的概念在宗教改革的信心观念中是十分重要的,由路德以航海的比喻所表明。"凡事都是基于信心。没有信心的人,就像是一个人要渡海,可是由于不相信船只而十分害怕。这样,他原地踏步,永远解决不了问题,因为他没有上船渡海。"信心不只是相信某些东西是真实的,它也是准备按照那信念而行,依靠着它。用路德的比喻来说,信心不只是相信一艘船存在,它也是关乎踏上船,把自己交托给这艘船。

112

然而,我们要信靠的是什么? 我们是否纯粹在信心中有信心? 这问题或许可以更准确地说:**谁**是我们要信靠的对象? 对路德来说,答案是毫不含糊的:信心是关乎预备信靠上帝的应许,以及信靠作出这些应许之上帝的正直和信实。

> 任何人若是承认他的罪,就需要把他的信靠唯独并完全放在上帝的至高恩慈应许上。那就是,他必须肯定那应许任何认罪者必蒙赦免的一位,将以至高的信实来履行这应许。我们得蒙荣耀,不是由于我们认罪,而是因为上帝已经应许那些承认己罪者得到宽恕。换言之,我们得蒙荣耀不是由于我们认罪有何价值或功劳(因为并没有这样的价值或功劳),而是因为上帝应许的真理和确实。

信心有多少能力,取决于我们相信和依靠的那一位。信心是否有效,不在于我们信心的强烈程度,而在于我们所相信者的可靠性。要计算的不是我们的信心何等伟大,而是上帝的伟大。正如路德所指出的:

> 即使我的信心软弱,我仍然完全拥有同样的珍宝和同样的基督,正如其他人一样。没有分别……就像两个人,各自有 100 荷兰盾。一人以纸袋携带它们,另一人则以铁箱。然而即使有这样的分别,他们都是

拥有同样的珍宝。故此,你和我所拥有的基督是独一和同一的,与你或我的信心强弱无关。

故此,信心的**内容**比它的**强度**更为要紧。热情地信任一个不值得信任的人,根本毫无意义;即使是稍微相信一个完全值得信靠的人,也是极为可取。然而,信赖不是一种临时性的态度。对路德来说,那是对生命的一种永不偏离地信靠的观念,对上帝应许的可靠性有确信的不变立场。

第三方面,信心把信徒联合于基督。路德在 1520 年的作品《基督徒的自由》中清楚地说明这个原则。

> 信心将灵魂与基督连合,如同新娘与新郎连合。正如保罗所教导的,因这个奥秘,基督与灵魂成为一体(以弗所书 5:31—32)。他们既然连为一体,其间就有了真正的婚姻关系——而且,是所有婚姻中最美满的,因为俗世婚姻只是这种真正婚姻的贫乏样式——随之而来的是各人的一切,无论善恶,皆为共有。因此,凡相信的人便能以基督的所有而自夸,并以此为荣,如同属于自己一般,而凡属信徒所有的一切,基督也自称为己所有。我们若将这两种所有加以比较,就会看到无可估量的裨益。基督满是恩典、生命和拯救。人的灵魂却满了罪恶、死亡和诅咒。现在,让信心参与其间。罪孽、死亡和诅咒会归与基督;而恩典、生命与拯救便为信徒所有。

那么,信心不是赞同一套抽象的教义。相反,那是一枚"结婚戒指"(路德的描述),显示基督与信徒之间的相互委身和联合。那是信徒整个人对上帝的回应,引致基督在信徒的真正和个人的临在。梅兰希顿写道:"认识基督,就是认识他的好处",他是路德在维滕堡的同侪。信心让基督和他的好处——例如赦免、称义和盼望——使信徒可以拥有。加尔文以独特的清晰来说明这一点。"基督已经把我们移植进他的身体,让我们成为分享者,不只是分享他的一切好处,更是他自己。"加尔文坚称,基督并非"只是在理解和想象中接纳的。因为应许赐予他,不单使我们只看到和认识他,也让我们享受与他的真正沟通。"

故此,"因信称义"的教义不是说罪人是**因为**相信,借着其信心而被称为义——虽然正如我们所见,这是路德在早期阶段已经肯定接受的立场。这种看法视信心为人为的行动或行为,即是称义的先决条件。相反,路德的突破却在于体认上帝提供了一切称义的所需,以致罪人要做的,就只是接受它。因此，在称义中，上帝是主动的，而人是被动的。**"凭着**恩典因信称义**"**（justification by grace through faith）一句更清楚地带出此教义的意义：罪人的称义是基于上帝的恩典，而且是借着信心而接受的。或许我们可以引用布林格在 1554 年有关此课题之著作的书名，虽然那书名稍为凌乱，却可作为路德思想全面但非特别流畅的表述："上帝称我们为义的恩典，是因着基督，唯独借着信心，不凭德行，同时信心却结出丰盛的德行。"上帝预备及赐予，不论男女都来接受且欢欣。唯独因信称义的教义是肯定上帝已完成了一切拯救所需的，甚至信心本身亦是上帝的礼物，而不是人为的行动。上帝亲自满足了称义的先决条件。故此，正如我们所见，"上帝的义"不是审判的义，要察看我们是否满足了称义的先决条件，反而是赐给我们的义，以致我们可以满足其先决条件。[9]

　　这看法被许多抨击路德的人视为不能容忍的。这似乎意味着上帝漠视道德，不喜欢德行。路德被冠以"反法律主义者"（antinomian）之名——换句话说，这是在宗教生活中枉顾律法（希腊文是 *nomos*）的人。或许我们可用"无政府主义者"（anarchist）来表达类似的概念。事实上，路德只不过是申述好行为不是称义的**原因**，而是其**结果**，这点为布林格努力地于上述的书名中表达出来。换句话说，路德认为好行为乃是**称义的自然结果**，而不是**称义的原因**。路德非但没有摧毁道德，他根本认为自己是将道德置于其合宜的处境中。信徒表现出好行为，乃是对上帝饶恕他而作出的感谢行动，而不是首先要使上帝宽恕他的企图。

路德称义的教义的原因和结果

　　我们可以稍作停顿，看看人文主义与经院哲学两者如何在路德的神学突破中发挥作用。人文主义的角色是十分明显的。奥古斯丁的作品是由人文主义者所预备的，使路德得以接触这位伟大作家的思想。路德似乎是用了奥古斯丁著作的阿默巴赫版本，这在当时被广泛视为代表了 16 世纪头 10 年间人文主义学术的最优秀产品（那是在伊拉斯谟于 1510 年间开始其编辑工作之前）。同样地，路德在阐释《诗篇》时也运用了他对希伯来文的知识。不论路德在语文上的知识及其部分诗篇的文本，均是由人文主义者罗伊希林（Johannes Reuchlin）提供的。路德经常表现出对圣经文本的复杂性的浓

114

厚兴趣，大概反映了人文主义者强调圣经文学形式的重要性，以此作为理解圣经的经验意义的钥匙。路德在其神学之谜的挣扎中，似乎运用了许多人文主义的工具。

然而，经院哲学也在路德的神学突破中扮演了重要的角色。路德思想发展充满反讽的特色，其中之一，似乎是他运用了经院哲学的工具来冲破其原来经院哲学的控制。在此所说的工具，是在中古时期广泛流行的解释圣经的独特方法，通常被称为"圣经的四重意义"（*Quadriga*），在本书第八章将会详细讨论。这种处理圣经经文的方法，是分辨出经文的四种不同意思：

115　经文的**字面**意思，以及三种**灵意**或非字面的意思。路德是透过强调经文的其中一重灵意解释["借喻"（tropological）]，压抑其字面的意义，以至可以费劲地取得他对"上帝的义"的洞见。从**字面**上看，此义是指上帝对罪人的惩罚；但若从**借喻**的角度看，这却是指上帝赐予罪人的义。（有趣的是，没有另一位改教家如此明显地使用经院哲学的圣经解释工具，暗示路德在这点上与中世纪经院哲学有不寻常的密切关系。）由此便设定了路德与"新路派"神学关系破裂的场景。

路德的突破带来了什么结果？在开始时，路德似乎感到被催逼要去揭露与"新路派"有关的称义观之不足。路德只在颇为局限的维腾堡大学神学系的圈子中工作，以此向经院哲学发动持久的攻击。例如，1517 年 9 月的"与经院派神学的论争"其实是直接针对一位经院派神学家——代表新路派的比尔。[10]维腾堡神学系的教务长卡尔施塔特在 1517 年初阅读了一些奥古斯丁的著作后，也接受了路德对经院哲学的看法。虽然他开始时是维腾堡经院哲学的提倡者之一，但很快就变成其最严厉的批判者之一。卡尔施塔特与路德在 1518 年 3 月策动了神学系的一场改革，尝试从课程中删掉几乎所有与经院哲学有关的东西。从这时候起，维腾堡的神学生便要研读奥古斯丁的著作与圣经，而不是经院哲学家的作品。

可是，维腾堡其实并没有多少神学生，而且维腾堡很可能是当时欧洲最不重要的大学之一。故此，有必要强调路德在此点上的"新"见地是何等**微不足道**。我们所谈的一切，只不过是一所毫不重要之大学改动其神学课程，对当时的教会与社会没有任何根本的重要性。路德参与的是一场小小的学术争辩，只是与经院哲学家有关，究竟一场小小的学术论争如何变成宗教改革的普及运动？我们已经见到此问题的部分答案，乃是在于人文主义者对路德的拥护，视之为在莱比锡辩论会之后众所周知的事件（*cause célèbre*）。

这问题的其余答案,则在于称义教义的社会意义上,以下我们探讨此点。

如何使罪得赦的问题,可以只是神学课本的某一部分。不过,在中世纪晚期,罪却被视为一件可见和社会性的事情,是某些要以可见的社会方式来予以赦免的东西。从许多方面来看,补赎礼这圣礼的理论在中世纪的发展,可视为一种尝试,以加强赦罪的社会性基础。赦罪不是个人与上帝之间的私人事情,而是包括个人、教会与社会的公众事务。1215 年的第四届拉特兰会议(the Fourth Lateran Council)宣布:"所有男女信徒,凡达责任之龄的,均应忠实地亲自向其神父承认他们的罪,并致力作出所定的补赎。"故此,神父与补赎礼均被坚定地确立为中世纪程序的一部分,而上帝被理解为透过在地上所委派的代表人及其途径来赦免罪恶。[11]

由于教会对悔罪者与教士两者在补赎礼中的确实角色态度含糊,于是在民间信仰中一些十分有问题的趋势就难免发展起来。拯救被广泛地视为一些可以透过德行而赚取或换取的东西。中世纪晚期这种混乱与含糊的赦罪神学,加强了对赦罪的看法,即认为可以购买罪恶之赦免,以及可以透过购买赎罪券而得到"炼狱刑罚"的减免。换句话说,因着罪恶行动而带来的永久刑罚,可以借着向适合的教会人士缴付恰当的金钱数目,即使不能因此消除,亦可以减少。故此,勃兰登堡主教阿尔布莱希特(Cardinal Albrecht of Brandenburg)尝试累积了可减免炼狱刑罚的年数,达至 39 245 120 年,其差距有数千年。假如这种信念是与教会的教训相违,教会却没有作出任何尝试来破除其成员的这些观念。事实上,有理由相信教会一直容忍这些观念,甚至这些观念被非正式地融入了教会的架构中。教会建制与其庇护者的许多权力与收入,实际上与这些观念的实践与信念的持续有关。

赎罪券是什么? 最初,赎罪券似乎是一种金钱的礼物,其施予是对蒙赦免而感恩的一种表达。然而,在 16 世纪早期,这个单纯的概念变成了教宗收入的主要来源之一,当时教宗正在面对财务上的危机,为了解决问题而在其神学上较为弹性地处理。路德的愤怒亦是特别由台彻尔的推销伎俩所触发的。只要付出 3 块马克,罪人便可免除一切的刑罚,否则便要在炼狱中面对这些痛苦——而许多人发现按这价钱,是难以拒绝的。在一个知道如何享受轻微罪行的年代,又有可以如此犯罪却不用惧怕神圣审判的可能性,对许多人来说是极富诱惑力的。台彻尔的想法是,我们可以有办法立即免除所爱之人的灵魂在炼狱中的痛苦,只要支付一个合理而又经过计算的价钱(根据个人财富而按比例增减),这对于活人对死人罪行的关怀,是极具吸引

116

力的。

117 　　在 16 世纪早期，赎罪券成为教廷收入的一个主要来源，并且正如教宗、勃兰登堡主教阿尔布莱希特与富格尔（Fuggers）家族银行间可耻的"三边"交易协议所显示的，这些收入最后进入了不同的库房。在一个经常买卖而不是努力争取教会职位的年代，买方普遍觉得要求他们的投资有回报是十分合理的——故此，一些像支付为死者举行弥撒的习俗，也因而大受鼓励。结果，造成一些有关的特权阶级，十分关注如何维持这种 16 世纪早期对称义观的含混情况。教士在告解与赦罪中所扮演的独特与不可取代的角色，明显地提供了贪污的机会，而证据显示，圣职人员的贪污情况在宗教改革运动前夕并不是小问题。

　　因此，路德因信称义的教义，以及与它相关的"信徒皆祭司"的教义，其重要性远超乎学术上的神学领域。它破坏了我们刚才提及的特权阶级的利益。赦罪是信徒与上帝之间的事情，并不涉及其他人。信徒完全不用教士来宣布他已被赦免，他可从圣经中读到对那些认罪者的赦免应许，不需其他人来加以重复或执行这应许。没有必要支付任何形式的金钱来获取神圣饶恕。炼狱观念是建基于许多民间的迷信与教会的剥削，那是被指斥为不符合圣经的杜撰。在否定炼狱的存在后，对死亡与垂死，以及相关的习俗，例如为死人支付巨额金钱，都将有一个崭新的态度。这种部分源于文艺复兴个人主义、部分来自新约圣经的主张，强调了个人与上帝关系的新见解，实际上使制度化的教会被置于边缘地位。路德所抨击的不单是针对来自赎罪券的收入，同时是教会在这做法背后，对赦罪的授予所扮演的角色。

　　路德在 1517 年 10 月 31 日（德国现在视之为"宗教改革日"来庆祝）张贴论赎罪券的《九十五条论纲》，不只是对台彻尔宣传赎罪券的抗议，台彻尔的宣传，堪与现代清洁剂制造商乐观的广告相匹敌。这也不只是要求教会澄清其对赦罪的教训。它标示了一种新赦罪神学的出现（或更准确地说，是那种古旧和似乎被遗忘了的赦罪神学的再现），因此威胁要除去建制教会在赦罪中的任何角色，也就威胁了那些特权阶级，包括教宗、许多圣职人员、一些贵族以及一所颇为重要的家族银行［奥格斯堡的富格尔家族，他们取代了美第奇家族（Medicis）成为官方的教会银行，那正是利奥十世（他本身是美
118 第奇家族成员）于 1513 年成为教宗之时］。唯独因信称义的教义，重新肯定上帝的赦罪是赐予，而不是买回来的，并且是给任何人的，不管其经济条件或社会背景如何。相关的"信徒皆祭司"的教义，则指信徒借着上帝恩慈的

协助,不论男女,均可以成就一切其所需的拯救了,而无需涉及教士或教会的任何一方(虽然路德相信,专业的牧者与教会的制度在基督徒生命中都扮演着重要的角色)。故此,路德的看法毫不意外地造成教会建制相当大的焦虑,又引起当时如此众多平信徒的浓厚兴趣。

所以,虽然路德最初是与新路派的学术神学发生争论,但局势却引致他要丢弃这个较次要领域的充满局限的论争,借此扮演了一个普及改革者的角色。从 1519 年起,路德对称义的看法逐渐引发他挑战当时教会的教义与实践,而不是针对新路派的思想。虽然路德一度只关注于所谓的思想学术的艰深领域,他现在却是脚踏实地,将自己的思想落实在教会的生活中。借着 1520 年出版的三篇伟大改革宣言[12],路德证明一个观念有巨大的力量,可以抓住不论男女的心思。我们所面对的不再是一位伏案的学究,而是充满魅力的民众改教家。

路德唯独因信称义的教义所造成的社会影响力,或许可见于那些平信徒互助会(lay fraternities)的命运。正如我们之前提过的,平信徒互助会是由信徒组成的团体,旨在为其成员提供完备的葬礼礼仪。上层社会阶级有能力支付追思弥撒,以此保证他们在炼狱中的灵魂可以得到不断的祷告;故此,齐曼的沃纳伯爵(Count Werner of Zimmern)在 1483 年便有 1000 个为他举行的安息弥撒,确保他的灵魂安息。低下阶层由于没有这些奢侈礼节所需的费用,就结社于互助会,确保为他们的亲友可以举行适当的礼仪。不过,除此之外,许多互助会还扮演了重要的社会角色,例如为他们的成员设立学校与慈济院,借此照顾他们成员的寡妇与儿女。然而,它们存在的理由始终基本上是**宗教性**的,基于炼狱、景仰圣徒与马利亚代求的信念。因信称义的教义拒绝了互助会所建基关于死亡与审判的一系列信念,因而撤除其必须性。互助会的存在理由被彻底推翻——而且除去了其所有的基本**宗教性**功能,互助会的**社会性**角色也随之而崩溃。这个发展是另一个例子,它说明了宗教观念的改变可以有重大的社会影响力。

"法律式称义"的概念

119

路德唯独因信称义的教义的一个中心洞见,即个别的罪人是不能够自我称义的。上帝在称义中采取了主动,提供使罪人称义所需要的一切资源。

其中一个资源是"上帝的义"。换言之,罪人得称义并非建基于他自己的义,而是上帝赐给他的义。奥古斯丁在较早前已经提出这一点。然而,路德赐给它一个微妙的新转变,导致"法律式称义"(forensic justification)这概念的发展。

有关争议的论点难以解释,不过它集中于称义的义(justifying righteousness)是在什么地方的问题。奥古斯丁与路德都同意,上帝恩慈地赐予犯罪的人类一个义,让他们称义。然而,那义是在什么地方?奥古斯丁认为,那是在信徒之中找到的;路德却认为它仍然是在信徒之外。换言之,对奥古斯丁来说,所讨论的义是内在的;对路德来说,那是外在的。

对于奥古斯丁来说,上帝这样将称义的义赐给罪人,以致这义成为其自身的一部分。结果,这义虽然源自罪人**之外**,却成了他或她的一部分。相比之下,对于路德来说,在讨论中的义始终是位于罪人以外:这是"外来的义"(alien righteousness, *iustitia aliena*),但上帝把这义对待或"算"为**仿佛**那是罪人自身的一部分。路德在 1515 至 1516 年对《罗马书》的教学中,发展了"基督的外来的义"的观念,借信心归算于(imputed)而不是**授予**(imparted)信徒,使之成为称义的基础。他对《罗马书》4:7 的注释尤其重要:

> 圣徒在他们自己的眼中永远是罪人,而且因而永远是外在地称义。然而,伪善者总是在他们自己的眼中是公正的,因而在外在总是罪人。我用了"内在"一语显示在我们自己里面、在我们的眼中、在我们的评价里,我们是如何的;而"外在"一语是表明,在上帝面前和在上帝的计算中,我们是如何的。因此,我们是外在的义人——当我们唯独因着上帝的归算(imputation)而成为义人,而不是因着我们本身或我们的行为。

信徒是义的,那是因着基督外来的义归算于他们——换言之,被视为犹如他们是通过信心而得。在此前,我们提过路德的信心观念的一个基本元素,是它使信徒联合于基督。因此,称义的信心是容许信徒连系于基督的义,并且基于它而被称义。基督徒因而是"借着一个仁慈的上帝的归算而成为义人"。

120　　路德建议,借着信心,信徒被表达为基督的义,相当于《以西结书》16:8 谈到上帝以他的衣襟遮盖我们的赤身。对路德来说,信心是与上帝的**正确**(或公义的)关系。因此,罪和义是并存的;我们的内在仍然是罪人,然而在上帝的眼中,外在却是义人。在信心中借着承认我们的罪,我们是与上帝处于一种**正确**和公义的关系中。从我们一己的观点看,我们是罪人,然而从上

帝的观点看,我们是义人。在对《罗马书》4:7的注释中,路德宣称:

> 圣徒永远是留意他们的罪,并根据上帝的慈悲而从上帝寻找义。而且正是由于这个理由,他们被视为因着上帝而成为义。因此在他们自己的眼中(而且实际上)他们是罪人;然而在上帝的眼中他们是义人,因为上帝按照他们对本身的罪的承认而计算他们。在现实上他们是罪人;然而他们由于一个仁慈的上帝的归算而成为义人。他们不知不觉地成为义人,并且有意识地是罪人。他们实际上是罪人,然而在盼望中是义人。

路德并不需要暗示,罪和义的这样并存是一种永存的情况。基督徒生活不是静态的,仿佛(用一种非常宽松的说法)罪与义的相对数量一直不变。路德完全留意到基督徒的生活是动态的,在当中信徒(但愿如此)在义中成长。更确切地说,他的论点是罪的存在并非否定我们作为一个基督徒的状况。上帝借着基督的义而掩盖我们的罪。这义就像是一个保护性的掩盖物,在其下我们可以与我们的罪争战。在称义中,我们被赐予义的地位,同时我们与上帝一同致力获得义的本质。在其中上帝已经应许让我们有一天成为义人,最终除去了我们的罪,意思是我们在上帝的眼中已经成为义。路德提出他的论点如下:

> 那就像一个人患了病,他相信许诺让他完全复原的医生。同时,他在蒙许诺复元的盼望中服从医生的指示,戒绝那些他被吩咐要离弃的东西,以致他不会妨碍被许诺得回的健康。……现在这个病人康复了吗?事实上,他同时是患病和痊愈了的。他实际上仍然有病——不过他会按照医生的确实许诺而痊愈的,他相信医生,而医生也会把他视为已经痊愈的。

路德显然很喜欢这个医生的比喻,他更作进一步的阐述。他表明患病是用来比喻义人的罪和健康,之后他总结说:

> 故此,他同时是罪人,也同时是义人。他在实际上是一个罪人,然而因着上帝的确实归算和应许而成为义人,上帝将会继续把他从罪中释放,直至上帝已经完全治愈他。故此,他是在盼望中完全康复的,但在实际上却是一个罪人。

121

这个取向说明了罪在信徒之中的持续,而同时说明了信徒的逐渐转变,以及那罪在未来的除去。不过,作为基督徒不必然就成为完美的义人。罪恶不是指向上帝一方的失信或失败;相反,那是指向继续需要把个人交托给上帝的温柔照顾。路德因而宣称一个信徒"同时是义人,同时是罪人"(*simul iustus et peccator*);义人是盼望,但罪人是事实;义人是在上帝眼中和借上帝的应许而言,但罪人却是现实。

这些观念由路德的跟随者梅兰希顿所发展,以致此教义现今一般称为"法律式称义"。正如奥古斯丁教导,罪人在称义中**成为义人**,梅兰希顿却教导他只是**被算为义**或**被宣告为义**。对于奥古斯丁来说,"称义的义"是"授予"其身上的,对于梅兰希顿,在被宣称或宣告的意义上却是被"归算"为义的。梅兰希顿清楚划分了**被宣称**为义的事件与**成为**义的过程,称呼前者为"称义",而后者则是"成圣"(sanctification)或"重生"(regeneration)。对于奥古斯丁来说,两者根本是同一事情的不同层面。按照梅兰希顿的看法,上帝在天上的法庭(*in foro divino*)宣判此判决,即罪人是义的。这种对称义的法律性了解,产生了"法律式称义"的名称,源自拉丁文 *forum*("市场"或"法庭")一词,传统认为那是古罗马施行法律的地方。[13]

这发展的重要性,在于它标志着与直到那时的教会之教导的完全决裂。由奥古斯丁的时候开始,称义一直被理解为同时指被称为义的事件与成为义的过程。梅兰希顿的法律性称义观与此看法根本有别。由于这观念几乎被所有后来的主要改教家所采纳,于是由那时候起,代表了新教与罗马天主教之间的标准差异。除了他们对于罪人如何被称义的不同看法外,也对"称义"一词的原先看法有了进一步分歧。在特兰托公会议中(那是罗马天主教会对新教挑战的权威性回应),便重新肯定奥古斯丁对称义本质的看法,并责难梅兰希顿的看法为可悲地不适当的。

正如上文所述,法律式称义的概念实际上代表了路德思想的发展。这
122 自然使我们询问,在宗教改革运动之中可以辨别出有什么其他涉及称义问题的发展和分歧。

改教家对称义的分歧

一般对宗教改革运动的阐述,经常给人以在这场运动中对称义的教义

有整体单一性的印象。事实上,不同的改教家对这项教义在本质上和强调处都有相当大的分歧。本段的目的是探讨其中的某些不同。

称义与瑞士宗教改革运动

　　欧洲的宗教改革运动经常被描绘为单纯一致的现象。换句话说,整个运动被视为具有同一的基础观念与重点。事实上,这是一个不正确的看法,而唯独因信称义的教义在瑞士宗教改革运动中所扮演的角色,便是对此原则的重要示例。

　　在 1515 至 1520 年间,正如我们已经见到的,称义的教义在路德的思想中浮现出来。除了成为他的神学中心之外,它也成为他的改革方案的焦点。路德具争议性的著作、他对礼仪的革新和改革,以及他在这段时期的讲道,全都显示出因信称义的教义对他的改革方案在实践上的重要性。正如上文所述,对于路德因信称义的教义来说,涉及他对称义的信心本身的理解,具有决定性的重要意义——这个信心把信徒联合于基督,而且带来基督在他或她里面的真实和个人的临在。

　　然而,在同一时间,茨温利忠诚地回应了瑞士东部人文主义者宗教团体的关注。齐格勒(Ernst Ziegler)在一本对源自这段时期瑞士同一地区的改教著作的精湛纵览中,指出这一点,认为对这些作者来说,"宗教改革运动"一词表明了生命与道德的一套宗教改革。从这等著作中"因信称义"一词因缺席而经常引人注目。瑞士东部人文主义道德家的气质,与路德强调恩典是不配得到的礼物截然不同,他们指出任何人类的道德行动是具有优先和独立性的。这不是说,例如瓦迪恩或茨温利等作者维护一个因着行为而称义的教义,仿佛救恩是因着人类道德成就的结果而发生的。相反,这些改教家选择把他们的强调放在福音的**道德结果**上,因而倾向淡化对路德来说十分重要的课题。

123

　　正如我们之前见到的,路德的称义教义是直接朝向个别的信徒的,澄清他与上帝和教会的关系,以致他不安的良心可以缓和。在许多方式中,它说明了路德对个人及其主体意识的关注,反映了与文艺复兴有关的个人主义的兴起。不过,较多注目于**群体**改革的瑞士宗教改革又如何呢?

　　茨温利认为宗教改革运动可以影响整体生活且关乎教会与社会,而不只是涉及个人的。那种宗教改革基本的特色是道德性的。茨温利关注苏黎世沿着新约路线的道德与属灵的更新,远过于称义的任何教义。他不是关心个人如何找到一个恩慈的上帝的问题。因此,路德对因信称义的关注,对茨温利来说并不存在。然而,在两个人对这教义的分歧之间,事实上涉及本质的事情以及所强调之处。例如,茨温利倾向把基督视为一个外在的道德榜样,而不是在信徒中的个人性临在。茨温利在早期教导因行为而称义——即人类的成就拥有能得拯救之购买能力——的说法是不真确的。然而,正如波莱(Jacques Pollet)十分熟练地证明的,茨温利早期著作的基本基调,是道德更新的优先性凌驾于赦免之上。对于例如瓦迪恩这样的作者,福音首先是关于道德的更新和个人与制度的重生,而称义(有趣的是,这个用语虽然被使用,但却是甚为稀少的)却是跟随在这些进程的轨迹之后。

在16世纪20年代,茨温利对称义的观念开始接近路德的想法,或许这是由于茨温利逐渐熟悉后者的著作。然而,读者仍然可以察觉在两个作者之间,是有基本的分别的,反映了对称义的不同取向。对路德来说,圣经宣称了上帝的应许,那是释放和安抚着信徒的;它所关注的基本上是叙述和宣称上帝在基督里为有罪的人类所做的事。对茨温利来说,圣经列出了上帝对信徒而作的道德要求;它关注的基本上是指出人类在回应基督提供的榜样所必须做的事。

那么,即使在16世纪20年代,在宗教改革运动中显然已见到对称义的分歧观点。在路德和茨温利非常不同的观点中,或许说明了两个极端的立场。调解它们的尝试后来逐渐形成,而现在我们先转而探讨与布塞和加尔文有关的问题。

124 后期的发展:布塞和加尔文论称义

在路德与茨温利之间的分歧,可以说是为在后期宗教改革运动中对称义教义的恰当理解的进一步讨论做好了准备。有两件事情是需要解决的:基督在称义中的角色,以及上帝对称义的恩慈行动与人类对上帝旨意的顺服之间的关系。路德本身(主要一方面通过偶尔的夸张,而另一方面是混乱)致力向许多人[例如人文主义者斯帕拉丁(Georg Spalatin)]传达的印象是,罪人一旦被称义,他或她是没有丝毫义务去履行道德行动的。事实上,路德的基本观念是,好行为是一项面对上帝的称义之恩慈行动的完全适当回应,然而它们可以不是(而且**必然**不是)被视为称义的一个原因。然而,他的跟随者有相当一部分在16世纪20年代认为,路德暗示,基督徒是免除道德责任的。

　　或许在这个取向中,最重要地试图补救这明显缺点的是斯特拉斯堡的改教家布塞。在布塞的一系列著作中,特别是在 16 世纪 30 年代,他发展了一套"双重称义"(double justification)的教义,似乎对他而言,是在处理路德对上帝恩典的片面强调所引起的困难。布塞认为,在称义之中是有两个阶段的。第一个阶段被他称为"不敬虔者的称义"(*iustificatio impii*),包括了上帝对人类罪恶的恩慈赦免。(后来的新教神学认为这个阶段只是称义。)第二个阶段被他称为"属神者的称义"(*iustificatio pii*),由一个顺服的人类回应针对福音的道德要求而构成。(后来的新教神学指这个过程为"重生"或"成圣"。)基督被视为外在的道德榜样,由上帝恩慈地提供,那是被称义的罪人需要(借着圣灵的帮助)去仿效的。

　　因此,在称义与道德重生之间建立了一个因果的关系。除非两者都发生,罪人不可以被说成是称义。由于"不敬虔者的称义"导致"属神者的称义"出现,那么在一个人里面缺乏道德的重生,就暗示他或她并没有首先称义。因此,布塞相信,他已经成功地护卫了恩典的实在与人类顺服的必须。其他人却没有那么肯定。这理论似乎有点不自然,而且把基督降格为一个外在的道德榜样。对于路德强调基督在信徒里面的真实个人性临在,那又如何?

　　称义的典范在后期的宗教改革运动中终于获得优势,那是由加尔文在 16 世纪 40 至 50 年代系统地阐述的。加尔文的取向同时避免了以下两点不足,包括基督在称义的角色的外在理解,以及称义导致道德更新的观点。他取向的基本元素可以总括如下。信心在一个"神秘的合一"(mystic union)中把信徒联系于基督。(在此,加尔文重提路德强调基督在信徒里面的真实和个人性临在,那是通过信心建立的。)与基督这样的联合有两层的影响,加尔文称之为"双重恩典"(a double grace)。

　　首先,信徒与基督的合一直接导致他或她的**称义**。通过基督,信徒被宣称在上帝的眼中成为义人。第二,由于信徒与基督的联合——并且**不是**因着他或她的称义——信徒通过重生开始了像基督一样的过程。在布塞认为称义是导致重生的地方,加尔文坚决主张,称义与重生都是信徒通过信心与基督联合的结果。

　　以上简单地纵览了称义在宗教改革运动里流行的理解,暗示这运动在此点上是远非全然一致的。假如有篇幅容许讨论其他重要的改教家的观点——例如卡皮托(Wolfgang Capito)、卡尔施塔特和厄科兰帕迪乌斯,还有更多差异会浮现出来。假如说改教家们是一致地拒绝人类可以凭己力达成拯救这观点,但这样的合一并没有延伸至上帝借着基督成就这拯救的确切方式上。在宗教改革运动的第一代中存在着不同的主张,与加尔文和梅兰希顿有关的人逐渐取得优势,通过一段漫长的辩论,各自出现在改革宗和信义宗的教会中。

天主教的回应:特兰托公会议论称义

显然,天主教会需要对路德作出一个官方和决定性的回应。到了 1540 年,路德在欧洲已经闻名遐迩。他的著作被不同程度的热情读者所阅读和消化,即使是在意大利的最高教会圈子。特兰托公会议在 1545 年召开,开始于系统化地阐述对路德的综合回应的漫长历程。它的议程的顶峰是称义的教义。

特兰托公会议的第六次会议是在 1547 年 1 月 13 日结束的。特兰托公会议《称义通谕》(the Tridentine Decree on Justification)一般被视为这次会议的重要结果,可能代表了这次会议最重要的成就。它的第十六章相当清晰地展示出罗马天主教会对称义的教导。一系列共 33 段的教规,谴责了被确认为罗马天主教会对手们(包括路德)所持之独特见解。有趣的是,这次会议似乎没有留意加尔文所提出的威胁,倒针对被认为是路德自己所持守的观点而作出广泛的批评。

特兰托公会议对路德的称义教义的批评,可以分为四个主要部分:

1. 称义的性质。
2. 称义之义的性质。
3. 称义之信心的性质。
4. 拯救的确据。

我们将分别讨论上述四方面的问题。

称义的性质

在路德的早期阶段中(大约 1515 至 1519 年),他倾向把称义理解为一个**形成**(becoming)的过程,在其中罪人通过一个内在更新的过程,逐渐符合耶稣基督的样式。路德对于一个病人在合宜的医疗照顾之下的比喻,指向这种称义的理解,正如他在 1515 至 1516 年间讲授《罗马书》的著名宣告:"称义是关于形成"(*fieri est iustificatio*)。然而,在他的后期著作中(日期是在 16 世纪 30 年代中期及后),可能是在梅兰希顿对称义的更具法庭性的取向之影响下,路德倾向把称义视之为被宣告成为义的事情,而不是一个成为义的过程。逐渐地,他倾向认为称义是一个事件,那是由重生的明确过程与借着圣灵的行动而内在更新所互相补充的。称义改变了罪人在上帝眼中(*coram Deo*)的外在地位,而重生改变了罪人的内在本性。

特兰托公会议强烈反对这个观点,而且强烈地维护这个原本与奥古斯丁相关的观念,即称义是在人性之内的重生和更新的过程,同时为罪人的外在地位与内在本性带来了改变。它的第四章提供了以下对称义的准确定义:

> 罪人的称义可以被简略定义为一种转化,从一个人生而为第一个亚当之子的地位,至借着第二位亚当(耶稣基督我们的救主)而得的恩典的地位与被接纳为上帝的众子的地位。根据福音书,这种转化不可能发生,除非是借着重生的洁净,或对此的渴望,正如福音书所写的:"我实实在在地告诉你,人若不是从水和圣灵生的,就不能进神的国。"[127](约翰福音 3:5)

故此,称义是包括了重生的观念。这段简单的叙述在第七章中详述,在其中强调称义"不只是罪的去除,也是内在个人的成圣和更新,通过恩典和天赋的自愿接纳,借此一个不义的人成为一个义人"。这一点在第十一项教规中得到进一步强调,在其中责备任何人教导称义是出于"或是因着基督的义的唯独归算,或是因着罪的唯独去除,以至排除了恩典和慈爱……,或是我们被称义的恩典是上帝的唯一美好旨意"。

称义与洗礼和补赎礼等圣礼密切相关。罪人起初是通过洗礼被称义的;然而,由于罪的关系,称义可能会丧失。然而,它可以因着补赎礼而更新,正如第十四章清楚指出:

> 那些因着罪而丧失称义所得恩典的人,可以再次被称义,那是当(因着上帝的驱动)他们尽力通过补赎的圣礼而得到复原(借着基督的功劳)所失去的恩典时。现在,称义的这个方式是恢复那些陷在罪中的人。圣教父恰当地称这为"在失去恩典的海难之后的第二块船板"。因着基督耶稣设立了补赎的圣礼,为的是那些在洗礼之后陷入罪中的

人。……一个基督徒在陷入罪中之后的悔改,因而与在洗礼中非常
不同。

那么,简言之,特兰托公会议维护了中世纪的传统,延伸回到奥古斯丁,认为
称义是包括了一个事件和一个过程的——借着基督的工作而被宣告为义的
事件,以及借着圣灵的内在工作而成为义人的过程。改教家例如梅兰希顿
和加尔文区别了这两者,认为"称义"一语只是指被宣称为义人的事件;至于
内在更新的伴随过程,他们称之为"成圣"或"重生",而他们认为在神学上是
有区别的。

结果,严重的混乱就出现了:罗马天主教与新教用了同一个词"称义"
来指非常不同的东西。特兰托公会议认为它的意思,如果根据新教的观点
来看,是**既**有称义,**也**有成圣的。

称义之义的性质

路德强调罪人本身并没有义的事实。他们在自己里面不可能拥有任何
东西,可被认为是上帝称他们为义的恩慈决定的基础。路德的"基督的外来
的义"的教义,清楚表明称义的罪人所有的义,是在他们之外的。它是归算
的,而不是授予的;是外在的,而不是内在的。

宗教改革运动的早期批评者主张,按照奥古斯丁的观念,罪人被称义是
在一个内在的义的基础上,借着上帝恩慈地灌输或植入他们个人里面。这
义本身是作为恩典的一项行动而被赐予的;它不是某些赚取的东西。不过,
他们认为,在个人里面是有某些东西可以容许上帝去称他们为义的。路德
抛弃了这个观念。假如上帝已经决定把某人称义,他也可以直接这样做,而
不是通过义的一个中介礼物。

特兰托公会议基于一个内在的义,强烈维护奥古斯丁的称义观念。第
七章把这一点清楚说明:

> 唯一的形式原因(称义的)是上帝的义——不是因为上帝是义而有
> 的义,而是上帝使我们成为义而有的义,故此,当我们被赋予它时,我们
> 是"在心思念虑上改换一新"(以弗所书 4:23;译按:中文圣经思高译
> 文),而且不只被算为义人,更是被称为(并且在实际上)义人。……没
> 有人可以成为义人,除非上帝把我们主耶稣基督的受苦的价值传给他
> 或她,而且这是在罪人的称义中发生的。

"唯一的形式原因"（single formal cause）一语是需要解释的。一个"形式"的原因是某事物的直接（或最当前的）原因。故此，特兰托公会议把称义的直接原因说成是上帝恩慈地赐给我们的义——有别于称义的较疏远原因，例如"动力因"（efficient cause，上帝）或"功德因"（meritorious cause，耶稣基督）。然而，"唯一"这词的使用也应留意。罗马天主教徒与新教徒都同意的一个建议［在 1541 年雷根斯堡对谈（Colloquy of Regensburg，也称为 Ratisbon）上特别注目］，是认为应该承认有**两个**称义的原因：一个外在的义（新教的观点）和一个内在的义（罗马天主教的观点）。这个妥协似乎是有某些可能性。然而，特兰托公会议没有时间处理它。"唯一"这词的使用是故意的，为的是排除了可以有多过一个这等原因的概念。称义的唯一直接原因，是义的内在礼物。

称义之信心的性质

　　路德的唯独因信称义，引起了严厉的批评。第十二项教规谴责了路德对称义信心的概念的中心层面，当时路德的观点拒绝了以下观念，即"称义的信心无非是在上帝怜悯中的确信，那是因着基督的缘故而去除罪过"。在某种程度上，这种对路德的称义观的抗拒，反映了对称义一词的意义的含糊（正如上文所说的）。特兰托公会议警告，任何人都应该相信他们可以因信而被称义（按照特兰托公会议对这词的理解），没有任何需要顺服或属灵的更新。特兰托公会议解释"称义"**既是**意味着"基督徒生命的开始"，**也是**它的延续和成长，特兰托公会议相信路德认为单纯信靠上帝（罪人没有需要改变和被上帝更新）是整个基督徒生命的基础。

　　事实上，路德没有这样的意思。他是断言基督徒的生命是借着信心（而且唯独信心）开始的；良好的行为是在称义之后，却不是因它而产生称义。特兰托公会议本身是完全准备承认基督徒生活是借着信心开始的，因此实际上非常接近路德的立场。正如《称义通谕》第八章宣称："我们说借着信心称义，因为信心是人类拯救的起点，一切称义的基础和根源，没有它就不可能取悦上帝。"这或许是在一个重要神学用词意义之争上出现神学误解的经典例子。

拯救的确据

　　对路德来说（正如对一般改教家而言），一个人可以对他得拯救安心。

129

拯救在于上帝对自己的恩慈应许的信实；缺乏对拯救的确信，就是（实际上）怀疑上帝的可靠和信实。然而，我们不能认为一个在上帝里的至高信靠，不会被怀疑所困扰。信心不同于确实；虽然基督教信仰的神学基础可以是有把握的，人类对这基础的认识和委身却是可以动摇的。

这一点由加尔文清楚带出，他经常被认为是所有改教家中对信心的问题最有把握者。他对信心的定义无疑似乎指出这个方向：

> 现在我们将会有信心的一个正确定义，只要我们说，它是上帝的仁慈给我们的一个稳固和确实的知识，那是建基于上帝在基督里的恩慈应许的真理，而且同时向我们的心思启示，以及借着圣灵存放在我们心里。

然而，这段陈述的**神学性**肯定不（根据加尔文）需要导致**心理性**的保证。它
130 是与信徒一方因着怀疑与焦虑而来的持续挣扎完全一致的。

> 当我们强调信心必然是要确定无疑时，我们并非在心思中毫无疑虑，或有毫无焦虑的确证。更确切地说，我们坚称信徒总是会挣扎于他们对信心的缺乏，而且完全没有一颗平静的良心，不受任何扰乱所打扰。另一方面，我们想否认信徒们可以被排斥于（或离弃）他们在神圣慈爱中的信心，不管这会引来他们多大困难。

在道韦（Edward A. Dowey）的研究成果《加尔文对上帝知识的教义》（*Calvin's Doctrine of the Knowledge of God*）中写道：

> 根据加尔文的看法，假如他对信心的定义的赤裸用语使它成为"稳固和确定的知识"时，我们必须留意，这样的信心是永远不能实现的。我们可把对他现存信心的描述系统地阐述为"一个稳固和确定的知识，总是受到邪恶的怀疑和恐惧所攻击，但它至终会得胜的"。

特兰托公会议对改教家们"确据的教义"（doctrine of assurance）是相当怀疑的。《称义通谕》第九章称之为"反对异教徒虚有的确信"（Against the vain confidence of heretics），批评了改教家"不敬虔的确信"。人们不应该怀疑上帝的美善和慷慨，而改教家严重错误地教导"没有人是免除于罪而称义，除非他们确实相信他们是被赦罪和称义，而且那赦罪和称义是只由这信心所发挥之功效"。特兰托公会议坚称，"没有人能够以信的肯定而知道

什么是不会犯错的,不论他们是否得到上帝的恩典"。

特兰托公会议的论点似乎是,改教家仿佛使人类的确信或勇气成为称义的基础,故此称义是在于一个容易犯错的人类信念,而不是在于上帝的恩典。然而,改教家认为他们是强调称义是在于上帝的应许,没有大胆地相信这样的应许,就等于对上帝的可靠性表示怀疑。

在本章中,我们已经讨论过称义这教义对宗教改革运动的重要性。不过,虽然这教义对宗教改革运动的发展十分重要,在那运动的后期阶段中,另一相关的教义却可以说有更重大的意义。假如称义是以教义的用语来表达上帝恩典的方式,占据了宗教改革运动第一波的想象,那么第二波就倾向以预定(或拣选)的用语来谈论恩典。预定的教义被证明是加尔文主义在不同国家之间的主要可识别的特性。我们将会在下一章讨论这一发展。 131

注释

[1] 关于完整的讨论,参 F. W. Dillistone, *The Christian Understanding of Atonement* (London, 1968)。["赎罪"(atonement)一词往往是指"基督的死的意义"。]至于较通俗的讨论,参 Alister McGrath, *Making Sense of the Cross* (Leicester, 1992)。

[2] S. Alzeghy, *Nova creatura: la nozione della grazia nei commentari medievali di S. Paolo* (Rome, 1956); J. Auer, *Die Entwicklung der Gnadenlehre in der Hochscholastik* (2 vols; Freiburg, 1942–1951).

[3] 有关背景,参 Krister Stendahl, 'The Apostle Paul and the Introspective Conscience of the West,' in *Paul among Jews and Gentiles* (Philadelphia, 1983), pp. 78-96。

[4] 参 Alister E. McGrath, *Luther's Theology of the Cross: Martin Luther's Theological Breakthrough* (Oxford, 1985), pp. 72-92, 100-128。

[5] McGrath, *Luther's Theology of the Cross*, pp. 106-113,有关文本及分析。

[6] 参 Alister E. McGrath, *Iustitia Dei: A History of the Christian Doctrine of Justification* (2 vols; Cambridge, 1986), vol. 1, pp. 51-70。

[7] 关于完整的拉丁文文本及英文翻译,参 McGrath, *Luther's Theology of the Cross*, pp. 95-98。只参看英文翻译的,参 *Luther's Works* (55 vols; St Louis/Philadelphia, 1955–1975), vol. 34, pp. 336-338。文中的"引文",我是稍微意译了路德的文字,而且为了清晰的缘故,我省略了他某些较为技术性的用语。

[8] 关于这场辩论,参 McGrath, *Luther's Theology of the Cross*, pp. 95-147,特别是142—147 页。在 1518 至 1519 年间,有一个重要的少数观点出现了突破。有一份值

得参考的有用论文是 Brian A. Gerrish，'By Faith Alone：Medium and Message in Luther's Gospel,'in *The Old Protestantism and the New：Essays on the Reformation Heritage* (Edinburgh，1982)，pp. 69-89。

〔9〕关于路德因信称义的教义，参 McGrath，*Iustitia Dei*，vol. 2，pp. 10-20。

〔10〕见于 Leif Grane，*Contra Gabrielem：Luthers Auseinandersetzung mit Gabriel Biel in der Disputatio contra scholasticam theologi. im 1517* (Gyldendal，1962)。

〔11〕进一步讨论，参 John Bossy，*Christianity in the West 1400–1700* (Oxford，1987)，pp. 35-56；David C. Steinmetz，'Luther against Luther,'in *Luther in Context* (Bloomington, Ind. ，1986)，pp. 1-11；Thomas N. Tentler，*Sin and Confession on the Eve of the Reformation* (Princeton，1977)。

〔12〕*Appeal to the German Nobility*，*The Babylonian Captivity of the Church* 和 *The Freedom of a Christian*。这些作品一同收集于 *Martin Luther：Three Treatises* (Philadelphia，1973)。

〔13〕关于这一点，参 McGrath，*Iustitia Dei*，vol. 2，pp. 1-3，20-25。

进深阅读

以下是关于称义的教义发展的标准历史著作，书中详尽讨论在 16 世纪新教与天主教的发展：

Alister E. McGrath，*Iustitia Dei：A History of the Christian Doctrine of Justification*，2nd edn (Cambridge，1998).

以下研究作品也有助澄清细节：

J. P. Donnelly，*Calvinism and Scholasticism in Vermigli's Doctrine of Man and Grace* (Leiden，1976).

E. J. D. Douglass，*Justification in Late Medieval Preaching* (Leiden，1966).

M. J. Harran，*Luther on Conversion：The Early Years* (Ithaca，NY，1983).

A. E. McGrath，*Luther's Theology of the Cross* (Oxford，1985).

D. C. Steinmetz，*Misericordia Dei：The Theology of Johannes von Staupitz in its Late Medieval Setting* (Leiden，1968).

T. N. Tentler，*Sin and Confession on the Eve of the Reformation* (Princeton，NJ，1977)

7

预定的教义

假如信义宗教会的出现是由于对因信称义这教义的关注,那么改革宗教会就是借着重建使徒教会的圣经模式这新期望而诞生的,我们将会在本书第十章中详细讨论。现在,我们要注意的是改革宗神学的一个主要概念,对其政治和社会理论尤其重要:上帝主权的概念。改革宗神学家倾向认为路德由于个人经历而来的关怀是不可接受的主观,而且太过个人取向;他们所关心的基本上是在社会和教会可以改革的基础上建立客观的准则——而他们在圣经中寻找这个客观准则。他们也没有像路德早期对经院神学的关注,它对瑞士宗教改革运动从来没有造成重大威胁。

预定(predestination)的教义往往被认为是改革宗神学的主要特征。对于许多人来说,"加尔文派"差不多等于是"极为强调预定的教义"。恩典的概念(路德认为是紧扣于罪人的称义)究竟是如何指涉上帝的主权,尤其是在预定的教义中表达?有关的发展是怎样发生的?在本章中,我们将关注改革宗教会对恩典教义的理解。

茨温利论上帝的主权

茨温利于 1519 年 1 月 1 日在苏黎世开始他的事奉。在同年 8 月,这事奉几乎灰飞烟灭,当时苏黎世受到瘟疫的侵袭。这样的瘟疫爆发在 16 世纪

133　初期司空见惯,却丝毫没有掩盖它们的严重性。结果,至少有四分之一人口,甚至可能多至二分之一人口,在 1519 年 8 月至 1520 年 2 月期间死于苏黎世。茨温利的牧养职责包括安慰垂危病者,以致他可能不可避免接触疾病。当死亡显然越来越接近时,茨温利似乎意识到他的生死存亡在于上帝。有一段诗句,一般称之为"瘟疫之歌"(*Pestlied*),那是在 1519 年秋天撰写的。在其中,我们发现茨温利正在反省他的命运。我们发现他没有祈求圣徒使他康复,也没有暗示教会可以任何方式为他代祷。相反,我们见到一个接纳上帝为他所预备的一切的艰难决定。不论上帝为他设定的命运是什么,茨温利都准备接受:

> 愿你的旨意成就
> 因为我一无所缺。
> 我是你的器皿
> 供修复或毁坏。

倘若没有感受到茨温利对上帝旨意的降服,就不可能解读这首诗。事实上,茨温利从他的病中幸存下来。可能正是由于这个经验,他开始相信,他是上帝手中的器皿,只是为着上帝的目的而被使用。

　　早前,我们提到路德关于"上帝的义"的难题,既是存在性(existential)的,也是神学性的。显然,茨温利对神圣的护理的关注,也有强烈的"存在"特色。对于茨温利来说,上帝的全能这问题,不只是教科书上的问题,更是一个直接影响他的生存的问题。路德的神学(至少起初)主要是由他对上帝称他这个罪人为义的经验所塑造的,而茨温利的神学却差不多完全由他对上帝绝对主权和人类完全依靠他的意识所左右。[1] 茨温利对于上帝绝对主权的观念,在他的护理的教义(doctrine of providence)中发展,尤其是在著名的讲章《论护理》(On Providence, *De providentia*)中。许多对茨温利较具批判性的读者已经注意到,在茨温利的概念与塞涅卡(Seneca)的宿命论之间有相似之处,指出茨温利是受了塞涅卡的宿命论所浸染。这个建议,某种程度是由于茨温利在《论护理》中对塞涅卡的思想充满兴趣且有所参考。不论一个人是得救或判罪,完全都是上帝的事情,他从永恒中自由地作出他的决定。不过,茨温利的重点似乎是放在上帝的全能和人类的无能上,最终是源于他对保罗著作的理解,而且只是由于他阅读塞涅卡的著作而加强,并因他在 1519 年 8 月接近死亡而有"存在"上的重要性。

把路德与茨温利对待圣经的态度作出比较，甚具启发性，反映了他们对 134
上帝恩典的不同取向。对于路德来说，圣经首要是关乎上帝的恩慈应许，而
以罪人因信称义的应许为高峰。对于茨温利来说，圣经首要是关乎上帝的
律法，关乎行为的准则，关乎统治其子民的一个至高上帝的要求。路德在
"律法"与"福音"之间作出明确的区别，而茨温利则认为两者基本上是同
一的。

茨温利越来越关心上帝的主权，结果导致他与人文主义的决裂。可是
甚难说出茨温利在什么时候不再是一个人文主义者，而开始成为一个改教
家：事实上，有极好的理由认为，茨温利在他一生中仍然是一个人文主义
者。正如我们先前看到的，克里斯特勒对人文主义的定义，是针对它的**方
法**，而不是它的**教义**；假如人文主义的这个定义用在茨温利身上，那么他在
一生的历程中仍然是一个人文主义者。同样适用的是加尔文。不过，可能
有人反对，当这些人发展一种严谨的预定教义时，怎么可以被视为人文主义
者？无疑，不论是茨温利还是加尔文，都不可以按照 20 世纪的用词方式被
设想成"人文主义者"——可是在 16 世纪就不同了。当想到许多古代作
家——例如塞涅卡和卢克莱修（Lucretius）——发展了强力的宿命论哲学
时，那么可以说把改教家视之为人文主义者时，是更有力的想法。然而，似
乎在茨温利人生历程的某一点上，他改变了他的想法，那是他大多数同时代
瑞士人文主义同侪所认同的一个核心前提。假如茨温利在此之后仍然是一
个人文主义者，他现在就是信奉一套稍微不同形式的人文主义，那是他许多
人文主义同侪视之为略为奇怪的。

茨温利于 1519 年在苏黎世开始实施的改革方案，基本上是人文主义式
的。他对圣经的运用完全是伊拉斯谟式的，正如他讲道的风格，虽然他的政
治观点反映了伊拉斯谟所深恶痛绝的瑞士国族主义。对我们的目的而言，
最重要的是，他认为改教是一个教育的过程，因而同时呼应着伊拉斯谟和瑞
士人文主义者宗教团体的观点。茨温利在 1519 年 12 月 31 日写信给他的
同侪迈科尼乌斯（Myconius），回顾了他在苏黎世首年的成果，茨温利声称
"大约超过 2000 个开明者在苏黎世"。不过，在 1520 年 7 月 27 日的一封信
函中，我们发现茨温利显然承认这种人文主义式的宗教改革概念的失败：
假如宗教改革要成功，其所需要的东西，是比昆体良（Quintillian）所提出的
教育理念更多的。普遍的人类命运以及独特的宗教改革运动，都是由神圣
的护理所决定的。在宗教改革过程中，首席演员是上帝，而不是人类。人文 135

主义者的教育技巧是折衷的方法,不足以应付难题的根源。

上述对人文主义者改革方案的可行性的怀疑态度,在1525年3月公开出来,当时茨温利出版了《真伪宗教论》。茨温利批评两个假设,那是伊拉斯谟式改革方案的中心:"自由意志"(*libernm arbitrium*)的观念(那是伊拉斯谟在1524年极力维护的),以及教育方法足以改革腐败、有罪的人类的建议。根据茨温利的看法,所需要的却是护理的神圣介入,缺乏了它,就不可能有真正的改革。当然,正如众所周知的,1525年也见到路德极度反对伊拉斯谟的作品《论意志的被捆绑》(*De servo arbitrio*)出版[2],书中也是明确攻击伊拉斯谟的"自由意志"(freedom of the will)的教义。路德的作品充满对上帝完全主权的强调,系于类似茨温利的预定的教义的观点。许多人文主义者认为如此看重人类的罪性和上帝的全能,是不能接受的,导致茨温利与他许多从前的支持者之间产生一定的疏远。

加尔文论预定

普遍认为加尔文的宗教思想是一个严格的逻辑系统,以预定的教义为中心。虽然这个流行的印象极有影响力,但却不是真实的;虽然预定的教义对于后期的加尔文主义来说或许重要,却并不反映在加尔文对这个课题的解说中。面对运用方法在他的思想上的需要,16世纪晚期加尔文的承继者发现他的神学十分适合以较为严格的亚里士多德方法论的逻辑结构来重建,这个方法是后期意大利文艺复兴所喜爱的。这可能导致轻易下结论,认为加尔文的思想本身拥有后期改革宗神学的系统性特质和逻辑性精确,而这导致一种正统思想中先入为主的想法,认为预定的教义可以追溯至1559年的《基督教要义》。正如我将会提出的,加尔文与"加尔文主义"在这一点上是有微妙的差异的,显示和反映了在整段思想史上的一个重要转折点。如果加尔文的跟随者发展了加尔文的观念的话,那便是为了回应时代新的精神,这新的精神认为系统化和关注方法,不只是理性上可取而是极度渴求的。

136　　加尔文的思想反映了对人类罪性与上帝全能的关注,这关注最清楚表达于加尔文的预定教义中。在加尔文的早年时期,他似乎持守温和的人文主义改革观念,可能近似勒菲弗尔[J. Lefèvre d'Etaples(Stapulensis)]的看法。不过到了 1533 年,他似乎转到一个较激进的立场。1533 年 11 月 2 日,巴黎大学的校长科普发表了一篇演说,代表了新学年的开始。在演说中,他间接提到与当时信义宗宗教改革运动有关的几个重要主题。虽然他的暗示十分谨慎,而且混杂在传统天主教神学的主要小册子中,他的演讲词却激起了强烈的抗议。结果,校长与加尔文被逼逃离巴黎,因为加尔文似乎在某种程度上参与草拟这份演讲词。[3] 不过,究竟这位年轻的人文主义者是如何及在何时成为一位改教家的呢?

关于加尔文转变的日期与性质的问题,一直困扰历代的加尔文学者,即使那样的困扰并没有产生什么实质发现的成果。[4] 普遍认为,加尔文是在 1533 年底或 1534 年初从较温和的人文主义改革方案,转至更激进的立场。不过,我们却不清楚原因。加尔文在后来的著作中,似乎描述了他在两点上的转变,但我们缺少像路德那样仔细丰富的自述材料。无论如何,加尔文显然把他的转变理解为神圣护理的结果。他深信,自己是如此深深地委身于"教宗的迷信",以致除非有上帝的作为,否则没有人可以解救他。他坚持,上帝"驯服了他的心,使其降服"。我们再一次看见宗教改革运动的重点特色:人类的无能与上帝的全能。正是这种观念,在加尔文的预定教义中得到联结与发挥。

虽然有些学者认为,预定论构成了加尔文思想的中心,不过事情显然并非如此。这只不过是他救恩论的一方面。加尔文对恩典教义的主要贡献,是他对其所采取的严格逻辑进路。这点或许最能见于奥古斯丁与加尔文在这教义上的对比。

对于奥古斯丁来说,人类在堕落之后是腐败与无能的,需要上帝的恩典来救赎。那恩典并不是赐给所有人的。奥古斯丁用了"预定"一词,代表上帝施恩典给某些人的作为。它代表了上帝以独特的神圣决定与行动,施恩典给那些将会得救的人。然而,或许可以问:其他人又如何呢?按照奥古斯丁的看法,上帝略去了他们。上帝并没有主动地决定他们会灭亡,他只不过是忽略了拯救他们而已。对于奥古斯丁来说,预先的命定只是指上帝救赎的决定,而不是指弃绝剩下来的堕落人性的作为。

对于加尔文来说,严谨的逻辑是要求上帝主动选择去拯救或诅咒。上帝不能被想成是按照惯例而做了什么事:他在其行动中是主动与掌权的。故此,上帝主动地愿意那些将会得拯救的人获得拯救,而那些不会得拯救的人遭到灭亡。故此,预定论是"上帝永恒的旨意,借此来决定他对每个人的

137

命运。因着他没有把所有人创造成同一情况,却命定了某些人得永生,另一些人要灭亡"。这教义的一个主要功能,是强调上帝的恩慈。对于路德来说,上帝的恩慈反映在他称罪人为义的事实上,不在乎他们是完全不配享有这些特权的男女。对于加尔文来说,上帝的恩慈见证于他决定要救赎个别的人,无视于他们的功德如何:救赎个人的决定是完全不考虑那个人是否配得的。对于路德来说,上帝的恩慈见于他拯救罪人,**纵然**(despite)他们有过失;对于加尔文来说,上帝的恩慈见于他拯救罪人而**不问**(irrespective)他们的功德。虽然路德与加尔文是以颇为不同的方式维护上帝的恩慈,他们各自对称义与预定论的看法,却肯定了相同的原则。

虽然预定的教义不是加尔文本身思想的中心,却因着威尔米革立(Peter Martyr Vermigli)和贝扎等作家的影响,成为后期改革宗神学的核心。[5]从大约 1570 年开始,"拣选"(election)的主题开始主导了改革宗的神学,把改革宗的会众轻易地等同于以色列的子民。正如上帝曾经拣选以色列人一样,他现今也拣选了改革宗的会众作为他的子民。从这时候开始,预定的教义开始发挥了重要的社会与政治的功能——而这种功能却不是加尔文的思想所拥有的。

加尔文在《基督教要义》1559 年版的卷三中,详细说明了他的预定教义,作为借着基督救赎的教义的一个层面。在这部著作的最早期版本中(1536 年版),它是作为上帝旨意的教义之一来论述的。从 1539 年的版本开始,这题目由于本身的重要性而独立成章。

加尔文讨论"领受基督恩典的方式及其益处,和随恩典而来的效果",是预设了救赎可能因着基督在十字架上的受死而成就。加尔文已经讨论过受死如何成为人类救赎的基础,现在就继续讨论人类如何从它的效果而得益。故此,他的讨论是从救赎的**根据**转往它**实现**的方式上。

跟着下来的论题次序,困扰了加尔文学者好一段时间。加尔文以下述的次序讨论了一连串事情:信心、重生、基督徒生活、称义、预定。基于加尔文对于这些个别实体(entities)在拯救次序的关系的讨论,可以预期这次序可以稍为不同,把预定置于称义之前,而重生则在称义之后。加尔文的次序显然是反映了教育上的考虑,而不是神学上的精确。

加尔文对于预定的教义无疑采纳了一个低调的取向,只是花了四章来解说(卷三的 21 至 24 章)。预定是定义为"上帝的永恒旨意,就是神自己决定,他对世界的每一个人所要成就的。因为人类被创造的命运不都是一样的；永恒的生命是为某些人设定了的，对于另一些人，却是永远的罪刑。"
（Ⅲ.xxi.5）预定应该在我们心中产生敬畏的意识。拉丁文 *decretum horri-bile*（Ⅲ.xxiii.7）被粗劣地译成"令人惧怕的天命"，这种翻译没有留意到拉丁文暗示的细微差异，应译为"令人心生敬畏"或"畏惧"的天命。

加尔文在《基督教要义》1559 年版讨论预定的篇幅位置，本身就极具意义。它是编排在讲论恩典的教义之后。唯有在解释完了这教义的重要主题（例如因信称义）之后，加尔文才讨论预定这个神秘而费解的课题。在逻辑上，预定应该是处于这样的分析之前的；毕竟，预定建立了一个个人蒙拣选的基础，因而也是他或她随后的称义和成圣的基础。然而，加尔文没有依循这样的逻辑的准则。为什么？

对于加尔文来说，预定必须在适当的处境中讨论。它不是人类推测的结果，而是神圣启示的一个奥秘（Ⅰ.ii.2；Ⅲ.xxi.1-2）。然而，它是在一个独特的**处境**中，以一个独特的**方式**启示出来的。那方式是关乎耶稣基督本身的，他"是一面镜子，我们从他可以妥当地看见我们自己的蒙拣选"（Ⅲ.xxiv.5）。这段上下文是关于福音宣讲的功效。为什么某些人会对基督教的福音作出回应，而其他人则不会？某些人没有回应是由于福音缺乏某些果效、本质上有不完全之处吗？或是有其他理由，以致在回应上有此差异？

加尔文对预定的分析不是枯燥无味、抽象的神学思索，而是以可见的事实开始的。某些人相信福音，而某些人没有相信。预定教义的基本功能是解释为何某些人对福音有回应，而其他人则没有。它是一个事后（*ex post facto*）的解释，探讨的是人对福音的回应。加尔文的预定论涉及对于人类经验资料的后验（*a posteriori*）反省，基于圣经作出解释，而不是某些建基在上帝全能的成见上的先验（*a priori*）推论。预定的信念并不是单凭本身的条件成为一项信条，而是源自圣经的信息，根据难以理解的经验，对于恩典在个人身上之影响的反省结果。

经验指出，上帝没有触及每一个人的心灵（Ⅲ.xxiv.15）。为什么没有？难道是因为在上帝一方有某些失败吗？或是福音有什么地方弄错了，以致不能改变每一个人？在圣经的亮光下，加尔文感到能够否定上帝或福音有任何软弱或不足的可能性；日常所见对于福音回应的模式，反映了一个奥秘，借此某些人被预定对上帝的应许作出回应，而其他人则拒绝。"永恒的生命是为某些人设定了的，对于另一些人，却是永远的罪刑"（Ⅲ.xxi.5）。

必须强调的是，这不是神学上的创见。迄今为止，加尔文没有介绍一个在基督教神学领域中前所未闻的见解。正如我们在"新奥古斯丁派"中见到的，以中世纪神学翘楚利米尼的格列高利为例子，也教导绝对双重预定论（absolute double predestination）的教义——即是上帝分配某些人永远生命，其他人永恒定罪，而不论他们的功德或罪过。他们的命运是完全取决于上帝的旨意，而不是他们个人。事实上，加尔文可能是故意挪用中世纪晚期奥古斯丁主义的这个层面，而这确实是与他本身的教导有不可思议的相似之处。

这样，拯救是在个人可以掌握之外的，他没有能力改变状况。加尔文强调，这个选择性的方式不是拯救所特有的。在日常生活中，我们也要被迫面对难以理解的奥秘。为什么某些人比其他人在生活中较为幸运？为什么某个人拥有聪明的天赋，而别人却没有？即使是诞生的一刻，两个婴孩之间也会有完全不同的环境，那不是由于他们本身做错了什么：一个婴孩得到丰富的乳汁吸吮喂养成长，而另一个则可能是吸吮近似干瘪的胸脯，以致陷于营养失调。对于加尔文来说，预定只不过是普遍人类存在的奥秘的另一个例子，在其中某些人是被难以理解地优于物质或智能的天赋，而其他人则不是。没有在人类存在的其他领域上已经呈现的，就不会产生困难。

这个预定的观念岂不是暗示上帝不用遵行良善、公义或理性的普遍概念？虽然加尔文特别驳斥了上帝是一个绝对和**独断**的权力的概念，他对预定的讨论却引发出对上帝的可怕想法，以为他与受造物的关系是反复无常、善变的，其力量的概念和行使不受任何力量或秩序所束缚。在这一点上，加尔文清楚地把自己系于中世纪晚期对这个引起争议的课题的讨论上，尤其是新路派与新奥古斯丁派，关乎上帝与既定的道德秩序之间的关系。上帝140 不在任何意义上服在法律上，因为这会把法律置于上帝之上，即创造的某个层面——或甚至某些在上帝之外却**先于**创造的东西——凌驾于造物主之上。上帝是在定律之外的，其中上帝的旨意是存在道德概念的基础（Ⅲ. xxiii. 2）。这些简练的陈述，反映了加尔文与中世纪晚期唯意志论传统的最清晰联系之一。

最后，加尔文认为预定必须被视为是建基于上帝那不可理解的判断之上（Ⅲ. xxi. 1）。我们不可能知道上帝为什么拣选了某些人，却对其他人定罪。某些学者提议，这个立场可能显示出中世纪晚期对"上帝的绝对能力"（*potentia Dei absoluta*）之讨论的影响，借此一个反复无常或任性多变的上帝完全是无拘无束地做他所喜悦的事情，不用证明那些行为是否合理。不过,这个建议是基于一个严重的误解,关乎在中世纪晚期思想中上帝的两个能力(绝对和命定)之间的辩证功能。上帝必须是自由地按他的旨意拣选谁,否则上帝的自由就要让位给外界的考虑因素,而造物主也要服从受造物。不过,上帝的决定是反映了上帝的智慧和公义,由预定的事实所支持(而不是矛盾)(Ⅲ.xxii.4;Ⅲ.xxiii.2)。

因此,预定并不是加尔文的神学"系统"(不论如何,这不是一个适当的用词)的中心前提,而是一个补充性的教义,关乎解释恩典的福音之宣讲结果的一个困惑层面。不过,随着加尔文的跟随者在新的智性发展的亮光中,致力发展和重订他的思想,或许"不可避免地"(假如这说法堕陷成一种潜在的预定论者的说话模式,请见谅)出现对他的基督教神学结构之改动。

后期加尔文主义的预定

正如前文提过的,严格而言,若说加尔文建立了一套"系统",这说法是不正确的。加尔文在《基督教要义》1559 年版所呈现的宗教思想,是基于教学的考虑而作出的**系统性编排**;不过,它们不是基于一个主导性的理论原则而作出的**系统性推论**。加尔文认为,圣经解释与系统神学实际上是一致的,他拒绝在它们两者之间作出区分,而这在他死后却是常见的情况。当时对于方法的一个新关注——即是对于观念的系统性体制和一致性推论——取得了优势。改革宗神学家发现他们要同时针对信义宗和罗马天主教的对手,为自己的观念辩护。加尔文本身在某种程度上怀疑的亚里士多德主义,如今被拉作盟友。它对于证明加尔文主义的内在协调性和一致性,显得越来越重要。结果,许多加尔文派的作者转向亚里士多德,期望他对于方法的讨论或许能提供些微暗示,指出他们的神学可以如何建构在一个较为坚固的理性基础上。

对于神学的新取向,产生了如下四个特征:

1. 人类的理性,被赋予在基督教神学的探讨和维护上,扮演一个重要角色。

2. 基督教神学,表述成为一个逻辑性一致和理性上可维护的系统,源自建基于已知公理上的"三段论式"的演绎法。换言之,神学由第一原理开始,继续在其基础上推论它的教义。

3. 神学被认为是建基在亚里士多德派的哲学上,尤其是亚里士多德派对方法之性质的见解;后期的改革宗作者可以说是哲学性的神学家,而不是圣经神学家。

4. 神学被视为关怀形而上和思辨性的问题,尤其是涉及上帝的性质、他对人类和受造物的旨意,以及最重要的预定教义等问题。

因此,神学的起始点变成是普遍原理,而不是某一特定的历史事件。这样与加尔文的对比十分清楚。对于加尔文来说,神学是以耶稣基督的事件为中心,并由此而产生,那是由圣经所见证的。正如上述建构一个神学的逻辑性起点的新关注,让我们明白对于预定教义所引致的新重视。加尔文的焦点是在耶稣基督的特定历史现象,然后转而探讨它的含义(即是以恰当的技术语言来说,他的方法是分析性和归纳性的)。相比之下,贝扎是从普遍原理开始的,进而演绎出它们对基督教神学的后果(即他的方法是演绎性和综合性的)。

那么,贝扎用了哪个普遍原理作为他的神学系统化的一个逻辑性起点?答案是他把他的系统建构在上帝对拣选的命定之上——即上帝决定拣选某些人得救,而其他人则灭亡。神学的其余部分是关乎那些决定的后果的探讨。这样,预定的教义呈现出决定性原则(controlling principle)的地位。

这样的发展有一个重要的结果可以一提:"有限的赎罪"(limited atonement)或"特殊的救赎"(particular redemption)的教义。("赎罪"一语往往是用来指"因基督的受死而得的好处"。)请考虑以下的问题:基督为了谁受死? 这个问题的传统答案是以下的形式:基督为了所有人受死。不过,他的受死虽然有可能救赎所有人,却只对那些蒙拣选被容许能产生效用者有效。

这个问题在公元 9 世纪的预定论重大争议期间,以极大的力量浮现出来,在这次争论中,本尼迪克会修士奥尔拜斯的戈特沙尔克(Godescalc of Orbais,也称为 Gottschalk)提出了一套双重预定论的教义,近似以后与加尔文及其跟随者有关的观点。基于无情的逻辑,戈特沙尔克的主张暗示上帝已经预定了某些人承受永恒的诅咒,故此,他指出若说基督是为这等个别的人受死,就完全不恰当了;因为假如他是如此,那么他就徒然死去,因为这对他们的命运没有任何影响。

对于这个主张的含义经一番踌躇,戈特沙尔克提议,基督**只是为了蒙拣选者**而死。他的救赎工作范围是有限制的,仅限于那些预定从他的受死得益的人。许多公元 9 世纪的作者对于这个主张的反应是怀疑的。不过,它在后来的加尔文主义中重现出来。

　　与这个对预定观念新的强调相连的，是对于拣选的观念的高度兴趣。当探讨新路派的独特观念时，我们提过上帝与他的子民立约的观念，类似在旧约中上帝与以色列所立的约。这个观念对于急速成长的改革宗教会开始显得十分重要。改革宗教会群体把自己视为新以色列，上帝的新子民，站在与上帝的新约关系中。

　　"恩典之约"规范了上帝对其子民的责任，以及其子民对上帝的（宗教、社会与政治上）责任。它也设定了个人与社会在其中运作的架构。这种神学在英格兰的形式——清教徒主义——尤其有趣。当这些上帝的新子民进入新的应许之地（即美洲）时，自觉为"上帝的选民"的意识就大大提升。[6]虽然这个发展是在本书范围以外，对于正确理解新英格兰拓荒者所具的社会、政治与宗教观是源于16世纪欧洲的宗教改革运动，却是十分重要的。改革宗的国际性社会视野，建基在神圣拣选与"恩典之约"的观念上。

　　恰好相反，后期的信义宗思想把路德在1525年对神圣预定论的理解置于边缘地位，宁愿以人类对上帝的自由回应而不愿意以神圣主权对个人的拣选为架构。对于16世纪晚期的信义宗思想，"拣选"的意思，是人爱上帝的决定，而不是上帝拣选某些人的决定。事实上，关于预定论的纷争，成为以后数世纪两大宗派参与论战之作者的两大争议之一（另一争议是关乎圣礼的）。信义宗从来没有把一己完全相当于"上帝选民"的观念，故此在尝试扩展其影响范围的结果上，就相应的显得较为谦逊。相对之下，"国际加尔文主义"的显著成就，使我们看见一个观念可以转化个人与群体两者的力量——改革宗的拣选与预定教义，无疑是推动改革宗教会在17世纪惊人发展背后的力量。

143

恩典的教义与宗教改革运动

　　"从内在考虑，宗教改革运动只是奥古斯丁的恩典教义最终战胜奥古斯丁的教会教义而已。"[7]华菲尔德（Benjamin B. Warfield）的这段著名评论，以精警的语言概括了恩典的教义对宗教改革运动发展的重要性。改教家认为自己是从中世纪教会的曲解和误用中，重新发现了奥古斯丁的恩典教义。对路德来说，奥古斯丁的恩典教义是在唯独因信称义的教义中表达出来，是

"教会站立或跌倒所据的条文"（*articulus stantis et cadentis ecclesiae*）。如果在奥古斯丁与改教家之间，对于恩典的教义有某些微妙的（而其他则没有那么微妙）差异，那是因为后者觉得可以因着他们能使用比较优秀的文本和语言学方法，于是便遗憾地拒绝了奥古斯丁。对于改教家来说，尤其是路德，基督教会是由它的恩典教义所建构的；某一教会组织在这个问题上若有任何妥协或失败，那组织就失去称为基督教会的资格。中世纪教会不配称为"基督徒"，从而把改教家为了重建福音而脱离它的行动合理化。

不过，奥古斯丁已经发展出一套教会论，抗拒着任何这样的发展。在 5 世纪初期多纳徒派（Donatist）的争论中，奥古斯丁已经强调教会的合一，而且极力反对当教会主要部分似乎是错误时，另起炉灶的试探。改教家感到可以漠视奥古斯丁在这一点上的看法，坚持他对恩典的观念远比他对教会
144 的观念更加重要。他们认为，教会是上帝之恩典的结果——故此，后者具有基本的重要性。宗教改革运动的反对者不表赞同，认为教会本身才是基督教信仰的守护者。上述的情况因而导致对教会性质的辩论，我们将在本书第十章回来讨论这个问题。现在，我们要留意宗教改革思想的第二个重要主题：回到圣经的需要。

注释

[1] 参 W. P. Stephens, *The Theology of Huldrych Zwingli* (Oxford, 1986), pp. 86-106。

[2] 关于这部著作，参 Harry J. McSorley, *Luther-Right or Wrong* (New York, 1969)。

[3] 虽然加尔文在草拟科普的万灵节（All Souls' Day）演讲中的角色仍受怀疑，新的文献证据已经提出他是与此正面有关的。参 Jean Rott, 'Documents strasbourgeois concernant Calvin. Un manuscrit autographe: la harangue du recteur Nicolas Cop,' in *Regards contemporains sur Jean* Calvin (Paris, 1966), pp. 28-43。

[4] 例如参 Harro Höpfl, *The Christian Polity of John Calvin* (Cambridge, 1982), pp. 219-226; Alister E. McGrath, *A Life of John Calvin* (Oxford/Cambridge, Mass., 1990), pp. 69-78。

[5] 关于这个重要改变的详情，以及它的结果的分析，参 McGrath, *A Life of John Calvin*, pp. 202-218。

[6] 关于这时候在英国和美国的加尔文主义，参 Patrick Collinson, 'England and International Calvinism, 1558 - 1640,' in *International Calvinism 1541 - 1715*, ed. M.

Prestwich (Oxford, 1985), pp. 197-223; W. A. Speck and L. Billington, 'Calvinism in Colonial North America,' in *International Calvinism*, ed. Prestwich, pp. 257-283。

［7］B. B. Warfield, *Calvin and Augustine* (Philadelphia, 1956), p. 322.

进深阅读

T. George, *The Theology of the Reformers* (Nashville, TN, 1988), 73-79, 231-234.

P. C. Holtrop, *The Bolsec Controversy on Predestination from 1551 to 1555* (Lewiston, NY, 1993).

R. A. Muller, *Christ and the Decree: Christology and Predestination in Reformed Theology from Calvin to Perkins* (Durham, NC, 1986).

T. H. L. Parker, *John Calvin: A Biography* (London, 1975).

D. A. Penny, *Freewill or Predestination: The Battle over Saving Grace in mid-Tudor England* (London, 1990).

W. P. Stephens, *The Holy Spirit in the Theology of Martin Bucer* (Cambridge, 1970).

F. Wendel, *Calvin: Origins and Development of His Religious Thought* (London, 1963).

P. O. G. White, *Predestination, Policy and Polemic: Conflict and Consensus in the English Church from the Reformation to the Civil War* (Cambridge, 1992).

8

回到圣经去

大多数宗教系统都是以经典著作为中心,视之为具有"权威性"——换言之,即是对于决定该宗教的"形态"具有恒久的意义。在基督教的情况中,所讨论的经典著作就是那些汇集成为"圣经"(Bible)的文献,很多时候简单地称之为"经卷"(Scripture,在本书中"圣经"或"经卷"等称谓的意思是相同的)。众所周知,圣经是西方文明的主要文献,不只是基督教思想的来源,同时也对教育与文化有相当大的影响。[1]宗教改革运动发展对圣经的地位赋予新的重要性——或许,那是重新发现了对圣经重要性的古老看法。"唯独圣经"的观念成为改教家伟大的口号之一,当时他们正努力将教会的实践与信仰重新带回基督教黄金时代的路线。如果唯独因信称义的教义是宗教改革运动的实质原则,那么唯独圣经的原则就是它的形式原则。倘若改教家扬弃了教宗,那么他们就是拥立了圣经。宗教改革运动的每一分流都把圣经视为他们思想与实践得以开采的矿藏——但我们即将看见,如此运用圣经,可能较我们所期望的更为困难。在本章中,我们将较仔细地探讨宗教改革运动对圣经的了解,尤其是以中世纪晚期与文艺复兴时期的思想世界作为其处境。

中世纪时期的圣经

若要明白人文主义对宗教改革运动思想发展的重要性,以及这些思想

本身的意义,就必须对中世纪时期人们如何理解与处理圣经有所认识。在　146
本节中,我将描绘中世纪对圣经重要性的理解的轮廓。

“传统”的观念

对于大多数中世纪神学家来说,圣经是基督教教义在实质上充足的资料来源。[2]换句话说,所有对基督教信仰具有基本重要性的东西,都包括在圣经中。故此,不需要往其他地方寻找与基督教神学相关的东西。有些事情在圣经中是完全没有提及的,例如,谁写了《使徒信经》(Apostles' Creed),或是在圣餐的礼仪中,究竟哪个准确时刻是饼与酒化成基督的身体与血,或是洗礼的礼仪究竟是否只为成年信徒而设。关于这些事情,教会可以自由地尝试整理圣经的含义,虽然他们的判断是要臣服在圣经之下。

不过到了中世纪的末期,“传统”(tradition)的观念逐渐成为对圣经的解释与权威极其重要的因素。奥伯曼所指出的十分有帮助,即在中世纪晚期流行着两种对传统颇为不同的观念,他分别称为“传统一”与“传统二”。[3]因这些观念对宗教改革运动的重要性,我们将简略地加以讨论。

不只是正统信仰诉诸圣经,甚至异端也是诉诸圣经作为支持。17 世纪诗人德莱顿(John Dryden)强而有力地表明了这一点:

> 不是起初的阿里乌、现今的苏西尼
> 否认圣子是永生神吗?
> 他们不是单凭福音书
> 否定我们的教义,坚持他们的己见吗?
> 不是所有异端都有同样托词,
> 诉诸圣经为自己辩护吗?

为了回应在早期教会中出现的不同论争,特别是从诺斯替主义(Gnosticism)而来的威胁,开始发展出理解某些经文的“传统”方法。公元 2 世纪的教父神学家,例如里昂的爱任纽(Irenaeus of Lyons),开始提出某些圣经经文的权威解释方式的观念,并且把其追溯至使徒的时代。圣经不能以任何随意的方式来阐释,而必须在基督教会历史延续的处境下作出解释。它的解释参数在历史上是不变的,而且是“既予”(given)的。奥伯曼称这种对传统的理解方式为“传统一”。“传统”在此的意思,只是“在信仰群体内解释　147
圣经的传统方式”。

不过,到了 14、15 世纪,一种对传统颇为不同的理解逐渐产生。"传统"在当时被视为一种不同与独特的启示来源,**是在圣经之外的**。[4] 当时认为,圣经对许多地方都没有提及。不过,上帝安排了另一个启示来源,以补不足之处:那就是没有成文的传统,可以溯源至使徒本身。这传统是在教会内由一代传至另一代。奥伯曼称这种对传统的理解为"传统二"。

总括而言,"传统一"是教义的**单一来源**说:教义是基于圣经,而"传统"是指"解释圣经的传统方式"。"传统二"则是教义的**双重来源**说:教义是基于两种颇为不同的来源,即圣经与没有成文的传统。故此,一个在圣经中找不到的信念,可以按照这双重来源说,诉诸没有成文的传统来支持。正如我们在下文将会见到,改教家基本上所批评的,正是这种教义的双重来源说。

圣经的武加大译本

当中世纪神学家提及"圣经"时,差不多毫无例外是指教父圣经学者哲罗姆在 4 世纪末至 5 世纪初制订的"通俗经文版本"(*textus vulgatus*)。[5] 虽然"武加大"(Vulgate 意即"通用")一词在 16 世纪还未通行[6],我们却可以用这个词来指 4 世纪末与 5 世纪初哲罗姆所译的拉丁文圣经译本。这部经文以不同的形式流传在中世纪的时代,彼此之间存在颇大的差异。例如,黑暗时代著名学者西奥多夫(Theodulf)和阿尔昆(Alcuin)就分别使用了十分不同的武加大译本的版本。当黑暗时代结束之际,一个智性活动的新时代在 11 世纪渐渐展开。明显地,当时十分需要这部圣经的标准版本,以便满足因着智性复兴而出现对神学新的兴趣的需要。假若神学家将他们的神学建基于武加大译本的不同版本上,那么他们的结论就不可避免会产生分歧(即使不是更大的差异),至少与版本之间的差异同样大。这种标准化的需要,最后在 1226 年由一群巴黎的神学家与书商联合投资的冒险计划所解决,出版武加大译本的巴黎版本。当时,巴黎被视为欧洲的神学领导中心,这部武加大译本的巴黎版本难免被视为标准的典范——纵然有人尝试去修正其明显的缺点。在此必须强调,这个版本不是由任何教会人士所授命或资助的,而似乎是一次纯粹商业的投机活动。不过,历史往往就是意外的结果,我们必须留意,中世纪的神学家在试图把其神学建基于圣经时,便被迫将圣经等同于原来已经充满问题的拉丁文圣经译本的一个颇为差劣的商业版本。人文主义者对文本学与语言学的技术提升,暴露出武加大译本与其试图翻译的经文之间可悲的差异之处——于是就开展了引往教义改革之路。

圣经的中世纪地方语言译本

在中世纪期间，产生了一些圣经的地方语言译本。虽然一度有人认为中世纪教会谴责过这类翻译活动，却没有证据显示这类翻译作品的出版，或圣职人员或会众对其的使用，曾经明确地受到禁止。[7]这类翻译作品的一个重要例子，便是威克里夫派的译本（Wycliffite versions），这些译本是由一群在英格兰拉特沃思（Lutterworth）地方以威克里夫为首的学者所完成的。[8]把圣经翻译成为英语的动机，部分是属灵的，部分是政治的。它是属灵的，因为会众现在可以亲近按他们的地方语言表达的"上帝之道"；它是政治的，因为由此便对教会的教导权威暗地里提出了挑战。平信徒会众从此有能力分辨圣经对教会的异象，与其颇为可鄙的英格兰承继者之间明显的差异，因而为改革的方案设定了议程。

虽然这些地方语言译本十分重要，不过其重要性却不应予以过分夸大。我们要记着，所有这些版本都只不过是从武加大译本翻译过来的。它们所建基的，并不是按照原文的圣经最佳抄本，而是充满弱点与错误的武加大译本。宗教改革运动的议程，就是由文本学与语文学技术的应用所设定的，而这类技术的精密，远远超过在拉特沃思的威克里夫圈子的能力。这些方法正如人文主义学者所发展的，例如瓦拉和鹿特丹的伊拉斯谟，也就是我们在下一节要探讨的。

人文主义者与圣经

在上文中，我们已经看见人文主义的运动对圣经研究有极大的重要性。我们在此概述人文主义者对这个重要问题所作贡献的主要元素，可能有一定的帮助。 149

1. 人文主义十分强调"回到本源"的需要，把圣经的重要性置于其诠释者之上，特别是那些中世纪的诠释者。我们要直接面对圣经的经文，而不是通过复杂的注解与释经的系统。

2. 圣经应该直接以原文研读，而不是只看拉丁文译本。故此，旧约除了少数以亚兰文撰写的篇幅外，都要以希伯来文研读，而新约则是以希腊文研读。人文主义者对希腊文日渐增加的兴趣（许多人文主义者都认为希腊文是最能传递哲学概念的语言),进一步巩固了新约文献的重要性。文艺复兴晚期的学术理想是成为"三语专家"(*trium linguarum gnarus*,即希伯来文、希腊文与拉丁文)。教授三种语文的学院,分别成立于西班牙的阿尔卡拉(Alaclá)、巴黎与维腾堡。对于圣经原文的新兴趣和应用能力,很快就暴露出在武加大译本中的一些严重失误,其中一些更是极具重要性的。

3. 人文主义运动提供了两种研究圣经的新方法的重要工具。首先,它提供了圣经原文的印刷版本。例如,伊拉斯谟1516年的希腊文新约圣经使学者得以直接阅读希腊文新约圣经的印刷版本,而拉斐尔则于1509年提供了一些诗篇的希伯来文本。此外,也提供了一些古典语文的手册,使学者得以学习这些语文,否则他们就无法学懂。罗伊希林(J. Reuchlin)的希伯来文初级读本《希伯来文语法入门》(*De rudimentis hebraicis*,1506)便是此类材料的最佳例子。希腊文的初级读本则更为通行:阿尔迪内印刷所在1495年出版了拉斯卡里斯(John Lascaris)的希腊文文法课本;伊拉斯谟在1516年翻译出版了加沙的西奥多(Theodore of Gaza)著名的希腊文文法著作;梅兰希顿在1518年出版了一本出色的希腊文语法入门。[9]

4. 人文主义运动发展出文本鉴别的技术,足以能够准确确立圣经的最佳版本。例如,这些技术曾被瓦拉使用,证明著名的《君士坦丁御赐教产谕》是伪造的。许多悄无声息地进入武加大译本巴黎版本的经文失误,现在也可以删掉。伊拉斯谟让当代人大为震惊的是,他竟然删去了圣经中的重要一节(约翰一书5:7),因为他不能在任何希腊文抄本中找到这节,故此判断它是后来加上的经文。这节经文在武加大译本是这样的:"作见证的原来有三**在天上的:父、道和圣灵,而这三是一的。在地上作见证的有三**:圣灵、水与血。"这节经文中粗体字母的部分,被伊拉斯谟删去,它们清楚出现在武加大译本中,却没有见于它翻译所据的希腊文经文。由于这节经文是支持三一教义的重要证明经文(proof text),许多人因而被伊拉斯谟的所为激怒。在此,神学上的保守主义往往胜于学术上的进步:例如,即使是1611年著名的英王詹姆斯译本[King James Version,也称为"钦定本"(Authorized Version)],也包括了这节失误的经文,纵然它显然是不正确的。[10]

5. 人文主义者倾向认为古代经文是传递经验,这经验可以透过适当的文学方法来重新捕捉。在回到本源的主题中,也包括了重新捕捉这些以经文为媒介的经验。以新约圣经为例,其中所涉及的经验是复活基督的临在与能力。圣经因而是以如此期待的感觉来阅读的,而一般人都相信若是借着正确的方式来阅读和研读这些经文,那么使徒时代的活力与振奋就可以重现于 16 世纪。

　　6. 伊拉斯谟的《基督精兵手册》在 1515 年变得极具影响力时,书中主张熟习圣经的平信徒掌握更新教会的钥匙。在他的著作中,圣职人员与教会都被置于边缘地位:研读圣经的平信徒因而拥有足够有余的指引来明了基督教信仰的要素,尤其实践方面。这类看法在当时欧洲的平信徒知识分子中获得广泛的流传,这也无疑预备了路德与茨温利在 1519 至 1525 年间以圣经为本的改革运动。即使路德对圣经所采纳的神学进路,与伊拉斯谟非教条化的态度大异其趣,他仍然被广泛认为是建基在伊拉斯谟坚实的基础上。

圣经与宗教改革运动

　　"圣经,容我再说,唯独圣经才是新教徒的信仰。"此句名言出自 17 世纪英格兰新教徒奇林沃思(William Chillingworth),总结了宗教改革运动对圣经的态度。加尔文申明了同一原则,虽然没有那么令人印象深刻,却是表达得更为完整:"让我们肯定此为确立的原理:除了那些首先在律法与先知书中,其次在使徒著作中的记载外,没有任何东西应在教会中被承认为上帝的话语;而在教会中,除了按照神话语的规范与律例外,也再无其他教导的方法。"正如我们将会见到的,对于加尔文来说,不论是教会与社会的制度与规例,都必须建基在圣经之上:"我只认可那些建基于上帝权柄并本于圣经的人间制度。"茨温利称他在 1522 年所著有关圣经的短文,名为《论上帝话语的清晰性与可靠性》(On the Clarity and Certainty of the Word of God),申明"我们宗教的基石是成文的话语,那就是上帝的圣经"。这样的观点表明了改教家对圣经推崇备至。正如我们提过的,这种看法不是新奇的事物,它代表了中世纪神学延续下来的一个主要论点(除了某些法兰西斯会士之外),即认为圣经是基督教教义最重要的来源。宗教改革家与中世纪神学之间,在这一点上的分别,正在于圣经是如何**定义**和**解释**的,而不是它的**地位**。我们在下文中将会探讨这一点。

151

圣经的正典

　　对于任何把圣经视为规范的方案,其中心的关注均是如何界定圣经的范围。换句话说,圣经是什么?"正典"(canon,希腊文意为"规例"或"基准")一词逐渐用来指那些被教会承认是真实可靠的经卷。对于中世纪神学家来说,"圣经"是指"那些包括在武加大译本中的作品"。不过,改教家却质疑此判断。新约圣经所有著作都被视为正典(路德对于其中四卷所提出的疑问没有获得太多支持)[11],但对于一组旧约著作的正典性却引起了许多质疑。若是一手拿着希伯来圣经的旧约目录,另一手拿着希腊文与拉丁文译本(例如武加大译本)的目录作比较,就会显示后者包括了一些前者所没有的书卷。改教家主张,只有那些原来包括在希伯来圣经中的书卷,可以被视为属于圣经正典的旧约著作。[12] 由此,就产生了"旧约"与"次经"(Apocrypha)的分别:前者包括了在希伯来圣经中的作品,后者则是指那些包括在希腊文与拉丁文圣经中(例如武加大译本)却不见于希伯来圣经的书卷。虽然有些改教家接纳这些次经是具有教诲性的读物,但一般认为这些作品并不可以作为教义的基础。不过,中世纪的神学家随着 1546 年特兰托公会议把"旧约圣经"定义为"那些包括在希腊文与拉丁文圣经中的旧约作品",因而删除了任何有关"旧约"与"次经"的任何分别。

152 　从此,罗马天主教与新教对"圣经"一词的真正意思就出现了基本的差异,这差异一直存在到今天。我们若将新教的圣经版本——其中最重要的两个是新标准修订译本(New Revised Standard Version,NRSV)与新国际译本(New International Version,NIV)与罗马天主教的圣经〔例如耶路撒冷译本(Jerusalem Bible)〕作一比较,就可发现其中的差异。对于改教家来说,"唯独圣经"意味着与其天主教对手的分别不只是一个,而是**两个**:他们不只赋予圣经不同的地位,更对圣经究竟是什么都持有异议。不过,这些论争有何关系呢?

　　改教家特别排斥的天主教诸习俗之一,就是为死人祷告。对于改教家来说,这习俗是建基在非圣经的基础上(炼狱的教义),而且鼓励了民间的迷信与教会的剥削。不过,他们的天主教对手在回应这质疑时,提出为死人祷告的做法明显是记载在圣经中,那就是《马加比二书》(2 Maccabees)12 章40 至 46 节。不过,改教家却宣称这卷书是次经(即是不属于圣经的部分),因而可以作出回应(至少按照他们的看法),指这习俗为不符合圣经的。天主教的一方自然迅速回应:改教家从圣经的正典中除掉任何与他们神学矛盾的作品,才把他们的神学本于圣经。

　　这论争的结果之一,就是产生和流通了一些审定为"圣经"的书卷名单。

特兰托公会议的第四轮会议（1546 年）提出了一份详细的名单，包括把次经作品视为真正的圣经；与此同时，在瑞士、法兰西与其他地区的新教信众却提出了其他名单，故意省掉这些作品，或是指出它们对教义内容无关紧要。

圣经的权威

改教家把圣经的权威建基于其与上帝话语的关系上。对于他们某些人来说，这关系是绝对的对等：圣经**是**上帝的话语。对于其他人来说，这关系可以说是有点微妙：圣经**盛载**上帝的话语。不过无论如何，大家的共识都是主张接受圣经如同上帝自己的话语一般。对于加尔文来说，圣经的权威是建基于圣经的作者都是"圣灵的书记（secretaries）"（在《基督教要义》的法文版中是 *notaires authentiques*）。正如布林格所言，圣经的权威是绝对与自主的："因为这是上帝的话语，神圣的圣经经卷在其本身（in itself）及自行（of itself）拥有足够的地位与可信性。"在此就是福音的本身，可以为本身说话，并且挑战与修正它在 16 世纪的不完全与不正确的表达。圣经可以审判中世纪晚期的教会，显露出它的不足之处，并为随之而来宗教改革的新教会提供了标准的模式。

以下数点会显示出"唯独圣经"这原则的重要性。首先，改教家强调不论是教宗、议会与神学家的权威，都是从属于圣经。这并不一定表示他们完全**没有**权威；正如我们将会看见的，改教家容许某些教父时代的议会与神学家在教义的事情上拥有真正的权威。不过，那**是**说，这些权威是**源自圣经**，因而是从属于圣经。圣经作为上帝的话语，必须被视为是凌驾在教父和议会之上。正如加尔文所说的：

> 虽然我们坚持唯独上帝的话语是在我们的判断范围之上，而教父和议会只有在认同圣道的标准时才拥有权威，我们却仍然赋予议会和教父这样的地位和尊荣，因为这在基督之下而持有是恰当的。

路德倾向借着强调中世纪神学的混乱与矛盾，来定义"唯独圣经"的原则，而加尔文与梅兰希顿则认为最好的大公教会神学（例如奥古斯丁的神学）是支持他们对圣经的优越性的看法。

其次，改教家主张教会内的权柄并不是源于拥有职位者的地位，而是来自他们所事奉的上帝话语。传统的大公教会神学倾向把持有职位者的权柄建基于其职位的本身——例如，主教的权柄是在于他是主教的事实上——

而且强调主教职事与使徒时代的历史延续性。改教家将主教的权柄（或在新教的同等职位）建基于他们是否忠于上帝的话语上。正如加尔文指出：

> 我们与那些拥护教宗的天主教徒之间的分别，乃是他们相信除非教会掌管上帝的话语，否则就不能成为真理的柱石。相反，我们强调正是因为教会恭敬地将自己置于上帝话语之下，她才得以保守真理，并且亲手传给别人。

历史延续性对于忠实宣讲上帝的话语没多大重要性。宗教改革运动所分离出来的教会，明显地否定与大公教会制度的历史延续性：例如，他们的圣职人员不会由大公教会的主教来按立。不过，改教家声称主教的权柄与功能最终是源自对上帝话语的忠诚。同样地，主教（也包括议会与教宗）的决定之所以具有权威和约束力，也是因为他们忠于圣经。天主教徒强调**历史**延续的重要性，改教家却同样强调**教义**延续的重要性。虽然新教教会一般不能为其主教制度提供历史的延续性（除了英格兰与瑞典宗教改革运动之外，它们是由于天主教的主教变节而获得），但新教教会却可以提出对圣经所需要的忠诚——因此，按他们来说，新教教会的职事也是有合法性的。在宗教改革运动的领袖与早期教会的主教之间，未必存在从未中断的历史联系，但改教家却指出，因着他们相信和教导同一信仰，正如早期教会的主教一样（而不是中世纪教会歪曲了的福音），故此仍然存在所需要的延续性。

故此，"唯独圣经"的原则包括声称教会的权柄是建基于教会对圣经的忠诚。不过，宗教改革运动的反对者却可以引用奥古斯丁的一句名言："除非我是信服大公教会的权柄，否则我就不可能相信福音。"圣经正典的存在本身，岂不是正指向教会拥有高于圣经的权柄吗？毕竟，"圣经"是什么是由教会定义的——这也意味着教会拥有高过、并独立于圣经以外的权柄。故此，路德在 1519 年著名的莱比锡辩论中的对手艾克辩称："圣经缺乏教会的权柄，就不是真实可信的。"这清楚地提出了圣经与传统关系的问题，也是我们现在要一并讨论的。

传统的角色

"唯独圣经"的原则，似乎排除了在基督教教义中任何对传统的参考。不过，正如我们将会看见的，宪制的改教家事实上对传统持守了一个非常正面的看法。

我们在上文指出，中世纪晚期有两种对传统的典型理解："传统一"与"传统二"。"唯独圣经"的原则似乎是指，神学的理解没有对传统赋予任何地位——我们可以称这种理解为"无传统"。上述三种对圣经与传统关系的理解，流行于16世纪，可以总结如下：

> **无传统：极端的宗教改革运动**
>
> **传统一：宪制的宗教改革运动**
>
> **传统二：特兰托公会议**

首先，上述分析可能使人感到意外。改教家不是**抗拒**传统，只强调圣经的见证吗？不过，事实上，改教家关注的是如何除掉对圣经见证的人为增添或歪曲。"圣经的传统解释"这一观念（包括在"传统一"的观念中），完全受到宪制的改教家所接纳，**只要这传统的解释有合理的支持。**

极端的宗教改革运动（或"重洗派"）是唯一一贯地固守"唯独圣经"原则的一翼。对于极端派（路德称他们为"狂热派"）来说，例如闵采尔（Thomas Müntzer）和史文克斐（Casper Schwenkfeld），每个人都有权在圣灵带领之下，自行解释圣经。极端的弗兰克（Sebastian Franck）认为，圣经是"一本由七印封着的书，除非人拥有大卫的钥匙，就是圣灵的光照，否则无法打开。"这样，个人主义的道路就开启了，把个人私下的判断置于教会整体的判断之上。故此，极端派否定婴孩洗礼（这是宪制的宗教改革仍然信奉的），视之为不符合圣经（因为新约圣经没有明显提到这做法）。同样地，诸如三位一体与基督神性的教义，也因缺乏足够的圣经基础而被拒绝。"无传统"把个人对解释圣经的私下判断，置于基督教会的整体判断之上。这是造成无政府状态的处方——而且正如极端的宗教改革运动的历史不幸地证明，无政府状态是不需要太长时间来发展的。

正如上文提及，宪制的宗教改革运动在神学上是保守的。它保留了教会大部分传统教义——例如耶稣基督的神性与三位一体等教义——因为改教家深信，这些对圣经的传统解释是正确的。同样地，许多传统的做法都被保留（例如婴孩洗礼），因为改教家深信它们与圣经是一致的。宪制的宗教改革运动痛心地感到个人主义的威胁，试图借着强调教会对圣经的传统解释，来避免这种威胁，当然这些传统解释是要被视为正确的。对于天主教神学与实践的领域，若被认为是远离或违背圣经，就会提出教义上的批判。由于这些发展大多是在中世纪产生，故此毫不意外地，改教家称公元1200至

1500 年为"衰退的年代"或"腐败的时期",而他们的使命就是加以改革。同样地,我们也不会十分意外地发现,改教家往往诉诸教父,一般视之为圣经的可靠诠释者。[13]

156 　这一点尤其重要,却没有得到适当的注意。改教家重视教父的著作(特别是奥古斯丁的作品),其中一个原因是改教家认为教父是圣经神学的倡导者。换言之,改教家相信,教父尝试发展唯独本于圣经的神学——这也正是他们在 16 世纪所要尝试做的事。当然,改教家所获得的最新文本学与语文学方法,让他们修正了教父解释的某些细节,但改教家仍然愿意接受"教父的见证"作为圣经普遍可靠的解释。由于这些见证包括了例如三位一体、基督神性的教义,以及婴孩洗礼的做法,改教家就较为倾向接受这些都是确实符合圣经的。故此,显然这种对圣经的传统解释(即"传统一")的高度重视,让宪制的宗教改革运动对教义上的保守主义较为偏好。

　这样对"唯独圣经"原则的了解,使改教家得以批评两方面的对手——一方面是极端派,另一方面是天主教。天主教认为,改教家是把个人判断提升至教会的集体判断之上。改教家却回答说,并没有这样的事:他们只是将集体判断恢复至原本的地位,通过诉诸教父时代的集体判断,攻击中世纪在教义上的堕落。不过,极端派丝毫没有对"教父的见证"给予任何地位。正如弗兰克在 1530 年写道:"愚蠢的安布罗斯、奥古斯丁、哲罗姆、格列高利——他们连一个也不认识主,故此愿上帝帮助我,他们也不是上帝差来作教导的。相反,他们全是敌基督的使徒。""无传统"漠视任何解释圣经的传统。故此,宪制的改教家排斥这种对圣经的角色的极端理解,视之为纯粹个人主义造成神学混乱的处方。

　所以,我们可以清楚见到,若说宪制的改教家把私人判断置于教会的整体判断之上,或他们流于某种形式的个人主义,这显然是完全错误的说法。这种判断对极端的宗教改革运动来说无疑是对的,他们是宗教改革运动唯一的一翼,在应用"唯独圣经"的原则上前后一贯。一个像宗教改革这样的运动,它的原始、极端的观念是多么经常在这运动的发展中,由一些较保守的观念所取代。这一点在主流的宗教改革运动中,真的可以见到有某种程度的差异:茨温利比加尔文更接近极端派的立场,而路德则较接近天主教的立场。不过必须强调的是,没有一个人要扬弃圣经的传统解释,而赞同极端派的选择。正如路德悲观地指出,这类取向无可避免的结果就是混乱——一个"新的巴别塔"。也许路德会与下一世纪的诗人德莱顿的看法有同感：

> 圣经由此被置于每一庸俗人的手中，
>
> 而每个人都自以为最能明白，
>
> 公众的规则成了公众的猎物，
>
> 并任凭暴民的处置。

157

　　特兰托公会议在 1546 年的会议中，借着一种双重来源说，来回应宗教改革运动的威胁。天主教的改革运动对"传统二"的这种肯定，宣告基督教的信仰是通过两种来源，传达给每个世代：圣经与没有成文的传统。这种圣经以外的传统，应被视为与圣经具有同等的权威。特兰托公会议作此宣称时，似乎是从中世纪对"传统"的两种主要理解中，选取了其中的后者（也是较不重要者），而把较具影响力的理解留给改教家。有趣的是，近年在罗马天主教的圈子中，对这一点产生了某种程度的"修正主义"，好几位当代神学家辩称，特兰托公会议**排除**了"福音只是部分存在于圣经，部分存在于传统中"的看法。[14]

解释圣经的方法

　　经文是要解释的。假如对于某段经文有何意思的观点存在严重的分歧，就难以把那段经文视作为权威或规范。在中世纪晚期，教会作为圣经解释者的角色越来越受到重视。圣经的权威是在圣灵的神圣保守下，由它的解释者（教会）的权威所保证的。然而，正如我们已经看见的，因着中世纪晚期在教义上对神学权威的本质与范围，存在如此巨大的纷争与混乱，故此对于谁拥有解释圣经的最终权威，始终莫衷一是。是教宗？大公会议？或许正如帕诺米坦纳斯［Panormitanus (Nicholo de Tudeschi)］所提议的（当然是语带挖苦），甚至是一个熟悉圣经的敬虔人物。实际上，这样的权威似乎在当时只有教宗才拥有；不过对于这个问题的困惑，足以让多元思想在 15 世纪晚期几乎是不受约束地发展，部分是通过解释圣经的新取向，留下了对现存看法的重大挑战。

　　正如我们提过的，中世纪解经所用的标准方法，通常称为"圣经的四重意义"。这种方法是源自教父时期，而它的系统建构部分是因着神学系统化的新趋势，那是随着 12 世纪在文化上的文艺复兴而来的。

158

　　这个取向的基本原则如下。圣经拥有一些不同的意义。除了字面（literal)的意义外,还可以分辨出三个非字面的意义:寓意性(allegorical)的教训是显示基督徒应相信的事,借喻性(tropological)或道德性(moral)教训是显示基督徒应遵行的事,属灵性或神秘性(anagogical)的教训是显示基督徒应盼望的事。因此"圣经的四重意义"是这样的:

1. **字面**的意义,经文按照字面评论。

2. **寓意**的意义,某些圣经经文的解释是为了提出教义的陈述。那些经文也许是含糊不清,也许有字面上(因着神学的理由)对读者而言是不能接纳的意思。

3. **借喻**或**道德**的意义,某些经文的解释是为了对基督徒的行为提出道德的指引。

4. **属灵**或**神秘**的意义,某些经文的解释是为了指出基督徒的盼望所在,指向神在新耶路撒冷的应许的未来应验。

借着坚持不可相信建基于圣经非字面意义上的东西——除非它可以首先建基于圣经的字面意义,这就避免了一个潜在的弱点。对于字面意义优先性的这个坚持,可以视之为隐含了对奥利金所接纳的寓意取向的批判,后者的取向差不多容许解经者在任何经文中读出他们所喜欢的"属灵"解释。正如路德在1515年说明他的原则:"寓意、借喻或**属灵**意义在圣经中是没有价值的,除非同一真理在其他地方按照字面清楚说明。否则,圣经就会成为一个笑柄。"

不过,圣经的"字面"意义这个观念,被许多人文主义的作者视为不够严谨和精确的,尤其是涉及旧约许多经文时。在16世纪最初10年写作的拉斐尔主张,"字面"一词有两个不同的意义,必须作出区分。圣经的"字面历史性"(literal historical)意义,是表明一段经文的明显历史性意义。路德提到这个取向,是"指到古代的历史,而不是基督"。圣经的"字面预言性"(literal prophetic)意义,是表明一段经文的预言性意义——换言之,那是一段经文预先指到它在耶稣基督再来时的应验。正如路德所说的:"基督开启那些属他的人之心思,为了让他们可以明白圣经。"因此,一段旧约经文,既可以是字面历史性的,即指到一连串在古代近东发生的历史事件,也可以是字面预言性的,指到基督的再来。这个解释的基督论架构,在处理《诗篇》时尤其显得重要,这卷旧约书卷在中世纪基督教灵修学和神学中扮演显著角色,而且,路德在1513至1515年间也讲授过《诗篇》。

　　路德完全晓得这些区分，而且在他的解经中毫不犹豫地将它们运用到极致。他在《诗篇》的分析中，识别出旧约的"八重"意义。这样叫人吃惊的细致区分（可能让某些读者感到这是典型的经院哲学思想），是把"圣经的四重意义"结合历史性或预言性解释的洞见的结果。

　　路德发挥了这些区分，认为一个区分可以是出现在他称为"叫人死的字"（*litera occidens*，即是对旧约粗糙的字面或历史阅读方式）与"叫人活的灵"（*spiritus vivificans*，即是在对旧约的阅读中，敏感于它在属灵上的细微差别与预言性的言外之意）。举例来说，我们可以查考路德如何运用这套解释圣经的"八重"架构对旧约意象的分析。

　　这里讨论的意象是锡安山，它可以根据一个呆板的历史和字面意义来解释，指到古代的以色列，也可以根据预言性的指涉，指到新约的教会。路德这样探讨各种可能性（或许是话中有话）：

　　　　1. 历史性：根据"叫人死的字"：
　　　　（a）字面性：迦南地；
　　　　（b）寓意性：会堂，或其中的一个重要人物；
　　　　（c）借喻性：法利赛人和律法的义；
　　　　（d）属灵性：在地上的荣耀未来。
　　　　2. 预言性：根据"叫人活的灵"：
　　　　（a）字面性：锡安的人民；
　　　　（b）寓意性：教会，或其中的一个重要人物；
　　　　（c）借喻性：信心的义；
　　　　（d）属灵性：在天上的荣耀未来。

　　在大学由经院思想主导的神学系中，"圣经的四重意义"是圣经学术研究的一个主要构成元素。不过，在 16 世纪的最初 20 年间，它不是解经者唯一可用的选择。事实上，路德究竟是不是唯一显著地运用这个经院思想取向来解经的改教家，仍然可以是有争论的。显然，在改教家与人文主义者的圈子中，对这个问题最具影响力的取向是关乎鹿特丹的伊拉斯谟所运用的方法，也就是我们现在要讨论的。

　　伊拉斯谟的《基督精兵手册》把"字"与"灵"作出了相当大的区分——那是指圣经的字句与真义。尤其是在旧约中，经文的字句就像是一个外壳，包含了（但不是等同于）意思的果核。经文的表面意思往往是埋藏了一个更深 160

的、隐藏的意思,而那是一个明智和负责任的解经者要去发掘的目标。伊拉斯谟认为,圣经的解释是关乎确立圣经的背后意义,而不是字句。

茨温利的基本关怀,与伊拉斯谟不相伯仲。解经者要确定"圣经的自然意义"(natural sense)——那不一定等同于圣经的字面意义。茨温利的人文主义背景容许他识别出不同的修辞手法,尤其是相反(*alloiosis*)、字词或比喻的误用(*catachresis*)和提喻法(*synecdoche*)。举一个例子说明这一点。基督在最后的晚餐中掰饼后,说了以下的话:"这是我的身体"(马太福音26:26)。这几个字的字面意义可以是"这饼是我的身体",可是自然的意思却是"这饼表明了我的身体"。

茨温利寻找圣经的深入意义(与表面的意义差别悬殊),最能见于亚伯拉罕与以撒的故事(《创世记》22 章)。这个故事的历史细节很容易被假定为建构了它的**真正**意思。茨温利认为,事实上,那个故事的真正意思,只有在把它视之为基督故事的预表时,才可以理解,亚伯拉罕在其中是代表上帝,而以撒则是基督的预象[或更严格的说是"预表"(type)]。

或许更重要的是,伊拉斯谟、布塞和茨温利把重点放在了圣经的道德性或借喻性意义上。人文主义者对基督教的取向,从没有完全摆脱把福音视为基本上是生活方式的见解,他们的道德轮廓是由圣经建构而成的。解经者的任务就是发掘出这些轮廓,因而容许圣经扮演一部伦理指南,指导信徒穿越人生的道德迷宫。当路德倾向把圣经视作主要关乎向信徒宣讲上帝的恩慈应许时,他那三个较为人文主义的同侪之著作,显然较为道德主义,他们往往把圣经描述成是一个"新律法"。同样地,当伊拉斯谟与布塞把圣经的借喻性意义视之为界定信徒必须**要做**的事情时,路德在他神学突破之际却把同一意义解释成界定上帝在基督里为信徒**已做**的事情。

故此,在 16 世纪初的解经中,有一些选择可供采纳。然而,宗教改革运动基本上不是一个学术运动(以大学为基地),而是一个民众运动,它日渐直接诉诸一群受过教育的平信徒。这样解经的学术方法,难以在民众的层面中加以讲解和应用。或许可以说,宗教改革运动只有在激动人心地宣称,所有人都有权解释圣经,并且质疑教会现存的教导和做法时,这场运动才得以进行下去。在下文中,我们将探讨这样的发展如何发生,并且在它的发展轨迹上出现了什么弱点和矛盾。

解释圣经的权利

宪制的宗教改革运动的一般共识,是圣经是上帝话语的容器。这话语虽然是独特地在过去特定的时空中赐予的,却可以在每个世代透过圣灵的带领重新发现与应用。早期的宗教改革运动往往是怀有乐观的信念,相信可以准确地确定圣经所说的一切重要事情,并且以此作为改革基督教的基础。这种释经上的乐观主义,典型的论述可以见于伊拉斯谟的《基督精兵手册》:伊拉斯谟认为,农夫可以毫不费力地阅读并明白圣经。圣经是清楚并具有说服力的,可以作为在基督教世界中改革群体的宣言。

马丁·路德在 1520 年著名的改教著作《致德意志贵族书》中声称,"罗马派"(Romanist)在他们周围筑起了三堵防卫性的墙壁,借此消除任何改革的威胁:

> 首先,当受着世上权力的压迫时,他们便制造谕旨,宣称世上的权力对他们不能有任何裁判权,相反,属灵的权力是高于世间的权力的。其次,当人尝试以圣经斥责他们时,他们便加以反对,并且提出只有教宗才有权诠释圣经。第三,如果受到议会的威胁,他们的故事便是除了教宗以外,没有人可以召开议会。

路德似乎把自己视为约书亚,肩负摧毁这个新耶利哥城的三堵墙壁的使命(约书亚记 6:1—20)。通过路德改革号角的三次响声,他描绘出其改革方案的主要特色。首先,消除"属灵"与"属世"权力的分野。其次,每个相信的基督徒都有权解释圣经。第三,任何基督徒(尤其是一个日耳曼诸侯)都有权召开一个改革的议会。路德的改革方案最初建基在这三个原则上,而其中我们对第二项是特别感兴趣的。

162

> 他们声称只有教宗才可以解释圣经,这是蛮横想象出来的无稽之谈……罗马派的人必须承认,在我们中间存在一些具有基督的真正的信心、精神、理解、话语与心思的基督徒。那么为何我们要抗拒好基督徒的话语和理解,来跟随那既没有信心又没有圣灵的教宗?

路德似乎暗示,普通的敬虔基督信徒完全可以阅读圣经,而且完全可以从他的阅读中明白其意义。茨温利在其 1522 年的重要专著《论上帝话语的清晰性与可靠性》中,也为相同的立场而辩护。对于茨温利来说,圣经是完全清楚的。"上帝的话一旦光照个人的理解,就能启迪人使其能够明白。"

不过,到了 16 世纪 20 年代末期,这种释经上的乐观主义就受到很大程度的打击,主要是因为路德与茨温利之间对一段圣经经文的解释有严重分歧：“这是我的身体”（马太福音 26:26，拉丁文是 *hoc est corpus meum*）。这段经文是圣餐的中心，因而对改教家与天主教在神学上均是极具重要性的。路德认为，这段经文所说的就是它的意思：换言之，圣餐的饼**是**基督的身体。然而，对茨温利来说，它的诠释便有所不同了：他认为，经文的意思是“这**表明**我的身体”——换言之，在圣餐中的饼**代表**基督的身体。正如我们将在下一章见到的，改教家之间这种对圣礼的分歧的严重性，不只造成了宪制的宗教改革运动永久地分裂成为两方，而且证明即使是那些被路德认为最直截了当的经文，若要达至对这些经文解释的共识都是何等困难。16 世纪 10 年代末至 20 年代初在释经上的乐观主义，也显然暗示一般基督徒都可以明白圣经——不过到了 16 世纪 30 年代，却认为一般基督徒若要可靠地明白圣经，就一定要精通希伯来文、希腊文与拉丁文，并且要熟悉语言学理论的复杂性。

对于天主教来说，圣经是很难解释的——故此，上帝才悉心以罗马天主教会的形式来提供一个可靠和权威的诠释者。正如我们所见，极端的宗教改革运动对此完全拒绝：每一个信徒都有权利与能力，按着他们所认为是对的来解释圣经。宪制的改教家发现自己在这点上正处于左右为难的情
163 形。他们承认圣经在一些地方是模糊不清的，故此需要诠释。然而，他们信奉“传统一”而不是“无传统”，却又要求他们诉诸整个基督教群体在这些地方对圣经作出权威性的解释。不过，若没有承认这权柄是真正属于罗马天主教会，他们又如何达至此点？怎样才能得出一个**新教**群体的权威性圣经解释？我们将会探讨宗教改革运动克服这困难的两个方法。

第一个方法可以称之为“教理问答式”的取向。新教徒在阅读圣经时，获得一个过滤器，借此可以解释圣经。这样的“过滤器”的例子之一是路德的《小教理问答》（*Lesser Catechism*, 1529），为读者提供了一个参考架构，让他们可以明白圣经的意思。不过，最著名的圣经指南却是加尔文的《基督教要义》，特别是 1559 年的标准版本。众所周知，加尔文起初是以路德的教理问答作为写作蓝本。在 1541 年法文版的引言中，加尔文形容《基督教要义》一书“可以成为上帝所有儿女的钥匙与入门，让他们可以真正明白神圣的圣经”。换言之，即是期望读者可以使用加尔文《基督教要义》作为解释圣经的工具。正如在法兰西与低地国家的改革宗教会发展历史所显示的，加尔文的方法非常成功。读者只要有两本书——圣经与加尔文的《基督教要义》，就可得以窥见改革宗信仰的全貌。加尔文在《基督教要义》中对圣经的运

用,极富说服力,以致对许多人来说,这本书掌握了正确解释圣经的钥匙。复杂的中世纪诠释方法可以省掉,取而代之的是这本文句优美与内容清晰的著作。

另一个处理圣经解释问题的方法,可称之为"政治化诠释",而且特别与茨温利在苏黎世的宗教改革运动有关。这个方法对于宗教改革运动的政治历史,尤其重要。在 1520 年的某段时间,苏黎世的市议会要求所有圣职人员按照圣经来宣讲,避免任何"人为的创见与解释"。结果,这个政令使苏黎世市奉行"唯独圣经"的原则。不过,到了 1522 年,这个政令显然变得没有多大价值:究竟应该如何解释圣经? 在 1522 年的大斋期,发生了一次小危机:当时茨温利的一些跟随者打破了每年在这一时期传统遵守的禁食。[15] 传统上,这段时间只吃素菜或鱼,茨温利的一些跟随者却似乎屈从于对被禁食用的某类香肠的嗜好。在数星期后的 4 月 9 日,市议会重新肯定他们对遵守大斋期的决心,并对弗洛斯豪尔作出了象征性的罚款,以示其不应容许在他房子中干此事。事情似乎就此了结,不过茨温利却在 7 日后出版了一份传单(在弗洛斯豪尔的印刷所印制),辩称在圣经中从来没有一处地方要求信徒应在大斋期禁戒食肉。有关圣职人员的婚姻,类似的争论也在同年发生。随着在苏黎世的张力逐渐增加,明显地需要用某种方法来解决这些含糊的事情。

最主要的困难在于应如何诠释圣经。市议会在 1523 年 1 月 3 日宣布,作为授权管理公开讲道的机关,它安排了在该月内召开一次公开辩论会,讨论茨温利的 67 条"主要论纲"(*Schlussreden*)是否合乎圣经。这次辩论现今称为"苏黎世第一次辩论会"。辩论显然是模仿学术论辩的聚会,在 1 月 29 日于苏黎世的市会堂举行。对于茨温利来说,这自然是一次个人的胜利。不过,更重要的是,市议会从这次辩论之后,便冒升成为决定什么才算是符合或不符合圣经的团体了。[16]

对于茨温利来说,苏黎世的城市与教会最终变为一个相同的团体——正如我们将在下章看见的,此点对于他的教会与圣礼的神学具有特别的重要性。故此,市议会有权干涉神学与宗教的事务。从此,苏黎世的宗教改革运动不再受正确解释圣经的问题所困扰。市议会最后宣布它——而不是教宗或大公教会会议——有权为苏黎世的公民诠释圣经,并且表明它有意运用这权力。圣经可能的确是含混不清的,但苏黎世的宗教改革运动在政治上成功的保证,差不多可说是由于市议会为该市担当释经者而单边决定了。基于苏黎世的模式,类似的决定也在巴塞尔与伯尔尼作出,由此巩固了瑞士

164

境内的宗教改革运动,并且因着日内瓦在 16 世纪 30 年代中期保持稳定,间接促成了加尔文宗教改革运动的成功。

显然,早期新教内部的权力斗争涉及谁有权威来解释圣经的问题。谁被认可为拥有该权威,就事实上控制了宗教改革运动不同派别的意识形态——因而也是社会与政治的观点。教宗的俗世权威在许多相同的形式上,也是关乎他作为罗马天主教徒的权威圣经解释者的角色。这观察容许我们对宗教改革运动的社会与政治层面,提出一些重要的理解。例如,极端的宗教改革运动的格言(蒙光照的个人完全有权自行解释圣经)与一种经常联系于此运动的集体主义互相连结。每一个人都会被视为平等。同样地,极端的宗教改革运动没有产生任何第一流的神学家(这因素在某种程度上也影响了这运动过早退化为意识形态的混乱),反映了一种不愿意让任何个人来决定别人的态度,包括决定别人应该如何思想或解释圣经。

165

宪制的宗教改革运动起初似乎容许每一个人都有权解释圣经,不过接下来便开始忧心这观念所带来的社会与政治后果。1525 年的农民暴动似乎使一些人(例如路德)深信个别信徒(尤其是当时的日耳曼农民)根本没有能力解释圣经。信义宗的宗教改革作为一个如此强调圣经重要性的运动,竟然在后来拒绝让教育程度较低的信众来直接运用同一部圣经,原因是害怕他们会作出错误的解释(换言之,即得出与宪制的改教家不同的诠释),这可说是一种讽刺。例如,符腾堡(Württemberg)的公爵颁布了学校的规例,只准最突出的学生才可以在他们最后的学年中研读新约圣经——即使是这样,他们也只能以希腊文或拉丁文来研读。其他学生——大概是大多数人——就被要求研读路德的《小教理问答》作为代替。对圣经的直接诠释,就这样留给一小撮有特权的人。简而言之,问题变成你是否认为教宗、路德抑或加尔文才是圣经的诠释者。"圣经的清晰性"(clarity of Scripture)这原则似乎被静静地放在相当边缘的地位,尤其是从宗教改革运动内部某些较极端者如何运用圣经的方法来看。同样地,每一个人都有权利与能力来忠实地诠释圣经的观念,就变成为极端分子所独占。

天主教的回应:特兰托公会议论圣经

特兰托公会议认为新教在圣经的权威与解释的问题上不负责任,对其作出有力的回应。第四轮会议于 1546 年 4 月 8 日总结它的审议，提出对新教立场的以下质疑：

1. 圣经不可能被视为是启示的唯一来源；传统是一个极其重要的补充，这是新教徒不负责任地否定了的。"所有拯救的真理和行为的规则……都盛载于成文的书卷和不成文的传统中，从基督或使徒所说的而来。"

2. 特兰托公会议裁决，新教的正典书卷名单是有欠缺的，而且会议出版了一份完整的书目，被承认具有权威性。这包括了新教作者拒之为次经的所有书卷。

3. 圣经的武加大译本被肯定为可靠和有权威的。会议宣告，"用了许多世纪的古旧拉丁文武加大译本已经受到教会的认可，理应证明它在公开讲学、辩论、讲道或解经上是可信的，故此在任何情况下，没有人可以擅自抗拒它。"

4. 教会解释圣经的权威被维护，特兰托公会议认为新教解经者的个人主义是猖獗的，应予以批判。故此：

> 为了检测鲁莽的心灵，本会议裁定，没有人可以根据他或她自己的判断，在与基督教教义有关的信仰和道德事情上（按照他们自己的想法曲解圣经），擅自解释圣经而有违神圣之母教会（Holy Mother Church）（它有权判断它们的真正意思和解释）一直至今持守的意义。

5. 罗马天主教徒不被允许出版任何涉及解释圣经的著作，除非那出版物首先被他或她的上司审查，而且宣告批准。尤其是匿名著作的撰写、阅读、流传或保存［例如畅销并具其影响力的《基督的恩惠》（Beneficio di Cristo），这本书在 16 世纪 40 年代初传播了宗教改革的观念］完全受到禁止。

> 任何人印刷或出版不管是什么书籍，只要涉及神圣教义的事情而没有作者署名，或以后售卖它们，或保存它们，除非这些书籍已经审查批核，否则都是违法的……这些书籍的批准必须是以书面写下，而且在书籍首页的恰当地方显示。

特兰托公会议在上述五个准则的基础上，足以拨乱反正。天主教会在教义和圣经解释的问题上，再次成为一言堂。不过，这样做的代价相当高昂。罗马天主教会的圣经研究要用数世纪的时间，才可以从这样的倒退中恢复过来。新教的圣经研究在 19 世纪至 20 世纪初之所以有重要贡献，原因之一，

167 就是因为他们的罗马天主教对手除非预先得到当局的批准,否则就不可以表达任何关于圣经的观点。幸好,这情况借着梵蒂冈第二次大公会议的智慧,已经改善。

基于本章的讨论,我们可以明显看见宗教改革运动回归圣经的方案,远较骤眼看来更为复杂。"唯独圣经"的口号结果变成了一些与原来期望颇为不同的意思,只有极端的宗教改革运动才在这点上近似于宗教改革运动的流行形象。在本章的讨论中所引起的一些问题,突显于宗教改革运动在教会与圣礼等问题上的争论,以下我们将就此作出探讨。

注释

[1] 参这些研究的权威汇集:*The Cambridge History of the Bible*, ed. P. R. Ackroyd et al. (3 vols; Cambridge, 1963 - 1969)。

[2] 参 Alister E. McGrath, *The Intellectual Origins of the European Reformation* (Oxford, 1987), pp. 140-151. 值得注意两部对这一主题的重要研究作品:Paul de Vooght, *Les sources de la doctrine chrétienne d'après les théologiens du XIVé siècle et du début du XVé* (Paris, 1954); Hermann Schüssler, *Der Primät der Heiligen Schrift als theologisches und kanonistisches Problem im Spätmittelalter* (Wiesbaden, 1977)。

[3] 参 Heiko A. Oberman, 'Ouo vadis, Petre? Tradition from Irenaeus to Humani Generis,' in *The Dawn of the Reformation: Essays in Late Medieval and Early Reformation Thought* (Edinburgh, 1986), pp. 269-296。

[4] 参 George H. Tavard, *Holy Writ or Holy Church? The Crisis of the Protestant Reformation* (London, 1959)。

[5] 参 J. N. D. Kelly, *Jerome: Life, Writings and Controversies* (London, 1975)。严格来说,武加大译本应指哲罗姆所翻译的旧约圣经[但不包括诗篇,因武加大译本的诗篇是取自《加利亚诗篇集》(Gallican Psalter)]和他所翻译的次经作品[不包括《所罗门智训》(Wisdom)、《便西拉智训》(Ecclesiasticus)、《马加比一书》和《马加比二书》(1 and 2 Maccabees),以及《巴录书》(Baruch),因以上书卷是取自旧拉丁文译本(Old Latin Version)的],以及他所翻译的全部新约经卷。

[6] 参 Raphael Loewe, 'The Medieval History of the Latin Vulgate,' in *Cambridge History of the Bible*, vol. 2, pp. 102-154。

[7] 参 McGrath, *Intellectual Origins*, pp. 124-125 及其中的参考书目。

［8］参 Henry Hargreaves, 'The Wycliffite Versions,' in *Cambridge History of the Bible*, *vol*. 2, *pp*. 387-415。

［9］参 Basil Hall, 'Biblical Scholarship: Editions and Commentaries,' in *Cambridge History of the Bible*, vol. 3, pp. 38-93。

［10］参 Roland H. Bainton, *Erasmus of Christendom* (New York, 1969), pp. 168-171。

［11］参 Roland H. Bainton, 'The Bible in the Reformation,' in *Cambridge History of the Bible*, vol. 3, pp. 1-37, 尤其是 6—9 页。

［12］关于旧约正典难题的进一步讨论，参 Roger T. Beckwith, *The Old Testament Canon of the New Testament Church* (London, 1985)。

［13］参 Pierre Fraenkel, *Testimonia Patrum*: *The Function of the Patristic Argument in the Theology of Philip Melanchthon* (Geneva, 1961); McGrath, *Intellectual Origins*, pp. 175-190。

［14］例如 Tavard, *Holy Writ or Holy Church*? p. 208。

［15］参 G. R. Potter, *Zwingli* (Cambridge, 1976), pp. 74-96。

［16］参 Heiko A. Oberman, *Masters of the Reformation* (Cambridge, 1981), pp. 187-209。

进深阅读

关于圣经在基督教中的地位，尤其是在西欧的思想中，良好的导论参：

The Cambridge History of the Bible, ed. P. R. Ackroyd et al. (3 vols; Cambridge, 1963 – 1969).

关于圣经在中世纪时期的角色，出色的研究参：

Gillian R. Evans, *The Language and Logic of the Bible*: *The Earlier Middle Ages* (Cambridge, 1984).

Beryl Smalley, *The Study of the Bible in the Middle Ages*, 3rd edn (Oxford, 1983).

关于圣经在宗教改革运动的角色，参：

Roland H. Bainton, 'The Bible in the Reformation,' in *The Cambridge History of the Bible*, vol. 3, pp. 1-37.

Gillian R. Evans, *The Language and Logic of the Bible*: *The Road to Reformation* (Cambridge, 1985).

H. Jackson Forstmann, *Word and Spirit*: *Calvin's Doctrine of Biblical Authority*

(Stanford，1962).

Alister E. McGrath，*The Intellectual Origins of the European Reformation* (Oxford，1987)，pp.122-174(附有解经和鉴别方法的详细讨论)。

Jaroslav Pelikan，*The Christian Tradition：A History of the Development of Doctrine*，Vol. 4：*Reformation of Church and Dogma（1300 - 1700）*(Chicago/London，1984)，pp.203-217.

16 世纪新教信条(即信仰的条文)对圣经所赋予的角色,也是相当有趣的。这些信条的英文译本汇集可参 *Reformed Confessions of the Sixteenth Century*，ed. Arthur Cochrane (Philadelphia，1966)[译按：中文译本可参汤清译：《历代基督教信条》(香港：文艺,1970 年再版)；赵中辉等译：《历代教会信条精选》(台北：基督教改革宗翻译社,2002 年修订版)]。必须留意的是,早期改革宗的信条把对相信圣经的肯定放在相信上帝的条文之前,反映出他们相信唯有通过圣经,才可以真正相信上帝。关于圣经的正典,参《法兰西信条》(French Confession，1559)的第三和四项(144—145 页)；《比利时信条》(Belgic Confession，1561)的第四和六项(190—191 页)；《第二海尔维第(瑞士)信条》(Second Helvetic Confession)的第一项(226 页)。关于圣经的权威,参《第一海尔维第(瑞士)信条》(First Helvetic Confession，1536)的第一和二项(100—101 页)；《日内瓦信条》(Geneva Confession，1536)的第一项(120 页)；《法兰西信条》的第五项(145—146 页)；《比利时信条》的第三、五和七项(190—192 页)；《第二海尔维第(瑞士)信条》的第一和二项(224—227 页)。

9

圣礼的教义

本章对某些读者来说可能会引起困难，因为对"圣礼"一词或许并不熟悉。这个词语源自拉丁文 *sacramentum*，意思是"某些被奉为神圣的东西"，用来指一系列教会礼仪或圣职人员的活动，它们被奉为拥有独特的属灵素质，例如有能力传递上帝的恩典。司各脱把一项圣礼定义为"一个物质上的记号，由上帝建构，有效地表明上帝的恩典，或上帝的恩慈行动"。其他定义的重点也是一样的，不过较为简洁。基本的概念是圣礼为不可见的恩典的可见记号，并以某种方式成为恩典的"渠道"。中世纪时期经历了圣礼神学的整合，尤其是在伦巴德的著作中。七项圣礼受到承认——洗礼（baptism）、圣餐礼（the eucharist）、补赎礼（penance）、坚振礼（confirmation）、婚礼（marriage）、按立礼（ordination）和临终涂油礼（extreme unction）——而且建立了一套复杂的神学，证明和解释它们的重要性。

到了 16 世纪 20 年代初，中世纪教会的圣礼制度已经清楚地成为宗教改革各派别主要批判的对象。改教家不断攻击中世纪对圣礼的数量、性质和功能的理解，而且把真正圣礼的数量从七个减至两个（洗礼和圣餐礼）。不过，改教家为何这样关心圣礼神学？对于许多人来说，它似乎是一个十分含糊与不重要的问题。不过，我们若对改教家的活动处境加以深思，就有助于解释为何这个问题对改教家如此重要。两个因素的出现，解释了与改教家这个神学范围相关的意义。

首先，改教家认为圣礼神学代表了中世纪神学的一切坏处。它似乎是

浓缩了经院哲学的缺点。直至中世纪开始之前,圣礼神学一直被大部分早
期基督徒作家视为相对不重要的(奥古斯丁可能是例外)。在许多方面,一
170 套复杂精细的圣礼神学的发展,可以说是经院作家最重要的成就之一。

  如今,宗教改革运动议程的一个重要部分,就是集中消除中世纪对基督
教神学早期(也是较为简朴)版本的附加物。这是如此明显的——也是相当
脆弱的(正如时间所证明的)——一个目标,那是为了消除经院哲学对福音的
扭曲之普遍改教方案所瞄准的目标。对于改教家来说,经院学派那精巧的圣
礼神学看来显然是一棵急需修剪的神学树木。故此,他们磨快了他们的利刃。

  第二方面,圣礼代表了教会的公众可见面貌。因此,改革圣礼就是对教
会和群体的生活作出可见的改变。对大多数平信徒信众来说,主日崇拜是
与教会甚至更广阔世界接触的主要途径。正因如此,讲坛成了中世纪时代
最重要的传播媒介之一——故此,不论改教家或市议会都渴望控制讲坛上
所说的话。

  中世纪教会主要的崇拜是弥撒。这种崇拜仪式是根据一套特定的用
语(拉丁文),称之为“礼仪”(liturgy)。改教家基于两个原因反对这种特定
的礼仪。首先,弥撒是以拉丁文进行的,大多数平信徒不能明白。事实上,
经常有人提出,甚至部分圣职人员也不能明白这些字句:文艺复兴晚期的
人文主义者精通拉丁文,偶尔会抱怨那些教士不能分辨拉丁文语法中的直
接受格(accusative case)与夺格(ablative case)。其次,也是更严重的,庆祝
弥撒的方式似乎包含了一些不为改教家所接受的假设。他们不喜欢那被称
为“变质说”的理论,这理论认为在弥撒中的饼与酒被祝圣后,虽维持其外表
形态,实际上却转化成为耶稣基督的身体与宝血。他们对于庆祝弥撒的教
士是在履行某类善工的含义,深感厌恶。因此,改革礼仪有助于改变众人思
考福音的方式。

  宣扬宗教改革运动目标的最有效方法之一,就是以通俗地方语言来改
写礼仪(以致所有人都可以明白其中的内容),在必要时对礼仪作出改动,删
除改教家不能接纳的观念。一般信众在参与主日崇拜时,便得以通过两个
来源接触宗教改革运动的观念:讲道与礼仪。改动礼仪所包含的观念,自
然是改动圣礼的神学,而这正是我们在宗教改革运动前十年间所见到发生
的事。

  在这点上,我们发现主流改教家之间存在着最严重的分歧。宪制的宗
171 教改革运动两翼的领袖路德与茨温利发现,他们完全不能在圣礼观上取得

一致意见。有好几个因素加在一起，造成这样的意见不一：例如，解释圣经方法不同，以及维腾堡与苏黎世的宗教改革运动的不同社会处境。在下文中，我们将会列出他们对圣礼的不同理解，并且指出这些不同理解在宗教改革运动历史上的重要性。

在进一步讨论之前，必须提到在专门用语上的一个难题。宗教改革运动逐渐经历了对"弥撒"一语的抗拒，却没有达成它在福音派教会中有何对等称谓的共识。在基督教崇拜中，祝圣和吃喝饼酒的礼仪有好几个名称，包括"弥撒"（路德保留的用语）、"饼"（the bread）、"圣餐"（communion）、"纪念礼"（the memorial）、"主餐"或"圣餐礼"。鉴于这样的不一致，难以确定要选择哪一个。最后，"圣餐礼"已经被选作等同于新教的弥撒，因为它近期用在主流新教普世教会文献中。不过，读者应该留心，不同的用语也是可以被使用的。

圣礼与恩典的应许

宗教改革运动的一个中心主题，在于强调圣礼对福音教会灵性的重要，即是**对人类软弱的神圣"俯就"**（accommodation）。这个观念尤其与加尔文有关，他往往被视为是这观念最清楚的解说者。加尔文的论据是这样的。所有好的讲员都知道和明白他们听众的局限。因此，他们俯就调适了说话的方式。他们修饰他们的用语，配合他们听众的需要和局限，避免深奥的用语和概念，在有需要的地方，设身处地运用较恰当的说话方式。这个"俯就的原则"也延伸至"类比"和"实物教材"的运用上。当许多人觉得难以掌握某些观念或概念，正好促使负责任的讲员采用故事和例证以说明要点。

加尔文认为，上帝也是一样。上帝俯就自己配合我们的局限。上帝降到我们的水平，运用有力的形象和说话方式，让他可以把自己启示给各色各样个别的人。没有人会因教育上的能力问题，而排除在对上帝的学习之外。上帝可以运用卑微的方式启示自己，并非反映上帝那一方的任何缺点或不足；采纳卑微方式的需要，是反映了在我们这一方的软弱，而那正是上帝恩慈地认知并已考量过的。上帝可以运用大量资源来创造和支持信仰——字词、概念、类比、模型、记号和象征。在这资源的宝库中，圣礼被视为一个重要的元素。

对于第一代改教家来说,圣礼是上帝对人类软弱的回应。上帝明白我们在接纳和回应他的应许时的困难,就以他恩慈而可见和有形的记号,补充他的话语。它们是对我们的局限的俯就调适。圣礼代表了上帝的应许,通过日常世界的物体传达出来。梅兰希顿在《论弥撒的命题》(*Propositions on the Mass*, 1521)中,强调圣礼首先是上帝对人类软弱的恩慈俯就。梅兰希顿在一连串 65 项的命题中,提出了一个他认为是值得信赖的取向,解释圣礼在基督徒生活中的地位。"记号是工具,我们借此可以同时记得和确定信心的话语。"不是每一个记号都是一项圣礼;一项圣礼是个**被制定和被认可**的恩典的记号,那是建基于稳固的福音基础的凭据。这不是我们自己选择的记号,乃是为我们而选择的记号。

梅兰希顿指出,在一个理想的世界中,人类是预备好唯独在他话语的基础上信靠他。然而,堕落人性的软弱之一,就是需要记号(梅兰希顿在提出这点时,诉诸基甸的故事)。对于梅兰希顿来说,圣礼就是记号:"某些人所说的圣礼,我们称之为记号——或许,若你喜欢的话,可以称之为圣礼的记号。"这些圣礼记号增强了我们对上帝的信靠。"为了减轻人心的这份不信,上帝已经把记号加进话语中。"故此,圣礼是上帝加在恩典应许上的恩典记号,为了确证和增加堕落人类的信心。经院派的圣礼神学强调它们传递恩典的能力,而改教家则强调它们确定和传递上帝应许的能力。

路德的论点类似,解释圣礼为"随同记号的应许"或"上帝建构的记号,以及赦罪的应许"。有趣的是,路德运用了"信物"(*Pfand*)一词,强调圣餐那种"保证"(security-giving)的性质。饼和酒向我们保证上帝饶恕之应许的实在,让我们较容易接纳,而且一旦接纳,就会坚定地持守之。

> 为了让我们可以肯定基督的这个应许,而且毫无疑惑地真正依靠它,他已经赐给我们最宝贵和昂价的印记和信物——他真实的血和肉,那是在饼和酒之下所赐的。这就极像那些他为我们得到的这珍贵和恩慈的宝物之恩赐和应许,而交出他的生命,为使我们可以得到和接受应许了的恩典。

故此,弥撒的饼和酒同时提醒我们,一方面是上帝的恩典的真实和代价,另一方面是我们在信心中对这恩典的回应。

因此,上帝的应许既是真实的,也是昂贵的。基督的死是一个标志,同时表示了上帝的恩典的可信和昂价。路德借着使用"遗约"(testament)的概念阐述了这一点,把其理解为一个"遗愿和遗嘱"的意思。这一点在 1520 年的作品《教会被掳巴比伦》中完全阐述。

> "遗约"是临终之人的应许,他在其中指定自己的遗产及继承人。所以,遗约首先包含立约人的死亡,其次是遗产的应许和继承人的指定。……我们在基督的话里看到了同样明确的解释。基督的话见证了自己的死亡:"这是我的身体,为你们舍的",和"这是我的血,为你们流的"。当他说"使罪得赦"这句话时,指定了遗产。而当他说"为你们和多人"这句话时,就确立了继承人,即那些承认和相信立约者应许的人。[1]

路德在此的洞见是,一个遗约涉及许诺(promises),只有在首先立下这些许诺者死亡之后才得看见。因此,礼仪、弥撒、圣餐礼就作出了三个十分重要的要点。

1. 它肯定了恩典和赦免的应许。
2. 它确认了那些承受应许的人。
3. 它宣告作出那些应许者的死亡。

故此,弥撒戏剧性地宣告了恩典与赦免的应许在现今是有效的。它是"借着上帝给予我们的赦罪应许,而且这样的一个应许已经被上帝之子的受死而确定"。借着宣告基督的受死,信仰的群体坚称,赦罪和永生的宝贵应许对现今那些具信心者有效。正如路德说明的这一点:

> 所以你们明白,我们所谓的弥撒,就是上帝赐予罪得赦免的应许,而这应许是由上帝的儿子以其死亡加以印证的。遗约与应许的唯一区别是,遗约包含了立约之人的死亡。……上帝既然立了遗约,所以他必得受死。但上帝是不会死亡的,除非他变成人类。所以基督的道成肉身和死亡都极为明确地包含在"遗约"这一个词里了。

正如上文所述,圣礼的核心功能是向信徒保证,他们是基督身体的真正成员,也是上帝国度的承继者。路德在 1519 年的论著《基督神圣与真实身体的蒙福圣礼》(*The Blessed Sacrament of the Holy and True Body of Christ*)中颇为详尽地论述这一点,强调它让信徒得到的心理保证:

174

> 那么，借饼和酒接受这圣礼，只不过是接受一个确实的标记，表达与基督及一切圣徒这样的团契和联合。那是犹如一个市民被赋了一个记号、文件或其他某些象征，确保他实际上是该市的一个居民，以及某一特定群体的成员。……因此，在这圣礼中，一个人从上帝本身蒙赐予一个确实的记号，表明他或她与基督及圣徒联合，并与他们共同分享的一切事物，那基督的受苦与生命同为他所有。

这样把圣礼强调为专属基督徒群体的信物，或许更富茨温利的色彩，多过富路德的色彩；然而，这却是路德思想中在这观点上具意义的元素。

然而，这等中介或寻常事物（例如水、饼或酒）如何成为对基督徒生命如此重要的东西？这不是代表了不恰当地陷入某类自然宗教或误导性的物质主义吗？基督教的所有重点不是把我们的注意力引离物质事物，而朝向上帝本身更大的真实吗？当我们能自由享用上帝的话语，为什么还要困扰于物质的事物？路德以如下方式处理这个重要问题。

> 在圣礼中，我们看不见任何奇妙的东西——只不过是普通的水、饼和酒，以及一个讲员的话语。那里没有任何引人注目的事物。然而，我们必须学习发现在这些毫不起眼的事物之下，隐藏了荣耀的尊荣。那就如同基督在道成肉身中。我们看见一个不坚固、软弱和会死的人——然而他正是上帝本身的尊荣。正是以相同的方式，上帝亲自向我们说话，并且在这些平凡和粗俗的物质中面对我们。

我们已经初步接触了路德对圣礼的观点；现在我们必须更详细地考虑之。

路德论圣礼

路德在 1520 年宗教改革的著作《教会被掳巴比伦》中，展开了对天主教圣礼观的重要攻击。他伺机利用人文主义新近在语言学上的学术成就，断言武加大译本对"圣礼"一词的运用，按照希腊文文本而言是不合理的。罗马天主教会承认有七个圣礼，路德却在起初只承认有三个（洗礼、圣餐礼、补赎礼），而后来很快地只承认两个（洗礼与圣餐礼）。这两个观点之间的过渡可以见于《教会被掳巴比伦》中，我们可以暂停一下，探讨这个转变，以及判断它的基础。〔顺便一提，英格兰的亨利八世通过他的反对信义宗著作《我维护七圣礼》(*Assertio septem sacramentorum*)，要求教宗赐予他"信仰维护者"(*Fidei Defensor*)的头衔。这头衔一直以缩略的形式 *F.D.* 出现在英格兰的钱币上，代表了对于路德在《教会被掳巴比伦》中所提出的观点的还击。]

这部作品以一段有力的原则性陈述开始，那是着手于中世纪对圣礼意见一致的一面：

> 我必须否认有七个圣礼，现今我只承认三个圣礼：洗礼、补赎礼和圣餐礼。这三个圣礼都可悲地被罗马教廷掳去，而且教会被剥夺了一切自由。

不过，路德在作品结束时已经相当强调一个可见的物质记号的重要性。路德以如下方式表达在他的观念中这个重要的改变：

> 然而，最好是把圣礼的名称只限用于那些有记号的应许上。那些没有记号的，就仅仅是应许而已。所以严格说来，上帝的教会里只有两个圣礼——洗礼与圣餐礼。因为只有在它们里面，我们才能看到神圣设立的记号和赦罪的应许。

因此，根据路德的看法，补赎礼不再有圣礼的地位，因为圣礼的两个基本特色是上帝的话与外在的圣礼标记（例如洗礼的水，与圣餐中的饼和酒）。故此，新约教会唯一真正的圣礼，就是洗礼与圣餐礼；而补赎礼没有外在的记号，不可以再被视为是一项圣礼。

路德进一步指出，中世纪的圣礼系统对于教士的角色赋予一个完全不合理的重要性。理论上，这样的发展不应该出现，因为圣礼神学的发展是为了回应 4 世纪末至 5 世纪初的多纳徒派争论。在这场争论中，要点是关乎一个不道德的教士（例如在遭遇迫害时与罗马政权合作的人）究竟是否应该被允许施行洗礼和主持圣餐礼。对于教士所扮演的角色，有两个各不相让的理论被提出来。

176

    1. 圣礼是"人效"的（*ex opere operantis*，字面意思是"借着一个做工者的工作"）。按此理解，圣礼是否有功效在于教士的个人德行和灵性。唯有由一个忠诚的教士所主持的圣礼，信徒才能得益。

    2. 圣礼是"事效"的（*ex opere operato*，字面意思是"借着有效的工作"）。按此理解，圣礼是否有效不在于教士的个人素质，而在于圣礼本身的内在性质。圣礼是否有效的终极基础在于基督,他的位格和好处是通过圣礼传达的,而不是在于教士本身。因此,一个不道德的教士可以被允许去主持圣礼,因为圣礼有效性的基础不在于他。

第一个观点相当于严格主义的多纳徒派立场。第二个观点相当于奥古斯丁的立场(以后是天主教会),路德和宪制的改教家毫不犹豫地遵循这个大多数人接纳的观点。

故此,可以认为这原则已经被确立,即教士在圣礼上并没有扮演一个主要的角色。事实上,路德认为,有些发展让圣礼"成为教会的俘虏"。路德列出了三种方式,在其中那种不能接受的情况已经出现:

1. "圣餐只守一类"(communion in one kind)的做法(只把饼给予平信徒,而不是饼和酒)。直至 12 世纪,一般是容许在弥撒中吃喝被祝圣的饼和酒。但是在 11 世纪,越来越多冒犯出现,由于某些平信徒不小心处理酒,使酒洒出,但是根据新兴的变质说神学,这酒是基督的血,绝不能用来清洁教会地板。到了 13 世纪,平信徒已经不可以用酒。

按照路德的看法,这并不合理,也缺乏圣经与教父的先例。路德宣称圣职人员拒绝将圣餐杯(chalice,装酒的器皿)给予信众是有罪的。他采取这个立场的主要原因,是关乎它在神学上的暗示:即平信徒得不到机会接触酒所意指的:

> 177　我觉得至关重要的是基督这句话:"这是我立约的血,为你们并为多人流出来的,使罪得赦。"这里你们清楚地看到基督的血,是赐给所有他的血为其罪而流下的人,谁敢说这没有为平信徒而流下呢?你们没有听到他把杯赐下时,是对谁讲话吗?难道不是给每个人吗?难道他没有说他的血是为每个人而流下吗?

路德的看法是如此有影响力,以致为信徒提供圣杯的做法,成了宗教改革运动一个会众拥戴的标志。

2. 变质说的教义(下文将会论及)对路德来说,似乎只是一种荒谬的事,是尝试将一个奥秘加以理性化的说法。路德认为,要点是基督真正临在于圣餐之中——而不是以一些独特的理论来解释他是如何临在的。如果一块铁被放在火中加热,就会变红——而在这块变红的铁中,铁与热两者均是同时存在的。为什么不用这类简单的日常比方,来说明基督临在于圣餐中的奥秘,反而借用一些经院派的深奥理论来加以合理化?

> 对我来说,如果我不能揣摩饼为何是基督的身体,我便将自己的理性降服于基督,而只恪守他的话,并不仅坚信基督的身体在这饼之内,而且坚信这饼就是基督的身体。因为我有圣经的保证:"他拿起饼来,祝谢了,就掰开,说:'拿着吃,这(那就是指他拿起并掰开的饼)是我的身体。'"(哥林多前书 11:23—24)

我们要相信的不是变质说的教义,只是简单地接受基督真正临在于圣餐中。事实是比任何理论或解释来得更为重要的。

3. 另一种观念认为教士是代替人民献祭,或呈献功德或祭牲,这也是同样不符合圣经的说法。对于路德来说,圣礼基本上是赦免罪恶的应许,由人们凭信接纳。

> 所以,由此可见,我们所称为弥撒的,正是上帝向我们作出的赦罪应许,这应许是由上帝之子的死所保证的。……假如,正如所说,弥撒是应许的话,那么进入应许的途径,不是借着任何行为,或权力,或个人的功德,而是"唯独信心"。因为那里有这位应许之上帝的话语,那里就必须有接受应许的信徒之信心。故此,这是十分明白的,我们拯救之始是在于对应许之上帝的话语之信心,他不需我们这方的任何努力,上帝以白白的和人不配得的怜悯,采取主动,将他应许的话语赐给我们。

对路德来说,圣礼是关乎上帝子民信心的产生与培育,而中世纪教会却倾向视他们为一些可以在市场推销的货品,可以赚取的功德。

我们已查考过路德对于圣礼的一般性观点。现在,我们的注意力,将转往他思想中那以后被证明具争议性的一个层面,而这更逐渐导致日耳曼与瑞士到那时为止某种程度上的联合的改教运动的分歧。悬而未决的问题是"真实临在"(real presence)——那就是,基督是否(和以何方式)可以被认为是在圣餐中具体存在。

路德论真实临在

路德于 1507 年被按立为教士,并在该年 5 月 2 日于爱尔福特举行其首次弥撒。在 1538 年 12 月 5 日围绕在他的晚餐桌旁分享这次事件的回忆中,路德想起这次重大事情的主要记忆,是关乎他妄自尊大的感觉,以及他忧虑是否会意外地遗漏了什么东西。不过直至 1519 年为止,我们在他的著作中找不到任何对传统天主教弥撒观不满的痕迹。

我们已经提过他在 1515 年的"神学突破",其中有他著名的对"上帝的义"新意义的发现。虽然这发现起初似乎对其圣礼观并无多大影响,但其中却预见了他日后对中世纪圣礼神学的其中一方面的批判。与这发现有十分密切关系的,是对在神学中运用亚里士多德观念的一种新敌意。在 1517 年所著《经院神学争辩》(*Disputation against Scholastic Theology*)中,路德清楚说明在神学中对亚里士多德主义的完全拒绝。[2]

这种反亚里士多德的思想发展,其重要性乃在于其与中世纪变质说教义的关系上。此教义是由第四次拉特兰会议(the Fourth Lateran Council, 1215)所决定的,而且是基于亚里士多德的基础——更具体地说,是基于亚里士多德对"实体"(substance)与"偶有性"(accident)的分别。某物的**实体**是其基本的性质,而其偶有性则是外观(例如其颜色、形状、味道等等)。变质说的理论主张饼与酒的"偶有性"(其外表、味道、气味等等)在祝圣的一刻保持不变,但它们的"实体"却由饼与酒变为耶稣基督的身体与宝血。路德否定此"假哲学",视之为荒谬,并力主反对这种运用亚里士多德观念的方法。亚里士多德在基督教神学中全无地位。不过,我们必须看见,路德并**没有**批判饼与酒变为基督的身体与宝血的背后的基本观念:"此错误完全没有任何重要性,只要基督的身体与宝血是与上帝的话存在一起。"路德所反对的不是"真实临在"的观念,而是对那临在的一个独特解释。对路德来说,上帝不是单单在圣礼的**背后**,他也在其中。

路德认为饼与酒真的成为基督的身体与宝血,并不是纯粹神学保守主义的结果。事实上,路德指出若他可以证明此看法不合乎圣经,他会是第一个放弃此说的人。不过,对他来说,此看法似乎真的是圣经经文的明显意义,例如《马太福音》26:26:"这是我的身体"(拉丁文 *hoc est corpus meum*)。这节是十分清楚的,对他来说似乎不需再作解释。路德似乎认为,"圣经的清晰性"的整个原则,都是维系于此节的解释上(而他认为这原则为其宗教改革运动方案的基础)。[3] 路德于维腾堡以前的同僚卡尔施塔特(后来终于在 16 世纪 20 年代成了他的对头)却有不同的想法:他认为基督在说这些话时似乎是指向自己。路德毫不费力地指斥此为荒谬之说,对经文有所误解。他在回应茨温利时所面对的困难更大,因为茨温利认为"是"(is)字根本只是一种修辞手法(称为 *alloiosis*),真正的意思是"表明"或"代表",故此不应按字面来理解。

与其他宪制的改教家共通的地方是,路德保留了婴孩洗礼的传统习俗。

可能有人认为,他的因信称义教义与此传统互相矛盾。毕竟,假如信心被理解为一种有意识地、故意地回应上帝的应许,那么婴孩是不会有信心的。不过,我们却要指出,路德因信称义的教义并不是指有信心的个人会因此称义,相反,正如我们上文所见,这代表上帝会恩慈地赐下信心为礼物。似乎矛盾的是,婴孩洗礼是完全与因信称义的教义一致的,因为其强调信心不是一些我们可以成就的东西,而是恩慈地赐给我们的某些礼物。对于路德来说,圣礼不单加强信徒的信心——而且它们本来就可以首先产生信心。圣礼可以传达上帝的道,而这是可以引发信心的。故此,路德对婴孩洗礼的传统是完全没有困难的。洗礼并不需要以信心为前提,反而会产生信心。"小孩子成为信徒,是因为基督在洗礼中借着施洗者的口向他说话,因着那是他的道,是他的诫命,而他的道不能没有功效的。"

　　显然相反,茨温利认为圣体表明信心的存在。这导致他遇到某些困难,因为起码他不能用路德的论点来支持婴孩洗礼的传统。对于茨温利来说,圣礼只是肯定上帝的道,而这是需要另外传讲的。正如我们将会了解的,他被迫本于颇为不同的立场来支持婴孩洗礼。　　180

　　路德对"真实临在"的看法,被其在苏黎世、巴塞尔与斯特拉斯堡的改革宗同僚视为几乎接近不信的地步。他们认为,路德在这点上是不一致的,他对其天主教对手作出不合理的让步。我们在稍后会回到路德的看法。现在让我们看看茨温利的观点,借此对 16 世纪 20 年代在福音派的圈子中圣礼理论那种完全不能协调的惊人多元性有所了解。

茨温利论圣礼

　　正如路德一样,茨温利对"圣礼"一词也抱有严重的疑问。他指出这个词的基本意义为"誓约",故此首先视洗礼与圣餐的圣礼(天主教系统余下的五项圣礼被否定)为上帝对其子民的信实及他恩慈的赦免应许的记号。所以在 1523 年他写道,"圣礼"一词可以用来指那些"上帝以其话语所设定、命令与命定的,这就如同上帝曾就此起誓一般"。至此,路德与茨温利对圣礼功能的看法,确是有某种程度的相似(虽然正如我们下文所示,基督在圣餐礼中真实临在的问题,将他们彻底分隔)。

　　不过,即使此有限的相同点也在 1525 年间消失了。茨温利保留了"圣礼"作为誓言或誓约的观念,但他较早时将这理解为**上帝向我们的信实保证**,现在他却理解为**我们彼此之间顺从与忠诚的誓言**。要记得,茨温利是瑞士联邦军队的随军教士(而且亲身经历了 1515 年 9 月在马里尼亚诺的灾难性战败)。茨温利借用了军队的誓言,辩称"圣礼"基本上为个人对一个群体效忠的宣誓。正如士兵(在其将军面前)向其军队宣誓效忠,基督徒也应同样向其他基督徒宣誓效忠。茨温利以德文 *Pflichtszeichen*(意为"效忠的宣示")来代表圣礼的精神。故此,圣礼的意义是"人向教会表示其志愿为(或已经是)基督的精兵,借此向全教会,而不是只向自己表述其信仰"。在洗礼中,信徒宣誓效忠教会的群体;在圣餐礼中,他公开地宣示其忠诚。

181

  茨温利由此发展了圣礼从属于宣讲上帝的道的观念。[4] 正是这种宣讲才能产生信心:圣礼只是提供了信心得以公开宣示的机会。宣讲上帝的道是十分重要的,而圣礼就正如书信上的印记——它们确认信中内容。

  茨温利进一步从他当瑞士联邦随军教士的经验中,借用其中的军事类比来说明圣餐的意义:

> 如果一个人缝了白色十字架,他是在宣告他愿意加入联邦的志愿。如果他往拿坎费尔斯(Nühenfels)朝圣,为其先祖得以胜利而献上赞美与感谢,他真的表明是一位联邦成员。同样地,凡接受洗礼印记的人,就是决定要聆听上帝向他说的话,学习神圣的律例,并按此过他的生活。无论谁在会众中,在纪念或主餐里向上帝献上感恩,都是在表明一个事实,即他从心底里在基督的受死中享受,并为此向他谢恩。

在此所指的是瑞士在 1388 年于格拉鲁斯(Glarus)的拿坎费尔斯打败奥地利的那场胜仗。这场胜仗通常被认为标志了瑞士联邦[或海尔维第(Helvetic)联邦]的开始,而每逢 4 月的第一个星期四均往战场朝圣,以作纪念。茨温利申明两点。首先,瑞士士兵佩戴白色十字架(当然现今已包含在瑞士的国旗内)作为效忠的宣示,公开表明其对联邦的效忠。同样地,基督徒首先借着洗礼,然后参与圣餐礼,公开印证其对教会的效忠。洗礼是"进入基督的可见通道与印记"。其次,产生联邦的历史事件被纪念为向同一联邦效忠的标记。同样地,基督徒记念产生基督教会的历史事件(耶稣基督的死),也是作为其对该教会委身的印记。故此,圣餐礼是纪念引发建立基督教会的历史事件,并公开印证信徒对该教会与其成员的效忠。

  这种对圣餐性质的了解,由茨温利解释《马太福音》26:26:"这是我的身体"进一步确定。这些话是在基督临死之前一日于最后晚餐所说的话,表明他愿意被教会纪念的方式。茨温利写道,这好像基督是说:"我把关于我的顺服与遗约的记号交托你们,以在你们中唤醒对我的纪念以及我向你们所施的良善,以致当你们看见在这纪念的晚餐中论说的这饼与杯,你们可以纪念我为你们舍命,正如你们现在看见我并与我一同坐席般来纪念我一样。"对于茨温利来说,基督的死对教会,就如拿坎费尔斯战役对瑞士联邦一样重要。这是基督教会的奠基性事件,对其身份与自我了解均有很大的重要性。正如纪念拿坎费尔斯无需包括该战役的重演,圣餐也同样不包括重复基督的献祭,或是其在纪念时的临在。圣餐是"纪念基督的受苦,而不是一场献祭"。正因着以下我们将会探讨的理由,茨温利坚持"这是我的身体"一语是不能按字面意思来解释的,并由此排除了一切基督"真实临在"于圣餐中的观念。正如一个要离家远行的人,可能会留下戒指给妻子以作纪念,直至他回来;同样地,基督留给教会印记以作纪念,直至他在荣耀里回来的日子。

茨温利论真实临在

茨温利对基督真实临在的观点之背景,可以追溯至 1509 年某些似乎不重要的事件。在该年的 11 月,在低地国家的一间小型图书馆发生了一次人事变动,以致必须把其藏书编目。这项工作交托给汉恩(Cornelius Hoen),他发现图书馆有著名人文主义学者甘斯福特(Wessel Gansfort,约 1420—1489)著作的重要集藏。其中一本称为《论圣餐礼的圣礼》(*On the Sacrament of the Eucharist*)。虽然甘斯福特没有真的否定变质说的教义,他却发展了在基督与信徒之间有一个属灵的交流的概念。汉恩显然受到这个概念所吸引,重新整合成为对变质说教义的彻底批判,他是以一封信函的形式来撰写的。这封信函似乎在 1521 年的某个时候到达路德手中(尽管证据并不完全确定)。到了 1523 年,这封信函到达苏黎世,在那里被茨温利读到。

在这封信函中,汉恩认为"这是我的身体"的"是"不应解释为字面上的"是"或"等于",而是 *significat*,意即"意指"(signifies)。例如,当基督说"我就是生命的粮(面包)"(约翰福音 6:48),他显然不是将自己指认为一片面包或一般面包。这里的"是"必然是"隐喻性"(metaphorical)或非字面性的意思。旧约众先知或许实际上已经预言基督会"成为肉身"(*incarnatus*)——不过这是发生一次的,而且只是一次。这不能说先知会预言或使徒会教导(借着任何教士献上弥撒中的祭物的行动)基督每天可说都会"成为面包"(*impanatus*)。

汉恩提出了一系列的观念,最终变成茨温利的圣餐思想。有两点可以在此一提。首先,是圣餐就像一枚戒指的观念,戒指由新郎给予他的新娘,以向她保证他的爱。那是一个**信物**(pledge)——这个观念一直在茨温利讨论这题目的著作中回响着。

> 我主耶稣基督,他多次应允赦免他子民的罪,并且通过最后晚餐坚固他们的灵魂,加上一个保证,就是应许假使在他们一方仍然有任何不确定——正如一个新郎,想向他的新娘作出保证(假如她有任何怀疑),他就给她一枚戒指,宣告:"拿去吧,我把自己给了你。"而她接纳了那戒指,相信他就是属她的了,而且把她的心从其他一切爱人转过来,要取悦她的丈夫,把她自己归给他,并且是唯独归给他的。

茨温利在一些要点上运用了值得注意的技巧,把一枚戒指的意象开展成为一个爱的保证,而那并非不可能是汉恩把这个有力的意象深印在他的思想中。汉恩所用的第二个概念,是基督缺席时的纪念。留意到基督的用语"这是我的身体"之后立即是"为的是纪念我"等字,汉恩认为,第二组字词清楚地指向对"一个缺席者(至少是肉身缺席)"的纪念。

路德对这些观念的反应显然十分冷淡,茨温利的反应则较为积极。到了 1524 年的 11 月与 12 月,他正努力地推广汉恩的观念,而翌年他整理有关信函准备出版。在 1525 年夏天,巴塞尔的饱学之士厄科兰帕迪乌斯参与了这场讨论,他在出版的书中主张,在教父时代的作者中,找不到"变质说"或路德的"真实临在"的观点,而是倾向于现在与茨温利日益有关的看法。茨温利认为圣经运用了许多修辞手法(figures of speech)。因此,"是"字可以一方面指"绝对等同于",而在另一方面则指"代表"或"意指"。例如,在他的论著《论主餐》(*On the Lord's Supper*, 1526)中,他写道:

> 在圣经各处,我们都找到修辞手法,在希腊文中称之为"借喻"(*tropos*),指某些隐喻的东西,或应以其他意思来理解。例如,在《约翰福音》15 章中,基督说:"我是葡萄树"。这是说,当考虑与我们的关系时,基督就像一棵葡萄树,我们是在他里面被维系和成长,就像是枝子在葡萄树内成长一样。……同样地,在《约翰福音》1 章中,我们读到"看哪,神的羔羊,除去世人罪孽的!"这节的前部分是一个借喻,因为基

督不是如字面上的一只羔羊。

茨温利在仔细研究圣经的经文之后，认为在圣经的许多经文中，"是"字的意思为"意指"。故此，所提出的问题必然是：

> 不论基督在《马太福音》26 章的话是什么，"这是我的身体"也可以被视为是隐喻性的或借喻性的（*in tropice*）。已经清楚的是，在这段上下文中，"是"字不能被视为字面的意思。因此，它必然被视为隐喻性或比喻性的。在"这是我的身体"的用词中，"这"是指饼，而"身体"是指为我们已置于死的身体。故此，"是"不可能按照字面解释，因为饼不是身体。

这点为厄科兰帕迪乌斯在 1527 年所发展，他认为，"在面对记号、圣礼、图画、比喻与解释时，人应该也必须了解这些字句的比喻性意义，而不是字面的意义"。路德 1527 年的专文《基督的这些用字"这是我的身体"仍然坚定地对抗狂热者》（*That these Words of Christ "This is my Body" Still Stand Firm against the Fanatics*），对此作出强烈反应。

茨温利在此的要点，关乎记号和它所意指的事物之间的关系。他运用了这个差异，认为饼可以等于基督的身体是不可思议的。

> 一个圣礼是一个神圣事物的记号。当我说"主的身体的圣礼"时，我只是指那饼是基督的身体的象征，他为我们的缘故被置于死。……不过，基督的真正身体是坐在上帝右边的身体，而他身体的圣礼是饼，他宝血的圣礼是酒，我们以感恩的心领受它们。现在，记号与意指的事物不可能是一样和相同的。因此，基督身体的圣礼不可能是那身体本身。

茨温利反对路德的另一个论点（在刚引用的经文中暗示），是关于基督所在的位置。对于路德来说，基督临在于圣餐中。谁领受这饼与杯，便是领受了基督。不过，茨温利指出，不论是圣经与信条都强调基督现在是"坐在上帝的右边"。茨温利现在一点也不知道这是指什么地方，他也不会浪费任何时间去猜想这地方的位置——不过他辩称，这却是说不管基督现今在哪里，他就是不会临在于圣餐中。他不能同时在两处地方。路德认为，"上帝的右边"一词其实是隐喻的表达手法，不可以按字面意义来解释。它的真正意思是"上帝影响的范围"或"上帝的管治"。"基督坐在上帝的右边"不是说基督现在位于大气层最高的同温层的某个特定位置,而只是说基督是临在于任何上帝管治的地方。哪一段经文应该按着字面意思来阐释,哪一段应按着隐喻来阐释的问题,再次成为关于"真实临在"论争的核心问题。

同样的是"以基督为食物"的概念,这个形象在基督教教会中已有漫长的应用历史,其中一个传统是涉及变质说的教义。由于饼是基督的身体,因着吃饼的缘故,信徒可以说是以基督为食物。茨温利坚持,这个圣经形象必须以比喻解释,视之为通过基督信靠上帝。他的《信心释义》(*Exposition of the Faith*,1531)是一部致法王法兰西斯一世的著作,把这一点尤其说得清楚:

> 吃基督的身体,在属灵上是指在上帝的恩慈和美善中,借着基督,以心和灵相信——那就是,拥有完整信心的确证,上帝将会赐给我们罪的赦免,以及永恒救恩的喜乐,因着他儿子的缘故,他是把自己给了我们。……故此,当你来到主的圣餐礼,以基督赐予属灵的喂养时,你会由于上主的极大恩慈而献上感恩,因着你从绝望中得释放的救赎,并且因着这让你确信得到永恒拯救的保证。

那么,这与圣餐的饼有何分别?是什么让圣餐礼仪的饼有别于其他饼?假如它不是基督的身体,那么它是什么?茨温利以"类比"来回答这个问题。他认为,那就像是王后的一枚戒指。现在,可以按照两个非常不同的处境来思考那戒指。在第一个处境中,戒指只不过是礼物。或许你可以想象放在桌子上的一枚戒指。它没有引起任何联想。现在,想象那戒指被转到一个新的处境中。它是戴在一个王后的手指上,作为她的君王所给的一份礼物。它现在有了个人的联系,源自那君王——就像他的权柄、能力和威严。它的价值如今远超过造它所用的黄金。因着由原来的处境转换成新的处境,这样的联系就出现了:戒指本身仍然是没有改变的。

茨温利在他的《信心释义》中,以特别的效果来运用这个类比。

> 这戒指是由陛下赐给王后的,对她来说,其价值并不只在于它是精金。它诚然是黄金,却是无价之宝,因为那是她王夫的象征。故此,她视之为她所有戒指中最重要的,而且倘若她要命名和评价她的饰物,她会说:"这是我的君王,那就是,这戒指是由我的王夫赐给我的。它是一个永恒联合和忠贞的记号。"

故此,这戒指借着它的处境而得到它的联系和价值;这不是内在固有的,而   186
是获赐予得的。

茨温利认为,圣餐的饼也是一样。饼和戒指本身都没有改变,然而它们
的意义却戏剧性地不同了。意义(换言之,即是这事物的联系)可以改变,不
用改变那事物本身的性质。茨温利认为,在饼与酒的情形中,正是有相同的
情况出现。在它们原来的日常处境中,它们只不过是饼和酒,没有特别的联
系。然而,当它们来到一个新的处境中,它们有了新的和重要的联系。当它
们被置于一个敬拜群体的中心时,并且当基督人生最后一夜的故事被述说
时,它们就成为基督徒信仰基础事件的有力重述。它们所在的处境让它们
有此意义,它们本身仍然是不变的。

茨温利论婴孩洗礼

茨温利的立场使他在婴孩洗礼上遇到了明显困难。如果婴孩没有信心
可供公开印证,他如何可以接受婴孩受洗? 对这个两难问题的传统答案,在
于原罪(original sin)。洗礼洁净了原罪的罪过。问题的争议是返回公元5
世纪早期的奥古斯丁。然而,茨温利在此有所犹豫。与伊拉斯谟一样,他对
原罪的概念有所困惑,而且倾向于认为婴孩是没有与生俱来的原罪而需要
赦免的观点。结果,婴孩洗礼似乎没有作用——除非有另一个将这习惯合
理化的理论出现。

起初是没有的。显然,茨温利在16世纪10年代末与20年代初对于继
续这做法感到疑惧不安。不过,到了1524年,他似乎发展了一种洗礼的理
论,可以完全避开这困难。[5]茨温利指出,在旧约中男性婴孩出生后数天便
要行割礼,作为他们是以色列人成员的记号。割礼是旧约立约所定的礼仪,
来印证受割礼的婴孩是属于立约的群体。婴孩是生于一个群体之中,现在
便属于此群体——而割礼便是属于这群体的记号。

在基督教神学中,认为基督徒的洗礼等同割礼,是十分久远的传统。茨   187
温利将此观念加以发挥,强调洗礼比割礼温和,在其中不会涉及痛楚或流
血,而且包括一切人在内,既有男婴也有女婴。它也是属于一个群体的记
号——在这个情况中,那是基督教教会。小孩子并不能意识到这种归属感
的事实,这并不重要:事实上,他**已是**基督徒群体的成员,而洗礼是公开印
证其成员身份。在这点上与路德的对比,十分明显。

茨温利以后进一步采纳这个论据。我们之前提过,城市在中世纪后期

被视为有机的群体,当许多城市考虑是否接纳宗教改革运动时,这元素显然
是重要的。同一观点见于茨温利,他把"国家"与"教会"几乎对等:"基督徒
的城市根本就是基督的教会。"故此,圣礼不单是表征对教会的忠诚,也是对
苏黎世城市整体的忠诚。故此,拒绝让自己的小孩受洗,即是对苏黎世城市
整体不忠诚的行动。地方行政官员因此有权将任何拒绝让自己小孩受洗的
人,驱逐出苏黎世。

正如我们所见,重洗派的人视婴孩洗礼为不可接受的。在 16 世纪 20
年代,当极端的改教运动不论在其宗教或政治观点上,均成为苏黎世的宗教
改革运动的重大威胁时,茨温利对洗礼作为教会与社会事务的理解,便为此
提供了强迫执行政治同化的极佳手段。[6]

故此,洗礼对于茨温利极为重要,因为这提供了可以分辨两种完全不同
教会观的准则。茨温利的国家教会或城市教会的观念越来越受到重洗派的
挑战,重洗派的教会异象为回归使徒教会的纯朴性。对于极端的改教家来
说,教会的纯朴性已在 4 世纪初期罗马皇帝君士坦丁悔改归教的时候被完
全毁灭了,结果产生了教会与国家的紧密联盟。重洗派的人想割断此联盟,
而茨温利则企图借其在苏黎世的独特形式保留此种联系。故此,茨温利感
到完全有理由宣告"问题不是洗礼,而是反叛、分裂与异端"。洗礼代表了决
定个人是苏黎世市的效忠公民还是该城叛徒的准则。正当重洗派在 16 世
纪 20 年代日益成为该城的威胁时,地方行政官员至少在此点上明白茨温利
的神学的重要性。然而,这点只是强调了在第一代宗教改革运动的时期中,
神学与政治,以及帝国与城市的紧密联系。"宪制的宗教改革运动"一词正
好指出地方行政官员与宗教改革运动的紧密关系。

188 路德与茨温利的对比:总结与评价

路德与茨温利之间的辩论是颇为专门性的,读者可能难以完全明白。
所以,我们若能总结他们差异的重点,并重温与扩展上述讨论,必然有所
帮助。

1. 两位改教家均否定中世纪的圣礼体系。中世纪神学认为有七项圣
礼,但改教家却主张新约只认可两项圣礼——洗礼与圣餐礼。路德在这方
面可能较茨温利更为保守,路德开始时容许补赎礼被视为圣礼,但后来在

1520 年收回此立场。

2. 路德理解上帝的圣道与圣礼为互相连结，不可分开。两者均为耶稣基督作见证，而且两者均传达其能力与同在。圣礼因此有创造、支持或表明信心的功能。对于茨温利来说，上帝的圣道创造信心，而圣礼则是公开地表明此信心。圣道与圣礼是颇为不同的，而前者更为重要。

3. 虽然两位改教家都保留了婴孩洗礼的传统做法，但他们却是基于不同原因。对于路德来说，圣礼可以产生信心，故此洗礼可以使婴孩产生信心。对于茨温利来说，圣礼表明对一个群体的效忠与成员身份，故此洗礼表明了婴孩是属于一个群体的。

4. 与茨温利相比，路德在其圣餐举行的取向上是较为传统的。在其改革礼仪的主要著作《关于公众崇拜的秩序》(*Concerning the Order of Public Worship*，1523)中，路德清楚表明他准备保留传统的"弥撒"名称，只是不要误会这含有任何献祭的意义，并授权每周举行，最好是以本地语言，**以此作为主要的主日崇拜**。然而，茨温利废除了"弥撒"的名称，并提议其对等的福音派仪式，应每年只举行 3 至 4 次。而且这已不再是基督教崇拜的中心。路德在圣餐礼的场合中，包括了对讲道的重新强调，但茨温利却主张以讲道取代圣餐，作为传统每周主日举行的礼仪。

5. 路德与茨温利对"这是我的身体"(马太福音 26:26)这句于圣餐礼具中心意义的话，意见相左。对于路德来说，"是"(拉丁文的 *est*)的意思是"是"(is)，但对于茨温利来说，它却是指"意指"。两者的不同解释是基于对圣经十分不同的阐释。

6. 两位改教家均拒绝中世纪的变质说教义。不过，路德这样做，是因其亚里士多德式的基础，而且他是接受其暗示的基本的观念——即基督在圣餐中的真实临在。茨温利却同时拒绝变质说这名称及观念。对他来说，所纪念的是那位不在圣餐中的基督。

7. 茨温利强调，由于基督现今坐在上帝的右边，他就不能在其他地方。路德驳斥茨温利的见解为哲学上天真的看法，并为基督能够不受时空的任何限制而存在的观念辩护。路德对"基督无处不在"的辩护，是建基于一些与奥卡姆的威廉相关的特点上，这就进一步使路德的对手相信他已陷于某种新形式的经院哲学。

路德与茨温利的争执，不论在神学或政治的层面，均有重要性。在神学的层面上，引致对"圣经的清晰性"这原则的最大疑惑。路德与茨温利不能

189

在"这是我的身体"（路德以字义来解释，茨温利则视之为隐喻）和"在上帝的右边"（两者显然不能一致，路德视之为隐喻，茨温利则按字面来阐释）等经文的意思上达成共识。早期宗教改革运动在释经上的乐观主义，可说是失足于此绊脚石上：圣经却似乎不见得是易于阐释的。

在政治的层面上，这场论争导致了宗教改革运动两股福音运动分支的永久分离。"马尔堡对谈"（1529）是协调这些冲突看法的一次尝试，参加者包括布塞、路德、梅兰希顿、厄科兰帕迪乌斯与茨温利。到了这阶段，越来越清楚显示，除非宗教改革运动可以达致非常显著的内部和谐，否则至少会失去一些已得的利益。长久以来，因着皇帝查理五世与法兰西的法兰西斯一世的一方，以及教宗克莱门七世的另一方的争论，天主教被禁止向宗教改革运动的城市采取军事行动。但在 1529 年，这些争论在数周内给解决了。[7]突然间，宗教改革运动的两翼，面对着十分强大的政治与军事威胁。最明显要采取的路线，便是调解大家的不同——这步骤由布塞提议，他认为福音派应宽容彼此间的差异，只要大家同意承认"唯独圣经"才是信仰的规范性来源。新教的伯爵领主黑塞的菲利普为这新政治情况焦虑，于是便邀请马丁·路德与茨温利一同来到马尔堡的城堡中，做出调解两人分歧的尝试。[8]

190

这个尝试在"一点"上摔倒，就只是"一点"。路德与茨温利感到可以互相同意的共有 14 项条文。第 15 项条文共有 6 点，他们可以同意其中的 5 点。第 6 点却出现了困难。"马尔堡对谈"中所同意的条文的用语说：

> 虽然我们没有达致同意基督的真正身体（the true body）和血是肉身临在于饼和酒中，然而每一方都应该在他们意识容许下，向另一方显出基督徒的爱，而且双方应该致力向全能的上帝祈求，借着他的灵，他可以为我们确定正确的认识。

故此这一点仍然未解决。对于路德来说，基督是真实临在于圣餐中，但茨温利却认为基督只是在信徒的心中。黑塞的菲利普本来憧憬以联合福音派阵营对抗新组成的天主教势力，但这盼望粉碎了，宗教改革运动的政治可信性受到严重损害。到了 1530 年，查理五世开始重新施展其对日耳曼宗教改革运动的势力，这政治的后果，可说颇大程度上是由于路德与茨温利两人在圣餐上的分歧所造成的。

新教领袖留意到发生了什么事，试图尽快医治所造成的创伤。其中一个重要尝试，是定义新教对圣礼应有的共同立场："苏黎世合一信条"（Con-

sensus Tigurinus），这是 1549 年 5 月同意的一个信仰架构。这份信条是由主要改教家例如加尔文和布林格（茨温利的继承者，是苏黎世市的改教领袖）所起草的，他们致力于新教教会迄今于这个问题所引起的分裂上，建立重要的共同基础。不过，我们仍然要考虑加尔文对这个问题的观点，我们现今就要转到这课题上。

加尔文论圣礼

正如所有宪制的宗教改革家一样，对加尔文来说，圣礼被视为可以赋予身份的；若没有圣礼，就不可能有基督教会。"无论在哪里，我们若发现神的道被人纯正宣讲和聆听，而且圣礼也按照基督的吩咐施行，毫无疑问，那里就有了上帝的教会。"故此，构成真教会的不是教会成员的素质，而是上帝所赋予的恩典之媒介的存在。这样，加尔文在定义圣礼的施行是其中一个"教会的记号"（*notae ecclesiae*）之后，不得不详细地讨论福音的真正圣礼会是什么，以及它们可以怎样被理解。在如此进行中，加尔文清楚意识到路德与茨温利之间的分歧，而且试图在他们互相抗衡的观点之间采取中庸之道。

加尔文对圣礼提出了两个定义，分别是"外在的象征，借此主在我们良心中印上他对我们善意的应许，为的是维系我们软弱的信心"，以及"神圣事物的可见记号，或不可见的恩典的可见形式"。前者是加尔文自己的定义，而后者则是属于奥古斯丁的（虽然加尔文认为它在许多运用上过分简略）。他坚持，一项圣礼必须基于"主的应许和命令"，与他的同侪一样，加尔文拒绝了天主教传统上七项圣礼中的五项，只允许保留洗礼和圣餐礼。

对加尔文来说，圣礼是对我们软弱的恩慈俯就。上帝知道我们信心的软弱，迁就我们的局限。

> 圣礼都是先有神的应许的，这圣礼乃是附加在应许上，借以确认和印证应许，并将应许向我们澄清并证实。……我们的信心薄弱，若不是有各方面所给予的支持和维系，就会立刻动摇、蹒跚，最后跌倒。我们慈悲的主用无限宽仁照我们的能力待我们，因为我们是受造物，紧抓住地上和属肉体的事情，没有想到甚至注意属灵的事物，他就降卑并借着这些属世的东西，引领我们归向他自己，甚至用肉身在我们面前架起一面带来属灵福分的镜子。

路德与茨温利之间的主要辩论,所关乎的是圣礼的记号与它所表明的属灵恩赐之间的关系。加尔文所采取的立场,可以说是他们所代表的两个极端之间的中线。他认为,在圣礼中,象征物与它所象征的恩赐之间息息相关,以致我们可以"轻易由一点走向另一点"。记号是可见和属物质的,而所表明的东西却是不可见和属灵的;不过,由于记号与所表达的事物之间的关联十分紧密,所以可以允许把某者用于另一者。故此,所表明的事物是受它的记号所影响的。

> 信徒应该总是按此原则而生活:不论何时他们见到由上主所任命的象征物,要思想和相信事物所表明的真理是确实临在于此的。为什么上主应该把他的身体的象征物放在你的手中,除非它是让你确信你是真正参与其中。而且假如一个可见的记号是真的赐给我们,以确保一个不见事物的礼物(当我们接纳身体的象征时),就让我们放心,那身体本身也赐给我们了。

192 因此,加尔文主张在记号与所表达的事物之间是有分别的,而且坚持记号是真正意指它所表明的东西。

> 所以,我……认为圣餐的神圣奥秘包含两部分:其一是摆在我们眼前的有形记号,这记号是(按照我们软弱的能力)向我们表明眼所不能见的事;另一是属灵的真理,这真理同时是由象征表明出来的。

加尔文的立场可以想成是代表一个深思熟虑的尝试,调和茨温利与路德的观点,这是在宗教改革运动历史的恰当时刻,进行教会外交活动。不过,事实上,没有多少证据支持这个论点;加尔文的圣礼神学不可以被视作为达政治目的而作的妥协,而是反映了他对上帝知识赋予我们的方式的理解。这一点十分重要,我们将会进一步探讨。

加尔文在他对上帝与人类的关系的讨论中,采取了一个单一的模式作为规范。这个议谈中的模式,因"道成肉身"而成为可能。道成肉身是论到神性与人性在耶稣基督的位格中的联合(union),而不是融合(fusion)。一次又一次,加尔文诉诸以基督论为基础的公式:观念"可以**区分**但不可以**分割**"(*distinctio sed non separatio*)。

那么,"上帝的知识"与"我们的知识"可以区分;不过,它们可能不是彼此孤立的。正如道成肉身代表了相反事物这样一起来到的情况,那么同一模式是重复的,并且可以在上帝与人类之间的关系的不同层面中分辨得到。对于加尔文来说,神学是集中于"上帝的知识与我们的知识"。故此,循着上述"可以区分但不可分割"的模式,支配了他思考上帝与他的世界之间的关系的方式——包括圣礼记号的性质。

这个原则可以见于遍布在《基督教要义》中的写作结构:见于上帝的话语与人在教导中的话语之间的关系;见于信徒与基督之间在称义上的关系,在其中存在着人真正的相交共融,而不是存有的融合;而且见于俗世与属灵力量之间的关系。在圣礼的情况中,记号与所意指的事物可以是有区别的,而不是彼此之间分割。它们是不同的,却并不是分割的。

加尔文对洗礼的理解,可以视为结合了茨温利和路德思想的元素。加尔文摇晃在茨温利的路线上,认为,洗礼是对效忠上帝的一次公开见证:"洗礼是被接纳进教会群体的起始记号。"正如茨温利坚持圣礼主要是教会事件,为的是证明信徒对教会或公民群体的忠诚,加尔文同样强调洗礼这圣礼的宣告作用。不过,他也吸纳了典型的信义宗思想,强调洗礼是一个记号,代表罪得赦免和信徒在耶稣基督里的新生命:"洗礼还有一种益处,乃是表明我们在基督里死去,得着新生命。……因此我们所得的应许,第一是白白的赦罪和义的赋予,第二是有圣灵的恩典来更新我们的生命。"

加尔文与所有宪制的宗教改革家一样,维护婴孩洗礼的有效性。他认为,这做法是早期教会的权威传统,而不是后来中世纪的发展。茨温利已经借着诉诸犹太割礼的礼仪,证明这做法是正当的。他认为,借着这礼仪,还是婴儿的男孩被显明是立约群体的一分子。以同样的方式,洗礼成为一个婴孩归属教会(新约的群体)的记号。重洗派逐渐增加的影响力(这是加尔文在斯特拉斯堡期间亲身体会的),显示证明实践婴孩洗礼之正当性的重要,那是重洗派所极力反对的。故此,加尔文重申和扩大了茨温利以立约辩解婴孩洗礼的观点:倘若基督徒的婴孩不能受洗,他们相较于犹太婴孩而言,便是处于更坏的形势了,因为后者通过割礼可以公开和可见地取得立约的群体之印记:"否则,假如把犹太人借以确信自己后裔得拯救的证据,从我们手中拿走,那么对我们来说,基督的到来,就使得上帝的恩典更加暗昧不明了;而与从前对犹太人的恩典相比,也就更加缺乏明证了。"这样,加尔文认为婴孩应该受洗,而不是拒绝它所传递的好处。

加尔文在他对圣餐的讨论中,区别出属灵真理的三个层面,那是通过饼和酒的可见元素而呈现(*monstretur*)和提供的。它的**意义**或**意思**是神圣的应许,那是记号本身所包含或具有的;特别通过建制性的话语,信徒再次得到保证,即耶稣基督的身体和血已经为他们而破碎和流下。圣礼"确证应许,即耶稣基督宣称他的肉身实际上是食物,他的血实际上是饮料,而它们把永生喂养给我们"。圣餐中的**实体**或**物质**,关乎我们对基督身体的领受:上帝把他对我们的应许传达给我们。在领受基督身体的记号(换言之是饼)中,我们是同时领受基督的身体本身。最后,圣餐的**美德**或**效果**,在于借着基督通过他的顺服而为信徒赢得的恩惠(*beneficia Christi*)。信徒借着信心分享基督的所有好处,例如救赎、公义和永生。

194

最后,圣礼鼓励基督徒尊重受造物。物质的元素可以意指上帝的恩典、宽宏和美善。这样的洞见严谨地建基在加尔文的创造教义上。对加尔文来说,受造物在每一点上都反映了它的创造者。这些形象一次又一次闪入我们的眼睛(正如加尔文所试图传达的,受造物以多元的方式来见证创造主):那就像是一件可见的衣服,让不可见的上帝穿上,为的是使他被人得悉;那就像是一本书,在其中创造者的名字被写下,作为它的作者;那就像一间剧场,在其中上帝的荣耀被公开演出;那就像一面镜子,在其中反映了上帝的工作和智慧。

这给予我们**享受**大自然的一个全新动力。虽然加尔文经常被描绘为令人扫兴的禁欲主义者,无论如何都定意不让信徒尽情玩乐;但加尔文真诚地关心并强调的,是受造物被形塑为可供我们享受的样式,而并非只是靠它生存。加尔文引用《诗篇》104:15,指出上帝创造美酒使人心欢喜。食物也不只是让人生存,它也是味道美好的。

> 上帝不只供给我们的需要,并且尽可能给予我们每日生活所需——在他的美善中,他借着酒和油使我们的心灵快慰,一直慷慨地对待我们。自然界无疑可因有水可供饮用而让人满足!故此,添加上的酒便是由于上帝丰盛的慷慨了。

此外,酒的丰盛与满足的联系,通过圣餐礼仪有了新的意义,正如加尔文在16世纪40年代的《论主餐》(*Treatise on the Lord's Supper*)中指出:

> 当我们把酒视之为血的一个象征时,我们必须仔细考虑酒对人类提供的好处。我们必须认识到,这些同一好处是借着基督的血的属灵方法提供给我们的。这些好处是培养、更新、加力和振奋。

加尔文在《基督教要义》中详尽地发展这个论点,指出我们可以怎样欣赏和享受生命的美好事物。"所有事物都是为我们而造的,为的是让我们可以知道和承认它们的创造者,并且借着向他献上感恩,庆祝他给我们的美善。"故此,圣餐的饼和酒不只指向上帝在基督里救赎世界的行动,更是指向他在先前的创世行动,借此使那个我们可以享受的世界得以出现。

天主教的回应：特兰托公会议论圣礼

特兰托公会议经过一段时间,才回应与宗教改革运动相关的圣礼观点。特兰托公会议的第七轮会议在 1547 年 3 月 3 日达成结论,发表《圣礼通谕》(Decree on the Sacraments)。从许多方面看来,这最好被视为一项过渡期的措施,为的是抗衡新教的观点,而不用提出详细的天主教答辩。该通谕的形式,是一个序言后面紧跟着 13 项一般性的法规,每项都谴责某些"在我们动荡时代直接违反最神圣圣礼的异端邪说"。跟着的法规尤其重要,其中明确地谴责改教家对一些圣礼的观点,以及他们施行的方式。批评特别是针对圣礼表明恩典,而恩典是借着信心得到的观念。

> 1. 若有任何人说,新律法的圣礼并非全部由我主耶稣基督设立,或者那是多于或少于七项,即洗礼、坚振礼、圣餐礼、补赎礼、临终傅油礼、按立礼和婚礼,或者是这七项的任何一项并非真正和本质上是一项圣礼,愿他们受到谴责。……
>
> ………
>
> 5. 若有任何人说, 这些圣礼的设立唯独是为了培养信心,愿他们受到谴责。
>
> 6. 若有任何人说,新律法的圣礼没有包含它们所表明的恩典,或者,它们没有把恩典赋予那些没有把障碍放在它的路途上的人[仿佛它们只是凭信心接受的恩典或公义的外在记号,以及基督徒宣认他们所是的某些记号,借此信徒可以(在人的层次上)有别于不信者],愿他们受到谴责。……
>
> ………
>
> 8. 若有任何人说,新律法的圣礼不是按圣礼本身赋予恩典,而是唯独在神圣应许中的信心就足以得到恩典,愿他们受到谴责。

这 13 项法规接下来的,是 14 项关乎洗礼和 3 项关乎坚振礼的法规。

直至第十三轮会议,在 1551 年 10 月 11 日才完成审议的结论,以致特兰托公会议最后在《有关圣餐的至圣圣礼通谕》(Decree on the Most Holy Sacrament of the Eucharist)中,提出罗马天主教会的正面立场。在此之前,特兰托公会议只是批评改教家,没有提出一个条理清楚、可供选择的立场。这个不足之处,现在已经除去。

这项通谕首先强而有力地抨击那些否认基督真实临在的人。虽然茨温利没有被明确地提到,会议提及基督正坐在上帝的右边,以及"借喻"是不恰当的用法,这清楚显示它所批评的对象正是这位瑞士改教家:

> 在饼和酒祝圣之后,在那些外在事物的呈现下,我主耶稣基督是真正、真实和实体上被盛载于神圣主餐的可敬圣礼中。我们的救主按照他存在的自然形式,坐在天上圣父的右边,同时在圣礼中以他的实体在多处地方临在于我们,这事实是没有矛盾的。……某些爱争论和邪恶的人扭曲了它们(指基督的话语),使之变成虚构和幻想的借喻,借此否定基督的肉和血的真理,那是最可鄙的行动。

这次会议强而有力地维护了变质说的教义和用语。"借着饼和酒的祝圣,引起了一个改变,使饼的一切实体变成基督的身体的实体,并且使酒的一切实体变成基督的血。这种'改变',正是神圣天主教会正当和恰切地称之为'变质说'的。"

注释

[1] 这段话语用了几段圣经经文,最重要的是《马太福音》26:26—28;《路加福音》22:19—20;《哥林多前书》11:24。详细讨论另参 Basil Hall, ' Hoc est corpus meum: The Centrality of the Real Presence for Luther,'in *Luther: Theologian for Catholics and Protestants*, ed. George Yule (Edinburgh, 1985), pp. 112-144。

[2] 关于分析路德在这一点上拒绝亚里士多德所基于的原因,参 Alister E. McGrath, *Luther's Theology of the Cross: Martin Luther's Theological Breakthrough* (Oxford, 1985), pp. 136-141。

[3] 路德所用的其他重要经文包括《哥林多前书》10:16—33,11:26—34。参 David C. Steinmetz, 'Scripture and the Lord's Supper in Luther's Theology,'in *Luther in*

Context（Bloomington，Ind.，1986），pp. 72-84。

[4] 参 W. P. Stephens，*The Theology of Huldrych Zwingli*（Oxford，1986），pp. 180-193。

[5] Timothy George，'The Presuppositions of Zwingli's Baptismal Theology,' in *Prophet*，*Pastor*，*Protestant*：*The Work of Huldrych Zwingli after Five Hundred Years*，ed. E. J. Furcha and H. W. Pipkin（Allison Park，Pa.，1984），pp. 71-87，特别是 pp. 79-82。

[6] 关于这一点及它在政治和制度上的重要性，参 Robert C. Walton，'The Institutionalization of the Reformation at Zürich,' *Zwingliana* 13（1972）：497-515。

[7] 6 月 29 日，教宗克莱门七世在巴塞罗那接纳和平协议；法王与查理五世在 8 月 3 日达成协议。10 月 1 至 5 日进行马尔堡对谈。

[8] 关于马尔堡对谈的出色讨论，参 G. R. Potter，*Zwingli*（Cambridge，1976），pp. 316-342。

进深阅读

关于宗教改革辩论的背景，参：

Francis Clark，*Eucharistic Sacrifice and the Reformation*，2nd edn（Devon，1981）.

关于改教家的圣礼神学，参：

Timothy George，'The Presuppositions of Zwingli's Baptismal Theology,' in *Prophet*，*Pastor*，*Protestant*：*The Work of Huldrych Zwingli after Five Hundred Years*，ed. E. J. Furcha and H. W. Pipkin（Allison Park，Pa.，1984），pp. 71-87.

Brian A. Gerrish，'Gospel and Eucharist：John Calvin on the Lord's Supper,' in Gerrish，B. A.，*The Old Protestantism and the New*（Edinburgh，1982），pp. 106-117.

Basil Hall，'*Hoc est corpus meum*：The Centrality of the Real Presence for Luther,' in *Luther*：*Theologian for Catholics and Protestants*，ed. George Yule（Edinburgh，1985），pp. 112-144.

David C. Steinmetz，'Scripture and the Lord's Supper in Luther's Theology,' in Steinmetz，D. C.，*Luther in Context*（Bloomington，Ind.，1986），pp. 72-84.

W. P. Stephens，*The Theology of Huldrych Zwingli*（Oxford，1986），pp. 180-259.

10

教会的教义

　　"从内部考虑,宗教改革运动只是奥古斯丁的恩典教义最终战胜奥古斯丁的教会教义而已。"[1]我们已经见过宪制的宗教改革运动的两翼如何诉诸希波的奥古斯丁对恩典的见解。不论是路德那唯独因信称义的教义,还是茨温利和加尔文对上帝预定的强调,都代表了对奥古斯丁的反帕拉纠著作稍微不同的解读方式。正如我们所见,产生宗教改革运动的思想处境,正是对这位 4 世纪晚期与 5 世纪初期的伟大基督教作家的重新重视,而这是在1506 年出版的奥古斯丁著作集阿默巴赫版中反映出来的。

　　在许多方面,改教家对教会的观点显示了他们的致命弱点。改教家要面对两个刚好匹敌但在逻辑上不能相符的教会观——他们的天主教和极端派对手的观点。在前者而言,教会是一个可见的、历史的建制,与使徒教会有历史上的延续性;在后者来说,真教会是在天上的,而且没有任何类型的地上建制可以值得称为"上帝的教会"。宪制的改教家试图在两个竞争观念之间持守于中间的某一点,结果发现他们卷入了严重的矛盾中。

　　改教家确信他们那时代的教会已经忽略了恩典的教义,而路德却视之为基督教福音的核心。故此,路德宣称他的唯独因信称义的教义是"教会站立或跌倒所据的条文"(*articulus stantis et cadentis ecclesiae*)。他深信天主教教会已经忽略了此教义,故此他的结论(似乎带点犹疑的)是教会已失去了作为真正基督教会的自称。

　　天主教徒以嘲讽来回应此看法,他们认为路德根本就是制造与教会脱

离关系的分裂。换句话说,他是分裂教会的——奥古斯丁自己不是指责教 198
会分裂的吗? 奥古斯丁不是极之强调教会的合一,而路德现在不是威胁要
破坏此合一吗? 路德似乎只能拒绝奥古斯丁的教会观,借此来持守奥古斯
丁的恩典观。正是奥古斯丁思想这两方面所形成的张力——那对 16 世纪
来说似乎是不可调和的——成为宗教改革运动理解教会本质的思想背景。

宗教改革运动对教会本质的争论,让我们可以理解在宗教改革运动之
中存在的主要分歧,那也是宗教改革运动与它的天主教对手之间的分歧。
当宪制的与极端的宗教改革运动两者都否定天主教提出对教会的建制性
(institutional)定义时,宪制的宗教改革运动发现他们比极端派对手更多维
护一个对教会较为"建制性"的定义。在较为靠前的章节中,我们探讨过极
端的宗教改革运动、宪制的宗教改革运动与天主教对传统的角色之差异;相
关的差异可以在教会的教义中见到。

我们首先必须回到奥古斯丁所留下的问题来开始我们的讨论。宗教
改革运动(至少部分)可以被视为是对奥古斯丁恩典观的一次赞同。然而,
奥古斯丁对教会的观点又如何——据说改教家发现那是有所抵触的? 若要
理解 16 世纪争论的复杂性,我们就要查考多纳徒派争论,那是在宗教改革
运动之前 1000 年,已经辩论过非常相似的问题。那些涉及多纳徒派的争
论,与宗教改革运动对教会的身份和功能之争论有非常相似之处。

宗教改革运动争论的背景:多纳徒派的争议

"多纳徒派争论"起源于 3 世纪的北非。在某种程度上这场争论反映了
土生土长的北非基督徒[柏柏尔人(Berbers)]与定居该区的罗马殖民间的
张力。然而真正的问题是那些曾在逼迫威胁中跌倒的信徒与会众的地位
问题。

在罗马皇帝戴克理先(Diocletian,284—313)之下,基督徒教会要面对
不同程度的逼迫。逼迫的开始源自 303 年,最后结束于君士坦丁的悔改以
及在 313 年发表《米兰救令》(Edict of Milan)。在 303 年 2 月发表的一份诏
书中,命令要烧毁基督徒书刊和废除教会。有些基督徒领袖交出他们的书
刊以供焚烧,他们被称为"交付者"(traditores)。现代用语的"叛徒"(trai- 199
tor)一词是源自相同的字根。其中一个这样的"交付者"是费利克斯(Felix

of Aptunga），他后来在 311 年祝圣凯其里安（Caecilian）为迦太基主教。

许多本地基督徒对于一个这样的人被容许参与这祝圣礼感到义愤填膺，结果是宣告他们无法接受凯其里安的权威。因着这样的发展，大公教会的圣职建制被玷污了。教会必须纯洁，而且不应允许包括这样的人。到了奥古斯丁在公元 388 年从意大利返回非洲时，一个分离的教派已经在当地建立，成为主要的基督徒群体，在本土的非洲会众中取得特别强烈的支持。社会性问题遮蔽了神学性争论；多纳徒派［名称来自分裂的非洲教会领袖多纳徒（Donatus）］倾向从本地群众中寻求支持，而大公教会的支持则来自罗马的殖民者。

在此涉及的神学议题是相当重要的，而且这直接关乎 3 世纪非洲教会一位领袖的神学内在的严重张力——迦太基的西普里安（Cyprian of Carthage）。在西普里安的《大公教会的合一》(*Unity of the Catholic Church*，251)中，他维护了两个主要相关的信念。首先，教会分裂是完全和绝对不能被合理化的。无论任何借口，教会的合一不可以被破坏。踏出了教会范围之外，就会丧失拯救的任何可能性。第二，故此，失足或分裂教会的主教就不再有可能主持圣礼，或作为基督教会的教士。因为离开了教会的范围，他们就失去了他们的属灵恩赐和权力。因此，他们不应被允许去任命教士或主教。他们对任何人的按立，必然被视为无效的按立；他们给任何人所施的洗礼，必然被视为是无效的洗礼。

不过，假如一个主教在逼迫中失足，然后悔改，那又如何？西普里安的理论是相当含糊的，而且开放给两条解释的路线。

1. 由于失足，主教已经陷于背道（apostasy，字面意思是"跌离"）的罪。因此，置自己于教会的界限之外，而且不再被视为可以有效地主持圣礼。

2. 由于他的悔改，主教已经重得恩典，而且是可以继续有效地主持圣礼的。

多纳徒派接纳上述的第一项立场，大公教会（所有人知道是他们的对手）则接纳第二项。多纳徒派相信，大公教会的整个圣礼系统已经堕落了。因此，有必要把那些"交付者"置换为那些在逼迫中仍然持守他们的信心的人。此外，还有必要重洗和重按那些被"交付者"施洗和按立的人。无可避免地，这会产生一个分离的教派。当奥古斯丁返回非洲时，分离的教派比它所离开的教会更庞大。

然而,西普里安完全禁止任何形式的教会分裂。多纳徒派分裂的最大吊诡之一,是它源自可以追溯至西普里安的原则——虽然同时否定了那些相同的原则。结果,多纳徒派和大公教会都诉诸西普里安的权威——然而却诉诸他教导的非常不同的层面。多纳徒派强调叛教的可耻性质,大公教会同样强调教会分裂的不可能性。结果便陷于困境。那是直到奥古斯丁来到并且成为当地的希波主教时的境况。奥古斯丁可以解决在西普里安的思想遗产中存在的张力,而且提出一个教会的"奥古斯丁式"观点,而且从此之后一直有极大的影响力。

首先,奥古斯丁强调**基督徒的罪性**。教会不是指一个圣徒的群体,而是一个圣徒与罪人的"混合的身体"(*corpus permixtum*, mixed body)。奥古斯丁在两个圣经比喻中发现这个形象:在网中捉了许多鱼的比喻,以及麦子和稗子的比喻。后一个比喻(马太福音 13:24—31)尤其重要,而且需要更多讨论。

在这个比喻中,农田主人撒种,发现麦子与稗子一同生长。他可以怎样做?若是试图在麦子和杂草仍然生长时区分两者,就会造成灾难,可能会在试图除去杂草时毁坏了麦子。不过在收成中,所有农作物(麦子和稗子)都会被割下,并且被挑出而不用对麦子造成任何毁坏。因此,好与坏的区分是在时间的末了,而不是在历史中。

根据奥古斯丁的看法,这比喻是应用在世界的教会身上的。教会也包括了义人与罪人。若是试图在这个世界中作出区分,是不成熟和不适当的。在上帝的时间中(历史的结束),他会区分两者。没有人可以预先执行上帝的审判或区分。故此,教会圣洁是什么意思?对于奥古斯丁来说,圣洁的问题不在于它的成员,而是在于基督。教会不可能是在这个世界中的一个圣徒群体,在其中它的成员是被原罪所污染的。然而,教会是被基督所圣化和成为圣洁的——这圣洁将会完全,并且在最后审判中被最终实现。

除了这个神学分析之外,奥古斯丁特别观察到多纳徒派信徒没有按照他们的高度道德标准而生活。奥古斯丁认为,多纳徒派只不过是醉酒或打人的大公教会信徒而已。

第二,奥古斯丁认为教会分裂和交付(*traditio*,即交出基督徒的书刊,或任何离开信仰的形式)实际上都是罪人——不过,对西普里安来说,教会分裂显然是较严重的罪。因此,多纳徒派是对这位伟大的北非殉道主教的教导有了严重歪曲的罪。

基于这样的考虑,奥古斯丁认为多纳徒主义是有着致命的缺陷的。教会是(而且意味着是)一个混合的身体。罪是教会在现今时代的生命所不可避免的层面,而且不是教会分裂的理由或借口。然而,正是奥古斯丁十分惧怕和厌恶的这种教会分裂,最终发生在 16 世纪,随着西欧分裂而成的新教教会——那是宗教改革运动的结果。我们现在就要转往这些主要发展。

宗教改革运动教会观的思想背景

路德在作为学术改教家的时期,像其他人一样深切厌恶教会分裂。即使 1517 年 10 月 31 日所公布有关赎罪券的《九十五条论纲》而引起的谴责,也未使路德感到要脱离教会。在 20 世纪,我们已经习惯"宗派主义"(denominationalism)的现象——但西方教会分裂成为许多细小部分的观念,在中世纪时代而言是完全陌生的。坦白说,教会分裂在当时根本是不可想象的。正如路德在 1519 年初说:"如果不幸地,在罗马有些事情是不能改善的,但这不能——绝对不能——有任何让自己脱离教会的理由而产生教会分裂。反而,情况越糟,我们就越应帮助教会,加以支持,因为教会分裂与仇恨是修补不了什么的。"[2]路德在此的看法是与整个欧洲其他改教团体十分相似的:教会必须从内部开始改革。

维腾堡的改革运动与大公教会之间日渐扩大的决裂只是暂时性的这一设想,似乎充斥于 1520 至 1541 年间大多数信义宗作家的思想中。维腾堡的福音派似乎相信,大公教会真的可以自我革新,或许在若干年间,通过召开改革议会,从而使信义宗最终可以重新加入一个更新与改革了的教会。故此,《奥格斯堡信条》(1530)作为信义宗信仰的主要表述,实际上是对大公主义采取极为修和的姿态。不过,这种重新复合的盼望,在 16 世纪 40 年代彻底破灭。1541 年,雷根斯堡对谈似乎提供了复和的盼望,当时一群新教与天主教神学家聚集在一起,讨论彼此的分歧。[3]这些讨论结果以失败收场。

1545 年,特兰托公会议最终制定了天主教会对宗教改革运动的回应,并且开始着手改革教会的重要方案。某些与会者,例如枢机主教波尔(Reginald Pole),曾期望该次会议可以对新教徒表示愿意修好;然而,在这过程中,特兰托公会议确认与谴责新教思想的主要观念。所有复和的希望都被粉碎了。新教教会这时开始察觉他们作为分离的存在实体(separate entities)的存在,不是暂时的,而是永久的。他们要寻找理据,支持他们作为基督教会的存在,与另一似乎具有更强理由声称自己是教会的团体——即罗马天主教会本身——并存。

基于上述历史背景的引介,显示改教家对教会理论的特别关注,可以追溯至 16 世纪 40 年代。正是在雷根斯堡对谈之后——尤其是福音派群体明白他们将会永远被天主教会排斥于外——教会的真正身份的问题就显得相当重要。被这个问题困扰的是第二代,而不是第一代的改教家。假如路德关注的问题是:"我如何可以找到恩慈的上帝?"那么他的承继者被迫要处理由此而生的问题:"我在哪里可以找到真正的教会?"福音派教会的分离存在,必须在理论上证明是恰当的。在第二代的改教家中,当然是以加尔文最为卓越,正是在他的著作中,我们找到这争论或许最为重要的贡献。我们首先从路德开始。

路德论教会的本质

早期的改教家深信,中世纪教会是由于背离圣经,或是对圣经作出人为的增添,因而导致教会的腐败及教义的变质。路德早期对教会本质的看法,反映了他对上帝话语的重视:上帝的话语攻无不克,而其克胜与赢取对上帝真正顺服的地方,就是教会。[4]

现在,你听到或看见有任何地方传扬、相信、承认和实践(上帝的话语),不要怀疑,那里必然就是真正的"圣洁大公教会"(*ecclesia sancta catholica*),即使他们人数不多。因为上帝的话语"决不徒然返回"(以赛亚书 55:11),却至少拥有四分之一或部分的田地。即使只有这个记号,已经足以证明那里必定存在一群神圣的基督徒子民,因为上帝的话语存在,就不可能没有上帝的子民,反之亦然,没有上帝的话语,上帝的子民也不可能存在。因为倘若没有上帝的子民,谁会传讲这话语,或聆听它的传讲?而且倘若没有上帝的话语,那么上帝的子民又怎能去相信?

故此,由主教所按立的事奉人员并不一定保证教会的存在,反而福音的传讲对教会的身份却是十分重要的。"话语在哪里,那里就有信心;哪里有信心,那里就有真教会。"可见的教会是由传讲上帝的话而组成的:任何人为的组织,若不是建基于福音,都不能称为"上帝的教会"。

我们在上文已经看见,对教会的这种理解是如何地功能性而不是历史性的:教会及其职事人员的合法性,不是基于使徒教会的历史延续性,而在于神学的延续性。传讲与使徒所传一样的福音,较诸作为在历史上源于他们的组织成员更为重要。相似的教会观,也可以见于路德在维腾堡的同僚梅兰希顿,他相信教会主要的功能是作为施行恩典的媒介。

沿着教会本质的这个观点,路德对信徒个人的角色开列了一个全新的理解。当中世纪教会认为在圣职人员与平信徒之间是有一个绝对的区别时,路德却坚持所讨论的区别是功能性的(functional),而不是本体性的(ontological)。所有基督徒由于他们的洗礼、信心和福音,都是祭司——这教义经常被称为"信徒皆祭司"(priesthood of all believers)。唯一的区别,在他们之间可以被确认为涉及不同的"职事"或"功能"(ampt),以及"工作"或"责任"(werck),以此他们被托付。教士被认为是"职事者"(office-holders),他们的特权与功能,只有他们被"那些委派或选择他们"的人接纳时才可以继续下去。因此,路德相当清楚,一旦教士退休或解职,他们就恢复到平信徒的角色。[5]

> 若教宗、主教、教士和修士被称为"属灵的身份"(geistlich stand),而贵族、地主、工匠和农夫被称为"属世的身份"(weltlich stand),那只是一种发明。这是一种伪造的概念,没有人应该为以下的理由而惧怕它。所有基督徒正是属于属灵的身份,而且除了他们的"职事"之外,他们之间是没有分别的。……我们全都有同一的洗礼、同一的福音、同一的信心,以及全都是一样的基督徒,在其中唯独洗礼、福音和信心把我们变成属灵的和基督徒群体。……我们全是通过洗礼成为神圣的祭司,正如圣彼得说的:"你们是有君尊的祭司,是圣洁的国度。"(彼得前书2:9)……因此,某些人有教士的身份(ein priester stand),只不过是一个职事者(amptman)。他只有保持这个职位时,才能享有优先权;当他被罢免时,他就像其他人一样成为一个农夫或市民。……因此,在平信徒、教士、贵族和主教之间,在属灵与属世之间,没有基本的真正分别,除了他们的职事和工作(den des ampts odder wercks halben)之外,

204

并且不在于他们的"身份地位"（*stand*）的基础上。全都是属灵的身份，而且全都是真正的教士、主教和教宗，虽然他们各自的工作并不相同。

路德对教会的异象，拥有极之简易的长处。然而，简易经常变成不完全。越来越清楚看到路德和茨温利不可能在福音是什么这问题上意见一致（他们对圣餐的分歧强调了这一点），路德教会的异象之可信性逐渐遭到破坏。在某种程度上，路德的困难是涉及极端的宗教改革运动所提出的挑战，那是我们正要转换的课题。

极端派的教会观

留意"宗教改革运动"一语的含义是重要的。对于宪制的改教家来说，例如路德和加尔文，宗教改革运动的任务是改革教会，那是由于教会在中世纪的发展中变得腐败和损毁。在这个方案之下的基本前设，应该小心注意：**改革教会的前提，是教会已经存在。**路德与加尔文都清楚表明，中世纪教会实际上是一所基督教会。问题是，它已经迷失了它的方向，而且需要改革。

然而，极端派不同意这个基本设想。教会已经完全不复存在。对于某些像弗兰克那样的人来说，使徒教会已经因与国家的紧密联系而完全妥协了，那是可以追溯至皇帝君士坦丁的归信。作为一个建制，教会被人类力量的挣扎和野心所腐化。因此，弗兰克写道：[6]

> 有别于所有博士，我认为使徒教会所用的一切外在事物已经被废止了（*abrogata*），而且它们没有被修复或再建立，即使它们已经超越它们的认可或呼召，并且试图恢复这些堕落的圣礼（*lapsa sacramenta*）。教会将会仍然散布在异教徒之间，直至世界的末了。事实上，敌基督与他的教会只会在基督再来时才被击败和清除，基督将在他的国度中招聚已经散布在世界的四角中的以色列。……（那些明白这一点的人的）工作已经被抑制为不信神的异端和夸谈，而地方的傲慢已经代之而赐给愚蠢的安布罗斯、奥古斯丁、哲罗姆、格列高利——他们没有一个人认识基督，也不是由上帝差来教导的。相反，全都是或将仍然是敌基督的使徒。

正如大多数极端派均极一致地应用"唯独圣经"的原则，他们也同样对

205

建制教会的看法持守一致的见解。真教会是在天上的,而其建制上的拙劣模仿则是在地上的。[7]

故此显然,极端派并没有心情谈到教会的"改革"。假如教会不再存在,它是需要**修复**(restoratio)而不是**改革**(reformation)。极端派改教家的基本主题,是真教会不再存在。借着"改革"中世纪教会,路德只不过改变一个腐败建制的外在表现,那是没有权利被称为一间基督教会的。正如门诺·西门(Menno Simons)在 1552 年的论著《贫乏基督徒的忏悔》(*The Confession of Distressed Christians*)中强调的:[8]

> 太阳的光辉已经有许多年没有照耀。……然而,在这些最近的日子里,恩慈、伟大的上帝借着他爱的丰富宝藏已经再一次开启了属天的窗户,并且滴下他的圣言的甘露,以致大地再一次像以往一样,出产它的公义的绿枝和植物,所结的果实是给上主的,并且荣耀他的伟大和可敬的名。上主的圣言和圣礼再次从废墟上兴起。

故此,极端派的教会观显然相当接近多纳徒派的观念,多过奥古斯丁派的观念。对于门诺·西门来说,教会是圣徒的一个社团,一个纯洁的身体,完全不受罪的污染。有别于虚假的教会是由国家承认的,而且享受它的特权,真教会是完全纯洁和重生的。[9]

> 他们是基督的真正会众,是真正的归信者,由上帝从上而生,借着圣灵的运作通过圣道的聆听而具有重生的心思,而且成为上帝的儿女,进入对他的顺从,并且在他的神圣诫命中活得无可责难,在所有他们的日子中,或从他们蒙召的时刻开始,按照他的神圣旨意而活。

因此,重要的是要留意到,教会纪律的问题对极端派教会领袖来说,是相当重要的。纪律是在教会中可以执行教义和道德纯净的方法。"禁令"(ban)是为了确保教会的纯净,并且革除任何可以污染或危及会众纯净的人。

极端派的教会观是高度协调的,而且对主流改教家(例如路德)提出一个严重的挑战,即主流改教家们提出一个"混合的身体"的教会观——那就是说,他们跟随奥古斯丁的观点,认为教会事实上是包括了圣徒和罪人。我们在以下的段落中,将会考虑某些困难之处。

路德教会教义的张力

正如我们见到的,路德因此被迫处理两点关乎他对教会的理解的难题。假如教会不是由建制界定,而是由福音的宣讲来定义,那么他怎能区分他自己与极端派的看法? 他自己曾经承认:"即使是狂热派(fanatics,路德对极端派的称谓)所支配的教会,只要他们不否定圣言与圣礼,就仍然是神圣的。"

路德敏感于他所处的政治现实,借着强调建制教会的需要,以抗衡他的极端派批评者在这一点上的看法。正如他借着诉诸传统,以缓和对"唯独圣经"的极端引申,他也同样试图通过坚持教会作为历史建制的看法,借此缓和他对真教会本质所潜藏的极端立场。教会的建制是上帝设立的恩典媒介。不过,路德发觉他因着要抗衡极端派而强调教会是实在可见与建制性的,而发现他的观念有难以与其天主教的对手区别开来的困难。他自己充分理解这个难题:

> 我们这一方承认,在教廷之下是有相当多的属基督的和好的;事实上,任何属基督的和好的都可在那里找到,并且是从这根源临到我们的。例如,我们承认在教廷的教会中是有真的圣经,真的洗礼,真的圣坛之圣礼,对赦罪有真的钥匙,真的事奉职任,在主祷文、十诫和信经条文的形式中有真的信条。

因此,路德只得主张"假教会只是徒具外表,虽然它也有基督教的职事"。换句话说,中世纪教会可能是看似真像,但其实却是另一些的东西。

这情况的逻辑似乎变成不可能的事,特别是当路德进一步面对两个问题。首先是可见于保罗在新约圣经中写给哥林多与加拉太教会的信。保罗写信给这些教会,指责他们背离了福音——但他仍然称他们为基督教会。路德在这事上怎能不按照保罗而行? 即使是最坏的情况,罗马教会像加拉太教会般,在某些地方背离了福音,它依然可被视为基督的教会。

第二个问题由奥古斯丁教会理论的一方面引起,这可追溯至 5 世纪早期的多纳徒派论争,那是我们之前讨论过的。[10] 多纳徒派是北非教会的一个分裂运动,他们坚信当时的大公教会在逼迫时期内因其对罗马当权者的

207

态度,而变得妥协了。只有那些真正圣洁的人,才可被视为真教会的成员。可以说,这是相当接近极端派的教会观的。

奥古斯丁为大公性辩护:教会必然被视为同有圣徒与罪人的混合身体。义人与罪人同时存在于同一教会,无人有权从教会中除去罪人。奥古斯丁是建基于经常被称为"稗子的比喻"(马太福音 13:24—31)的论据来支持这一点的。在这个比喻中,田地的主人在一个早上发现麦子和稗子(在较古老的英文中称之为 tares)一起生长。可供选择的除草剂仍然未有,他只能勉强尝试除去稗子:若是这样做,他难免也会毁坏某些麦子。他解决问题的方法,是一直等候直至麦子可以收割,然后再分开它们。根据奥古斯丁的观点,这个比喻适用于教会。就像在比喻中的田地,教会包括了麦子和稗子,义人和罪人,他们会一同存在直至审判的日子。到了那日子,上帝将在他们之间做出审判——而且没有人被容许首先经历上帝的审判。因此,教会将包括好人和坏人,直至时间的末了。奥古斯丁认为,"大公"(catholic,字面意思是"全体")一语是用于教会的,描述它的成员混合了圣人和罪人。

路德跟随奥古斯丁,接纳了一个"混合的身体"的教会观。不过,这产生了一个严重的问题。路德已经指出,中世纪教会的道德缺点使它的凭证出现问题。然而,他对奥古斯丁派教会的接纳,似乎对许多人来说是必然暗示了,在真教会中**总是**有腐化之处,因为它是圣人和罪人混合的身体。基于奥古斯丁的理论,在天主教会中的腐化不必意味着它是一间"假教会"。

事实上,这第二个论点的力量,因着路德强调神学比道德上更优先而被
208 减弱。路德倾向认为他对中世纪教会的道德的批判,是次于中世纪教会的神学缺点。然而,在本段中考虑的问题,清楚表明宪制的宗教改革运动有时会发现本身正在经历它的教会概念中的难题。天主教与极端派的教会观拥有相当程度的内在一致性和融和性,这正是路德的观点有时看似缺乏的。

对于这项重要的教义,加尔文的著作让我们找到一个较为深思熟虑的缜密取向。

加尔文论教会的本质

如果说有哪一位改教家为教会教义所引起的问题而挣扎时,那一定是加尔文了。他对教会理论的第一次主要探讨,可见于 1539 年的《基督教要

义》第二版。虽然加尔文的《基督教要义》初版（1536）处理过这课题，当时他却几乎没有任何管理教会或相关责任的经验，因此造成了他的讨论奇怪地不清晰的现象。到了本书第二版时，加尔文已经对新的福音派教会所面对的问题，获得较多经验。

教会的两个记号

对于加尔文来说，真教会的记号（mark）在于应该宣讲上帝的话语，以及正确地实施圣礼。由于罗马天主教会甚至没有符合教会的这个最简单定义，福音派阵营离开它是完全正确的。至于作为遵照这个教会定义的福音派教会，就没有合理理由进一步使自己分裂了。这一点相当重要，反映了加尔文的政治判断，就是福音派教会会众的更多分裂，对于宗教改革运动的目标是一场灾难。加尔文列出这些原则的文献，值得仔细研读：[11]

> 无论在哪里，我们若发现神的道被人纯正宣讲和聆听，而且圣礼也按照基督的吩咐施行，毫无疑问，那里就有了上帝的教会。因为他的应许是不会落空的——"无论在哪里，有两三个人奉我的名聚会，那里就有我在他们中间"（马太福音 18∶20）。……倘若有职事能持守圣道并尊重它，并有圣礼施行，就毫无疑问地当被称为教会。……在哪里有人虔敬倾听圣道，而圣礼也未被忽略，在那里就不会有虚假和形式含混的教会；对于这个教会，无人能藐视它的威权，拒绝它的规劝，违抗它的训导，或轻视它的指责，更不能脱离它，分裂它。……当我们说，圣道的纯净职事和庆祝圣礼的纯净方式是一个充分的誓言和保证，借此我们可以承认任何群体为一间教会，我们的意思是哪里有这些记号并存，它就不可以被拒绝，即使它在其他层面上充满缺点。

209

请留意加尔文如何识别两个元素对一间基督教会是基要的，而同时表明在其他范围中的弹性。

到了 1543 年，加尔文已经获得相当多承担教会责任的经验，特别是他在斯特拉斯堡期间。布塞作为斯特拉斯堡宗教改革运动背后的思想动力，拥有十分超卓的教会行政名声，而加尔文后期的教会理论，可能反映了布塞的个人影响。牧师、博士（或教师）、长老和执事的"四重职分"（fourfold office），它的起源可以追溯至布塞，他也区分了可见的教会与不可见的教会（正如上文所述）。然而，布塞认为教会的纪律是教会的一个基本特征［技术上是一个"记号"（nota）或"标记"］,却没有得到加尔文的共鸣。虽然加尔文在《基督教要义》1536 年版中在教会的"确实记号"中有"生命的榜样"一段,后期的版本却着重于上帝话语的恰当讲授,以及圣礼的施行。纪律强调了教会的经络——基督的拯救教义,却建立了它的心脏和灵魂。

加尔文主张,圣经有具体的方向,指引有形教会中的正确职事秩序,以致教会秩序的独特形式,现在成了教义的一部分。换句话说,他在"纯净地宣讲的福音"之内,包括了一种独特形式的教会行政建制（而他从俗世政权的圈子借用了 administratio 一词）。

教会的外在行政的重要性,已经同时在改革派圈子中得到承认。在苏黎世制定的《第一海尔维第信条》(1536)强调,教会是由某些外在的记号所区分的:[12]

> 所有圣徒团契和会众都是基督的新妇和配偶,是他用他的血洗净,最后无瑕无疵地呈献给父的。虽然基督的这教会和会众只是被上帝的眼目所开启和知晓,然而它不只被知晓,也由可见的记号、礼节和仪式所连结和建立的,那是基督自己由上帝的话语所制定和任命,作为普世、公开和有条理的纪律。若是没有这些记号（一般的说,不需上帝启示的特殊允许）,就没有人可以被算作是属于这教会的。

加尔文对教会的极简化定义,现在有了一个新的意义。真教会是在福音被正确传扬,以及圣礼被正确施行的地方找到的——而且认为在这个定义中所包括的,是教会建制和行政的一个独特形式。加尔文称之为"上主愿意他的教会被管理的秩序",并且基于他对新约的解经而发展了一套教会管理的详细理论,广泛地建基于罗马帝国行政的用语。有别于极端派的声称,加尔文强调教会的结构和行政的独特形式是圣经规定的。故此,加尔文认为教会的牧职管理是神圣的任命,区分为"牧师"、"长老"、"执事"和"信徒"。

当路德认为教会的组织是历史的偶然情况,并不需要神学上的规定时,加尔文则认为圣经指定了教会管理的一个明确模式。那么,这个新发展对教会的理论有何重要性? 这让人想起,路德以按照上帝话语的职事来定义教会,但这却甚少有助于把宪制的宗教改革运动一方面从天主教的立场区别出来,另一方面又区别于极端派的立场。加尔文一直强调上帝话语职事的重要性,与此同时,现在更坚决认为这同一的上帝话语具体设定了教会管理的一个独特形式。这在圣经解释上是大胆的新一步;它也让加尔文得到一个标准去判断他的天主教和极端派对手(并且发现其缺乏)。路德蒙眬不清之处,加尔文是精确的。到了加尔文逝世时(1564),改革宗教会是正如它的天主教对手一样建制化,而且成为它最可怕的敌人。而其成功有不少是因着宗教法庭(Consistory)的角色,或许这是加尔文建构他的教会的计划中最有特色和创意的一面。

加尔文论教会与宗教法庭

假如《基督教要义》是加尔文宗教改革的肌肉,那么他的教制组织就是他的骨干。《教会法令》(the Ecclesiastical Ordinances,1541)赋予日内瓦教会独特的外形和身份,这是在加尔文结束斯特拉斯堡那流徙的日子返回日内瓦之后,就立即草拟的。加尔文确信,需要为一个遵守纪律、充满秩序和结构井然的教会设定详细的指引,以管理教会的每一层面。因应加尔文的目标而建立的教会机构,必被视为他事工中一个最重要的方面,而且使得加尔文与列宁(Lenin)比较的讨论加添额外的分量,即他们两者都相当注意建制对他们各自领导的革命得以繁衍的重要性,并快马加鞭地组织所需要的。加尔文教会管理系统最富特色和争论的地方,就是"宗教法庭"这机构在1542 年出现,由 12 位平信徒长老(由地方行政官员每年选出)和神圣牧师团(Venerable Company of Pastors)的所有成员(1542 年有 9 名,1564 年有19 名)组成。这群人期望每周四聚集,目的是要维护教会纪律。这机构的起源并不清楚;当时的婚姻法庭(例如苏黎世的 *Ehegericht*)可能是其参考模式,而当加尔文在斯特拉斯堡流徙期间,实际上已经建立了它的原型。宗教法庭的早期活动之一,无疑是集中于婚姻的问题上,那是被视为一个牧养上(正如在法律上)的难题;这可以反映在已经存在的婚姻法庭(那主要是由平信徒组成的)的角色上。

教会纪律的问题相当困扰瑞士的改革宗城市的当权者。假如说在 16世纪 30 年代出现了任何主要的普遍模式,那就是教会纪律从属于俗世地方行政的茨温利式观点。在茨温利的承继者布林格领导之下,苏黎世市认为革除教籍(excommunication)是一件公民事件,要由地方行政官而不是由圣职人员处理。巴塞尔也对一个纯粹的教会法庭被赋予革除个人教籍的权力是否恰当持严肃的保留态度。假如伯尔尼市在任何一方面是有别于这规例,那就是因为它不会革除教会成员。

在 1530 年的巴塞尔,可以追溯一个相匹敌的理论的源起,当时厄科兰

211

帕迪乌斯主张,在巴塞尔的市议会之前,在公民和教会权力当局之间是有基本分别的。有必要引入一个教会法庭,主要对付的,是罪(sin);而俗世的地方行政官继续处理刑事过犯(criminal offences)。前者应该有权革除犯事者,为的是鼓励他们改正己行,而且避免破坏教会的合一和生命。巴塞尔市议会不同意,事情就在那里搁置下来。

然而,一个特别教会法庭的概念在 16 世纪 30 年代得到支持。虽然布塞在 1530 年 10 月 19 日写信给茨温利,显示他不喜欢这样一个法庭的概念,但他似乎在不久之后转移了立场。这有可能反映了布塞疏远茨温利,那正是后者在 1531 年 2 月 12 日所写信函的结果,在其中他指责布塞为了政治的权宜利益,出卖了福音信仰的真理。在 1531 年,布塞支持乌尔姆市应该有一个教会法庭的建议,那是由平信徒和牧者一同组成的,处理教会纪律事宜。明斯特(Mü[um]nster)在 1534 年 2 月被极端派围困,让斯特拉斯堡的市议会有需要实施教会纪律和正统教义(假如斯特拉斯堡——到那时已有名声成为极端派的一个避风港——要避免陷入明斯特的命运)。然而,市议会拒绝了布塞支持一个教会法庭的倾向;对教会纪律的控制,仍然牢牢掌握在公民权力当局的手中。布塞的概念(而不是斯特拉斯堡的习惯),似乎激发了加尔文旅居该市期间的想象力。日内瓦教会组织的条文由法雷尔和加尔文在 1537 年 1 月起草,差不多预期了 1541 年的《教会敕令》(*Ordonnances ecclésiastiques*)的每一个层面——值得注意那是除了宗教法庭之外。这暗示加尔文是在斯特拉斯堡期间发展了这个概念。

加尔文设想宗教法庭首要是"监管"(policing)宗教正统教义的一个工具。它是纪律的保证者,加尔文在斯特拉斯堡的经验,让他承认那是对改革宗基督教国家的生存十分重要的。它的首要功能,是处理那些宗教观念已步入歧途,并足以危害日内瓦已建立的宗教秩序的人。因着其他理由(不论是牧养或道德的)而被认为行为不被接受的人,也要以相同方式处理。首先,这些人要被告知他们行为的错误;假如这没产生作用,革处教籍的处罚就作为威慑之用。不过,这是教会的处罚,而不是公民的处罚;犯事者可以被拒诸日内瓦四次的年度圣餐礼的其中一次,不过他不可以因宗教法庭而受制于任何公民的处罚。市议会总是嫉妒它的权力,坚持主张"这一切的方式发生的,即牧师并没有公民的司法权,除了是上帝话语的属灵利剑之外他们不能行使别的……宗教法庭也不可以减损领主的权威或日常的公义。公民权力仍然是畅通无阻的"。

教会结构(例如宗教法庭)对加尔文主义在国际间发展的重要性,或者可见诸比较路德主义和加尔文主义在西欧和北美建立时非常不同的情况。路德主义一般借君主和贵族的同情而得以发展,或许是因着他们不会完全忽略路德的"两个国度"的教义所赋予这些人对于教会的重要作用。

虽然加尔文留意到赢取君主接纳他的观念的潜力(他特别渴望在法兰西朝廷中得到同情的聆听),但加尔文主义一般无疑是在敌对的处境中(正如在法兰西 16 世纪 50 年代)生存和发展的,在其中君主和现存教会建制均反对它的发展。在这样的情况下,加尔文教派的幸存就有赖一间强大和有纪律的教会,使其足以在充满敌意的环境中生存。较为精密的加尔文派教会结构,证明比他们的信义宗同道更能对抗较复杂的处境,致使加尔文主义有充足资源在骤眼看来是完全没有希望的政治境况中取得进展。

加尔文论教会的角色

首先,为什么需要教会(那是指一个建制而不是一座建筑物)?正如上帝在历史的进程中借着道成肉身救赎人类,他也在同一进程中使他们成圣——借着建立一个委身那目标的建制。上帝使用某些肯定是属地的方式施行他对所拣选者的拯救;虽然他绝对不是受制于这些方式,他却通常在它们中间工作。故此教会被确定为一个神圣地建立的身体,在其中上帝让他的子民成圣。正如加尔文所说的:

> 我将要从讨论教会开始,上帝的旨意是要将他的一切儿女聚集在教会的怀抱中,不但是叫他们在婴儿和幼年时期,由它的扶助和事工得着养育,且由它母亲般的关顾得着引导,直到他们长大成人,至终达到信仰的目标。因为"上帝所配合的,人不可分开"(马可福音 10:9)。凡以上帝为父亲的,便以教会为他们的母亲。

加尔文借着引用迦太基的西普里安的两段伟大的教会论格言,确定这个对教会的崇高教义:"你不可能有上帝成为你的父亲,除非你有教会成为你的母亲"(在上文已经引用过),以及"在教会之外是没有罪得赦免或任何拯救的盼望的"。

加尔文的教会教义提醒我们,把改教家描绘成狂暴的极端个人主义者,缺乏基督徒生活的群体概念,这是极其不当的。正如我们已经看到的,主流的宗教改革圣经诠释,根本缺乏其批评者所投射于它身上的个人主义;同样

的情况也适用于宗教改革运动对基督徒生活的理解。"教会是母亲"的形象
214 （那是加尔文欣喜地从迦太基的西普里安借用的）强调了基督教信仰的群体
层面。请留意加尔文如何强调它的重要性。

> 让我们从"母亲"这个词学习，认识她是多么有用（事实上是多么有
> 需要）。没有其他得着生命的道路，除非这位母亲在她的子宫中孕育我
> 们，在她的胸脯中喂养我们，并且让我们保管在她的关顾和引导之下。

强而有力的神学意象紧贴在这种说话的方式中，在其中首要是上帝的
话语把我们孕育在教会的子宫中。不过，这种对教会的思考方式，其实际层
面才是我们该注意之重点。教会的建制是一个必须、有用、上帝赐予和上帝
命定的属灵成长和发展的媒介。

加尔文在可见与不可见的教会之间作出了重要的区分。一方面，教会
是基督教信徒的群体，是一个可见的团体。然而那也是圣徒的团契与蒙拣
选者的群体——一个不可见的存在实体（entity）。在它不可见的层面中，教
会是蒙拣选者的不可见聚集，只有上帝晓得；在它的可见的层面上，它是在
地上信徒的群体。前者只是包括蒙拣选者，后者包括了好人与坏人、蒙拣选
者与邪恶者。前者是信心与盼望的对象，后者是现今的经验。加尔文强调，
由于那不可见的教会（基督的真正身体），所有信徒要荣耀并一直委身于可
见的教会，即使它有软弱。虽然如此，却只有一个教会，一个单一的存在实
体，是由耶稣基督作它的头。

在可见与不可见的教会之间的差异，可以有两个重要的结果。首先，预
期可见的教会将会包括蒙拣选者和被遗弃者。希波的奥古斯丁提出这一点
针对多纳徒派，运用了稗子的比喻（马太福音 13：24—31）作为他的基础。
若要分辨他们之间的差异，那是超越了人类的能力，把人类的素质与上帝的
喜悦相互关联（无论如何，加尔文的预定教义排除了以此为基础的拣选）。
然而，其次，需要问的是，众多可见的教会有什么是相应于不可见的教会的。
因此，加尔文承认有必要去清晰表达客观的标准，让某一教会的当权者可以
据此判断。两个这样的标准被规定下来："当我们看见上帝的话语被完全
讲授和聆听，并且圣礼按照基督的设定而被施行，我们就不可以怀疑一所教
会的存在。"故此，那不是由于它的成员的素质，而是恩典的公认媒介的存
在，构成了一所真教会。有趣的是，加尔文没有跟随布塞，以纪律作为真教
会的一个记号；虽然加尔文热心关注教会成员的恩慈纪律（charitable disci-

pline)的需要,他却没有认为这对一间教会凭据的定义或衡量是基本的。　215

教会大公性的争论

《尼西亚信经》(The Nicene Creed)确认了"独一神圣大公使徒教会"(one holy, catholic and apostolic church)的信念。这四个特性[通常称为"教会的四要"(four notes of the church)],随着多纳徒派争论对有关课题的极大冲击,已经成为基督教神学广泛讨论的主题。在宗教改革时期,注意力尤其针对"大公"(catholic)一语的意思。持守教会大公性的信念是什么意思? 当新教教会脱离了主流的中世纪教会时,他们仍然可以持守这个信念吗?

在现代英语中,"大公"一词往往与"罗马天主教会"(Roman Catholic)混淆,特别是在非宗教的圈子当中。虽然这种混淆是可以理解的,但却必须加以区别。不只罗马天主教会是大公的,正如不只东正教会(Eastern Orthodox)作者的神学是正统的(orthodox)一样。事实上,许多新教教会不愿在信经中使用"大公"一语,而由"普世的"(universal)一语代替。

不过,"大公"一词来自希腊文词组 *Rath' holou*(意即"关乎全体")。上述希腊词以后变成拉丁词 *catholicus*,意思是"普世的"或"普遍的"(general)。这个词的意思保留在英语词组"广泛的兴趣"(catholic taste)中,这个词组的意思当然不是"对罗马天主教的事物感兴趣"。旧版本的英文圣经往往称某些新约书信(例如《雅各书》和约翰书信)为"大公书信"(catholic epistles),意思是它们是写给全体基督徒的(而不是保罗书信那样针对个别教会的需要和处境,例如罗马教会或哥林多教会)。

新约从没有把"大公"一词用来指全体教会。新约使用希腊文 *ekklesia*,指地方教会或敬拜群体,然而那是被理解为代表或包括某些不只是本地团体的事物。虽然一所个别的教会不是教会的全体,却分享了那份全体性。这个"全体性"(totality)的概念,以后包括在"大公"一词中。这个用语在后世中被引介,试图把核心的新约洞见放在一起,而且把它们系于一个单一的用语。

"大公教会"一语已知的最早使用,出现在安提阿的伊格纳修(Ignatius 216 of Antioch)的著作中,他约在公元110年于罗马殉道:"耶稣基督在哪里,那里就是大公教会。"公元 2 世纪的其他作品用这词来指一个与本地教会群体并存的普世教会的存在。

随着君士坦丁归信,这词的意思产生了根本的改变。到了 4 世纪末,"大公教会"一语是指"帝国教会"——即是罗马帝国境内唯一合法宗教。任何其他信仰形式,包括偏离主流的基督教信念,都被宣布为非法。其间教会的进一步扩展促使对这用语有发展性的理解。到了 5 世纪初,基督教在整个地中海世界已建基立业。为了回应这一发展,"大公"一词被解释为"包括整个世界"。与普遍性相关的主题可以在托马斯·阿奎那的著作中找到,他定下了中世纪对于"大公性"(catholicity)的如下共识:[13]

> 教会是大公性的,即是普世性的,首先是按地方而言,因为它是传遍整个世界的,有别于多纳徒派的看法。参《罗马书》1:8:"你们的信德传遍了天下";《马可福音》16:15:"你们往普天下去,传福音给万民听。"在古时候,上帝只在犹大地区被知晓,可是现在却遍及整个世界。此外,教会是有三部分的。一个是在地上,另一个是在天上,而第三个是在炼狱中。第二,教会是普世性的,是按人的情况而言,因为没有人被拒于教会门外,不论是主人或奴仆,男人或女人。参《加拉太书》3:28:"并不分……或男或女。"第三,它是普世性的,是指时间而言。某些人说教会应是持续至某段时间为止,不过这是错误的,因为教会是始于亚伯的时代,直至世界的末了。参《马太福音》28:20:"我就常与你们同在,直到世界的末了。"在时间结束之后,教会仍然会留存在天上。

基于上述对大公性的理解,有观点认为与使徒教会的连续性,就只可以被认为是**建制性**的——换言之,这是借着与早期教会直接的历史性延续。与教会的历史性建制(由它的主教所代表)破裂,就是踏出教会之外。迦太基的西普里安认为,在教会之外别无拯救,因此,把某人置于教会的建制之外,会使其丧失任何拯救的盼望。

在宗教改革运动的时代,对"大公性"的意义有了一次基本的重新审核。对许多人来说,教会的大公性和合一性似乎已经同时被 16 世纪的西方欧洲217 教会的分裂所破坏了。宗教改革运动的天主教对手宣称,新教徒已经因着引进革新(例如唯独因信称义的教义)或因着抛弃教会的传统结构(例如教宗和主教统辖建制)而脱离了大公教会。由于与教会的延续性分离,改教家丧失了称呼他们的教会为"基督教会"的任何权利。因此,一个真正基督教会的基本特征之一,是**建制上的延续性**。宗教改革运动的天主教对手清楚明白,这个延续性已经被改教家所破坏或漠视,结果新教的会众不能被视为基督教会,不论这个用语是什么意思。

新教作者认为,大公性的本质不是在于教会的建制,而是涉及教义的事情。5世纪的作者勒林的文森特(Vincent of Lérins)认为,大公性是"在任何地方、所有时间和被所有人相信的"。改教家认为,他们仍然是大公的,纵然他们离开了中世纪的教会,他们仍然持守基督教教义的中心和普世承认的元素。历史性或建制性的延续是次于教义性的忠诚的。故此,主流的新教教会坚持,他们同时是大公性和改革性的——换言之,在教导的层面上维持与使徒教会的延续性,消除了那些伪造而又不合乎圣经的信仰实践和信念。梅兰希顿接纳了这个取向:[14]

> 为什么这个用语加插在信经的条文中,以致教会被称为大公?因为它是散布至全世界的一个集会,并且因为它的成员,不论他们是在什么地方,在地理上如何分隔,他们都接纳和公开承认同一言辞和真确教义,从始至终穿越一切时代。……被称为大公是一回事,在实际上是大公却是另一回事的。被称为真正大公,是那些接纳真正大公教会的教义,即是在一切时代中被见证者所支持的,相信先知和使徒的教导,并且不会容忍教派之争、异端和异端性的集会。

请留意梅兰希顿如何坚持大公性是指对真确信仰的普世教导。因此,改教家宣称可以教导真确信仰,而不用依附于中世纪教会的建制。这样对大公性的教义解释,导致一群会众在建制上的联系被视为并不那么重要。重要的是教导使徒的教训,而不是拥有历史延续性的具体证据(例如通过按手)。

在这一点上也清楚可见的是,路德和加尔文强调福音宣讲是教会的记号,那是相当重要的。假如真的福音被宣讲出来,真的基督教会就存在——不论它是源自什么历史性的世系。这样,改教家减弱了他们的天主教对手攻击他们的论据的力量,而同时对"大公性"的概念提出一个神学性的解释,容许教会在**功能上**作出定义。这个发展的含义对西方基督教是实质性的,即宗派性的扩展被赋予了一个重要的神学合理性(theological justification)。

218

注释

[1] B. B. Warfield, *Calvin and Augustine* (Philadelphia, 1956), p. 322.

[2] 参 Scott H. Hendrix, *Luther and the Papacy: Stages in a Reformation Conflict* (Philadelphia, 1981)。

[3] 另称"拉蒂斯邦"(Ratisbon)。详情参 Peter Matheson, *Cardinal Contarini at Regensburg* (Oxford, 1972); Dermot Fenlon, *Heresy and Obedience in Tridentine Italy: Cardinal Pole and the Counter Reformation* (Cambridge, 1972)。

[4] *On the Councils and the Church* (1539); in *D. Martin Luthers Werke: Kritische Gesamtausgabe*, vol. 50 (Weimar, 1914), p. 630.

[5] *Appeal to the German Nobility* (1520); in *D. Martin Luthers Werke: Kritische Gesamtausgabe*, vol. 6 (Weimar, 1888), pp. 406-408.

[6] Letter to John Campanus, 1531; in B. Becker, 'Fragment van Francks latijnse brief aan Campanus,' *Nederlands Archief voor Kerkgeschiedenis* 46 (1964 – 1965), pp. 197-205.

[7] 详细的讨论,参 F. H. Littel, *The Anabaptist View of the Church*, 2nd edn (Boston, 1958)。

[8] *Complete Writings of Menno Simons*, ed. J. C. Wenger (Scottsdale, PA, 1956), p. 502.

[9] *Complete Writings of Menno Simons*, p. 300.

[10] 参 Geoffrey G. Willis, *Saint Augustine and the Donatist Controversy* (London, 1950); Gerald Bonner, *St Augustine of Hippo: Life and Controversies*, 2nd edn (Norwich, 1986), pp. 237-311。

[11] *Institutes* IV. i. 9-10; in *Joannis Calvini: Opera Selecta*, ed. P. Barth and W. Niesel, vol. 5 (Munich: Kaiser Verlag, 1936), pp. 13-16.

[12] The First Helvetic Confession, 1536, article 14; in E. F. K. Müler (ed.), *Die Bekenntnisschriften der reformierten Kirche* (Leipzig, 1903), p. 101.

[13] *In Symbolum Apostolorum*, 9; in *S. Thomae Aquinitatis Opera Omnia*, vol. 6, ed. R. Busa (Holzboog, 1980), p. 20.

[14] *de appellatione esslesiae catholicae*; in *Corpus Reformatorum*, vol. 24 (Halis Saxonum, 1845), columns 397-399.

进深阅读

关于改教家的教会观,参:

Paul D. L. Avis, *The Church in the Theology of the Reformers* (London, 1981).

Rupert E. Davies, *The Problem of Authority in the Continental Reformers* (London, 1946).

F. H. Littel. *The Anabaptist View of the Church*, 2nd edn (Boston, 1958).

J. T. McNeill, 'The Church in Sixteenth-Century Reformed Theology,' *Journal of Religion* 22 (1942): 251-269.

W. P. Stephens, *The Holy Spirit in the Theology of Martin Bucer* (Cambridge, 1970), pp. 156-166.

――――, *The Theology of Huldrych Zwingli* (Oxford, 1986), pp. 260-281.

11

宗教改革运动的政治思想

在上一章中，我们提到两类与宗教改革运动有关的教会的神学观点，结果各自为该团体赋予了不同的社会角色：奥古斯丁派模式〔在社会学上对应于"教会"（church）〕和多纳徒派模式〔在社会学上对应于"教派"（sect）〕。宪制的改教家采纳了前者的模式，而他们的极端派对手则倾向后者的模式。

极端的宗教改革运动与俗世政权

极端的宗教改革运动把教会设想成一个在 16 世纪欧洲主流文化下的"另类社会"。正如教会在君士坦丁之前已经在罗马帝国存在，却拒绝遵从它的标准一样，极端的宗教改革运动也把自己设想成与 16 世纪的环境平行并存（却非在当中随波逐流）。对门诺·西门来说，教会是"义人的集会"，与世界是不相和的。这观念把教会视为与世界敌对的忠心余民，与重洗派受逼迫的经验配合，此逼迫是来自敌基督的力量，具体化于地方行政官员中。

极端的宗教改革运动一般是反对高压政治的运用，提倡不抵抗的政策。这项规条的例外可以一提：例如，胡伯迈尔认为，政府的强制权力（就像发动战争和死刑的特权）是某类必须要有的邪恶，坚持基督徒可以担任地方行政官员而无损于他们的正直。不过，这个观点不是重洗派整体的看法；重洗派认为，发誓、强制权力的运用，以及地方行政官员的权力都是属于撒旦的。

胡特尔(Jakob Hutter)借着诉诸基督的榜样,为这个厌恶政治的立场提供了神学的合理性:"正如所有人可以见到的,我们没有武器,例如矛或枪。 220
我们想以我们的话语和行动,显示出我们是基督的真正跟随者。"登克(Hans Denck)在宣告"武力不是上帝的属性"时,诉诸基督的顺服,以及他在指控者面前的静默。

　　重洗派对待俗世政权的大体态度,最清楚的陈述可以见于《施莱塞穆信条》(1527),其中第六和第七条解释并论述了不参与俗世事务和不抵抗俗世政权的方针。高压政治在"基督的完美之外"有其位置(换言之,即是不属于这个极端的群体);然而,武力在这群体中是没有地位的。

　　　　刀剑是上帝在基督的完全之外所任命的。……基督徒不适宜担任地方行政官员,理由如下。政府的地方行政事务是属肉体的,而基督徒则是属灵的。他们的房子和居所是在这世界中,而基督徒是在天上;他们的公民身份是属于这个世界,而基督徒是属于天上的;他们的战争和冲突的武器是属物质的,所对抗的是肉体,而基督徒的武器是属灵的,所对抗的是邪恶的堡垒。世人是以钢铁来武装,而基督徒则是以上帝的军装来装备,那就是真理、公义、平安、信心、救恩和上帝的话语。

　　重洗派在其群体中维持纪律是通过"禁令",教会成员可以借此被重洗派会众驱逐。这种施行纪律的手段,被视为是拥有真教会的身份者所不可缺少的部分。重洗派与主流教会彻底分裂的情况[这样的做法,直至今天仍然出现在美国兰开斯特郡和宾夕法尼亚州等地的阿米胥派(Amish)],部分是由于那些教会没有在它们当中维持适当的纪律。《施莱塞穆信条》把它对禁令的教义建基在基督的话语上,正如《马太福音》18:15—20 所记载的:

　　　　逐出教会的禁令可以用于所有那些已经把自己献给上主、遵行他的诫命,以及受洗进入基督的独一身体,而且被称为弟兄姊妹的人,他们却偶有过失,不慎陷入错误和罪恶中。这等人将会秘密地受到两次告诫,而到了第三次,他们就会公开受到纪律惩戒,或根据基督的命令逐出教会(马太福音 18)。

　　"禁令"被视为同时具有威慑性和矫正性的效果,既鼓励受到禁绝的个人改正他们的生活方式,也制止其他人仿效他们的罪行。波兰的《拉寇教理

221   问答》(Racovian Catechism)列出了在重洗派教会中维持严格纪律的五项理
由,大多反映了它极端的分离方针:

> 1. 堕落的教会成员可以因此得到医治,而且引领返回与教会的团
> 契中。
> 2. 阻吓其他人不要陷入相同的罪过。
> 3. 除去教会的羞耻和混乱。
> 4. 避免主的话语在会众以外名声受损。
> 5. 避免主的荣耀受到亵渎。

虽然"禁令"有牧养的目的,却往往被诠释得十分严厉,使得教会成员经
常避免与被逐出教会的个人及其家人的一切社会接触。

大多数极端派信徒对教会成员持严苛的看法,不容许向国家或城市政
府作出任何妥协[1],但宪制的改教家却正是倚仗这种妥协。事实上,正如我
们所见,"宪制的宗教改革运动"一语本身,已经点出了改教家与地方官员在
推动与维护宗教改革运动上密切的合作。

上文已经指出,俗世政府的权力于 16 世纪初在整个欧洲兴起。例如,
《博洛尼亚协议》容许法王有权委任法兰西教会的所有高级教士。不论在法
兰西或西班牙,天主教会的优势基本上都是借着国家的利益而维系的。16
世纪初的政治现实,引致国家或城市与新教宗教改革运动的教会之间有相
似的联盟。故此,极端派教会和思想家的社会态度具有威胁性和不稳定性,
逐渐受到城市的排挤,被迫进入乡间,而且受到任何政治或社会权威所否
定。例如《三十九条信纲》(The Thirty-Nine Articles, 1571)设下原则,主导
着伊丽莎白一世治下的改革宗英格兰教会,明确规定"在法律的范围内,可
以用死刑处罚作奸犯科的基督徒。基督徒奉地方行政官员的命令武装作战
是合法的"(第三十七条)。就这样,重洗派的立场受到严厉排斥。在这方
面,英格兰国家教会依循欧洲普遍确立的模式。

然而,不可因此认为宪制的改教家是政治傀儡:他们如何理解城市或
国家政权在改革教会中的角色,反映了他们的神学前设。在以下篇幅中,我
们会探讨四位主要的宪制改教家的政治观点:路德、茨温利、布塞和加
尔文。

路德两个国度的教义

中世纪时期出现了"两个阶级的教义"的发展：属世的阶级与属灵的阶级。根据这个观点（由那些支持教廷政治手腕的人积极提倡），圣职人员属于"属灵的阶级"，而平信徒则属于"属世的阶级"。这两类阶级（权力的领域或范围）是相当泾渭分明的。虽然属灵的阶级可以（亦曾经）介入属世阶级的事务，后者却不容许干预前者。这理论的基础在于教廷与俗世统治者之间长时间的矛盾，尤其是在阿维农教廷（Avignon papacy）的时期。[2]

从实际的角度看，这样理解俗世与教会权力的影响范围，意味着教会的改革是纯粹有关教会本身的事情：平信徒（不论是农夫或俗世统治者，就像皇帝本身）没有拥有必然的权威，导致教会的改革。正如我们较早时所见，这是路德声称要拆毁现代耶利哥"三道城墙"的第一道。路德深信，教会已经被困于腐败的教士职位观念中，故此在他于 1520 年撰写的著名改教论文《告德意志贵族书》中，提出了"信徒皆祭司"的教义：

> 若将教宗、主教、教士与修士称为属灵的阶级，而诸侯、地主、工匠与农民称为属世的阶级，这完全是凭空捏造的……所有基督徒都是真正的属灵阶级，他们之间除了职责之外，没有任何分别……我们全都是借着洗礼成为圣洁的祭司，正如圣彼得在《彼得前书》2：9 所说的。

路德充分认识到教会内部行政的需要，但强调这分别只是在职责上，而不是在地位上的。

中世纪天主教会认为，在"属灵的阶级"（指圣职人员，不论他们是教士、主教或教宗）与"属世的阶级"（即是指其他人）之间存在着根本的区分。路德断言，这样的区分是没有约束力的，只不过是人为的发明，而不是上帝的命令：

> 所有基督徒都是真正的属灵阶级，他们之间的唯一分别，是在"功能"上的。保罗在《哥林多前书》12：12—13 中说，我们都是一个身体，每一个成员都有自己的功能，借此服侍他人。这是因为我们拥有一个洗礼、一个福音和一个信心，而且我们都是基督徒，彼此都是一样的；唯独因着洗礼、福音和信心，让我们成为属灵的以及一个基督子民。……那

么，普通人与教士、诸侯与主教、那些在修道院生活与在世界生活的人，在他们之间，没有真正根本上的分别。唯一的分别是与地位无关的，而只是涉及他们所履行的职能和工作。

在基督教中，不存在教会里有一个专业阶层的想法，认为这些人比同时代者与上帝有更亲密的属灵关系。

不过，并不是每一个人都可以**充当**教士。路德的所有信徒皆祭司的教义，没有废除专职性的事奉。路德的基本原则是所有的基督徒因着他们的洗礼，都分享了同一的祭司"身份地位"；然而，他们可以在信仰群体中履行不同的"功能"，反映出他们各自蒙上帝赋予的恩赐和能力。牧师是与他的基督徒同侪并列，在上帝面前分享同一的地位；然而，那些与他一起的基督徒要承认那人的恩赐，并且邀请他/她（直接或间接地）在他们中间履行牧师的职能。

虽然我们全都是祭司，这不是说我们全都可以讲道、教导和行使权力。在群体中有某些人必须被拣选出来，承担这等职务。任何担任这等职务的人，不是由于那职务的功效而成为教士，他却是众人的仆人——他们正像他一样也是祭司。

故此，承认所有信徒是**平等**（equality）的，并非意味着所有信徒的**身份**（identity）也是一样的。

"借着洗礼，我们全都成为圣洁的祭司。"所有信徒因着他们的洗礼的功效，成为属灵阶级的一分子。（留意路德是可以假设当时所有日耳曼人都是受了洗的。）"基督不是有两个身体，一个是属世的，另一个是属灵的，而是只有一个头与一个身体。"故此，平信徒有权要求由一个全体会议来改革教会，而路德也语带讽刺地提醒他的读者，正是罗马皇帝君士坦丁（如果有谁人可算是平信徒的话，他必定是其中之一）授权召开了教会历史上最重要的会议（尼西亚会议，公元 325 年召开）。那么，当时日耳曼的贵族为什么不能在 1520 年召开一次会议来改革教会？

这样，路德废除了中世纪的"属世"与"属灵"阶级的分别，进一步发展出关于权柄领域的另一套理论作为代替，那是基于"两个国度"或"两个政府"的分别。[3] 正是这"两个国度"的教义，成为路德社会思想的中心，而这是我们在本段将会论述的。

224　　　路德对于社会的"属灵"与"属世"管治作出了划分。上帝的**属灵**管治是由上帝话语与圣灵的引导所施行的。凡是"与圣灵同行"的信徒无需任何人给予指示，教导他应该如何行事：他完全是与神的旨意配合，而且按此而行。正如一棵好树不需要什么指导来结出好果子，真正的信徒同样也不需要制定法规来指引其行为。正如一棵树自然会结出果子，信徒同样也是自然会按照道德与责任而行事。路德也强调人与神对"公义"或"正义"观念上的分别，这个主题成为他的"十架神学"的特色。上帝对正义的标准，让世界的那些标准都受到质疑。[4]

上帝的**属世**管治是由君王、贵族和地方官员所施行的，借着刀剑与民法的运用。他们在教义的事情上没有权威。"当世间的贵族与地主试图以专横的态度来改变与控制上帝的话语时——这是即使最贫穷的乞丐去做也一样不容许的事情——他们就自以为是上帝本身。"他们的权柄之正确范围是涉及世界的事务，那是凯撒（Caesar）的事，而不是上帝的事。虽然这些属世的统治者参与俗世的世界，他们却是在履行上帝的工作。不论这些贵族或地方官员是否真的信徒，他们仍然是在扮演一个神圣的角色（路德引用《罗马书》13：1—7 和《彼得前书》2：13—14 作为这个论点的支持）。上帝已经设定了受造物的秩序，作为维持和平与压制罪恶之用。在基督徒的社会中，设立了三个等级制度（hierarchies）或"秩序"（orders）：家庭，以父亲为首（反映了路德时代的父权观念）；贵族与地方官员，履行俗世的权柄，以及圣职人员，施行属灵的权柄。三者都是建基于上帝的话语，并且反映了神圣的旨意，为了组织与维持世界的领域。

路德知道，他对教会与社会关系的奥古斯丁式的看法意味着"在胡椒子中有老鼠屎，在麦子中有稗子"：换句话说，善与恶会同时并存于教会与社会中。这不是说"善"与"恶"不能加以**辨别**：它只是按照路德的实用主义来承认，两者是不能被**分隔**开的。善是可以由圣灵所管治，恶却一定要由宝剑来辖制。路德强调，当时日耳曼广大的受洗群众不会都是真正的基督徒。故此，路德认为，期望社会可以由登山宝训的训诫所管治，完全不切实际。或许每一个人都应该如此被管治——但不是每一个人都可以的。圣灵与宝剑必须并存于一个基督徒社会的政府中。

不过，路德的社会伦理似乎显示了两种完全不同的道德观念携手共存：一是私人的基督徒伦理，反映了登山宝训所具体表现的爱的管治，挑战人类一切的公义观念；另一是基于武力的公众伦理，认可人类的公义观念。基督徒伦理是建基于唯独因信称义的教义，信徒在其中是充满感恩地以好行为来回应上帝的恩典;公众伦理是建基于高压政治,市民在其中是因着惧怕不遵从的后果而遵守法律。登山宝训是基督徒个人性的杰出道德指引,可是它的道德要求却不一定要应用在公众的道德生活上。故此,路德显然把作为公众人物的基督徒(例如贵族或长官)置于事实上不可能运用两套不同伦理的位置上,一方面是他的私人生活,另一方面是他的公众生活。

故此,上帝是通过福音借着圣灵来管理教会,没有任何强制;而上帝管治世界,则是借着俗世权柄的刀剑。地方官员是有权运用刀剑来执行法律的,这不是因为暴力本身是合理的,而是由于人的罪恶难以驾驭。只要那里没有人类的罪,就不需要有强制的力量:所有人都认识福音的智慧,而且按此修正他们的行为。上帝设定政治的秩序,为了约束人类的贪婪与邪恶,这些都是罪恶的结果。

教会的属灵权柄因而是劝导性的,而不是强制性的,所关注的是个人的灵魂,而不是他的身体或财物。国家的属世权柄是强制性的,而不是劝导性的,所关注的是个人的身体与财物,而不是他的灵魂。路德对中世纪教宗制度的基本批判,正是针对其混淆了两种权柄的各自范围,尤其是借着教会法规(canon law)的制度。虽然路德谨慎地区分这两个权柄的领域,不论在其范围或本源上,他都强调两者不是互相对立的,而只是同一事物的不同层面——上帝在他那堕落与罪恶的世界中的管治。

故此,路德的政治神学是实用性的。路德知道他在维腾堡的政治现实的境况,以及他要依靠当时日耳曼贵族的政治支持,他便借着将他们的权柄建基在神圣的护理上,以强化他们的政治权柄。上帝透过贵族与地方官员管治这世界,包括教会。教会处于世界中,故此必须顺服于这世界的秩序。

不过,我们可以合理地问,如果国家变得暴虐,那么应该怎么办?基督
226 徒是否有权干预和积极反抗国家呢?路德认为不应这样做,至少在 16 世纪20 年代如是。然而,随着农民暴乱逐渐酝酿,路德政治思想的弱点似乎更加明显。俗世的统治者是基于神圣权利而拥有其职分。故此,路德在《论和平的告诫》(*Admonition to Peace*,1525)中,批判当时日耳曼地主对农民的暴虐,但亦谴责农民企图反抗他们的主人。"统治者邪恶与不义的事实,并不是支持混乱与反抗的借口,因为惩罚罪恶不是每个人的责任,而是属于那些配剑的世界统治者。"农民由于担当了审判者的角色,对他们认为是错的事情施行报复,实际上是僭越了上帝的位置:

统治者若是压制福音,并且在世间事情上欺压你,这自然是错误

的。不过,若你不只压制上帝的话语,而且把它践踏在脚下,侵犯他的权柄与律法,把自己置于上帝之上,你就犯了更大的错误。况且,你还从统治者那里夺取了他们的权柄与权利……若你自己施行审判,向那些伤害你的人,甚至是你的统治者(他们是上帝所设立的)进行报复,那么你会期望上帝与世界如何看待你。

上述对教会与国家关系的理解,成为受到猛烈抨击的对象。路德的社会伦理经常被形容为"失败主义"与"无为主义",鼓励基督徒容忍(或至少不作反抗)不公义的社会结构。路德宁愿要受压逼,而不要革命。这似乎也讽刺地区分了一种可以被视为属于基督徒的私人道德,与另一种不属于基督徒的公众道德。农民战争仿佛呈现了路德社会伦理的内在张力:农民是假设要按照登山宝训的个人伦理来生活,把另一脸转向他们的压逼者——而贵族则是合理地运用暴力与强制手段,来重建社会秩序。[5]虽然路德坚持,地方官员在教会中没有任何权柄,只是一位基督徒而已,但其中涉及的技术性区分却十分细微,以致根本不可行。这样就开展了教会最终由国家主导的道路,而这差不多是信义宗教会的普遍特色。德国教会在 20 世纪 30 年代无法抗拒希特勒,普遍被视为反映了路德政治思想的不足。即使是希特勒(Hitler),对于某些日耳曼基督徒来说,仍然是上帝的器皿。[6]

史坦麦兹(David C. Steinmetz)十分有力地指出,我们可以在路德混乱的政治神学中,辨别出五个主要前提:[7]

> 1. 基督徒的伦理(而不是人类的道德观念)是建基于唯独因信称义的教义上。
> 2. 所有基督徒都要履行公民与社会的责任。某些基督徒可以因 227
> 着参与公职,免除这些责任。
> 3. 登山宝训的道德观念是应用在每个基督徒的生活中,但不一定适用于参与公职者的每个决定。
> 4. 国家是上帝设立来达致某些目的,而教会却不能,也不应尝试来完成这些目的。换言之,两者的影响与权柄的范围不同,不应混淆。
> 5. 上帝借着福音管治教会,却不得不以法律、智慧、自然律和强制来管治罪恶的世界。

路德不是一个政治思想家,而他在这个范畴的有限与不足的试验,最好视为调适那时代政治现实的尝试。[8]对于当时德意志宗教改革运动的落实,日耳曼贵族与地方官员的全力支持是十分重要的。路德显然准备把宗教的尊严给予这些统治者,借此换取他们对宗教改革运动的不断支持。目的把手段合理化了。路德诉诸某一特定的势力集团;不过只要有另一个集团拥有政治势力,他几乎肯定也会诉诸其力量,并且把它的存在合理化。故此,路德显然是一个君主制度主义者,而茨温利则认为所有君主最终只会沦落为暴君。对于茨温利来说,贵族政治(即使它会退化成为寡头政体)较君主制度更为可取。我们真想知道,假如路德是在寡头政体的苏黎世作改教家,而茨温利则是处于选侯制度的维腾堡,那么事情会如何发生。历史上的"假如"即使是无法回答的,至少也能引发思考。

布塞在这一点上的立场,十分有趣。布塞的影响范围在于两方面。他是在伟大的帝国城市斯特拉斯堡的改革运动先锋,当他结束其在剑桥的日子时,正试图给予举步维艰的英格兰改教运动新的方向。那时的斯特拉斯堡是由市议会所管治的,英格兰则是由君主统治。由于路德的神学反映了君主制度的政府形式,而茨温利的则是寡头政体的政府形式,布塞不得不谨慎行事,以免冒犯了两种政体的任何一种。所以,或许毫不意外地,我们发现布塞认为,俗世权柄所采用的确实形式是无关紧要的事。俗世权柄基于世袭的君主制度或选举出来的议会,可以是个人或集体的:最重要的是,不论谁运用此权柄,都必须敬畏上帝,接受圣灵的引导。

228　　加尔文在 1536 年版《基督教要义》中也提出了相似的立场:任何政府的形式——不论是君主政体、贵族政体或民主政体——同样是合法的,而且同样有能力执行上帝为它所设立的职务。加尔文或许意识到他的观念在不同政治处境中将会引起的冲击,强调一个对于教会本质合乎圣经的理解,与现行公民政府的不论什么形式都是互相一致的,尽管他显然对君主制度有所保留。

茨温利对国家与地方官员的看法

我们已经指出,在茨温利的思想中,教会与国家之间有紧密的联系,这明显见于他的洗礼观。由茨温利在苏黎世开始改革的事业起,他似乎已经认识其处境的政治实况:苏黎世若没有得到市议会的同意与积极参与,不可能进行改革。对于茨温利来说,"教会"与"国家"只是理解苏黎世城市的不同角度,而不是两个独立的个体。[9]国家的生活与教会的生活并没有多大分别,两者都要求对方所要求的。传道者与统治者均要向上帝负责,他们都是受委托要在这城市中建立上帝的管治。茨温利把苏黎世视为神治的政体,换言之,整个城市群体的生活都是在上帝的管治之下:牧师与地方官员都是受命宣讲与执行那管治。

路德与茨温利的政府理论之间,显然有相似之处。把它们列出来,可能有助理解。

1. 两者均主张,这样的政府之需要是由于罪恶的结果。正如茨温利指出:"如果所有人都将应当的归予上帝,我们就不需要贵族或统治者——事实上,我们根本不会离开乐园。"

2. 两者均承认,不是所有群体的成员都是基督徒。虽然福音的宣讲可以使部分人悔改,可是还有些人是永不悔改的。(我们要记得,路德和茨温利的观点都是强烈倾向预定论的。)正如在整个群体中要设立政府,政府在必要时行使武力也是合法的。

3. 那些在群体中行使权柄的人,所用的是上帝的权柄。上帝是借着地方官员来施行他的权柄的。

4. 路德与茨温利都与极端派不同,他们主张基督徒是可以参与公职的。极端派认为,参与公职代表了政治上的妥协,从而使基督徒腐化。相反,对于路德与茨温利来说,一个信徒比其他任何人更有可能按照责任与爱心来运用权力,所以因此应该鼓励他参与公职。茨温利强调,统治者若不是敬畏上帝,就会成为暴君。柏拉图期望他的君王成为哲学家,茨温利则期望他的贵族统治者成为基督徒。

5. 路德与茨温利均清楚划分私人与公众道德。登山宝训的训诫(例如不要以恶报恶,或转过脸给仇敌打)只是应用于基督徒个人身上,而不是给负责公职的基督徒的。故此,茨温利指出基督自己抨击法利赛人,而且也没有在大祭司面前受审时转过脸给人打。

6. 路德与茨温利均区分了关乎基督徒与国家之公义的不同类别。茨温利认为,福音是关乎内在公义的推展,源自通过聆听福音而产生的个人转化,而国家是关乎外在公义的推展,源自借个人受法律的约束。福音改变人的本性,而国家只是约束人的贪婪与罪恶,没有改变人类动机的正面力量。路德强调人为公义与神圣公义之间的张力;而茨温利认为神圣公义是内在的,人为公义是外在的,路德暗示两者也是互相矛盾的。基督徒被命令要寻求的公义,与统治者所采用的对公义那较为严苛的标准,两者截然相反。

对于茨温利来说,市议会的权柄是源于上帝的,而上帝的话语则是他们所不能审判或挑战的。这样的理解,似乎只有理论上的重要性,而没有实用的价值。1523 年 1 月 19 日举行的第一次苏黎世辩论会实际上承认,市议会拥有解释圣经的权柄。虽然茨温利清楚明白市议会是在上帝话语**之下**,市议会却似乎运用手段,使自己的地位实际上凌驾在上帝话语**之上**。不论是谁可以解释上帝的话语,实际上即是拥有凌驾于它的权柄——不论这个解释者是教宗或市议会。这引致对茨温利的抱怨,认为他容许"原来属于整个教会的事务,由 200 人(市议会)来处理,而当时整个城市与邻近地区的教会却差不多有 7000 人"。

不过,哪一种政府的形式较为可取? 茨温利区分了三类政治制度:君主政体、贵族政体与民主政体。在他对这些制度的讨论中,展示了一种政治现实主义的态度,仿佛差不多没有任何独特的基督教洞见。在许多方面,他对问题的讨论反映了古典时期的观点,强调历史性而不是理论性的分析。君主制度是政府的一种专制形式,统治者基于不适当的标准来作出抉择。君王易于沦落为暴君,而当发现他不能胜任时又很难取替。茨温利也指出,把权力赋予某一个人,显然是有缺点的。相反,民主制度把权力交在整体人民的手中,却容易陷入混乱之中。当这情况发生时,个人的利益就被置于国家之上,而结果就会让"全体人民"(*res publica*)遭受损害。不过,贵族政体包括了一个代表性的元素,而且向人民负责,避免了君主制度与民主制度两者的缺点。这是上述两种政体有缺陷的形式的中庸之道(*via media*)。

这种立场与路德倾向于君主政体的形式,构成鲜明的对比。它也让我们明白茨温利对于反抗暴政,采取了较为积极的态度。对于茨温利来说,暴政是不可以容忍的。虽然茨温利有时否定了杀死统治者的合法性,但有些著作却清楚暗示,杀死暴君是可以接纳的。[10]基督徒有责任顺服上帝,而不顺从人——而那顺服可以包括废除或杀死统治者。茨温利谨慎地列出了可以废除统治者的情况。谋杀、战争和起义都被宣称为不可接纳的:尽可能运用和平的手段。由于茨温利倾向贵族统治(或最坏的情况是寡头的统治形式)的政府形式,他可以指出一些和平的手段,借此推翻这样的统治者——例如,选出一个取代者。路德的情况有些不同:君主制度政府的缺点之一,在于贵族是终身统治的,以政弑君是除掉君主的仅有少数选择之一。不过,茨温利可以提倡没有那么激烈的选举方法,以便更换不理想的统治者,从而保护了较为脆弱的良心。

布塞对地方官员与教会事奉的看法

宪制的宗教改革运动的落实,在许多方面有赖于布塞领导下在帝国城市斯特拉斯堡中传道者与地方官员之间的紧密结合。[11]加尔文在 1538 年被逐出日内瓦之后,他投奔了布塞的斯特拉斯堡,寻求政治庇护,以及在教会经验上的借鉴。布塞与斯特拉斯堡市议会之间的关系,有时颇为紧张,可是他仍然认为市议会肩负了上帝委托改革教会的责任。因着布塞思想的重要性,我们可以首先讨论,然后再探讨加尔文的思想。

布塞指出,在新约时代,俗世政权是"非基督教"的。因此,上帝要用一些其他方式——例如以圣灵为媒介——来保守与发展他的教会。不过,布塞认为,从早期开始,因着基督教信仰的影响,现今世上政权本身已经成为基督教的:故此,上帝在 16 世纪使用这些政权,即使他在起初运用了其他媒介。

> 在使徒与殉道者的时代,上主想要通过圣灵的能力成就一切,借此使全世界可以知道被钉十字架的那位就是主,而他是在天上统管万有。因此,他容许君王与其他有权位者完全与他及其子民为敌。不过,当他已经改变政权之后,他愿意他们真的以其职事与权力来服侍他,这些职事与权力是源自他的,并且是为了基督羊群的好处而赐给他们的。

牧师的任务是宣讲上帝的话语,而地方官员的责任就是按此来管治。这可能似乎暗示,传道者的权柄高过地方官员;然而,地方官员却是负责委任传道者的,因而减低了两者之间张力的可能性。对于布塞来说,地方官员要敬畏上帝,并且开放接纳圣灵的提醒,这是不言而喻的。布塞与大多数城市的改革宗神学家一样,认为"城市"与"教会"有十分密切的关联,以致公民的这种自我防卫本能,直接推动了宗教改革运动的事业。

加尔文对地方官员与教会事奉的看法

加尔文在 1541 年 9 月由斯特拉斯堡回到日内瓦之后,对布塞的思想加以发挥。[12]日内瓦的统治者在 1536 年摆脱了外来的统治,发觉他们本身缺乏任何一致的教会系统。所有发生于 16 世纪 30 年代的教会变迁都是具有破坏性的,最终导致某些接近混乱的情况。由此需要有一套全面的教会典章,而加尔文就被邀往日内瓦,协助这项任务。当地官员预备让加尔文(在合理的范围内)自行决定日内瓦教会的组织,只要他们的公民权利不受影响(他们最后把这项原则视为加尔文对宗教法庭之角色的观点上的妥协)。加尔文原来的想法是由宗教法庭的组织来负责教会纪律的事务,这组织由牧师与 12 位由他们选出的地方官员所组成。这个宗教法庭拥有权力,例如把任何有不能接纳的道德行为或宗教信仰的人革除教籍。地方官员察觉到这是对他们的权力的挑战,强烈重申他们在一切俗世事务上的权柄。结果达成妥协,加尔文对此解释为认可宗教法庭有权建议革除教籍,而地方官员则解释为认可他们有权执行革除教籍。以后 15 年的日内瓦历史,显示出上述妥协的结果是如何令人不满。

综观鉴于日内瓦的政治现实而作出的一切妥协,其显然是建基于加尔文对教会与国家之关系的理解上。虽然政治权力一定不被允许废除属灵的权柄,但重洗派认为属灵的权柄可以废掉政治权力,也是明确地不能接受的。当现今的秩序在审判的日子消逝之时,就不再需要政治的权力——不过,当人类仍存留在地上时,政治权力仍然是必需的,为了"促进与维持敬拜上帝的外在形式,维护健全的教义与教会的状况,协调我们在人类社会中的行为,建立我们对社会公义的态度,使我们彼此复和,爱护和平与共同的安宁"。

故此,加尔文赋予地方官员两个角色:维持政治与教会的秩序,以及为正统教义的教导作预备。不论是政治或属灵的权柄,都是运用上帝所赋予的独特资源,来维持同一群百姓的纪律。

> 教会没有权力运用刀剑施行惩罚或管束,没有强制的权力,没有监禁或其他刑罚,就像地方官员惯用的。那么所关心的目标,就不是违背罪人的意愿加以刑罚,而是通过自愿的惩罚来宣认悔罪。所以,两者是完全不同的,因为教会不能逾越任何本是属于地方官员的事务,地方官员也不能担当任何属于教会的事务。

政治的权柄是运用它强制的权力(通常是借着放逐或处决的威吓;日内瓦没有长期监狱),而属灵的权柄则运用它教导的职事来推广德行。加尔文也指出，牧师群体有权柄向地方官员解释在某一处境下上帝的话语有何要求，这显示在日内瓦的神权政体中，牧师群体是立法者，而地方官员是执行者。不过，地方官员似乎感到能够经常抗衡牧师群体，这削弱了后者在该城政府中的作用。

对于加尔文来说，地方官员与牧师都是受托同一任务，两者的分别在于他们可用的工具及各自的权柄范围。他们的责任是彼此补足的，而不是互相竞争。地方官员与牧师都是同一位上帝的器皿与仆人，受托同一使命，只是其行动的范围与方式有分别。重洗派认为，教会纪律纯粹是教会本身的事情[13]，可是加尔文却认为，这是公众的事务，属于地方官员的合法权柄。虽然加尔文的日内瓦不止一次困扰于属灵与政治两个权柄之间的张力，但社会组织的强烈意识成为"加尔文主义"的主要特色，这可以追溯至加尔文的日内瓦所持的政治理论。当清教徒（Puritan）立足于新世界时，他们所带来的不只是一种宗教，而是一种社会远象，其根源在于今天瑞士的一个小镇中。

加尔文政治思想的另一特点十分有趣。正如茨温利一样，加尔文对君主制度深存疑惑。君王容易沦为暴君；他们的动机是个人的利益，而不是人民的福祉。即使旧约的君王也容易有此倾向，而他们在 16 世纪的同侪更加差劣。虽然加尔文倾向指责的是君王，而不是君主制度[14]，但他质疑一个人拥有绝对统治的观念，却是无可置疑的。"加尔文主义"接着在整个欧洲向不同君主制度提出挑战，例如挑战英王查理一世（Charles I）并随后把他处死（1649），足以表明日内瓦式的政治神学在以后的重要性。路德主义与"加尔文主义"彼此之间的价值评估，往往是基于其政治观点，前者经常被视为赞成君主政体，而后者则被认为赞同共和政体。这些宗教制度之创始者的政治处境，似乎被提升为不同政体的基本信念。

基于以上分析，"加尔文的日内瓦"一词显然是误导的。加尔文不是"日内瓦的独裁者"，以铁杖来管辖百姓。加尔文甚至大部分时间不是日内瓦公民，因而没有政治权力。他的身份只是一位牧师，没有地位去支配该城的行政管治权力。事实上，那些掌权者到最后仍然保留将加尔文免职的权力，即使他们选择不予运用。作为宗教法庭的成员，他当然可以代表牧师向地方官员提出温和的抗议，然而这抗议却经常受到忽视。总之，加尔文没有**法定**的权力，可以独立于他所重视且尊敬的牧职同僚之外来行使。最终来说，加尔文对日内瓦的影响力，不是基于正式的法律地位（这是微不足道的），而是本于他作为传道者与牧者相当大的个人权威。

注释

[1] 闵采尔的情况充分说明了这一点：参 Gordon Rupp, *Patterns of Reformation* (London, 1969), pp. 157-353。关于极端的宗教改革运动在低地国家的发展概论，可参 W. E. Keeney, *Dutch Anabaptist Thought and Practice, 1539 –1564* (Nieuwkoop, 1968)。

[2] 参 W. Ullmann, *Medieval Papalism: The Political Theories of the Medieval Canonists* (London, 1949); M. J. Wilks, *The Problem of Sovereignty: The Papal Monarchy with Augustus Triumphus and the publicists* (Cambridge, 1963)。

[3] 路德在运用例如"国度"和"政府"等用语时，意义相当含糊：参 W. D. J. Cargill Thompson, 'The "Two Kingdoms" and the "Two Regiments": Some Problems of Luther's *Zwei-Reiche-Lehre*,' in *Studies in the Reformation: Luther to Hooker* (London, 1980), pp. 42-59。

[4] 参 F. Edward Cranz, *An Essay on the Development of Luther's Thought on Justice, Law and Society* (Cambridge, Mass., 1959)，文中对这点有完整的分析。

[5] 参 David C. Steinmetz, 'Luther and the Two Kingdoms,' in *Luther in Context* (Bloomington, Ind., 1986), pp. 112-125。

[6] 参巴特(Karl Barth)的著名书信(1939)，他在信中指"日耳曼人民所受的苦……是源于路德误解了律法与福音的关系、属世与属灵的秩序和权力的关系"。摘引自 Helmut Thielicke, *Theological Ethics* (3 vols; Grand Rapids, Mich., 1979), vol. 1, p. 368。

[7] Steinmetz, 'Luther and the Two Kingdoms,' p. 114.

[8] 参 W. D. J. Cargill Thompson, 'Luther and the Right of Resistance to the Emperor,' in *Studies in the Reformation*, pp. 3-41 的有用研究。

[9] R. N. C. Hunt, 'Zwingli's Theory of Church and State,' *Church Quarterly Review* 112 (1931): 20-36; Robert C. Walton, *Zwingli's Theocracy* (Toronto, 1967); W. P. Stephens, *The Theology of Huldrych Zwingli* (Oxford, 1986), pp. 282-310.

[10] Stephens, *Theology of Huldrych Zwingli*, p. 303, n. 87.

[11] W. P. Stephens, *The Holy Spirit in the Theology of Martin Bucer* (Cambridge, 1970), pp. 167-172. 关于布塞的政治神学概论，参 T. F. Torrance, *Kingdom and Church: A Study in the Theology of the Reformation* (Edinburgh, 1956), pp. 73-89。

[12] 谨慎的研究可参 Harro Höpfl，*The Christian Polity of John Calvin* （Cambridge，1982），pp. 152-206。其他资料可见于 Gillian Lewis，'Calvinism in Geneva in the Time of Calvin and Beza,' *in International Calvinism 1541 – 1715*，ed. M. Prestwich（Oxford，1985），pp. 39-70。

[13] K. P. Davis，'No Discipline, no Church：An Anabaptist Contribution to the Reformed Tradition,' *Sixteenth Century Journal* 13（1982）：45-49.

[14] 事实上，加尔文经常习惯把他的著作献给欧洲的君主，期望借此赢取他们对宗教改革运动的支持。加尔文所出版的著作曾献给的对象有英格兰的爱德华六世和伊丽莎白一世，以及丹麦的克利斯多夫三世（Christopher Ⅲ）。

进深阅读

Heinrich Bornkamm，*Luther's World of Thought*（St Louis，Mo. ，1958），pp. 218-272.

_____，*Luther's Doctrine of the Two Kingdoms*（Philadelphia，1966）.

Harro Höpfl，*The Christian Polity of John Calvin*（Cambridge，1985）.

_____，(ed.)，*Luther and Calvin on Secular Authority*（Cambridge，1991）.

David C. Steinmetz，'Luther and the Two Kingdoms,'in *Luther in Context*（Bloomington，Ind. ，1986），pp. 112-125.

W. P. Stephens，*The Theology of Huldrych Zwingli*（Oxford，1986），pp. 282-310.

T. F. Torrance，*Kingdom and Church：A Study in the Theology of the Reformation*（Edinburgh，1956）.

12

宗教改革运动思潮的扩散

在前章中,我们探讨了宗教改革神学出现的某些主要论题,包括了在运动中会造成分化和对立的某些辩论。不过,这全然略过了一个重要问题:宗教改革运动的观念和实践是如何在欧洲扩散(diffusion)的? 本章探讨宗教改革运动的信念和做法的传播所倚仗的某些途径,是超越它们原来处境的。

扩散的自然途径

在前章中,我们提到意大利文艺复兴的观念扩散至欧洲北部的工具。流传的三个主要途径是人民、书籍和通信。这些因素在宗教改革的扩展上,仍然具有重要性。在下文中,我们先看看在宗教改革观念的传播上某些一般性课题,然后才在以后章节中注目于某些较特别的课题。

地方语言

宗教改革运动最有特色的一个强调要点,就是地方语言的运用。路德于 1520 年出版的主要改革小册子都是以德文撰写的,确保他的观念受到广泛的阅读。同样,茨温利坚持他的观念应以他的母语瑞士德文出版,而加尔文则以他的母语法文撰书。结果不只是宗教改革运动的观念和实践让更多人得知：大部分现代西欧语言的塑造也深受改教家的著作所影响，尤其是通过以地方语言翻译的圣经。改教家也留意到以地方语言讲道的重要性，而且确保礼仪亦要为大多数崇拜参与者所明白。

在宗教改革运动的历史中，马丁·路德在 1520 年决定从一个学究式的改教家（以拉丁文向众学者论辩），改变成为一个民众改教家（以德文向较广泛的大众论辩），是最重要的时刻之一。宗教改革运动针对现存对于圣经应该和如何阅读之方式、教会的结构，以及基督教教义的理解，显示了重大的挑战。不断地，改教家将这些诉诸民众，过于圣职人员和神学家领袖；他们坚持，民众必须作抉择。瑞士宗教改革运动的实践，就是反映了这个基本原则，福音派与天主教徒，以地方语言作出公众辩论，然后由全体公民出席者投票，决定是否接纳宗教改革运动。

运用地方语言的决定，与书籍的出版关系密切，例如加尔文的 1541 年法文版《基督教要义》就是以地方语言撰写的。这自然引导我们考虑书籍作为传播宗教改革思想之媒介的重要性。

书籍

印刷术的发明和广泛采用，彻底改革了观念的传播。文艺复兴和宗教改革运动的观念得以扩散，与印刷术有密切的关系。显然，书籍和宗教册子可以较易携带越过国境，相当有助于宗教改革运动的扩展。路德从来没有到过英格兰，可是他的观念却在那里被惊人地广泛讨论和评价，就只因他的著作流传到这个国家（那虽然实质上是不能阻止的）。

同样的情况也见于法兰西。在 1536 年之后，加尔文再没有回到法兰西。（虽然加尔文在 1538 至 1541 年间留在斯特拉斯堡，这个帝国城市却不像今天一样是法兰西的一部分。）然而，加尔文的著作（特别是那些以法文出版的作品）在巴黎拥有大量读者。主要的转折点，就是《基督教要义》在 1541 年出版了法文的版本。条理分明的论述，谨慎辩解宗教改革运动的基本教义，现在可以用法文阅读得到，而那是大众能够明白的语言。1542 年 7 月 1 日，巴黎当局指示，所有含有异端教义的作品，尤其是加尔文的《基督教要义》，都要在 3 天内呈交给当局。巡查书店成为官员试图压制逐渐壮大的异端运动的重要方法。在接下来的一年，巴黎神学院拟出了一份 65 项作品名称的清单，其中 22 本是拉丁文作品，43 本是法文作品（不过有两项是无意地重复了，以致总数是 41 本），这些作品由于当前的影响而受到谴责。以任何的可能性可加以辨认和确定年代的 36 份文献中,其中 23 份是在日内瓦印刷的。这两个法语城市之间的贸易路线,似乎已经用于把宗教改革运动的主要作品引进法兰西首都。

因此,加尔文的《基督教要义》被视为日内瓦人一个以印刷文字作为媒介来攻击法兰西教会的先锋。1545 年 6 月 23 日,出版了一份范围更广泛的禁书清单。在 121 项法文作品中,有差不多一半是在日内瓦印刷的。巴黎的书商立即作出反应:他们提出抗议,指出他们若不被允许售卖这些书籍,就会面临破产。那些被视为异端的作品,似乎占了不少市场。

不过,日内瓦的书刊继续涌入巴黎。试图管制书籍的公开发售以排斥来自日内瓦的作品,只会迫使交易转入地下。宗教战争最终于 1565 至 1580 年间阻碍了日内瓦出版业在法兰西宗教市场的占有部分的扩张,在此之前,在巴黎不难找到这些著作。加尔文的朋友和书商劳伦特发现走私书籍的利润十分高,他甚至移居日内瓦,以便他可以出版这些书籍,而不只是售卖它们。

民众的交流

在前章中,我们提到意大利文艺复兴的重要思想传播至欧洲北部之主要途径之一,就是通过个别学者往访意大利,并且把文艺复兴的观念随着他们带返家乡。这些人对于宗教改革运动扮演了类似的重要角色,不应感到大惊小怪。路德的思想同时被丁道尔(William Tyndale)和巴恩斯带往英格兰,前者被认为、而后者则是已知曾在维腾堡受教于路德。

玛丽·都铎(Mary Tudor)的压制政策导致许多英格兰新教徒流亡至欧洲的新教城市(例如法兰克福、日内瓦和苏黎世)。随着这些人回到英格兰,他们把改革教会的生活经验带返家乡,促使新教改革在伊丽莎白一世治下前进。在 1559 年大量主教辞职的事件之后,伊丽莎白一世委任了 18 名主教,其中 12 名曾经在玛丽统治期间流亡至欧洲。

正如上文所述,主要改教家所领导的运动遇到极大的限制。例如,路德由于 16 世纪 20 年代革除教籍的禁令而不可能离开他的本乡萨克森。他那年轻的维腾堡同僚梅兰希顿就代表他出游,在德意志其他地方宣扬信义宗的宗教改革运动。同样地,加尔文的运动也是受到限制的。当他的影响力达到高峰时,他实际上局限在收留他的城市日内瓦中。不过,加尔文仍然能够通过代理人施行影响。这影响或许在他的故乡法兰西是最大的,法兰西是日内瓦从 1555 年开始组织主要渗透活动的目标。

为了回应来自法语改革宗教会，尤其是法兰西东南部的教会的要求，加尔文安排改革宗牧师偷偷潜进该地区。整项行动基本上是秘密的，不论是日内瓦或法兰西行动的一方。在一日路程的距离之间建立了安全屋，作为藏身之所。就像法国抵抗组织在第二次世界大战期间所使用的地下网络一样，让人可以从日内瓦越过不清楚的边境进入法国。牧师团尽力维持完全守密，甚至对理论上可以知道一切的市议会也加以隐瞒。

然而，到了 1557 年，牧师团承认没有可能无限期地在国外维持秘密活动；那年稍后，加尔文出席市议会解释情况，并且要求允许派遣更多执行人员。市议会显然意识到这些活动对该市所造成的严重危险：假如日内瓦政府被认为是亲自组织宗教极端分子的渗透工作，那么它就会招致煽动攻击强邻的罪名，后果无法预料（却很可能是不愉快的）。不过，市议会同意继续秘密进行该政策，只要他们不会被扯上关系。这项成功的策略无疑是有助加尔文主义在法兰西迅速增长的因素之一，最终导致宗教战争在该地区爆发。

其他持守加尔文派思想的知识分子前往外国，宣扬他的观念，或许在英格兰是最成功的。在爱德华六世的统治之下，主要的神学家（不论是加尔文派还是同情加尔文主义者）都被鼓励留居英格兰，为初生的改革宗教会赋予一个神学方向的意识。例如布塞、威尔米革立［Pietro Martire Vermigli，或许更常称为殉道者彼得（Peter Martyr）］和拉司基（Johnà Lasco）对英格兰教会给予了新的动力，把它从早期与信义宗思想的轻浮关系，转向至少某些与加尔文的日内瓦有关的观念。1559 年 5 月，诺克斯（John Knox）在日内瓦流亡一段时间之后，返回他的家乡苏格兰；在他抵达的日子中，珀斯（Perth）爆发了暴乱，加速了宗教改革运动的危机。

现在，我们的注意力转到某些有助宗教改革运动思想扩散的出版刊物。我们已经考虑过某些牵涉在那过程中的因素，现在转而处理某些书籍作品，它们是已知有助这时期新神学传播的工具。我们首先考虑的是"教理问答"（catechism），宗教改革运动的观念借着它教导给新的一代。

教理问答

虽然现今已经同意，"教理问答"可以在中世纪教会中见到，然而一般同意,教理问答的广泛使用是特别与宗教改革运动有关的。路德于 1528 至 1529 年间对萨克森信义宗教会的一次探访中,显示大多数牧师以及几乎每一个平信徒都不晓得基本的基督教教义。路德对他的发现感到震惊,而且决定提出方法改善大众对基本基督教教义的认识。

路德在这方面的新关注,最早的成果在 1529 年 4 月出现。虽然路德自己称它为一部"德意志的教理问答"(German Catechism),现今一般却称为《大教理问答》(Greater Catechism)。这部作品详细分析了十诫、《使徒信经》和主祷文。这些段落之后跟着对教会两个圣礼的讨论——洗礼和"祭坛的圣礼"(sacrament of the altar,或称为圣餐礼)。这本书没有显出路德最佳的一面。它是取材自较早期的讲章材料,而不是特别为了问答式教导的目的而撰写的。结果,它没有达到它的目的。

跟着在 1529 年 5 月,现今所称的《小教理问答》面世。这部作品特别为了这个目的而撰写,笔调轻快、阅读容易和措辞简明,以使它受到广泛的使用和认识。这部作品相当成功,而且在信义宗建制中被广泛采纳。这部作品的问答形式十分适合背诵的学习方式,使它在学校中被广泛采用。要留心的是,路德在 1529 年的两部教理问答都是以德文撰写的,而这是民众的语言。路德为了这个目的,避免使用拉丁文,他承认这种学术语言的使用会严重限制作品的吸引力与读者群。

为了说明路德所采纳的取向,我们可以考虑以下取材自《小教理问答》的段落。尤其留意问答的形式,为的是协助教导和学习。[1]

问:圣洗是什么?

答:圣洗不单是水,乃是按上帝的命令所使用,且与上帝的道相联合的水。

问:上帝的这道是什么?

答:就是我们主基督在《马太福音》28:19 所说:"你们要去,使万民作我的门徒。奉父、子、圣灵的名给他们施洗。凡我所吩咐你们的,都教训他们遵守。"

问:圣洗的恩赐或益处是什么?

答:圣洗使罪得赦,救人脱离死亡和魔鬼,并赐永福给一切相信的人,正如上帝的道和应许所宣告的。

问:上帝的这道和应许是什么?

答:就是我们的主基督在《马可福音》16:16 所说的:"信而受洗的

必然得救,不信的必被定罪。"

　　问:水怎能成就这样的大事呢?

　　答:成就这事的,固然不是水,乃是上帝的道与水同在并透过水,和我们信靠上帝与水相联之道的信。因为没有上帝的道,水单是水,不是圣洗;但水与上帝的道联合,就是圣洗。这圣洗就是宏恩生命的水和圣灵重生的洗。

　　改革宗教会不久就认识到这类文体的重要性,以及它十分清楚地提供的教学优点。经过一些试验之后,加尔文最后出版了《日内瓦教理问答》(Geneva Catechism)的法文版(1542)和拉丁文版(1545)。这部教理问答在改革宗地区被广泛使用,直至 1563 年。这时候,《海德堡教理问答》面世。这部重要著作是源自德意志改革宗教会的增长,尤其是在巴拉丁领地(Palatinate)。选侯腓特烈三世(Frederick Ⅲ)委任两名改革宗神学家[俄利维亚努(Kaspar Olevianus)和邬新努(Zacharias Ursinus)]执笔撰写一部适合在他教会使用的教理问答。结果完成了一部德文教理问答,共有 129 条问题,可以编成 52 组材料,供全年定期教导使用。改革宗信仰的主要论题是以当时必然的问答形式列出。例如,以下一段材料是论述在教会中运用形象的问题:[2]

241

　　九十六问:在第二条诫命里,上帝吩咐什么?

　　答:我们绝不可用任何方式描画上帝,也不可用圣经中所吩咐之外的其他任何方式敬拜他。

　　九十七问:那么,我们不可造任何像吗?

　　答:上帝是不可也不能加以描摹的;至于受造者,虽可描摹,但上帝禁止我们把它们作成像顶礼膜拜,或借此来崇拜上帝。

　　九十八问:难道不可把图画放在礼拜堂里,作为教导平信徒的工具吗?

　　答:不可。因为我们不应自以为比上帝聪明,他不要基督教世界受教于哑巴偶像,却要受教于圣道的活泼宣讲。

　　新教教会对教理问答的广泛使用,以及它们所达致的显著结果,导致他们的天主教对手也开发这类形式。早期的天主教会教理问答倾向避免问答的形式,而且提供了大量神学重要论点的讨论。杰出的例子可以见于迪滕伯格(Johann Dietenberger)在 1537 年出版的教理问答,其中采纳了使徒信经、主祷文、十诫、圣母经(Hail Mary)和 7 项圣礼的讨论形式。然而,问答方式的优越之处越来越明显,而且并入迦尼修(Peter Canisius)的 3 部教理问答中,分别在 1554 至 1558 年间出版。这部作品是以拉丁文出版的,正如1566 年内容更充实的《特兰托公会议教理问答》(Tridentine Catechism)。这部作品的形式虽然相当累赘,以致它难以使用,在特兰托公会议之后面世的这部作品却可以视为对有关文体的意义的重要承认。

信条

我们已经提到,宗教改革运动相当重视圣经的权威。不过,圣经是需要解释的。随着宪制派与极端派改教家之间的争论愈演愈烈,解经的问题就既会引起不和,也叫人感到难以理解。显然有必要用某种"官方"形式说明宗教改革运动的观念,以祈避免混乱。这个角色是由"信条"(Confessions of Faith)来扮演的。由于这些文献的重要性,我们会衡量它们在宗教改革运动思潮中的地位。

242　　宪制的宗教改革运动在相当强调圣经权威的同时,也承认以往基督教共识的角色——这个观念是我们早前讨论的所谓"传统"。一般来说,新教神学家可以说是承认三层权威的:

1. **圣经**。宪制的宗教改革家认为,圣经在基督徒的信仰和德行上,拥有至高的权威。

2. **基督教信经**。宪制的宗教改革家认为,这些文献(例如《使徒信经》和《尼西亚信经》)代表了早期教会的共识,而且是圣经的准确和权威解释。虽然它们的权威被视为衍生的(derivative)或从属的(secondary),却是对抗极端宗教改革运动(一般拒绝承认这些信经拥有任何权威)的个人主义的重要查检。信经的权威是同时被新教和天主教所承认的,也包括构成主流宗教改革运动的不同成员。

3. **信条**。这些文献被宗教改革运动中某些团体视为权威。例如,《奥格斯堡信条》(1530)被早期信义宗教会承认为具有权威。不过,其他宗教改革运动的团体却并不认可。例如特定的信条是由其他宗教改革运动的群体所拟定的。某些信条是与宗教改革运动的特定城市有关的——例如,《巴塞尔第一信条》(First Confession of Basel,1534)和

《日内瓦信条》(Geneva Confession，1536)。

故此,宗教改革运动中的基本格局是承认圣经拥有首要性和普遍性的权威;信经是拥有从属性和普遍性的权威;而信条则是拥有第三位和地区性的权威(这些信条在其中只被视为对某一宗派或某一地区的教会有约束力)。宗教改革运动的改革宗一翼的发展十分复杂,结果产生了一些具有影响性的信条——各自与某一地区有关。以下的尤其重要。

年份	名称	地区
1559	《高卢信条》	法兰西
1560	《苏格兰信条》	苏格兰
1561	《比利时信条》	低地国家
1563	《三十九条信纲》	英格兰
1566	《第二海尔维第信条》	瑞士西部

若要说明信条的作用,我们可以摘录 1559 年在法兰西出版的《高卢信条》(Gallic Confession of Faith)来讨论。(顺便提一句,请留意地方语言的重要性。)这份摘录列出了新教对圣经正典的典型理解。请留意每卷书都是特别提及其名称,加上别称——例如,《箴言》和《启示录》的情况。另留意《希伯来书》没有归属给保罗,而是视之为一卷独立的作品。然后跟着是对圣经权威的肯定,其中所讨论的权威,清楚说明是内存于圣经之中,而不是教会所加诸的某些东西。此外,也应留意信经是由于它们与圣经一致,因而被承认为有权威的。[3]

　　3. 这部圣经包括旧约和新约正典如下:摩西五经,即《创世记》、《出埃及记》、《利未记》、《民数记》;然后是《约书亚记》、《士师记》、《路得记》、《撒母耳记》上下、《列王纪》上下、《历代志》上下,也有称为历代志书(Paralipomenon)、以斯拉一书;然后是《尼希米记》、《以斯帖记》、《约伯记》、大卫的《诗篇》、所罗门的《箴言》或格言;《传道书》,或称为传道者、所罗门之歌;然后是《以赛亚书》、《耶利米书》、《耶利米哀歌》、《以西结书》、《但以理书》、《何西阿书》、《约珥书》、《阿摩司书》、《俄巴底亚书》、《约拿书》、《弥迦书》、《那鸿书》、《哈巴谷书》、《西番雅书》、《哈该书》、《撒迦利亚书》、《玛拉基书》;然后是圣马太、圣马可、圣路加和圣约翰等神圣福音;然后是圣路加的第二卷书,即《使徒行传》;然后是圣保罗的书信,一封给罗马教会、两封给哥林多教会、一封给加拉太教会、一封给以弗所教会、一封给腓立比教会、一封给歌罗西教会、两封给帖撒罗尼迦教会、两封给提摩太、一封给提多、一封给腓利门；然后是《希伯来书》、圣《雅各书》、圣彼得前后书、圣约翰一、二、三书、圣《犹大书》；然后是《启示录》，或称为圣约翰的启示录。

4. 我们晓得这些书卷是正典，而且是我们信仰的可靠标准，不只是因着教会的共识和赞同，而是由于圣灵的见证和在内心的说服（*par le tesmoignage et interieure persuasion du saint espirit*），让我们可以把它们从其他教会书籍中分别出来，后者不论是如何有用，却永不能成为任何信仰条文的基础。

5. 我们相信，圣道是包括在这些从上帝而来的书卷中，而且它的权威只是从他而来，而不是来自人。在其中它是所有真理的准则，包括一切对上帝的服侍和我们的拯救所需要者，任何人（即使是天使）都不许对它加添、删减或改动。那么，没有权势，不论是古人、习俗、人数、人类的智慧、审判、公告、勒令、法令、议会、异象、神迹，可以与这些圣经违背，不过，另一方面，所有事物都应该根据它们受到审查、调校和改良。故此，我们承认以下 3 份信经：《使徒信经》、《尼西亚信经》和《阿塔那修信经》，因为它们是与上帝的话语一致的。

现在，我们转而讨论宗教改革运动观念传播最具影响力的途径之一，即它们改革宗的具体呈现——加尔文的《基督教要义》。

加尔文的《基督教要义》

《基督教要义》（*Institutes of the Christian Religion*）是由巴塞尔的印刷商普拉特（Thomas Platter）和拉修斯（Balthasar Lasius）于 1536 年 3 月出版的。拉丁文书名 *Institutio Christianae Religionis* 的翻译造成了一些难题。拉丁文 *Institutio* 一词暗示类似查士丁尼的法典（Institutes of Justinian），那是一部古代法规，加尔文在奥尔良的时期就对此十分熟悉。不过，若论它的结构或内容，加尔文的作品就不大像是一部法典。

伊拉斯谟以相当不同的意思来运用同一个拉丁文字词，把它用作"指南"或"入门手册"（例如，他在 1516 年的 *Institutio principis Christiani*，或许会对加尔文的书名有所启发）。英文的"基本原理"（institution）一语可能传达了加尔文另一关心要点——回到基督教较本真的形式，而不是那在中世纪晚期所遇到的。加尔文关心的是基督教的原初架构，而不是在中世纪所发展的（或按照加尔文的看法，那是扭曲的）。实际上，大多数英文译本选择照拉丁文书名把它翻译成 *Institutes of the Christian Religion*，没有理会拉丁文原来含有的另一个意思，而我们也会依循这个做法。

《基督教要义》的初版是仿照路德《小教理问答》1529 年版的。它的结构与内容暗示加尔文取材自这部早期德意志宗教改革运动的重要教育性作品的程度。它的 516 页小版格式包括了 6 章，前 4 章是以路德的教理问答为典范。不过，加尔文可以比路德更详尽地讨论问题，理由只不过是因为他的著作不是用作死记硬背的教理问答。第 1 章基本上是十诫的解说；第 2 章是阐述《使徒信经》。路德对信经的讨论共有 3 段（圣父、圣子和圣灵），加尔文则补充了相当充实的第 4 段，论到教会，承认这个问题在理论和实践上的重要性。在讲解"律法"、"信心"、"祈祷"和"圣礼"之后，加尔文撰写了两章，讨论在本质上较具争议的"不正确的圣礼"和"基督徒的自由"。

《基督教要义》的第二版是源自加尔文在斯特拉斯堡的日子，于 1539 年以拉丁文出版。两版之间的明显和重要的分别是篇幅的大小：新版的篇幅是 1536 年初版的三倍，共有 17 章，取代了原来的 6 章。开首的两章如今是处理上帝的知识和人性的知识。添加的材料包括补充了三位一体的教义、新旧约的关系、赎罪、因信称义、护理和预定的本质与关系，以及基督徒生活的本质。虽然这一版著作保留了许多来自早期版本的材料，却显然改变了它的特色和地位。它不再是一份教理问答，而是迈步成为决定性地陈述基督教信仰本质的一本书，可以与托马斯・阿奎那的《神学大全》（*Summa Theologiae*）比拟。

加尔文写道："本书准备为神学生研究上帝圣道之用，好叫他们容易入门，进展无阻。"换言之，这本书的目的是成为圣经的指引，就像是一部随身携带的指南，解说圣经错综复杂的深层意思。

这是十分重要的一点，正如加尔文后来所强调的，因为这一点把加尔文的《基督教要义》确立为他的宗教思想的首要资料来源。他的其他作品——例如圣经注释和讲章——在这方面都没有那么重要，不论它们是否有其他价值。加尔文在撰写《基督教要义》时，倾向对圣经提供基本的教义注释，让圣经读者可以直接明白它的真正意思。

《基督教要义》的法文版在 1541 年出版。奇怪地，这一版不是直接翻译

245

自 1539 年的版本；它在好几点上都是取材自 1536 年的版本（虽然在 1539 年修改了），却包括在 1541 年的译本中。这导致我们推测，加尔文可能原本是想出版一部 1536 年版的法文版本，却放弃了这项计划，收录已经翻译进 1541 年版却没有在 1539 年版修订的材料。这一版显示了许多轻微的改动，而这全都可以解释为是由于所预期的读者对象所引致。学者指出，有可能造成困难的地方都删除了（例如，删掉所有希腊文字词和引用亚里士多德之处），而且所添加的补充材料似乎是预期读者会熟悉的（例如，法文的谚语和成语）。

246   1543 年出版了另一部拉丁文版本，而 1545 年也出版了一部法文版本。现在的篇幅已扩大至 21 章，其中最重要的添加是论教会教义的主要段落。轻微的改动包括加入两章论起誓和人的传统，以及创造独立一章处理与天使有关的材料。加尔文的宗教反省之经验的影响，在这一版中十分明显，尤其是在教会架构的重要性的讨论上。

虽然这一版具有明显的优点，书中内在的缺陷（在 1539 年版中已经显而易见）现在昭然若揭。这本著作的结构差劣。新的篇章添加进去，没有想过这样的加添对本书的结构编排的整体影响。许多篇章都是无法可想的冗长，没有任何再分章节的尝试。1550 年的拉丁文版本，以及随后 1551 年的法文版本，都试图补救这个缺陷，把书中 21 章再作分段。有一些加添值得一提，例如论述圣经权威和人类良知的新章节。不过，基本的缺点仍然存在：1550 年的版本（就像 1543 年版）必须被视为是编排相当差劲的著作。

这位改教家认识到既有完全修订作品的需要，也没有多少时间余下来达成这项工作（加尔文的晚年一再受到病患的困扰），他就决定重修整部著作。让人惊讶的是，增加的地方非常的少；一般都不大吸引人，并反映出加尔文越来越容易动怒，倾向辱骂和诽谤他的对手。最明显和有建设性的改动是对材料完全重新整理，差不多把一连串变得彼此无关的破碎篇章修复成为一个整体。这些材料现在分为四"卷"（books），编列如下：

卷一　论对创造者上帝的认识；
卷二　论对救赎主上帝的认识；
卷三　论参与耶稣基督恩典的方式；
卷四　论上帝引领我们到耶稣基督的外在工具或协助。

1551 年版的 21 章现在扩展至 80 章，每一章为方便阅读而谨慎分段，遍布在四卷中。加尔文可能采纳了 1543 年版的"四重结构",把材料设计划分。不过,另一个解释是加尔文留意和采纳了伦巴德的《四部语录》的"四重"划分方式,伦巴德是加尔文经常提到的中世纪神学家。加尔文是否让自己成为伦巴德的新教承继者,而他的《基督教要义》是不是伦巴德的伟大神学课本的承继者? 我们永远不会知道。我们知道的是,《基督教要义》现今被确立为新教宗教改革运动最具影响力的神学著作,其重要性盖过路德、梅兰希顿和茨温利与之匹敌的作品。

《基督教要义》1559 年版的成功,反映了它的出色结构。正如上文所述,梅兰希顿借着出版他的《教义要点》,在 1521 年建立了信义宗著作的决定性模式。在这部作品的初版中,只是处理了一些明显与信义宗宗教改革运动有关的课题。然而,越来越多在争论和教学上的考虑,让梅兰希顿不得不大量增加作品的篇幅。意外的是,梅兰希顿以不恰当的方式应付这个挑战;他只是加了补充材料,没有顾及这会造成缺乏统一结构的后果。不久就显出这种处理材料的方式是笨拙而混乱的,不能胜任 16 世纪末至 17 世纪的神学辩论所需要的系统分析。

然而,加尔文为他的后人留下了一个极具系统和组织的结构,证明不只理想地符合当代的需要,也适用于以后至少一个世纪的人们。信义宗的思想从未真正从梅兰希顿所给予的错误开始中弥补过来;新教的理论思想由改革宗传统的神学家所主导,同时归因于加尔文的《基督教要义》最后版本的要旨和结构。

加尔文的《基督教要义》在西欧被阅读和认识,经常被其他著作征引。作者匿名的意大利著作《基督的恩惠》(Benefits of Christ,1541)——这本书在被宗教法庭查禁之前,已经迅速成为十分畅销的宗教著作——相当倚仗《基督教要义》1539 年版。到了 16 世纪 50 年代后期,荷兰的前线新教神学家显然已经熟悉加尔文的著作。这部作品迅速成为宗教改革运动第二波思想的一部整齐简练的全备而独立的入门论著。加尔文主义在植根于建制层面之处,往往早已通过《基督教要义》植根于理性的层面之上。

加尔文的《基督教要义》1559 年版的成功,产生了一类出版的副产品——"摘要"或"概略"。即使是在 16 世纪,这部著作已经流通了许多节录本,显然享有相当大的商业成就。1562 年,马洛拉特(Augustin Marlorat)对该著作出版了一套索引,协助找出书中的主题和圣经经文的位置。1576 年,早期的加尔文传记作者之一科拉顿(Nicolas Colladon)出版了一个版本,页边附有重要段落内容的简略摘要。沃特罗勒（Thomas Vautrollier）是一个胡格诺派的流亡者，成为伦敦最重要的宗教出版商之一，他印刊了两部《基督教要义》的研读指南：邦尼（Edmund Bunny）的《概要》（*Compendium*，1576 年）尝试协助困惑的研读者，处理加尔文的艰涩文体和立论的微妙之处。7 年之后，德劳（Guillaume Delaune，一个胡格诺派流亡者，他的名字英语化是 Williame Lawne）撰写了一部《基督教要义》的摘要，篇幅只有 370 页。除了对加尔文的著作概述之外，这部作品提供了图表或图解，让困惑的读者可以明白书中错综复杂的结构。其他的"研读指南"由俄利维亚努（Caspar Olvianus，1586；编按：即上文之 Kaspar Olevianus）、皮斯卡托尔（Johannes Piscator，1589）和德库洛格（Daniel de Coulogne，也称为 Colonius，1628）出版。通过他们的作品，越来越多的读者可以接触和理解加尔文。

注释

[1] Martin Luther, *The Lesser Catechism* (1529); *in D. Martin Luthers Werke*：*Kritische Gesamtausgabe*, vol. 30, part 1 (Weimar, 1910), 225. 20-257. 24.

[2] Heidelberg Catechism, Questions 96-98; in E. F. K. Müller (ed.), *Die Bekenntnisschriften der reformierten Kirche* (Leipzig, 1903), 710. 8-27.

[3] Gallic Confession, articles 3-5; in E. F. K. Müller (ed.), *Die Bekenntnisschriften der reformierten Kirche* (Leipzig, 1903), 222. 5-44.

进深阅读

A. Cochrane (ed.), *Reformed Confessions of the Sixteenth Century* (Philadelphia, 1966).

W. Forrell and J. McCue (eds), *Confessing One Faith*：*A Joint Commentary on the Augsburg Confession by Lutheran and Catholic Theologians* (Minneapolis, 1982).

W. P. Haugaard, *Elizabeth and the English Reformation* (Cambridge, 1968), pp. 233-290.

R. M. Kingdon (ed.), *The Formula of Concord*：*Quadricentennial Essays* (Kirksville, MO, 1977).

H. Robinson-Hammerstein (ed.), *The Transmission of Ideas in the Lutheran Refor-*

mation (Blackrock, Co. Dublin, 1989).

T. F. Torrance, *The School of Faith: The Catechisms of the Reformed Church* (London, 1959).

V. Vajta (ed.), *Confessio Augustana: Commemoration and Self-Examination* (Stuttgart, 1980).

英格兰宗教改革运动思潮

本书大部分讨论是集中于欧洲大陆的宗教改革运动。然而,宗教改革运动也对英格兰造成影响,产生了一个相当不同的进程。由于英格兰的宗教改革运动具有相当的趣味和重要性,故此本章以此为主题。我们首先探讨英格兰宗教改革运动的起源。

英格兰宗教改革运动的起源：亨利八世

对于英格兰教会在宗教改革运动时期之生活的近期研究,显示了它的活力和多样性。无疑,英格兰教会在中世纪晚期的境况是教会有某种程度的内在不满。当时的探访记录显示,在主教的阶层中对于教士素质的低落感到相当关注,也对教会生活的不同层面表达担忧。至于外在的不满,也有明显的征兆,教士在许多地方受到敌视(尤其是在伦敦),也成为甚受关注的原因。不过,对教士的憎恶并不是普遍性的。在英格兰的某些地方——例如兰开夏郡(Lancashire)和约克郡(Yorkshire)——教士大体上是让人满意的,故此没有争取极端改革的热忱。

16世纪20年代初,路德的观念开始受到讨论。在这段时期中,也许对他的著作最感兴趣的人都是学者,尤其是在剑桥大学。"白马小组"以聚集在一间早已不存在的小酒馆而命名,这个小组包括了某些英格兰宗教改革运动的未来领袖。路德对因信称义的教义,以及他对中世纪后期天主教会某些地方的批评,极具感染力。这感染力的程度完全有可能通过罗拉德派的影响而提高,后者是一个宗教改革之前已经出现的运动,源自英格兰本土,相当严厉地批评教会生活的许多层面。

250

然而,证据显示,宗教改革运动的根源归因于对晚期中世纪教会的批判,或是信义宗的影响力,这是不能令人信服的。这些因素可视为宗教改革运动一旦开始后的催化剂。现存证据强烈指出,亨利八世的个人影响力,对英格兰宗教改革运动的起源及以后的方向才有根本的重要性。

当时的背景,是亨利八世挂心于要生一个儿子来继承英格兰王位,以便确保他死后权力可以顺利过渡。他与阿拉贡的凯瑟琳的婚姻,诞下了一个女儿,那就是未来的女王玛丽·都铎。这段婚姻不仅无法诞下必须要有的子嗣,更反映出早一代的政治实况,即认为英格兰与西班牙之间的联盟对于明智的外交政策来说是十分重要的。这个假设的缺点,到了1525年已显而易见,当时查理五世拒绝迎娶亨利与凯瑟琳的女儿。于是,亨利开始了可使他与凯瑟琳离婚的程序。

在正常的情况下,这个程序不会遇到任何难以应付的障碍。一封向教宗申请婚姻无效的请求,就可以期待得到预期的结果。然而,情况却不太寻常。罗马事实上是在查理五世的军队围攻之下,而教宗(克莱门七世)感到忐忑不安。阿拉贡的凯瑟琳是查理五世的姨母,而教宗必然想要避免在这个敏感的时刻冒犯皇帝。离婚的要求被驳回。犹如火上加油一样,克莱门七世更告知亨利,假如他再婚,就会被革除教籍。

亨利的反应,是开始一项说服计划,意图维护英格兰作为教会个别辖区的独立性,以及英格兰君主的自主权。1529年11月3日,亨利召开了一次议会,试图减少教会与教士的权力。英格兰的教士最初拒绝在这些问题上让步,促使亨利采取更严厉的措施去说服他们。其中最重要的措施是在1530至1531年间进行的,当时亨利认为英格兰的教士由于支持罗马,犯了蔑视王权罪(*praemunire*,这罪行在法律上可以理解为一种叛国的形式,涉及对外国势力,即教宗的效忠)。教士有此威胁悬在他们之上,就勉强同意至少认可亨利拥有教会权力的某些要求。

当坎特伯雷大主教沃勒姆(William Warham)死于1532年8月时,亨利得到一个机会达成他的目的。亨利以克兰麦(Thomas Cranmer)代替沃勒姆,克兰麦较早前表明强烈支持亨利的离婚行径。克兰麦最后在1533年3

251

月 30 日就任圣职(可能是违背他的意愿)。同时,亨利已经开始与安妮·博林(Anne Boleyn)相恋。安妮在 1532 年 12 月怀孕。这次怀孕造成了各种法律上的细节问题。亨利与阿拉贡的凯瑟琳的婚姻在 1533 年 5 月被英格兰法院宣告无效,以致安妮可以在 6 月 1 日加冠为后。她的女儿伊丽莎白·都铎(Elizabeth Tudor)在 9 月 7 日诞生。

亨利与凯瑟琳的离婚立即导致面临革除教籍的威胁。亨利现在决定进行他已经着手的行动,借此使他在英格兰的至高政治和宗教权威得到承认。在 1534 年强加了一连串法令。**继承法**(Succession Act)宣告王位会传给亨利的儿女。**至尊法**(Supremacy Act)宣告亨利被承认为英格兰教会的"元首"(supreme head)。**叛逆法**(Treasons Act)让否认亨利的至尊地位成为叛逆的行为,可以处以死刑。上述最后一项法令导致处死两名重要的天主教教士摩尔(Thomas More)和费希尔(John Fisher),两人都拒绝承认亨利是英格兰教会的至高元首——他们相信这个名称只是属于教宗。

现在,亨利发现自己处于天主教邻邦入侵的威胁之下。恢复教宗权威的命令,已经足以成为法兰西或西班牙发动圣战对付英格兰的借口。亨利因而不得不采取一连串防御的措施,确保国家的安全。这些措施在 1536 年达到高峰。修道院的解散,给予亨利在军事预备上的资金。与德意志信义宗的协商,随着进入军事联盟的目的而展开。在这一点上,信义宗的观念开始被纳入某些官方的信仰形式中,例如《十条信纲》(The Ten Articles)。然而,这样在神学上对信义宗思想的热心,显然只不过是一种短暂的政治策略。当英格兰国内显然对他的改革措施严厉反对时,亨利就退缩了。1543 年的《君王书》(*The King's Book*)明确显示,亨利想要避免冒犯天主教会。到了亨利在 1547 年 1 月逝世时,英格兰的宗教处境是有点儿矛盾的。虽然亨利对信义宗思想作出某些让步,他自己的偏爱却似乎是保留至少某些传统的天主教信念和做法。例如,他的遗嘱规定了为他的灵魂祈祷——虽然事实上亨利已经至少在两年前就尝试关闭教徒为自己死后作弥撒而捐献的教堂,但这正是为这个目的而存在的!

通过以上英格兰宗教改革运动在亨利八世治下的起源的概述,可以清楚见到,亨利的目标对那场宗教改革运动的起始十分重要这观点是自有其理由的。亨利的议程是政治性的,而且是由维护继承权的期望所主导的。经过一连串的发展,这需要与罗马教会分裂,以及对信义宗思想采取越来越宽容的态度,不论是在德意志地区还是在英格兰。亨利对信义宗思想的宽容,大约在 1536 年间达到顶峰,看来却不是首要建基在宗教的考虑上。

　　这不是说信义宗的观念在英格兰毫无影响力。正如我们将会见到的,许多重要的英格兰教士都赞同新的观念,而且原则上他们大致在教会和社会中都得到喜悦的倾听。事实上,有理由认为民众至少在某种程度上支持信义宗的观念,而这是导致亨利以某种方式实施他的政策的主要因素。要点是亨利的改革政策的**起源**本身,不是宗教性质的。

　　最后,英格兰宗教改革运动随着一项国家法令而被承认。若与德意志地区的情况比较,那是十分有启发性的。路德的改革是建基在神学的基础和平台上进行的。基本的动力是宗教性(在其中直接针对的是教会的生命)和神学性(在其中改革的提案是取决于一套神学的前提)的。在英格兰,改革主要是政治性和实用性的。实际上,教会的改革是亨利(相当有违他的本性)为了获得和确保他在英格兰的个人权力而付上的代价。

英格兰宗教改革运动的巩固:
从爱德华六世至伊丽莎白一世

　　随着亨利八世逝世,英格兰宗教改革运动的一个重要时代面临终结。在许多方面,英格兰宗教改革运动的第一阶段是由亨利的个人议程所驱动和引导的,而且有不同的妥协牵扯他在内。当亨利在 1547 年 1 月逝世时,他已经不能作出可以把他的改革制度化的基本改变。英格兰的主教管区和教区结构仍然一成不变,尤其是涉及它们的崇拜形式。克兰麦可能拥有雄心勃勃的观念,改革英格兰教会的礼仪和神学;亨利八世没有让他有机会进行。

　　在亨利统治的最后年间,随着一个建基于西摩(Edward Seymour)的党派逐步取得权势,宫廷中已经出现微妙的权力斗争。西摩的家族拥有强烈的新教倾向。正当爱德华六世仍然幼小时,他的权力是由枢密院(Privy Council)授予的,而枢密院最初是由西摩控制的[他那时已经是萨默塞特公爵(Duke of Somerset)和护国主(Lord Protector)]。英格兰教会开始朝向新教的路线。克兰麦现在可以伸展他在亨利八世治下不能舒坦的神学肌肉,开始引进一连串改革。

　　其中最重要的大概是《公祷书》(*The Prayer Books*)于 1549 年的修订,

其在 1552 年再次修订。这些修订显得相当重要,尤其是关乎圣餐的神学。不过,克兰麦也负责一系列其他发展,意图巩固新教。克兰麦认识到直到那时所引进的改革在神学上的薄弱,就从欧洲大陆邀请新教神学领袖前来英格兰,并且为英格兰的宗教改革运动赋予一个新的神学方向和基础。殉道者彼得被委任为牛津大学钦定讲座教授,而布塞则被委任为剑桥大学的钦定讲座教授。他们的到达指向一个新的决定,即把英格兰宗教改革运动与它的欧洲同伴连成一线,尤其是它的改革宗选区成员。克兰麦草拟的《四十二条信纲》(The Forty-Two Articles,1553)具有强烈的新教倾向,《讲道集》(Book of Homilies,指一系列允许在教区教会宣讲的讲章)亦然。

爱德华的早逝(1553)结束了上述由国家支持的英格兰国家教会的新教化。玛丽·都铎继承了王位,施行了一连串措施,在英格兰带来了天主教会的复兴。她委任了枢机主教波尔——一个在亨利八世治下被流放的忠心天主教主教——为坎特伯雷大主教。当克兰麦在牛津被判火刑处死时,恢复旧观的措施就尤其不得人心。到了那时,大多数新教徒,有能力和办得到的,都已经逃离英格兰,在欧洲避难。大约 800 人已经按这种方式接受流放,等待返回英格兰的机会,再次开始宗教改革运动。他们流亡到诸如日内瓦和苏黎世等城市,让他们得以直接接触欧洲大陆的新教主要代表人物,而且实际上创造了一群能够读写神学和相当积极的第五纵队(Fifth Column),他们只是在等待一个把他们的观念实践出来的机会。

或许他们会感到惊讶的是,机会是早些而不是迟些来到。玛丽·都铎和波尔都死于 1558 年 11 月 17 日。君主和最高主教同时退下舞台,现今可以在方向上作出彻底的转变。伊丽莎白一世起初在流露她的宗教倾向上十分谨慎,很快就开始推动措施,建立"宗教安定"(Settlement of Religion),最后导致一个较为明确的新教国家教会的产生。其中尤其重要的是《三十九条信纲》(1563)的规划,它为英格兰教会赋予了一个具有特色的神学身份。

从上述的分析中,清楚见到神学在英格兰宗教改革运动中没有扮演主要的角色,而那是可以在(例如)信义宗的宗教改革运动中见到的。不过,神学对于发展相对没有那么大的影响,并不意味着在英格兰的宗教改革运动没有涉及神学的因素,也不代表当时没有神学的争论。在以下的段落中,我们将探讨欧洲大陆思想被英格兰神学家所挪用的两个主题——因信称义的教义,以及"圣餐争论"(supper-strife,指对于主餐中真实临在的性质的辩论）。每场辩论所用的方式，提供了英格兰宗教改革运动的独特性质的重要理解，至少指出它那相当衍生性的特质。英格兰的改教家可以加入他们自己的和声，但旋律则是在德意志和瑞士谱写的。

在英格兰宗教改革运动中的因信称义

正如上文所述，因信称义的教义对于宗教改革运动第一阶段是十分重要的。这项教义可以看成是路德的个人神学议程的中心，而且无疑在 1520 年至 1530 年间塑造了路德改教运动的发展。那么，它在英格兰的发展和挪用又如何呢？

在我们对因信称义的教义在欧洲大陆发展的讨论中，我们曾提到"法律式称义"（参本书第六章）这概念的出现。这个观念虽然可以被认为在 16 世纪 20 年代的路德著作中只是含蓄地出现，却是明确地在《奥格斯堡信条》（1530）中被陈述。由于这点对于该教义的挪用在英格兰改教圈子中的重要性，我们可以概述奥古斯丁的称义观念与那些关乎梅兰希顿的思想之间的区别。我们将这些理解的最重要元素加以强调，是为了比较它们。

奥古斯丁：称义是一个成为义的内在过程，基督的义在其中授予（imparted）我们。

梅兰希顿：称义是被宣称为义的外在事件，基督的义在其中归算于（imputed）我们。

梅兰希顿把"称义"与"重生"作出以下的区分。"称义"是一项外在的事件，上帝在其中宣称我们为义；"重生"是一项内在的过程，上帝借此使我们成为义。 255

早期的英格兰宗教改革运动倾向把称义看成是"成为义"，显示偏向奥古斯丁多过梅兰希顿对称义的取向。这究竟是反映了拒绝梅兰希顿观点的深思熟虑的决定，还是一个内含的假设，因着宗教改革运动为代表回到奥古斯丁，因而完全以奥古斯丁的用语来定义称义，那就不清楚了。虽然信义宗对称义的立场是正确而完整地在巴恩斯的著作中列出来的（巴恩斯已知曾到过维腾堡大学，从 16 世纪 20 年代初开始就热心拥护路德的观点），这却显然是例外而非常规的。

为了说明这一点,我们可以考虑 1536 年 7 月的《十条信纲》。这信纲的日期源自亨利八世为了政治理由,积极寻求与德意志信义宗关系更密切的时期。普遍认为这段时期所建立的政治联系,直接反映在代表英格兰教会出版的官方神学声明上。不过,称义基本上仍然是以奥古斯丁的用语来定义的,没有提到基督的义之归算。

《君王书》(1543)普遍被视为代表了从宗教改革运动观点中的撤回,原因是英格兰国内日渐不稳。亨利想让英格兰的天主教徒消除疑虑的期望,清楚地反映在它的称义观念上,把其定义为"让我们得以在上帝面前为义,在此之前我们是不义的"。这确实是奥古斯丁的定义,暗示在迈向亨利统治结束之时,官方对于欧洲大陆宗教改革运动在称义性质的观念上,没有多大热情。

随着亨利的逝世和爱德华六世的登基(1547),较为明确的新教神学观念在英格兰教会中的发展得以预备。这时期论述称义的最重要文献是一份题为《论人类拯救的讲论》(A Sermon of the Salvation of Mankind)的讲章,一般被认为是由克兰麦撰写的。这篇讲章提出了一套称义的神学,完全没有涉及"归算的义"的概念,后者在 16 世纪 40 年代的信义宗思想中是十分典型的:[1]

> 由于所有人都是罪人,慈犯上帝者,以及破坏他律法和诫命者,故此没有人可以因他自己的行为、工作和功绩,就像他们永远不会那么善良似的,得以在上帝面前称义和成义:不过每个有需要的人是要寻求另外的义或称义,从上帝手上获取,即是说,他在这等错事上的罪恶过犯得蒙宽恕、原谅和赦免。而这称义或义是我们借着上帝的恩慈和基督的功德而获取,因着信心而得到,被上帝采纳、接受和认可成为我们完全的称义。

请留意,称义是如何用"赦罪"和"接受义"来定义的。尤其有趣的是,可以清楚看到克兰麦——假设他是这段话的作者——在几个论点上直接取材自梅兰希顿的著作,却似乎故意删去他对义的归算的论述。

上述观察的意义难以评估。信义宗对唯独因信称义的教义的每一层面,事实上都已并入这篇讲章中;唯一的例外是对归算的义这个概念的明确陈述。这只是一个误解吗?还是涉及某些更深入的问题?例如,是否忧虑"归算的义"的概念可能引致道德的松懈——这样的惧怕已知在 16 世纪 20

年代瑞士改教家圈子中曾经流露出来？

　　从以上的讨论可见，克兰麦相当重视路德的因信称义的教义，尤其是他在梅兰希顿的著作中所读到的。克兰麦娶了一个德意志信义宗信徒，这可能被视为这个正面评价的反映或原因！然而，这不是说克兰麦对于路德的任何一项思想都是同等重视的。正如我们将会见到的，克兰麦否定了路德对真实临在的观点，而采纳了茨温利和厄科兰帕迪乌斯的较极端的看法。在以下的一节中，我们将稍为详细地探讨这个问题。

在英格兰宗教改革运动中的"真实临在"

　　英格兰宗教改革运动对于真实临在最重要的陈述，见于克兰麦（1489—1556）的著作。克兰麦于 1489 年生于诺丁汉郡（Nottinghamshire），于 1503 年进入剑桥的耶稣学院（Jesus College）。1529 年起受到亨利八世的注意，当时他试图让国际间认可亨利提出与阿拉贡的凯瑟琳离婚。亨利八世邀请克兰麦在沃勒姆于 1532 年逝世之后继任坎特伯雷大主教。克兰麦显然有些勉强，最后却答应了。虽然他在亨利八世之下影响英格兰宗教改革运动的进程和状况的机会稍为有限，在爱德华六世之下却发展出新的情势。正如上文所述，克兰麦的影响在爱德华的统治之下达到高峰。

257

　　他最重要的工作之一是修订《公祷书》。克兰麦认识到改变民众的敬拜方式是改变他们思想的最有效途径，他视《公祷书》的修订是巩固宗教改革运动原则极其重要的手段，而且引领他们直接触及教区的圣职人员和平信徒。克兰麦的修订本身十分有趣，我们在此将会注目于他对真实临在的观点，这是从《公祷书》的 1549 年和 1552 年版本中可以清楚推论的。

　　1549 年的《公祷书》对真实临在采纳了一个颇为传统的观点，显示出对路德立场的强烈回响。这是可以预期的。克兰麦已经表明自己是那类与茨温利有关的"纪念论者"的观点的强硬反对者。他在 1533 年主持弗里思的公开处刑，回应后者对在圣餐中真实临在的否定。克兰麦也严厉批评瑞士改教家瓦狄亚努斯的纪念论观点。1549 年的《公祷书》是由克兰麦起草的，包括表明信义宗对真实临在的大体理解的材料。例如，以下的话语是对那些领受圣餐者直接说出的："我主耶稣基督的身体（血）为你而赐下，保守身体和灵魂进入永生"。然而，这些话在 1552 年的《公祷书》中就被删去了，这部《公祷书》列出了克兰麦对这个问题的成熟立场——这立场没有包括一个物质性"真实临在"的任何概念。

克兰麦对圣餐的成熟观点,尤其清晰地在他的《真正和大公的圣礼教义的辩护》(*Defence of the True and Catholic Doctrine of the Sacrament*)中得到说明,初版见于 1550 年。对克兰麦来说,圣餐具有 3 个重要功能:

1. 它是基督舍己(sacrifice)的纪念。
2. 它代表了对那舍己的"赞美之祭"(sacrifice of praise)。
3. 它强调了"属灵上靠着基督喂养"的重要性。

克兰麦的成熟观点非常接近茨温利和厄科兰帕迪乌斯发展出来的看法。克兰麦拒绝所谓的"天主教变质说教义",视之为"直接违反上帝的话语"。虽然克兰麦的早期观点可以说是有点近似变质说(可能反映了与路德观点的相似性),他后期的立场却明显不同。

克兰麦留意到争论的问题之一,是新约所运用的语言的性质。正如上文所述,"这是我的身体"一语的确实意思,在 16 世纪 20 年代极受争论,路德认为这句话要按照字面意思来解释,而茨温利则认为经文是以比喻或象征来解读的。克兰麦显然倾向茨温利的取向:[2]

> 亲爱的读者,基督在设立那圣礼时以象征(figures)说话,不必对此惊奇,因为所有圣礼的本质都是象征的。虽然圣经可以充满图解、借喻和象征,却在论到圣礼时特别运用它们。

确定新约运用"借喻"(tropes)和其他非字义的表达方式,尤其是与圣礼有关者,只是克兰麦主张圣餐是表达了基督救赎受死的纪念的一小步。[3]

> 基督称饼为他的身体(正如古老的作者所记载的)因为它是代表他的身体,并且示意他们遵照基督的命令吃那饼,而他们是在属灵上吃他的身体,并且借着他受到属灵的喂养。不过,饼仍然是在那里,正如圣礼表明相同的意义。

换言之,饼没有改变过,它仍然是那个样子。请留意克兰麦是如何提到"古代的作者"——意思是教父作家,他们被厄科兰帕迪乌斯引用支持他对圣餐的纪念论观点。

在克兰麦整理支持他对圣餐的纪念论观点的论据中,我们可以特别提到其中一点。克兰麦认为——依循茨温利,尤其是茨温利的英格兰门生弗里思——基督如今是坐在上帝的右边。假如他的确真是在上帝的右边,他不可能是在其他地方。故此,基督不可能临在于圣餐中:[4]

> (主)现在坐在他父亲的右边,而且在那里直至末日,那时候他将会回来审判活人和死人。

克兰麦也坚决主张,主餐对缺乏信心的人是没有好处的。所有人,不论是否有信心,都可以在肉身上吃喝圣礼的东西。然而,它们所代表或表明的好处,却只是实施在那些相信者身上。[5]

> 显然,所有人,不论善恶,都可以可见可感地以他们的口吃基督的 259
> 身体和血的圣礼;不过所吃的不是真正的身体和血本身,而是属灵上
> 的,并且那是基督的属灵成员,住在基督之内,而且有基督住在他们之
> 内,他们借他得以更新,并且拥有永恒的生命。

克兰麦秉持那种茨温利式的真实临在的观点,不会受到信义宗或天主教欢迎。在爱德华六世治下,这不是一个特别重要的问题。然而,在伊丽莎白一世治下,情况就不同了。伊丽莎白在登位时面临国内外的复杂政治局面,她就判断"宗教安定"是首要优先的问题。1552 年的《公祷书》作出改动,以致较能接纳范围广阔的神学立场。例如,来思考一下对那些领受圣餐者所说的话:

> 1549 年:"我主耶稣基督的身体(血)为你而赐下,保守你的身体和灵魂进入永生。"
> 1552 年:"拿起和吃(喝)这个,纪念基督为你而死,并且在你的心中存着感恩而享用他。"
> 1559 年:"我主耶稣基督的身体(血)为你而赐下,保守你的身体和灵魂进入永生。拿起和吃(喝)这个,纪念基督为你而死,并且在你的心中存着感恩而享用他。"

1549 年的用语基本上反映了信义宗的立场;1552 年的用语较为倾向茨温利的态度。1559 年的说法把两者结合在一起,没有试图作出任何神学决议的形式。这样,不论是信义宗信徒还是茨温利派都可以找到某些他们能够赞同的地方,而似乎期望在那里问题可以得到解决。伊丽莎白的"宗教安定"实质上是实务性而不是神学性的。或许,这可以视为是在伊丽莎白治下的英格兰宗教改革运动最大的特色:期望在神学上和社会上分崩离析的国家

中,使各方人士和好,重新恢复国家统一的意识。

注释

[1] 'A Sermon of the Salvation of Mankind,' in *The Two Books of Homilies* (Oxford, 1859), p. 24.

[2] *Archbishop Cranmer on the True and Catholic Doctrine and Use of the Sacrament of the Lord's Supper*, ed. C. H. H. Wright (London, 1907), p. 156. 请留意拼写的方式已经加以现代化,以便理解这段经文的意思。

[3] *True and Catholic Doctrine*, p. 36.

[4] *True and Catholic Doctrine*, p. 97.

[5] *True and Catholic Doctrine*, p. 213.

进深阅读

P. N. Brooks, *Thomas Cranmer's Doctrine of the Eucharist*, 2nd edn (Rochester, NY: 1993).

P. Collinson, *Archbishop Grindal 1519 - 1583: The Struggle for a Reformed Church* (London, 1979).

C. Cross, *Church and People 1450 - 1660: The Triumph of the Laity in the English Reformation* (London, 1976).

A. G. Dickens, *The English Reformation*, 2nd edn (London, 1989).

E. Duffy, *The Stripping of the Altars: Traditional Religion in England, c. 1400 - c. 1580* (New Haven, CT, 1992).

W. P. Haugaard, *Elizabeth and the English Reformation* (Cambridge, 1968).

N. L. Jones, *Faith by Statute: Parliament and the Settlement of Religion* (London, 1982).

D. MacCulloch, *Thomas Cranmer* (New Haven, CT, 1996).

A. E. McGrath, *Iustitia Dei: A History of the Christian Doctrine of Justification*, 2nd edn (Cambridge, 1998), pp. 285-292.

R. Rex, *Henry Ⅷ and the English Reformation* (Basingstoke, 1993).

D. Starkey, *The Reign of Henry Ⅷ* (London, 1991).

14

宗教改革运动思潮对历史的影响

每个研究某一课题的人,都乐于见到那课题在本身的狭窄范围之外有其适切性。本章作为全书的结尾,目的是论证宗教改革运动的宗教观念在某些方面是改变历史的某些方式,不论是借着建立新看法和观点的基础,或是清除这些发展的智性障碍。本章将追溯在这段时期发展的某些概念,而且考虑它们对西方文化的长期影响。正如我们将见到的,宗教改革运动可以说是把一种创造性的冲击注入了历史,结果就塑造了我们所属的世界。

价值、态度和行为在很大程度上是建基在**教义**上的,没有意识到这一点无疑是造成近年某些历史著作变得浅薄的原因。宗教改革运动所涉及的新观点和态度,既不是反复无常的,也不是纯粹对社会或经济力量的回应。宗教改革运动所如此特有的对俗世秩序的积极和委身的态度,在一连串神学的设想上,承担起塑造现代西方文化的重要责任。

不过,我们可以从考虑两个不能令人满意的理解方式开始,在其中理论与实践、思想与社会的实存互相影响。某些宗教改革运动的学者,尤其是19世纪期间的,躲藏在我们所谓的"浪漫唯心主义"(Romantic Idealism)中,以为宗教观念是16世纪西方历史的唯一刺激动力。"纯粹宗教的因果关系"是基于一个不可靠的假设,即宗教观念是完全抽象或远离社会或物质因素而运作的。

事实上,宗教观念的发展,有时深受它们所置身的社会处境影响。有一个例子可以说明这一点。加尔文对于在日内瓦基督教的事奉(在1541年开始)之观点,其最主要特色之一就是"事奉的四个等级"(four orders of ministry)——博士、长老、牧师和执事。上述的第四个事奉等级——"执事"(或者较专门的用语 diaconate)——尤其有趣。到了中世纪结束时,执事已经被视为是差不多等于教士阶级的学徒,容许通过一个合宜的中间过程,让一个人最终得就圣职。加尔文坚持,执事应该是一种不同于其他的平信徒事奉,本身具有一套清楚的职能和责任。在某种程度上,这样强调执事的独特角色是建基在加尔文对新约的研读上:加尔文在注释《使徒行传》6 章 1 至 6 节中,把执事与使徒照顾穷人的责任连在一起。

262

这个观念可能实际上完全是出自圣经的;不过,它在实践的方式上却彻底是日内瓦式的。在此,正如其他地方一样,加尔文在 1541 年的《教会敕令》规范了日内瓦教会的秩序,代表了对日内瓦现存的公民结构的协调。加尔文认为应该有 5 个执事,其中 4 个是"代理官"(procureurs),另一个是"医务官"(hospitallier)。然而,他是从哪里得到这些十分明确的观念呢?[1]

在宗教改革运动之前,日内瓦已经建立了一个机构,称为"总收容院"(Hôpital-Général),负责城市中的社会福利计划。该市委任了 6 名人士,以这个机构为基础,提供在该市中救助穷人的服务;其中 5 名是担任"代理官",负责社会福利计划的一般行政工作;第 6 名被委派为"医务官",主管医院(hôpital)本身。除了对"代理官"的人数有些微改动之外,加尔文只是采纳了一种现存的俗世习俗,用于他的宗教思想。这正好说明了日内瓦影响了加尔文的地方,正如加尔文影响日内瓦一样——以及社会架构如何影响了观念。

最近有人以类似马克思主义(quasi-Marxist)的分析,指出(以不同程度的确信和热忱)观念基本上是一个上层结构(superstructure),建立在社会经济的下层结构上(sub-structure)。后者决定了前者。在更坚定的观点中,认为社会的根本性重建,可以摧毁他们的社会经济基础,也可以去除宗教观念。虽然这个取向越来越受到怀疑,却一直间接地造成影响,像康拉德(Franziska Conrad)所指的,"一种没有公平对待宗教改革运动时期的灵性和宗教成分的唯社会学论"[2]。

不再以一种**排他的**神学或宗教取向对待宗教改革运动,并非暗示神学或宗教在这个运动中没有扮演特殊角色;那是承认了在当时的社会境况中,在观念和实践上相互影响的复杂性。观念是由历史所影响的;历史是由观念所影响的。观念与历史的这种互相影响的复杂性,会使某些人不快,他们

因着或这或那的原因,一方面漠视宗教观念,或在另一方面漠视那些观念的　263
历史处境。在本章余下的部分,我们将探讨宗教观念在宗教改革时期带来
的某些文化成果。

对世界持肯定的态度

　　著名的宗教改革学者罗兰・培登(Roland H. Bainton)曾经指出,当基
督教严肃地对待自己时,它若不是要离弃世界,就必然是要控制世界。倘若
前者的态度是中世纪基督教的主要特征,那么后者就主导了宗教改革家的
思想。宗教改革运动在对待俗世秩序的态度上,见证了一个值得注意的转
变。修道院式的基督教(这几乎是中世纪时期所有最好的基督教神学和灵
修作品的产生之地)多少以鄙视的眼光来看待世界以及在其中营营役役的
人。**真正**的基督徒会离开世界,进入一所修道院的属灵保障中。不过,对于
改教家来说,一个基督徒的真正天职是在世界中服侍上帝。修道院对这目
标是不适切的。基督徒生活的真正本份是在俗世的城镇、市集和议事堂里,
而不是在修道院幽室的遗世独立中。
　　这个观念上的改变之重要性,是绝不会夸大的。我们可能以为修道院
式的基督教只是中世纪基督教的其中一类——可能甚至不是最重要的一
类。然而,柯修斯(Ernst Curtius)与许多学者一样,强调我们往往忽略了一
个历史事实,即我们经常提到的"中世纪基督教"实际**在特性和根源上差不**
多完全是修道院式的。结果,中世纪基督教表现出强烈反俗世的态度。生
活在日常世界中被认为是一个次等的选择;日常世界是有价值的看法被视
为属灵的荒谬,可以造成灵性的堕落。
　　在中世纪,修道院越来越离开人群独处。由于逐渐紧密地结合于褪色
中的中世纪世界,修道院似乎不可能对在平信徒之间流传的宗教和印刷术
的科技发展产生新的兴趣。修道式的取向,在修道院之外对基督徒的生活
影响极微,甚至在圣职人员中间也是一样。平信徒的日常生活,根本与修道
院围墙内所发生的事扯不上关系。修道式的取向对基督徒生活所设想的生
活方式与观念,对一般信徒来说十分陌生。
　　这一点可以用一个例证说明。一般称为"现代灵修运动"(*Devotio*　264
Moderna)的最著名作品是肯培(Thomas à Kempis)的《效法基督》(*De imi-*

tatione Christi，英文书名是 *On the Imitation of Christ and Contempt for the World*）。对世界持守一个消极的回应，被视为是对耶稣基督的积极回应。对于肯培来说，世界差不多等于是麻烦事。它使教士分心离开他世的沉思。假如教士想得到世界的经验，他所需要的只不过是看看他的小房子。我们是这个世界的客旅，在旅行往天家的过程中；若是投身于现今的世界（或甚至是一项兴趣），就有可能危及整个修道生活的目标——在这个世界中保持圣洁，在另一个世界中得到拯救。

这不是一个孤立的例子；不过它说明了在大多数修道组织中深藏的态度。教士是要尽力独处，不只是离开世界，更要离开其他人群。不论何时，若是可以，他都要留在他的单人小室中。圣德里的威廉（William of St Thierry）是中世纪许多灵修作家之一，他以拉丁文的一个相关词指称单人小室（cell）：即 *cella*。单人小室把修士隐藏 [*celare*，拉丁文字根，是英文"隐藏"（conceal）一词的根源] 离开世界，而且把天堂（*coelum*）开放给他。格鲁特（Geert Groote）一般被视为"现代灵修运动"的创始人，他抛弃所有物质财富和学术事务，为的是完全离开世界去寻找上帝。

由于宗教改革运动，基督徒思想和生活的形塑中心逐渐由修道院转往市集，欧洲的大城市成为基督徒思想和行动的新模式的摇篮和熔炉。这样的转变，反映在政治、社会、经济和教会的改变中，那是处于现代西方文化的形成的核心。主流的宗教改革运动拒绝了抽离世界的修道式冲动——不过主要是在**神学性**考虑而非**社会性**考虑的基础上。

这些神学上的考虑，其中有两点可以略述。

1. 重新强调创造与救赎的教义。加尔文对世界表示肯定的神学令人印象深刻，可以说是建基于主张上帝与世界在本体论上是完全区分，又同时拒绝把两者分开的可能性。"可以区分但不可以分割"（*distinctio sed non separatio*）的主旨，突出了加尔文神学的许多层面，重现在他对基督徒对待社会的理解中。对创造者上帝的一个知识，不可能抽离他的创造的知识，基督徒预期要对世界表达尊重、关心和委身，那是由于对它的创造者上帝的忠诚、顺服和爱。世界对基督徒的忠诚没有一个直接要求，那是一个非直接的要求，在于承认上帝与他的创造之间存在着来源的独特关系。在尊崇自然为上帝的创造物时，我们是在敬拜上帝，而不是敬拜自然。

故此，作为一个基督徒不是——实际上是**不可能**——说要抛弃世界；因为抛弃世界即是抛弃奇妙地创造它的上帝。世界虽然堕落，却不是邪恶的。

基督徒蒙召在世界中工作,为的是救赎世界。委身于世界,是活出基督徒的救赎教义的一个重要层面。缺乏对世界的委身和工作,就等于宣称它不可能(以及不应)被救赎。

2. 重新发现一个基督徒的召命的概念。虽然修士的呼召观念必然把世界抛开,改教家却断然否定这个观念。上帝呼召他的子民不只是得着信心,更是在生命的相当范围中表达信心。一个人蒙召首先是成为一个基督徒,而其次是在世界的一个相当活动范围中,活出他或她的信心。宗教改革思想在这层面上的冲击,可以见于"圣召"(*vocatio*)一词,那现今意味着"一个此世的活动或事业"。在这个现代习惯的背后有一个观念,它在 16 世纪宗教改革运动中受到广泛接纳——基督徒是蒙召在世界中服侍上帝的。

这个观念与信徒皆祭司的中心教义息息相关,为一个人投身在日常世界中赋予了新的动机。正如我们已经见到的,改教家否定了中世纪认为在"神圣"(sacred)与"俗世"(secular)之间必定存在的区别。在"属灵"(spiritual)与"俗世"(temporal)的层级之间,没有地位上的真正不同。所有基督徒都是蒙召成为祭司,而那召命是延伸至日常世界中的。他们蒙召在当中洁净和圣化世界的日常生活。路德简洁地说明了这一点:"那似乎是俗世的工作,实际上是对上帝的赞美,而且是代表了讨他喜悦的一个顺服。"对于这个呼召的概念是没有限制的。路德甚至赞美家庭事务的宗教价值,宣称虽然"那是没有明显的圣洁表现,然而这些家庭杂务是比修士和修女的所有工作更有价值"。再有,"上帝并不关心要做的工作是否无足轻重,却注目于在工作中服侍他的心灵。这是真的,即使每日工作是洗餐具或挤牛奶"。路德的英国跟随者丁道尔采纳了这个概念,坚持尽管"洗餐具与传讲上帝的话语"代表了不同的人类活动,但"在讨上帝的喜悦上"是没有分别的。

"正如所说,每个人的生活方式是由上主分派给他的位置。"根据加尔文的观点,上帝把个别的人放在他想让他们所在的位置上。(顺便提一句,这一点对加尔文批判人类的野心特别重要,他认为那是由于不愿意接纳上帝分派给我们的行动范围。)这个位置有什么社会地位是没有关系的,那是一个没有属灵意义的人类发明而已。我们不能让人(例如修道士)对一份工作的地位的评价,凌驾在上帝的审判之上。所有人类工作皆可以"显出真正的可敬,并且在上帝的眼中被视为极度重要的"。没有任何工作,没有任何呼召,是过于卑贱或过于低微,以致不可以被上帝的临在所施恩。

这一点将进一步被讨论,因为它是新教工作伦理的一个重要层面——

无疑是宗教改革运动对塑造西方文化的最重大贡献之一。

新教工作伦理

　　若要理解宗教改革时期出现的工作伦理的意义,就必须明白早期基督教传统对于工作的强烈厌恶(见于修道士作家)。对于凯撒利亚的优西比乌(Eusebius of Caesarea)来说,完美的基督徒生活就是一个人奉献出来服侍上帝,不受肉体劳动所玷污。那些选择工作糊口维生的人,是次等的基督徒。在世界中生活和工作,就是丧失了一个最佳的基督徒召命,以及这所暗示的一切。早期修道传统似乎是继承了这个看法,结果工作往往被视为是贬低身份的活动,最好留给社会(和属灵)地位低微的人去做。假如古代罗马的显贵认为工作是由比他们地位低下的人所做的,那么必须说,在早期基督教中发展出一个属灵的贵族阶级,以同样否定和轻视的态度,对待体力劳动。在中世纪期间,这样的态度很可能达到它影响的高峰。

　　这不是说中世纪作家否定了工作的重要性,但更确切地说,它只是被视之为一种需要,但是有失身份的事。基督徒致力维生,在日常世界中工作,显然就是次等的基督徒。正如蒂尔(Adriano Tilgher)对工作在西方世界的决定性研究中总结说,修道院的属灵观永远不会认为在世界中的日常工作是有任何价值的。那些选择在世界中生活和工作的人,最好“以宽大博爱待之”。简而言之,工作对一个真正的基督徒来说,不是一个严肃的选择。伊拉斯谟以轻蔑来回应这个观念:难道谦卑农夫的工作不会比修道院的仪式更讨上帝喜悦吗?

　　宗教改革运动改变了这样的态度,既是决定性的,也是不可逆转的。若要说明这种态度上的转变,我们可以细想马丁·路德所用的德文字词“召命”(Beruf)。在中世纪,“召命”的意思是一个修道或圣职的召命——换言之,那是成为一个专业的教会职务的呼召。路德开始用同一个字词指俗世的责任。路德借着运用“召命”一词来指日常世界的活动,把修道召命的宗教严肃性应用到世界的活动中。我们是蒙上帝召命在世界中以某种特定的方式服侍他。在此,现代的字眼“圣召”(vocation)或“召命”(calling)的使用和意义,可以被视为是借着对工作的新态度,出现在宗教改革的时代中。欧洲各地的语言受到宗教改革运动的影响,在 16 世纪期间对工作的用词意思,显出了决定性的转变:德文(*Beruf*)、英文(*calling*)、荷兰文(*beroep*)、丹麦文(*kald*)、瑞典文(*kallelse*)等等。

类似的变化可以见于"银子"(talent)一词。这个用词——在比喻中是"银子"(路加福音 19:11—27)——的字面意义是指金或银的条子,而不是我们现今世间称为"银子"的专门用语。中世纪基于这段比喻的讲章,是以比喻的方式解释银子,视之为上帝赐给某些敬虔的基督徒的属灵恩赐或恩典。然而,加尔文把银子解释为基督徒的世界呼召,以及上帝按照秩序赐给他们的能力和天赋,以致他们可以在世界中有效地发挥功能。再一次,一个与工作有关的用词的现代意义,可以视之为是通过源自宗教改革运动对工作的新颖的、正面的态度而出现的。

对于改教家来说,那是在工作的人(就像工作的结果那样),在上帝的眼中有其重要性。属灵与现世、神圣与俗世的工作之间,没有差别。所有人类的工作,不论如何卑下,都是能够荣耀上帝的。工作根本就是一项赞美的行为——一种可以有生产力的赞美的行为。正如路德评论说:"整个世界可以充满对上帝的服侍——不只是教会,还有家庭、厨房、地下室、工厂和田间。"值得注意的是,路德和加尔文都提到生产性活动对基督徒的自尊的重要性。基督徒借着为上帝做事,可以得到一份满足和自尊的感觉,那是其他途径所做不到的。

对于改教家来说,人类行为的终极动机被放置于一个以上帝为引导的方向之上。一个改教家与另一个改教家之间可能有不同的强调之处,不过基本的主题是不变的:工作是上帝主动加给我们的恩慈之自然回应,借此我们证明我们对他的感恩,同时在这个世界中荣耀和服侍他。工作是某些可以荣耀上帝的东西;那是为大众求福祉的东西;那是借此人类创造力可以表达自己的某些东西。必须强调的是,最后两项是由首项所包括的。作为加尔文的英国跟随者,柏金斯(William Perkins)说:"我们生活的真正目标,是在服侍人之中服侍上帝。"对于加尔文自己,人类的共同责任是在上主的花园中劳动,不论以什么方式,一方是与一个人蒙上帝所赐的天赋与能力相称,另一方是与现况的需要相称。对于工作的共同责任是伟大的社会平等主义者,这是一个提示,即所有人类都是由上帝平等创造的。

工作的地位通过这伦理在历史中的转变,相当值得注意。加尔文的神学,直接将那种认为工作是社会低下的(即使实际上有需要)活动而最好留给社会地位低微的人的看法,引向一种观点,即认为那是赞美和肯定上帝在

268

他的创造中(而且进一步使之更美好)的庄严和荣耀的途径。毫不意外地,这些接纳新教的欧洲地区很快发现自己在经济上昌盛起来——但那是额外收获,而不是一个预期和预先考虑的结果,而这正是源自对工作赋予全新的宗教上的重要性。这为我们带来宗教改革运动思想的经济影响,以及韦伯关乎新教思想与资本主义之关系的著名论断。

宗教改革运动思想与资本主义的根源

韦伯(Max Weber)论题的通俗版本宣称,资本主义是新教改革运动的直接结果。从历史的角度来说,这是站不住脚的说法,而且无论如何,韦伯都没有这样说过。在他的《新教伦理与资本主义精神》(*Protestant Ethic and the Spirit of Capitalism*)中,韦伯强调他已经:

> 丝毫没有意思主张这样一个愚昧和教条主义式的命题,就是资本主义精神……可以仅是由于宗教改革运动的某些影响而产生的结果。在本质上,资本主义式的商业组织的某些重要形式已知在实际上比宗教改革运动更为古老,足以反驳这样的宣称。

中世纪天主教会主要银行家族的运作(例如美第奇家族或富格尔家族),显然都是在宗教改革时期之前采纳资本主义思想和方法的例证。在宗教改革运动的前夕,诸如安特卫普、奥格斯堡、列日市(Liège)、里斯本、卢卡(Lucca)和米兰等城市,都是带有中世纪形式的资本主义中心。在宗教改革运动之前,资本主义在宗教上的重要性也不应受到忽略。美第奇家族最后可以公然购买教宗的宝座。富格尔家族差不多能够控制在德意志、波兰和匈牙利每一个主教的任命,他们甚至可以资助查理五世当选成为皇帝。这些事件显示,在宗教改革前夕,资本主义作为一股宗教力量的重要性。此外,20世纪下半叶的历史学者德鲁弗(Raymond de Roover)对于中世纪会计运作拥有罕见的知识,他的先锋性研究证明,资本主义的思想和方法整体来说已经在中世纪社会中根深蒂固。

那么,韦伯实际上说了什么? 首先,他提到资本主义在宗教改革运动之前久已存在。资本家的态度正如中世纪商人巨子的特征(而他们是属于传统的农民社会),韦伯称他所认识的资本主义在中世纪是"冒险家的资本主义"（adventurer capitalism）。他认为，这种资本主义的形式是投机取巧和不讲道德的；它倾向把所赚来的收益花费在奢华和颓废的生活方式上。虽然中世纪社会容许赚钱的活动，它们却仍然普遍被视为不合伦理法则的。韦伯认为，在 16 世纪出现了一种新的"资本主义精神"。它不是那么**资本主义**，而是一种需加解释的**特定形式**的资本主义。

相对于中世纪"冒险的资本主义"（adventure capitalism），这种资本主义的现代版本拥有一个强烈的伦理基础。它可以鼓励赚取商品和财富，却同时对它们采取一种禁欲式的态度。韦伯认为，这种资本主义的形式并不倾向快乐主义。相反，事实上，它有时似乎是故意逃避生活的直接享受。韦伯问道，在态度上的如此戏剧性的转变，可以怎样解释？

韦伯基于他对 14 和 15 世纪佛罗伦萨的研究，指出在这时期里那些积聚财富者的心思中，存在他们赚钱活动的一方与他们灵魂得救的另一方的严重矛盾。例如，雅各布·富格尔（Jakob Fugger）显然在他的银行活动与那些传统上被天主教会视为有助拯救的行动之间，存在严重的分歧。不过在 16 和 17 世纪初期的新教社会中，资本的积聚没有被视为会对个人得拯救造成一种威胁。故此，这种在态度上的戏剧性转变，似乎是有宗教上的解释。

韦伯把这种新态度与新教主义的兴起联系起来。这尤其证诸一些 17 世纪加尔文主义作者，例如富兰克林（Benjamin Franklin），他的著作结合了称扬资本家通过与世界的交战而增值，和批判他们对资本的消费。资本是要增加的，而不是花费耗尽。英国的清教徒主义历史学家希尔（Christopher Hill）把新教与天主教态度的这些差异总结如下：

> 成功的中世纪商人在逝世时都是感到罪疚的，而且把金钱留给教会作为非生产性的用途。成功的新教商人在世时不再对他们的生产活动感到羞愧，而在逝世时会把金钱留下，协助其他人仿效他们。

韦伯认为，新教造就了对现代资本主义发展甚为重要的心理先决条件。事实上，韦伯把加尔文主义的根本贡献定位于它因着信仰系统而造成的心理动力。韦伯尤其强调"召命"的概念，他把它联系于加尔文派的预定观念。加尔文派确保他们个人得拯救，能够从事俗世的活动，不用深深挂虑他们的拯救有何结果。假如资本不是以难以接纳的方法得到，或在放荡的方式中消费，它的产生和累积是没有道德上的困难。

我无意在此评论韦伯的论题。在某些圈子中,韦伯的论题被视为完全不能取信;在其他圈子中,它却是存活的。我所关心的只是指出,韦伯正确地认识到宗教观念可以对早期现代欧洲造成强大的经济和社会冲击。关键是,韦伯建议,宗教改革运动的宗教思想能够提供现代资本主义发展所需要的刺激,而这正是需要研究这段时期的宗教观念的有力见证。还有其他这样的关联存在吗?而且它们可以怎样被察觉,除非历史学者熟悉这段时期的语言和观念?若要提议和评价这样的理论,首先需要的,便是宗教改革运动思想及其延续、断裂的知识。

人权与有据弑君的概念

宗教改革运动可以说是改变了欧洲的政治面貌,部分是通过它所带来的政治和社会改变,部分是因着某些危险的新观念,得以在一个没有怀疑的欧洲实现。某些一直以来被视为有助西欧政治和社会稳定的信念,受到质疑。其中一个信念是关乎现存社会结构的"既予性"(givenness)。例如斯金纳(Quentin Skinner)等政治理论家认为,宗教改革运动(或更具体是指加尔文主义的发展)可作为手段,把中世纪的俗世秩序概念——建基于"一种被想象成自然和永恒"的秩序——影响和转变成"建基于改变"的现代秩序。

271 换言之,中世纪的世界观是静态的:这是在出生和传统的基础上,一个人在社会中被分派一个位置,而且它是没有可能改变这处境的。然而,加尔文主义提出了一个"转变的意识形态"(ideology of transition),在其中个人在世界中的位置,被宣称是在于(至少部分是)他或她的努力。这样的一个建议,对于法兰西的农民——或实际上是指遍布欧洲的中产阶级(*bourgeoisie*)——显然十分具有吸引力。在一个由传统和家庭联系所支配的社会中,一个社会阶层没有能力作出重大的进步而遭受挫折,那么现存社会秩序的基本**可变性**(changeability)的教义,对其已经相当具有吸引力。英格兰加尔文派的波内(John Ponet)和古德曼(Christopher Goodman)运用了这个原则,详细阐述了在这个基础上有据弑君(justifiable regicide)的理论,带来了与中世纪概念基本的分别,后者认为现存权力结构是一些由上帝任命的东西,因而是不可侵犯和不可改变的。

在 1572 年圣巴多罗买日(St Bartholomew's Day)屠杀惨案事件结束后

的一段时期,类似的观念在法兰西得到发展(这惨案是精心安排的公众协力宣示反新教的情绪,大量法兰西新教徒被屠杀)。最初,法兰西的加尔文主义把它的政治反省仅限于良心自由的一般领域上。在16世纪50年代,加尔文派的影响在法兰西明显地增长,法兰西加尔文派的政治鼓动逐渐集中于宗教宽容上。它暗示,作为一个加尔文派信徒与作为一个法兰西人之间是没有基本冲突的;作为一个法兰西人与一个加尔文派信徒[或一个胡格诺派信徒(Huguenot),这两个用语或多或少可以互换]没有不忠于王权的含义。这个立场的逻辑和理据(其中尤其归于加尔文),在1560年5月因着昂布瓦斯阴谋(Conspiracy of Amboise)而粉碎,这次密谋企图绑架法兰西斯二世(Francis Ⅱ),似乎得到了一群加尔文派牧师(使加尔文反感)的明显支持和唆使。然而,圣巴多罗买日屠杀惨案(1572)却促使法兰西加尔文派的政治思想彻底改变。

反暴君派(monarchomachs)——期望严厉限制君权和维护人民反抗暴君的**责任**(不仅是**权利**)者——的出现,直接回应了1572年屠杀之后一段时期所持续的震撼气氛。1559年,加尔文——或许开始认识到这个问题在实践和政治上的重要性——已经承认统治者可能会逾越他们的权力范围,因着他们自己对抗上帝;他暗示,他们因此已经失去了他们自己的权力。

> 上主是万王之王……我们只是在他里面才服从那些被置于我们之上的人。假如他们命令任何有违上帝旨意的事,那对我们来说必然是置若罔闻的。在这样的情况下,我们应该不理会一切地方行政官员所拥有的尊贵。逼使这种尊贵顺服于上帝的真正、独一和至高的能力(*summa potestas*),并不是不义的。由于这个原因,当但以理要违抗一个由君王作出的不虔敬法律时,他否认自己对抗君王是有任何罪过的,因君王已经逾越了上帝为他设下的限制,而且不只无礼地对待人类,更是违背上帝——而且这样做,是废除了他自己的权力。

272

事实上,加尔文设定了任何统治者若超越他或她的权限(那是由上帝所委任的),便不再成为一个统治者,并且不再行使那统治的权利和特权。因此,加尔文认为地方行政官员(并不是私下的个人)在某些情况下,可以采取某些(没有具体说明)行动对抗他。虽然这样的反省是模糊不清的,它们却促使其他人进一步发展——尤其是他的法兰西跟随者,回应1572年的震撼事件。霍特曼(François Hotman)撰写了著名的 *Franco-Gallia*,贝扎的 *Droits des Magistrats*、杜普雷西－莫纳（Philippe Duplessis-Mornay）的 *Vindiciae contra tyrannos*，以及其他次要的作者所撰写的一部又一部小册子，全都是按照同一论点撰写的：暴君要加以抗拒。顺服上帝的责任，要凌驾在顺服人类统治者的义务之上。

这些极端的新理论，在法兰西加尔文主义的熔炉中锻造，可以视为标志着封建制度过渡到现代民主政权之间的重要一点，天赋人权的概念是在神学基础上被清楚表达和辩护的。虽然大多数法兰西加尔文主义者在亨利四世统治期间放纵地公然反抗君主政体，尤其是在《南特敕令》（Edict of Nantes）公布之后，重要的新政治理论在法兰西的政治角斗场中释放出来。一般认为，正是这些观念，在纯粹的俗世形式中，在法兰西启蒙运动中浮现，当自然人权的观念（剥尽它的神学装饰时）混合了加尔文的日内瓦的共和主义，在卢梭（Jean-Jacques Rousseau）的"共和制度"（*thèse républicaine*）所述——与伏尔泰（Voltaire）现代性的"王权制度"（*thèse royale*）和孟德斯鸠（Montesquieu）的"贵族制度"（*thèse nobilaire*）相反——宣称 16 世纪的日内瓦是一个理想的共和国，那是可以成为 18 世纪法国的一个榜样。故此，加尔文的日内瓦成为一个活泼和有影响力的理想，抓住在革命之前的法国的想象力。或许 1789 年的法国大革命，可以被视为 1535 年日内瓦革命的开花结果。

不过，即使这个**政治**革命没有把它的灵感归功于加尔文，16 世纪后期和 17 世纪初期的**科学**革命却是坚固地置于宗教观念之上，后者是在宗教改革的时代形成的，正如我们在以下的段落中得见的。

273 ## 宗教改革运动思想与自然科学的出现

现代世界的最大特色之一就是高举自然科学。现代自然科学的根源既复杂又充满争议。尝试解释自然科学非凡发展的理论，若说是由单一因素所支配，那是过分和普遍难以置信的；显然不是一个，而是涉及数个有助的因素。其中一个无疑是宗教，而且是由于加尔文。

回溯超过一个世纪以来的大量社会学研究已经显示，在产生第一流的自然科学家方面，新教与罗马天主教传统的能力之间是有一定的差异的。这工作的一个例子，是康多尔（Alphonse de Candolle）对在 1666 至 1883 年间巴黎科学院(*Académie des Sciences*)的外籍成员的重要研究。这些差异横跨广阔的时代与国家,可以这样总结:新教在促进自然科学的研究上,看来比罗马天主教会较优胜。因此,宗教改革运动似乎涉及推动赞同自然科学的态度。

骤眼看来,这似乎是不大可能的。因为在过去一百多年中,宗教改革家例如加尔文对待哥白尼(Copernicus)的日心说(heliocentric theory)的态度,成为备受揶揄的对象。怀特(Andrew Dickson White)在他那充满争论的《科学与神学之战的历史》(*History of the Warfare of Science with Theology*,1968)一书中写道:

> 加尔文在他的《〈创世记〉注释》中带头责难所有主张地球不是宇宙中心的人。他咬紧的是经常引用的《诗篇》93:1,问道:"谁敢把哥白尼的权威凌驾在圣灵的权威之上?"

这项断言被一个又一个作者在论"宗教与科学"的主题时重复申述。似乎没有人走去查考它们的来源。加尔文根本没有写过这样的话,也没有在他已知的著作中表达过类似的意见。这项断言首次见于(显然是没有事实根据的)19世纪圣公会坎特伯雷教长法勒(Frederick William Farrar,1831—1903)的著作中,这位作者以过分依靠他那往往不大可靠的记忆作为资料来源而闻名。

事实上,加尔文可能对于自然科学的评价和发展作出了两项重要贡献: 274
首先,他正面地鼓励了对自然界作出科学的研究;其次,他排除了上述研究发展的一个主要障碍。他的第一个贡献特别与他强调受造界的秩序有关;不论是物质的世界或人类的身体,都见证了上帝的智慧和性情。

> 为使没有人会被排除在获得快乐的途径之外,上帝已经喜悦,不只是把我们刚提及的宗教种子置于我们的心思,更是让他的完美在整个宇宙的结构中得被知晓,并且每天把他自己放置于我们的观点中,在这样的一个方式中,我们张开我们的眼睛就被迫注意到他……为证明他的非凡智慧,天与地把我们置于无数的证据中——不只是那些较先进的证明,即天文学、医学和其他一切自然科学所打算说明的,而是驱使自己受到最知识浅陋的农夫所注目的证明,他们睁开眼睛就能看到。

故此,加尔文赞赏天文学和医学的研究。它们比神学更能深入探讨自然的世界,从而发现受造界秩序的更多证据,以及它的创造者的智慧。

故此,加尔文可以说是为自然界的科学探究提供了一个新的宗教动机。这在现今被视为洞悉上帝在创造中的智慧之手的途径,因而提高了对他的存在的信念,以及他在其中所有的被尊重的信念。《比利时信条》(1561)是一份加尔文派的信条,在低地国家(这地方尤其以植物学家和自然科学家著名)特别具影响力,它宣称自然界是"在我们眼前的一本佳作,在其中的一切受造之物,无论大小,都引导我们观摩上帝不可见的事"。上帝是可以借着对他的创造之详细研究,从而辨别出来。

这些观念由皇家学院(Royal Society)充满热情地采纳,皇家学院是在英国提升科学研究与学习的最重要的机构。它的早期成员许多都是钦佩加尔文的人,熟悉他的著作,以及它们与其研究领域的潜在关系。这样,本特利(Richard Bentley,1662—1742)在 1692 年发表了一系列讲论,那是建基在牛顿的《数学原理》(*Principia Mathematica*,1687)上,其中由牛顿所建立的宇宙规律性被解释为设计的证据。加尔文在此清楚明白地暗示宇宙是一座"上帝荣耀的剧院",人类在其中是一个心存赞赏的观众。对于受造界的详细研究,导致人更多地留意它的创造者的智慧。

275   加尔文的第二个主要贡献是消除了对于自然科学发展的一个重要障碍:圣经的字面主义(biblical literalism)。这样把科学观察和理论从粗糙的圣经字面理解释放出来,这出现在两个层面上。首先,他宣称圣经不是关乎世界结构的详述,而是传讲耶稣基督的福音。其次,他坚持不是所有关于上帝或世界的陈述都是要按照字面理解。我们可以分别考虑这些论点。

加尔文建议,圣经要被当作主要关乎耶稣基督的知识。它不是一本天文学、地理学或生物学的课本。这个原则的最清楚陈述,或许可以见于1543 年加尔文对奥里维坦(Olivétan)的新约译本(1534)撰写序言所加的一段:圣经的全部要点是带给我们耶稣基督的知识。它没有(而且从来没有意图)向我们提供天文学和医学知识的一个绝对可靠的宝库。故此,自然科学实际上不受神学的规范所束缚。

加尔文的第二个贡献是关于圣经对科学现象的陈述的地位。考虑到马丁·路德所采取的迥异立场,加尔文的贡献的重要性就是令人激赏的了。1539 年 6 月 4 日,路德对哥白尼关于地球环绕太阳运行的理论提出了刻薄的评论——在 1543 年出版:圣经不是坚持与此相反的观点吗?约书亚不是说太阳停在某一点吗?故此,路德在日耳曼改教家典型的圣经字面主义的基础上,驳斥了日心说的理论。〔正如我们早前见到的,他在与茨温利争论耶稣在最后晚餐所说话的意思中——"这是我的身体"(马太福音 26：26)——路德坚持"是"字只可能解释为"照字面地完全相同"。这对茨温利来说不论是在宗教上或在语言学上都是荒谬的,完全看不到语言运作的不同层次。在这个情况中,"是"的意思是"表明"。〕

加尔文对于科学发现与圣经陈述之间的关系的讨论,普遍被视为是他对基督教思想最有价值的贡献之一。加尔文在此发展出一套通常用"俯就"(accommodation;或译作"调适")一语指称的精致理论。"俯就"一语在此的意思是"调校或适应以面对处境的需要和人类理解它的能力"。

加尔文认为,在启示中上帝亲自作出调适,俯就人类思维与心灵的能力。上帝是以我们理解的能力描绘他自己的肖像。加尔文的想法是以一个人类的演说家作为在这一点背后的类比。一个优秀的演说家知道他的听众的局限,而且会因而调节他说话的方式。若要达成沟通,演说者与听众之间的鸿沟就必须跨越。耶稣所讲的比喻完美地说明了这一点：它们是运用语言和例证的(例如基于羊与牧人的类比),完全适合他在巴勒斯坦农村的听众。保罗也会运用适合他听众处境的观念,取材自他的大多数读者所生活的城市的商业和法律世界。

相似地,加尔文认为,上帝若向我们启示他自己,就已经降到我们的水平。上帝亲自作出调节,以吻合我们的能力。正如一个人类的母亲会屈身亲近她的孩子一样,上帝也会俯就我们的水平。启示是上帝屈尊俯就的一项行动,借此上帝跨越了他自己及其能力与罪性的人类及其软弱能力之间的鸿沟。就像任何优秀的演说家一样,上帝明白他的听众——而且会因而调节他的用语。

这样俯就的一个例子,就是圣经对上帝的描绘。加尔文指出,上帝经常描述仿佛他有口、眼、手和脚。那样似乎暗示上帝是一个人。它可以意味着,永恒与属灵的上帝以某种方式降格成为一个肉身的人类,就像我们一样！〔这个论题往往称为"神人同形论"(anthropomorphism)——意思是上帝以人类的形式来描绘。〕加尔文认为,上帝因着我们软弱的理解能力,不得不以这样描绘的方式来启示他自己。上帝以口或手来代表他的形象,是上帝的"哑哑儿语",上帝以此方式俯就至我们的水平,运用我们所能掌握的形象。以更精密的方式来论述上帝,当然是可以的——只不过我们可能不能明白它们罢了。

在圣经的创造故事这事例中(《创世记》1 章),加尔文认为,它们是调适至一群相对简单、没有那么复杂的人的能力和水平;它们是无意以**字面方式**来表达实况的。他断言,《创世记》的作者"被任命成未受教育和原始者,以及学问精深者的老师;故此若不是降低至这样教导的粗糙方式,就不能达到他的目标"。"六日创造"的用语不是表明 6 个 24 小时的日子,而只是调适至人类的思考方式,代表一段长期的时间。"空气以上的水"只是谈及云的一种调适方式。

这些观念对于科学理论的影响是十分巨大的,尤其是在 17 世纪期间。例如,英国作家怀特(Edward Wright)针对圣经字面主义者,为哥白尼的日心说辩护,就是借着主张:首先,圣经不是关乎物理学的;第二,它说话的方式是"调适至普罗大众理解和说话的方式,就像保姆对着幼儿一样"。这些
277 论据都是直接源自加尔文的,他可以说是在这几点上对于自然科学的出现作出了重要贡献。

结论

在有限的篇幅中,没有可能详细分析宗教改革运动的观念对以后人类历史发展的可能影响。不过,在这最后一章中所陈述的,指出观念拥有改变事情的潜能。宗教改革运动就像俄罗斯的革命一样,让人想到观念不只是社会的产物;有时,它们会把那些社会领向实质的变动。列宁与加尔文的生动比较,经常出现在近期对加尔文这位法国改教家的研究中,这种比较指出,在一些历史的关键点上拥有极端思想的人物所具有的历史重要性。本书试图清晰论述那些观念,而且让更多人可以明白,以至更能理解这些迷人时期所造成的结果。

一段历史若是忽略了观念,就不能算是把故事说好了,而且肯定也不是把故事说得完整了。宗教改革运动是一个由宗教观念扮演主要角色的运动。其他的因素——社会、经济、政治和文化——也在这场运动中被涉及。那些其他因素应该也必须一闻。不过,若是述说宗教改革运动的故事,而没有认可宗教观念的创造力量,就是荒谬的事情。对于这场运动的某些现代俗世诠释者来说,把宗教力量赞赏为一种历史动力,可能会感到困难。因为他们的世界已经不再是由宗教所直接塑造的,他们就假设这是常态。不过,

情况不是这样的。或许,我们还没有知晓一切历史技巧中最艰难的部分:拥有能力把我们自己沉浸在一个已逝文化的世界中,而且想象我们自己是在一个深受宗教观念和态度主宰的世界中。本书没有完全达到那个目标;不过,它尝试揭开了少许帷幔,让我们更明白其他部分可能仍然完全是一个谜。

注释

[1] Robert M. Kingdon,'The Deacons of the Reformed Church in Calvin's Geneva,'in *Mélanges d'histoire du XVIe siécle* (Geneva, 1970), pp. 81-89.

[2] Franziska Conrad, *Reformation in der bäuerlichen Gesellschaft: Zur Rezeption reformatorischer Theologie im Elsass* (Stuttgart, 1984), p. 14.

进深阅读

关于韦伯的论题,参:

H. Lüthy, 'Variations on a Theme by Max Weber,'in *International Calvinism 1541 - 1715*, ed. M. Prestwich (Oxford, 1985), pp. 369-390.

G. Marshall, *In Search of the Spirit of Capitalism: An Essay on Max Weber's Protestant Ethic Thesis* (London, 1982).

Max Weber, *The Protestant Ethic and the Spirit of Capitalism* (London, 1930).

关于宗教改革运动思想的政治层面,参:

Q. Skinner, *The Foundations of Modern Political Thought* (2 vols; Cambridge, 1978), vol. 2, pp. 219-240.

关于宗教改革运动思想与科学的关系,参:

J. Dillenberger, *Protestant Thought and Natural Science* (London, 1961).

R. Hooykaas, *Religion and the Rise of Modern Science* (Edinburgh, 1972).

E. Rosen, 'Calvin's Attitude towards Copernicus,'*Journal of the History of Ideas* 21 (1960): 431-441.

附录 1　神学及历史用语汇编

读者如欲作进深讨论，在英语中的标准神学参考书籍为 *The Oxford Dictionary of the Christian Church*（Oxford, 3rd edn, 1997）。许多有用的资料均可见于另一套较旧的参考书：*The New Schaff-Herzog Encyclopedia of Religious Knowledge*（12 vols; Grand Rapids, Mich. , 1957），此套书特别对 16 世纪信义宗与改革宗的论争提供十分有用的资料。关于中世纪晚期神学名词的汇编，可见于 Heiko A. Oberman, *The Harvest of Medieval Theology: Gabriel Biel and Late Medieval Nominalism*（Cambridge, Mass. ,1963），pp. 459-476。关于称义这教义的专有名词，可参考本书作者所著的 *Iustitia Dei: A History of the Christian Doctrine of Justification*（2 vols; Cambridge, 1986）, vol. 1, pp. 188-190。

adiaphora 中性之事

字义为"无关痛痒之事"。改教家认为这是指可以容忍的信念或行为，因为这些事圣经均无明显地拒绝或规定。例如，牧师在教会崇拜中所穿戴的服饰，经常被认为属于"无关痛痒之事"。这观念有其重要性，乃因其容许改教家对许多信念与行为，采取一种务实的进路，由此避免了许多不必要的冲突。

Anabaptism 重洗派

字义为"重洗者"。此名词常指宗教改革运动的极端派别，那是基于门诺·西门或胡伯迈尔等人的思想而发展的。

anti-Pelagius writings 反帕拉纠著作

奥古斯丁有关帕拉纠论争的著作,其中他辩明了其对恩典与称义的看法。另参"帕拉纠主义"。

Apostolic era 使徒时代

280

对于人文主义者与改教家,此乃基督教会的权威性时期,始于耶稣基督的复活(约为公元 35 年),终于最后一位使徒的去世(约为公元 90 年?)。此段时期的观念与实践,在人文主义与宗教改革的圈子中广泛地被认为具有规范性的作用。

Augustinianism 奥古斯丁主义

此用语有两个主要意义。首先,这是指希波主教奥古斯丁对拯救教义的立场,强调神圣恩典的需要。在此意义上,这名词可说是帕拉纠主义的反义。其次,它是指在中世纪奥古斯丁修会的整体立场,不论这些看法是否源于奥古斯丁。进一步可参 David C. Steinmetz, *Luther and Staupitz：An Essay in the Intellectual Origins of the Protestant Reformation* (Durham, N.C.,1980)。

Calvinism 加尔文主义

这是一个含混的名词,使用时具备两个截然不同的意义。首先,这是指一些宗教团体(例如改革宗教会)或个人(例如贝扎)的宗教观,他们均深深地受到加尔文其人或其著作所影响。其次,这是指加尔文本身的宗教思想。虽然其首要意义至今仍最为普遍,但越来越多人发现此词的意义,极易为人误解。

catechism 教理问答

基督教教义的普及参考手册,通常是以问答的形式写成,作为宗教训育之用。宗教改革运动由于对宗教教育相当重视,因此在这时期出现了不少重要的教理问答作品,最著名的是路德的《小教理问答》(1529),以及驰名的《海德堡教理问答》(1563)。

Christology 基督论

基督教神学有关耶稣基督身份的教义部分,特别是有关其人性与神性关系的问题。除了 1529 年路德与茨温利在马尔堡对此教义之分歧外,基督论正如三一论的教义一样,于宗教改革运动期间无大争议。

281 cinquecènto 16 世纪

指 1500 年至 1599 年间,即 16 世纪。

confession 信条;认信

虽然这名词基本上是指认罪,但在 16 世纪却加上颇为不同的技术性意义——指包含了新教教会信仰原理的文献。故此《奥格斯堡信条》(1530)包含了早期信义宗的思想,《第一海尔维第(瑞士)信条》(1536)则代表了早期的改革宗教会的思想。"信条主义"(Confessionalism)一词常指 16 世纪后期宗教取向的僵化,如信义宗与改革宗的教会日渐卷入权力斗争,特别是在德意志地区。

Donatism 多纳徒主义

在公元 4 世纪后期于罗马北非地区发生的一次分裂运动,强调教会成员和领袖在纯净和圣洁上的需要。多纳徒主义坚持教会是圣徒的群体,而不是(正如奥古斯丁教导的)义人和罪人的混合体。在宗教改革运动期间,多纳徒争论再度出现,提出主流教会可以如何改革,而无需形成分裂群体的问题。

ecclesiology 教会论

基督教神学处理有关教会理论的部分(拉丁文 *ecclesia* 即教会之意)。在宗教改革时期,争论中心所围绕的问题,是关乎新教教会可否被视为与主流基督教一脉相承——换句话说,他们究竟是基督教的一个改革版本,还是某些完全崭新的基督教,而与 1500 年来基督教历史甚少或完全没有关连?

evangelical 福音派

这名词是指初期的宗教改革运动,特别是在 16 世纪 10 年代至 20 年代之间的德意志与瑞士地区。这名词后来在施佩耶尔的第二次会议之后,由"新教"(Protestant)一词所取代。

282 évangeliques 福音运动

这名词常用来指法兰西的宗教改革运动,特别是介乎 16 世纪 20 年代与 30 年代之间,围绕着纳瓦尔的玛格丽特王后(Margaret of Navarre)与布里康力(Guillaume Briçonnet)等人为主。

Evangelism 福音运动

这名词经常用于英语学术界,指介乎 1511 与 1545 年间于意大利的宗教改革运动,主要人物为孔塔利尼(Gasparo Contarini)与波尔。

exegesis 释经

经文解释的科学,通常特别是指解释圣经。"圣经释经"(biblical exegesis)一词基本上是指"解释圣经的过程"。在解释圣经中所用的具体技巧,通称为"诠释学"(hermeneutics)。

Fathers 教父

"教父作家"(patristic writers)的另一称谓。

Hermeneutics 诠释学;释经学

对一段经文的解释或释经的基本原理。宗教改革运动的首个阶段见证了基于人文主义与经院哲学而产生的一连串解释圣经的方法。茨温利首先本于伊拉斯谟的人文主义而发展了一套诠释的架构,而路德则从经院神学发展出另一套体系。

Humanism 人文主义

在本书第三章中详细讨论的一个复杂运动,与欧洲文艺复兴有关。这运动的核心不在于(正如这个词的现代意义所暗示的)一系列世俗或世俗化的观念,而是对古代的文化成果的新兴趣。这被视为是在文艺复兴期间欧洲文化与基督教的更新的一个主要资源。人文主义对宗教改革运动的影响是十分重大的,而且在本书中有所讨论。

Justification by faith, doctrine of 因信称义的教义

基督教神学处理有关个别的罪人如何能进入与上帝的团契的教义。虽然马丁·路德与其维腾堡之同僚对此深感重视,但这教义对像茨温利等瑞士改教家们来说,兴趣相对较少。

liturgy 礼仪

公众崇拜的成文程序,特别是指圣餐礼。因着礼仪在宗教改革运动时由神学所预先决定,故此礼仪的改革就显得异常重要。

Lutheranism 信义宗;路德主义

与马丁·路德有关之宗教观念,特别见于《小教理问答》(1529)与《奥格斯堡信条》(1530)。在路德死后(1546),信义宗内部有一连串的争论,出现在强硬派[所谓"纯正路德派"(Gnesio-Lutherans)或"弗喇秋派"(Flacianists)]与温和派[另称"腓力派"(Philippists)]之间,引致信义宗内部不和,终于以《协同信条》(Formula of Concord,1577)作为解决,而这信条常被视为信义宗神学的权威性条文。

Magisterial Reformation 宪制的／主流的宗教改革运动

这名词代表在宗教改革运动中,信义宗与改革宗的改教派别,相对于极端的宗教改革运动(重洗派)而言。

Nominalism 唯名论

严格来说,这是指与"唯实论"对立的知识理论。不过,这名词往往是指"新路派"。

patristic 初期教父的

这形容词通常指教会历史的起初数世纪,紧接着新约圣经的著作时期(初期教父时期)或是指在这时期的思想家著作(初期教父作家)。因此,对于改教家来说,这时期标志着公元 100 至 451 年之间(即新约圣经形成至卡尔西顿公会议之间的时期)。改教家倾向认为新约圣经和(较为次要的)初期教父时期,对于基督徒的信仰与行为具有规范性的作用。

Pelagianism 帕拉纠主义

284 这思想在关于人怎样可以赚取拯救的立场上,与希波主教奥古斯丁采取完全对立的看法,极之强调人行为的角色,降低神圣恩典这一观念的重要性。

Protestantism 新教主义

这名词是在施佩耶尔会议（1529）之后，用以形容那些"抗议"罗马天主教教会的行为与信仰的人。1529 年之前，这些人与群体自称为"福音派"。

quattrocénto 15 世纪

指 1400 年至 1499 年间，即 15 世纪。

Radical Reformation 极端的宗教改革运动

这名词越来越多指重洗派的运动——即超越了路德与茨温利的构想的宗教改革派别。

sacrament 圣礼

从纯粹历史的角度，这名词是指传统上接受的由耶稣基督亲自设立的教会崇拜或礼仪。虽然中世纪的神学与教会生活承认有七个圣礼，改教家却辩称从新约圣经中只能找到两个圣礼（洗礼与圣餐礼）。关于圣礼的理论极富争论性，甚至改教家也不能对圣礼的真正目的，达成一致看法。

schism 教会分裂

决意与教会整体的分离，被早期教会的重要教父如西普里安与奥古斯丁所激烈斥责。改教家被他们的反对者谴责为"分裂教会者"（schismatics）。因此，改教家发现他们难以一方面要强调奥古斯丁的恩典观，另一方面把他对教会分裂的看法置之不理。

schola Augustiniana moderna 新奥古斯丁派

中世纪晚期哲学的其中一种形式，一方面强调奥古斯丁的恩典观，另一方面又对"共相"的问题采取唯名论的立场。

Scotism 司各脱主义

关于邓·司各脱的经院派哲学。

Scripture Principle 圣经原则

对教会的运作与信仰的理论，认为两者应建基于圣经之上，这特别为改革宗神学家所提倡。所有对信徒具有约束力的事情,均应无疑地证明是基于圣经的。"唯独圣经"一词充分表明此原则。

Septuagint 七十士译本

旧约圣经的希腊文译本,成文日期约为公元前 3 世纪。

Sermon on the Mount 登山宝训

基督对道德与牧养教训的标准表述形式,具体记载于《马太福音》5 至 7 章。

sodality 宗教团体

这名词通常指 15 世纪晚期与 16 世纪早期,在许多欧洲北部城市与大学中的人文主义者的结社。例如,在维也纳以科林米修斯(Georg Collimitius)为中心的科林米修斯宗教团体(*sodalitas Collimitiana*),以及在纽伦堡以施道比茨为中心的施道比茨宗教团体(*sodalitas Staupitziana*)。

Soteriology 救恩论

基督教神学中处理拯救(希腊文为 *soteria*)教义的部分。

Thomism,via Thomae 托马斯主义;托马斯派

与托马斯·阿奎那有关的经院哲学。

transubstantiation 变质说

中世纪教义之一,认为在圣餐中的饼与酒转化作基督的身体与血,却又保持其外形。

trecènto 14 世纪

指 1300 年至 1399 年间,即 14 世纪。

Turmerlebnis 高塔经验

德文,字义为"高塔经验"(tower experience),经常用以代表路德突破转变的时刻。在其后(更复杂)的描述中,路德提及他是在维腾堡的奥古斯

丁修道院的高塔中获得其神学突破——故以此为"高塔"。

via antiqua 旧路派

这名词是代表经院哲学的形式之一,例如托马斯主义与司各脱主义对共相问题采取唯实论的立场。

via moderna 新路派

这名词从广义来说有两方面意义。首先,它是指经院哲学的形式之一,在共相的问题上采取唯名论的立场,与"旧路"的唯实论哲学相反。其次,这名词更重要的是代表了一种经院哲学(前称为"唯名论"),那是建基于奥卡姆的威廉及其后人,例如德埃利与比尔。

Vulgate 武加大译本

圣经的拉丁文译本,大部分源于哲罗姆,为中古神学主要的基础。严格来说,武加大译本应指哲罗姆所翻译的旧约圣经[但不包括《诗篇》,因武加大译本的《诗篇》取自《高卢诗篇集》(Gallican Psalter)和他所翻译的次经作品[不包括《所罗门智训》(Wisdom)、《便西拉智训》(Ecclesiasticus)、《马加比一书》和《马加比二书》(1 and 2 Maccabees),以及《巴录书》(Baruch),因以上书卷取自旧拉丁文译本(Old Latin Version)],以及他所翻译的全部新约经卷。在这译本中所发现的许多不准确的地方,对宗教改革运动有莫大的重要性。

Zwinglianism 茨温利主义

这名词常代表茨温利的思想,但却通常特别指他对圣礼的立场,即对"真实临在"的看法[对茨温利来说,这其实属于一种"真实缺席"(real absence)]。

附录 2　主要原始资料的中英译本

加尔文

加尔文最重要的著作是《基督教要义》的 1559 年版本。这版本有几个英文译本，特别推荐以下两个版本：

Institutes of the Christian Religion, trans. Henry Beveridge（2 vols；Grand Rapids, Mich., 1975）.

Institutes of the Christian Religion, ed. J. T. McNeill, trans. Ford Lewis Battles（2 vols；Library of Christian Classics 20-21；Philadelphia London, 1975）.

《基督教要义》的 1536 年版本也有英文译本：*Institution of the Christian Religion*, trans. F. L. Battles（Atlanta, 1975）。

中文译本参：

加尔文著，徐庆誉、谢秉德译：《基督教要义》（3 册，香港：基督教辅侨出版社，1955—1959）。

加尔文著，加尔文基督教要义翻译小组译：《基督教要义》（上、下卷，台湾：加尔文出版社，2007）

加尔文许多尚存的著作，尤其是他的短文和新约注释，均是由加尔文翻译协会（Calvin Translation Society）在 19 世纪翻译成英文的：

Calvin's Tracts（3 vols；Edinburgh, 1844—1851）.

Calvin's Commentaries （47 vols；Edinburgh，1843—1859）.

还有一部新的新约注释译本：
Calvin's Commentaries，ed. D. W. Torrance and T. F. Torrance（Edin-
　　burgh，1959— ）.

以下的译本也值得留意：
Calvin's Commentary on Seneca's 'De Clementia,' ed. F. L. Battles and
　　A. M. Hugo（Leiden，1969）.
*John Calvin and Jacopo Sadoleto：A Reformation Debate. Sadoleto's
　　Letter to the Genevans and Calvin's Reply*（New York，1996）.
Jean Calvin：Three French Treatises，ed. F. H. Higman（London，
　　1970）.
Calvin's Theological Treatises，ed. J. K. S. Reid（Library of Christian
　　Classics 22：Philadelphia，1954）.

鹿特丹的伊拉斯谟

　　伊拉斯谟著作最完整的英文版本是 *The Collected Works of Erasmus*
（81 vols；Toronto，1969—），仍然在编辑出版中。当这套丛书完成时，将会
是伊拉斯谟著作的权威性英文版本。宗教改革运动的历史学者对于以下的
卷册会特别感兴趣：书信（1—22 卷），尤其是第 993 至 1251 封信函（7—8
卷），范围是 1519 至 1521 年间，当时伊拉斯谟的心思开始深深萦绕在"路德
的悲剧"（*Lutherana tragoedia*）上；还有是新约的学术著作（41—60 卷），建
构了宗教改革运动的理性基础。这些卷册应该与下书同读：Erika Rum-
mel，*Erasmus' Annotations on the New Testament：From Philologist to
Theologian*（Erasmus Study 8：Toronto，1986）。

马丁·路德

　　路德著作受到最广泛使用的英文译本是所谓 *American edition：Lu-
ther's Works*（55 vols；St Louis / Philadelphia，1955—1975）。这个版本除
了有一册指南之外，还包括路德大部分的解经著作（1—30 卷），以及短文、
讲章和政治论著（31—54 卷）。解经作品是以圣经书卷的次序编排，而不是

按照路德的撰写次序。

一部有用的选集是 *Martin Luther*：*Selections from his Writings*，ed. John Dillenberger（New York，1962）。1520 年的三大"宗教改革文献"都收录在 *Three Treatises*（Philadelphia，1973）。

路德的中译著作甚多，近年最完整的出版计划是：《路德文集》（香港：香港路德会文字部，2003—）（现已出版两卷）。

茨温利

迄今最完整的英文译本是三册的 *The Latin Works of Huldreich Zwingli*，分别如下：

289　*The Latin Works and Correspondence of Huldreich Zwingli*，vol. *I*：*1510 –1522*，ed. S. M. Jackson（New York，1912）。

The Latin Works of Huldreich Zwingli，vol. *II*，ed. W. J. Hinke（Philadelphia，1922）；再版是 *Zwingli on Providence and Other Essays*（Durham，N.C.，1983）。

The Latin Works of Huldreich Zwingli，vol. *III*，ed. C. N. Heller（Philadelphia，1929）；再版是 Commentary on True and False Religion（Durham，N.C.，1981）。

补充的作品有：

Huldrych Zwingli Writings：*The Defense of the Reformed Faith*，ed. E. J. Furcha（Allison Park，Pa.，1984）。

Huldrych Zwingli Writings：*In Search of True Religion*，ed. H. Wayne Pipkin（Allison Park，Pa.，1984）。

还有两部文集也是值得留意的：

The Selected Works of Huldrych Zwingli，ed. S. M. Jackson（Philadelphia，1901；reprinted 1972）。

Zwingli and Bullinger，ed. G. W. Bromiley（Library of Christian Classics 24：Philadelphia，1953）。

附录 3　主要期刊和
资料的标准缩略语

以下的缩略语,常见于讨论宗教改革时期的历史和思想的著作中。由于某些作品没有统一的标准缩略语,所以情况有点麻烦。假若使用数个缩略语的话,就会注明较倾向采用的一个。对于代表二手资料的缩略语,最有用的指南是 Siegfried Schwertner, *Internationales Abkürzungsverzeichnis für Theologie und Grenzgebiete* (Berlin/New York, 1973)。(这本《神学与相关科目的国际词汇缩略语》,通常简称 *IATG*。)

原始资料

读者把以下短注与"附录 2"和"附录 4"一同阅读,将会感到那是很有帮助的。

CR	*Corpus Reformatorum* (Berlin/Leipzig/Zurich, 1834—)。这是梅兰希顿(1—28 卷)、加尔文(29—87 卷)和茨温利(88 卷—)等人著作的标准版本。加尔文的部分有时(令人迷惑不解地)称为 *OC*。参"附录 4"关于加尔文和茨温利的短注。
CWE	*Complete Works of Erasmus* (Toronto, 1969—)。这套丛书仍然在编辑出版中,将成为伊拉斯谟著作的标准英文译本。
EE	*Erasmi Epistolae*, ed. P. S. Allen (Oxford, 1905—1958)。伊拉斯谟书信的标准版本。
LB	*Desiderii Erasmi Opera Omnia*, ed. J. LeClerc (Leiden,

1703—1706；reprinted London，1962）。伊拉斯谟著作的莱顿 [Leiden(Lugduni Batavorum)]版本。

LCC   *Library of Christian Classics*（London/Philadelphia，1953—）。这套丛书包括布塞、茨温利和梅兰希顿等人的作品，以及加尔文《基督教要义》1559 年的合用译本。

291 LW   *Luther's Works*，ed. Jaroslav Pelikan and Helmut Lehmann（55 vols；St Louis/Philadelphia，1955—1975）。路德作品"美国版本"（American edition）的英文译本。

OC   *Opera Calvini*。这是 *Corpus Reformatorum* 的加尔文作品部分另一个有点困惑的简称：参 *CR*。

OS   *Opera Selecta Ioannis Calvini*，ed. Peter Barth（5 vols；Munich，1926—1936）。加尔文主要作品一个有用的评鉴版本，包括《基督教要义》的 1536 年和 1559 年版本。

S   *Huldrich Zwingli's Werke*，ed. M. Schuler and J. Schulthess（8 vols；Zurich，1828—1842）。茨温利著作的第一个版本，现在已经逐渐由 *Corpus Reformatorum* 这版本所取代。

SS   茨温利著作的上述版本（Schuler-Shulthess edition）的另一简称：参 *S*。

WA   *D. Martin Luthers Werke：Kritische Gesamtausgabe*，ed. J. K. F. Knaake，G. Kawerau et al.（Weimar，1883—）。路德著作的权威"威玛版本"（Weimar edition），也包括了他的书信（*WABr*）、德文圣经（*WADB*）和"桌边谈"（Table-Talk，*WATr*）。

WABr   *D. Martin Luthers Werke：Briefwechsel*（15 vols；Weimar，1930—1978）。路德著作的威玛版本的书信部分。

WADB   *D. Martin Luthers Werke：Deutsches Bibel*（Weimar，1906—）。路德著作的威玛版本的"德文圣经"部分。

WATr   *D. Martin Luthers Werke：Tischreden*（6 vols；Weimar，1912—1921）。路德著作的威玛版本的"桌边谈"部分。

Z   *Huldreich Zwinglis sämtliche Werke*，ed. E. Egli et al.（*Corpus Reformatorum*，vols 88 -：Berlin/Leipzig/Zurich，1905—）。茨温利著作的最佳评鉴版本，仍然在编辑出版中，取代了 19 世纪的旧版本（Schuler-Schulthess edition）。另有两个指称这个版本的

方法,也应一提:第一个方法是"*CR* 并跟着的册数号码是 88 或者更大",读者知道那是指 *Corpus Reformatorum* 系列属于茨温利部分的哪一册;第二个方法是 *CR*(*Zwingli*),让读者知道那是指 *Corpus Reformatorum* 系列第 88 册之后。故此,*CR*(*Zwingli*)1 是指 *Corpus Reformatorum* 系列的茨温利部分的第 1 册,也即是第 88 册。另参"附录 4"。

ZW　　上述茨温利著作版本(*Huldreich Zwinglis sämtliche Werke*)的另一简称;较适当的缩略语是 *Z*。

二手资料

ADB　　*Allgemeine Deutsche Biographie*(55 vols; Leipzig,1875—1912; reprinted Berlin,1967—1971).

AGBR　　*Aktensammlung zur Geschichte der Basler Reformation in den Jahren 1519 bis Anfang 1534*(3 vols; Basle,1921—1937).

AGZR　　*Aktensammlung zur Geschichte der Züricher Reformation in den Jahren 1519—1533*, ed. Emil Egli(Zurich,1879; reprinted Aalen,1973).

ARG　　*Archiv für Reformationsgeschichte.*

BHR　　*Bibliothèque d'humanisme et Renaissance.*

CIC　　*Corpus Iuris Canonici*(2 vols; Leipzig,1879; reprinted Graz,1959).

CICiv　　*Corpus Iuris Civilis*(3 vols; Berlin,1872—1908).

EThL　　*Ephemerides Theologicae Louvaniensis.*

FcS　　*Franciscan Studies.*

FS　　*Franziskanische Studien.*

HThR　　*Harvard Theological Review.*

JThS　　*Journal of Theological Studies.*

QFRG　　*Quellen und Forschungen zur Reformationsgeschichte*(Gütersloh,1911—).

RGG　　*Religion in Geschichte und Gegenwart*(6 vols; Tübingen,3rd edn,1957—1965).

RGST　　*Reformationsgeschichtliche Studien und Texte*(Münster,1906—).

292

RThAM   *Recherches de théologie ancienne et médiévale.*

SJTh   *Scottish Journal of Theology.*

SMRT   *Studies in Medieval and Reformation Thought*, ed. H. A. Oberman (Leiden，1966—).

ZKG   *Zeitschrift für Kirchengeschichte.*

ZKTh   *Zeitschrift für katholische Theologie.*

ZThK   *Zeitschrift für Theologie und Kirche.*

Zwa   *Zwingliana：Beiträge zur Geschichte Zwinglis, der Reformation, und des Protestantismus in der Schweiz.*

留意某些作者倾向把"神学"（Theology）一词简称为 T 而不是 Th，因此 *SJTh*、*JThS* 和 *HThR* 往往缩略成 *SJT*、*JTS* 和 *HTR*。

附录 4　如何引用主要的原始资料

对于宗教改革运动人物或观念的主要研究作品,作者经常假设它们的读者晓得如何解释基本原始资料的参考文献。经验显示,这是一个过分乐观的假设。本附录的主旨,是为了让读者在遇到以下四个主要人物的材料时,能够掌握最通用的征引方法:加尔文、伊拉斯谟、路德和茨温利。

原始资料所代表的缩略语,可以在"附录 3"中找到。主要著作的英文译本见于"附录 2"。

加尔文

加尔文的《基督教要义》差不多总是指 1559 年的版本。这版本分为四个主要段落(即四卷),各自处理一个范围广泛的大课题。然后,每卷再分章,各章再分节。故此,这本著作的 1559 年版本的征引方式,包括了三个数字,分别是**卷**(book)、**章**(chapter)和**节**(section)。卷数一般是用大写的罗马数字,章数是用小写的罗马数字,而节数则用阿拉伯数字。故此,第 2 卷的 12 章 1 节可以写成 Ⅱ.xii.1,尽管也可以写成 Ⅱ,12,1 或 2.12.1。

此外,征引的文献可以是指某一版本(例如 *Corpus Reformatorum* 或 *Opera Selecta*)或某一英文译本。例如,征引方式如 *Institutio* Ⅲ.xi.1;OS 4.193.2-5,是指《基督教要义》1559 年版本第 3 卷的 11 章 1 节,特别注明是 *Opera Selecta* 第 4 册,193 页,第 2 至 5 行那一段。同样地,*Institutes* Ⅳ.v.5;tr. Beveridge, 2.243 的征引方式是指《基督教要义》第 4 卷的 5 章 5 节而可见于柏卫基(Henry Beveridge)翻译的著名版本的第 2 册的 243 页 (参"附录 2")。

引用加尔文的圣经注释和讲章,经常涉及 *Corpus Reformatorum* 版本,只要简单注明册数和页数。故此,*CR* 50.437 是指第 50 册的 437 页。册数是在 1 至 59 册的范围中。可惜的是,由于恼人的做法,有时会引起混淆,幸好这一般只限于较早的加尔文研究作品。*Corpus Reformatorum* 的版本包括梅兰希顿(1—28 册)、加尔文(29—87 册)和茨温利(88 册—)的著作。因此,加尔文著作的第 1 册就是整套丛书的第 29 册——较早的著作有时会用这个较大的册数来谈到加尔文的作品。假如你发现提到这版本的加尔文作品时,册数是在 60 至 87 的范围之间,那么你应该减去 28,就会得到正确的册数。假如你发现提到加尔文的某项引用资料是没有意义的,尤其是在较早的作品中,那么就减去 28,再试一次!

伊拉斯谟

最经常用到的伊拉斯谟拉丁文著作的版本是勒克莱尔版本(LeClerc edition),1703 年在莱顿印行(1963 年再版),以及信函的亚伦版本(Allen edition)。

勒克莱尔版本差不多总是以下述方式征引:开首的数字是代表**卷数**(volume),第二个数字是**栏数**(column,每页都分为两栏,各自赋予数字)。然后是一个**字母**(letter,A - F),指出在该栏中某一段落的位置。这些字母是为了参考之便,印在勒克莱尔版本的书页上。在此举出数例说明:*LB* Ⅴ.153 F;*LB* Ⅹ.1754 C - D;和 *LB* Ⅱ.951 A - B。第一个例子是指第 5 卷的 153 栏,字母 F 表示该段是在栏底之处。第二个例子是指第 10 卷的 1754 栏,字母 C - D 表示该段可在栏的中间找到。最后一个例子是指第 2 卷的 951 栏,字母 A - B 表示该段是在页顶的位置。

信函的亚伦版本一般是首先注明**卷数**(volume),然后是**页数**(page)和**行数**(line)——故此,*EE* 2.491.133 - 9 是指在 12 卷中的第 2 卷,491 页,第 133 至 139 行。有时,**信函的数目**(letter number)也会加以说明——故此,*EE* 2,no. 541 是指第 541 封信函[由伊拉斯谟致卡皮托(Capito),日期是 1517 年 2 月 26 日],载于亚伦版本的第 2 卷中。

295

马丁·路德

路德著作的唯一评鉴版本现今一般是指卷帙浩繁的"威玛版本",那是在 1883 年开始的工作,作为庆祝这位德意志改教家诞生 400 周年纪念的部分。这版本分为 4 个主要部分：

　　1. 这套著作的主要部分，包括他的主要神学著作（简称 *WA*）。

　　2. 信函（简称 *WABr*）。在目录中，这部分一般是用德语称为 *Briefwechsel*。

　　3. 所谓"桌边谈"（简称 *WATr*）。在目录中，这部分一般是用德语 *Tischreden*。这份材料不是由路德自己撰写的，而是路德在进餐时间与朋友交谈的记录。这些材料的可靠性经常受到质疑。

　　4. "德文圣经"（简称 *WADB*）。在目录中，这部分一般是用德语称为 *Deutsches Bibel*。

　　故此，若要辨认威玛版本的一般引文，首先要判断那是属于这套著作的哪一部分。在大部分的情况下，最有可能是指这套著作的主要部分。

　　处理的方法较为简单。文献出处的表达方式一定是按次序给予卷数、页数和行数。在注明卷数的方法上有某些变化，某些作者会用罗马数字，某些作者则用阿拉伯数字。故此，*WA* 4.25.12-17 和 *WA* Ⅳ.25.12-17 两者都是指这套著作主要部分的第 4 卷，25 页，第 12 至 17 行。要指出的唯一困难，是某些卷册是再有分部的。若然的话，部的数目就会紧贴在卷数之后。3 个主要系统代表部的数目都是相同的。*WA* 55 Ⅱ.109.9、*WA* LV/2.109.9 和 *WA* 55^2.109.9 等文献出处指示都是指威玛版本第 55 卷的第 2 部，109 页的第 9 行。

　　信函（*WABr*）和德文圣经（*WADB*）一般是用相同的方式征引。故此，*WABr* 1.99.8-13 是指书信的第 1 卷，99 页的 8 至 13 行。不过，在"桌边谈"的情况中，一般是用了稍微不同的征引方式。"桌边谈"分为近 6000 段，通常的做法是先注明卷数，然后加上段数。故此，*WATr* 2.2068 是指第 2068 段，载于威玛版本第 6 卷漫谈部分的第 2 卷。在少数较罕见的情况中，这些段落会再划分：分段是以字母识别的——例如，*WATr* 3.3390b。296

茨温利

　　近代研究著作的征引都是指出色的 *Corpus Reformatorum* 版本，一般是以 *Z* 代表（至于其他的指称，参"附录 3"）。几部没有载于这个现代版本的作品，可以在 Schuler-Schulthess 版本中找到。故此，研究者必须能够应付这些版本。

Corpus Reformatorum 版本是以卷数、页数和行数注明的。第 6 卷再作细分,一般是以小写的罗马数字代表。故此,*Z* Ⅲ. 259. 32 是指 *Corpus Reformatorum* 版本第 3 卷,259 页,第 32 行,而 *Z* Ⅵ iii. 182. 3-5 则是指第 6 卷的第 3 部分,182 页,第 3 至 5 行。在较早的著作中,有时是用 88 或更大的卷数,代表 *Corpus Reformatorum* 版本的茨温利部分。这是因为 *Corpus Reformatorum* 版本把 3 位改教家(另外两位是梅兰希顿和加尔文,载于 1 至 87 卷中)的作品收集在一起。若要转换这个较旧的系统,就要从卷数中减去 87。故此,*CR* 90. 259. 32 是等于 *Z* Ⅲ. 259. 32。

Schuler-Schulthess 版本是以卷数、页数和行数注明的。第 2 卷和第 6 卷再作细分,以小写的罗马数字代表。故此,*S* Ⅳ. 45. 26-8 是指第 4 卷,45 页,第 26 至 28 行;而 *S* Ⅵ i. 602. 48 是指第 6 卷的第一部分,602 页,第 48 行。

附录5　16世纪引用《诗篇》的方式

16 世纪宗教改革家有几本重要著作,其形式是对全卷或个别诗篇作出注释——例如,马丁·路德在 1513 至 1515 年间的著名讲座,一般称之为《〈诗篇〉讲义》。研究者可能会感到困惑的一大难题,在于《诗篇》的征引方式。16 世纪的作者大多数采用称为武加大译本的拉丁文圣经。由于难以简单解释的某些原因,使得《诗篇》在武加大译本中的章节计算方式,有别于希伯来经文的用法,因而也不同于依循后者的现代之英文译本。故此,当路德提到《诗篇》70 篇时,他是指**根据武加大译本计算的《诗篇》70 篇**,即等于大多数现代之英文译本的《诗篇》71 篇。显然,由此产生了两个难题。首先,我们要怎样从武加大译本的篇数转换成英文圣经的篇数? 其次,鉴于计算方式的上述差异,我们可以怎样征引《诗篇》? 我们将会分开处理这些问题。

武加大译本诗篇的计算方式

我们可以把武加大译本与现代英文译本之间的差异列出如下:

武加大译本	现代之英文译本
1-8	1-8
9.1-21	9
9.22-39	10
10-112	11-113
113.1-8	114
113.9-26	115
114	116.1-9

115	116. 10-19
116-145	117-146
146	147. 1-11
147	147. 12-20
148-150	148-150

　　显而易见,武加大译本与现代之英文译本对《诗篇》的计算方式,只有11篇《诗篇》是相同的(诗篇1至8篇、148至150篇)。

　　故此,当路德提到《诗篇》22篇时,他实际上是指今天大多数人所认识的《诗篇》23篇。某些现代之英文译本根据计算方式的差异,修改了《诗篇》的征引篇数,不过当研究者阅读原文时,必须对《诗篇》的篇数自行作出修正。假如你发现某段《诗篇》的引文是没有意义时,就尝试按照上表修改篇数。

《诗篇》的征引

　　以下征引《诗篇》的方式,是现今在讨论宗教改革运动(尤其是路德)的学术作品中通行的做法。假如在英文译本与武加大译本的经文之间有《诗篇》篇数的差异,**那么首先注明武加大译本的篇数,然后把英文译本的篇数放在括号中**。因此,讨论"路德对《诗篇》70篇(71篇)的注解……"[英文则为:Luther's exposition of Psalm 70(71)],意即**根据武加大译本的计算方式是《诗篇》70篇,根据英文译本的计算方式是《诗篇》71篇**。同样地,《诗篇》22篇(23篇)3节[英文:Psalm 22(23):3]的说法,就是指**根据武加大译本的计算方式是《诗篇》22篇3节,根据英文译本的计算方式则是《诗篇》23篇3节**。有时情况会更加复杂,因为某些《诗篇》在武加大译本与英文译本之中的"节数"不同。例如,《诗篇》84篇11节(85篇10节)[英文:Psalm 84:11(85:10)]是指在武加大译本中的《诗篇》84篇11节,在英文译本中则是85篇10节。

附录 6　宗教改革运动的最新书目

　　本书列出了讨论宗教改革运动思潮的重要著作的广泛书目。然而,书目列出的作品很快就会过时,尤其是在宗教改革运动这个这么多学者致力的研究领域。故此,研究者可能会对这样的一份书目如何保持更新感到疑惑。以下的建议,期望可以提供帮助。

宗教改革运动历史档案(*Archiv für Reformationsgeschichte*)文献补充

　　在宗教改革运动的领域中,主要的期刊是《宗教改革运动历史档案》(*Archiv für Reformationsgeschichte*),在每年的 10 月出版。自从 1972 年开始,这份期刊会刊载一篇补充文献的书评(*Literaturbericht*),提供与宗教改革运动历史或思想有关的近期出版的数以千计的书籍或论文的详细资料。某些是有注解的,不论是英文或德文。这个书评是以部(sections)和分部(subsections)划分的,按照德文分类。它的最重要类别列出如下:

1　通论
2　宗教和文化
　2.1　在宗教改革之前
　2.2　路德
　2.3　茨温利
　2.4　加尔文
　2.5　新教思想
3　精神和文化
　3.1　哲学和政治神学
　3.2　人文主义

6　欧洲国家的宗教改革运动

300　　研究者应该选择他感兴趣的部分或分部,然后继续查考在其下列出的出版刊物。

书评论文和出版书目

　　有一些书评论文或书目是定期出版的。每年出版的 *Luther-Jahrbuch*、*Zwingliana* 和 *Calvin Theological Journal* 的 11 月号,各自包括了讨论路德、茨温利和加尔文的珍贵记录。*Ephemerides Theologicae Louvaniensis* 这份期刊出版一份全年的书目,包括天主教的改革运动的许多相关研究。研究者也应在图书馆目录的"书目"(Bibliography)一栏之下,查考著名改教家的部分——例如路德、加尔文或茨温利——就会找到类似以下的著作:

J. Bigane and K. Hagen, *Annotated Bibliography of Luther Studies*, *1967—1976* (St Louis, Mo., 1977).

A. Erichson, *Bibliographia Calviniana*, 3rd edn (Nieuwkoop, 1965).

W. Niesel, *Calvin-Bibliographie* (*1901—1959*) (Munich, 1961).

S. E. Ozment (ed.), *Reformation Europe: A Guide to Research* (St Louis, Mo., 1982).

H. W. Pipkin, *A Zwingli Bibliography* (Pittsburg, Pa., 1972).

　　翻查近期主要的历史或神学期刊也是有用的——例如 *Church History*、*Journal of Ecclesiastical History* 或 *Journal of Theological Studies*——心中要有两个目标。首先,寻找近期出版著作的书目。假如有一本书是被上述期刊之一所评论,那么这本书就基本是十分重要的。第二,寻找书评论文——即总结某一领域中近期著作的论文。

　　这些书评的例子如下:

James Atkinson, 'Luther Studies,' *Journal of Ecclesiastical History* 23 (1972): 69-77.

L. C. Green, 'Luther Research in English-Speaking Countries since 1971,' *Luther-Jahrbuch* 44 (1977):105-126.

Robert White, 'Fifteen Years of Calvin Studies in French (1965—1980),' *Journal of Religious History* 21 (1982): 140-161.

　　最后,研究者应该翻查近期讨论宗教改革运动著作的书目部分,而且留意
301　近期面世的相关著作。作者若是运用哈佛系统(Harvard system,即"作者—日期"),尤其容易做到这一点,因为这类方式立即显示了作品的出版日期。

期刊文献搜寻

　　有些主要期刊出版了讨论宗教改革运动思潮的重要英文论文。你应该阅读这些期刊的任何一期，而且留意任何与你的兴趣有关的研究。以下的主要期刊是根据其重要性依次列出的：

Archiv für Reformationsgeschichte

Sixteenth Century Journal

Church History

Journal of Ecclesiastical History

Harvard Theological Review

Journal of Theological Studies

　　读者若对极端的宗教改革运动感兴趣，那么也应该阅读 *Mennonite Quarterly Review*。而 *Archiv für Reformationsgeschichte* 出版了差不多相近数量的英文和德文论文；不过，那些以德文出版的文章也会包括一段英文摘要，那是很有帮助的。

　　读者若懂得德文，也应查考以下期刊：

Zeitschrift für Kirchengeschichte

Zeitschrift für Theologie und Kirche

Kerygma und Dogmma

摘要的服务

　　有些机构和期刊提供了论文和/或书籍的摘要，按照主题编排。美国神学图书馆联会（American Theological Library Association）提供了两份重要刊物：

Religion Index One：Periodicals

Index to Book Reviews in Religion

302

　　这些著作可以在大多数北美的大学和学院的图书馆中找到。以下的著作也是十分有帮助的：

Guide to Social Science and Religion in Periodical Literature

Religious and Theological Abstracts

Social Sciences and Humanities Index

　　每一间图书馆的编目方式都略有不同。若你找不到这些参考作品，请向你的图书馆管理员查询。

附录 7　政治与思想历史年表

1348	第一所日耳曼大学在布拉格（Prague）创立。
1365	维也纳大学创立。
1378—1417	西方教会大分裂，在阿维农与罗马分别出现"对立教宗"（anit-popes）。
1386	海德堡大学创立。维也纳大学法规改革，由"新路派"的思想主导。
1388	科隆大学（University of Cologne）创立。
1392	爱尔福特大学创立。
1409	莱比锡大学创立。
1414—1418	康斯坦茨会议结束西方教会大分裂。
1425	鲁汶大学（University of Louvain）创立。
1453	君士坦丁堡沦陷：操希腊语的学者携同他们的古卷逐渐向西迁移。
1457	弗莱堡大学（University of Freiburg-im-Breisgau）创立。
1460	巴塞尔大学创立。
1472	因戈尔施塔特大学创立。
1474	"新路派"在巴黎受到谴责，"新路派"的同情者迁往其他日耳曼大学。
1477	法兰西与哈布斯堡王朝爆发战争。
1481	法兰西撤销针对"新路派"的议令。
1483	11月10日，马丁·路德生于萨克森选侯领地的艾斯莱本。

1484	1月1日,茨温利出生。比尔获委任图宾根大学的教席。
1491	弗罗本在巴塞尔开展印刷业。
1492	哥伦布[Christobal Colon (Columbus)]发现美洲。
1498	茨温利开始就读于维也纳大学。
1501	路德开始就读于爱尔福特大学。
1502	萨克森选侯腓特烈创立维腾堡大学。
1503	伊拉斯谟的《基督精兵手册》初版面世。
1505	7月17日,路德进入爱尔福特的奥古斯丁修院。
1506	奥古斯丁著作的阿默巴赫版本面世。
1508	维腾堡大学的法规改革。路德在维腾堡大学讲授道德哲学。

304

1509　7月10日,加尔文在努瓦永的皮卡第(Picardy)出生。伊拉斯谟的《愚人颂》(*Enconium Moriae*)出版。亨利八世在英格兰登基。

1512　1月至2月,路德往访图宾根;路德开始在维腾堡讲授圣经。梅兰希顿抵达图宾根。

1515　《愚昧人之书》(*Letters of Obscure Men*)出版,嘲讽科隆的多米尼克会修士。伊拉斯谟的《基督精兵手册》刊行第三版。路德开始在维腾堡讲授《罗马书》。9月,瑞士联邦在马里尼亚诺战败;苏黎世自此宣布永不加入任何外国联盟。

1516　摩尔的《乌托邦》(*Utopia*)出版。伊拉斯谟的希腊文新约圣经出版。9月25日,路德与卡尔施塔特在阐释奥古斯丁思想上发生冲突。

1517　4月26日,卡尔施塔特为151条奥古斯丁主义论题而辩护。10月31日,路德张贴关于赎罪券的《九十五条论纲》。

1518　3月,卡尔施塔特改革维腾堡的神学课程,重新强调奥古斯丁与圣经。弗罗斯豪尔在苏黎世开展印务。4月,路德出席海德堡辩论。10至11月,路德在奥格斯堡面对卡耶坦的审查。茨温利被召往苏黎世担任民众司铎。

1519　茨温利开始在苏黎世的格罗斯穆斯特[Grossmu(um)nster]公开讲道。查理五世登基为神圣罗马帝国皇帝。7月,路德、卡尔施塔特与艾克在莱比锡展开辩论。8月30日,科隆大学谴责路德。11月7日,鲁汶大学谴责路德。

1520	4月15日,巴黎大学谴责路德。6月15日,教宗谕令(*Exsurge Domine*)威胁要将路德革除教籍。路德出版三大宗教改革文献:《致德意志贵族书》、《教会被掳巴比伦》与《基督徒的自由》。苏黎世市议会颁布训令,规定所有讲道必须根据圣经。路德公开焚烧教宗谕令与教会法典著作。
1521	梅兰希顿的《教义要点》初版面世,成为信义宗系统神学的标准著作。"沃尔姆斯会议";5月8日,路德被帝国褫夺公权。路德被藏于瓦特堡,暂受保护。当卡尔施塔特在路德失踪期间主持教会的事务时,维腾堡发生动乱和破坏圣像之事。
1522	维腾堡的动荡导致路德返回该城。苏黎世停止举行大斋期禁食。9月,路德的德文新约译本出版。
1523	1月29日,苏黎世举行首次辩论会,由市议会负责主持苏黎世的圣经讲道。巴塞尔的市议会颁布训令,根据苏黎世在1520年的训令,规定所有讲道必须根据圣经。10月26至28日,苏黎世举行第二次辩论会,讨论在教会中弥撒与图像的问题。
1524	4月30日,诺瓦拉(Novara)战役。6月15日,苏黎世市议会颁布训令,准许除掉教会的图像。日耳曼农民战争爆发。
1525	重洗派渐渐成为强大的运动;1月21日,苏黎世举行首次重洗派的洗礼。2月25日,帕维亚(Pavia)战役。茨温利撰写的《论真假宗教的诠释》出版,批评伊拉斯谟。日耳曼农民提出《梅明根十二条信纲》(The Twelve Articles of Memmingen),表达他们的不满,结果导致暴乱。4月12日,苏黎世废除弥撒。5月4日,路德撰写《斥亦盗亦凶的农民暴众》。5月27日,闵采尔与53位支持农民叛乱的人被公开处决。6月13日,路德秘密娶了一个曾是修女的女子凯瑟琳为妻,公开的婚礼在6月27日举行。路德的《论意志的捆绑》出版,造成与伊拉斯谟的严重分歧。
1526	6至8月,施佩耶尔会议。
1527	《施莱塞穆信条》(2月);查理五世的军队劫掠罗马城。亨利五世提出与凯瑟琳离婚。
1528	2月7日,伯尔尼接纳茨温利的改革,包括废除弥撒。7月17

305

日,在圣盖尔弥撒废止。查理五世授权处死重洗派信徒。

1529　2月21日,施佩耶尔会议结束天主教地区对信义宗的容忍。
　　　6位诸侯贵族与14个城市抗议(protest)施佩耶尔会议,因此
　　　产生了"抗议宗"(Protestant;编按:本书一般译为"新教")的
　　　名称。6月29日,查理五世与教宗克莱门七世签订《巴塞罗
　　　那条约》(Treaty of Barcelona)。8月3日,法兰西的法兰西斯
　　　一世与查理五世签订康布雷和约(Peace of Cambrai),同意和
　　　平。10月1至4日,黑塞的菲利普召开马尔堡对谈,结果夭
　　　折。12月28日,查理五世与威尼斯在博洛尼亚订立和约;
　　　《奥格斯堡信条》在奥格斯堡的帝国会议上发表。

1530　教宗克莱门七世于博洛尼亚为查理五世加冕任神圣罗马帝国
　　　皇帝。

1531　2月27日,施马加登同盟成立,维护新教思想。查理五世离
　　　开德意志地区,造成真空,有利宗教改革运动的扩展。10月　　306
　　　11日,茨温利死于卡皮尔(Cappel)的战役中。

1532　加尔文出版了对塞涅卡的《论宽恕》(De clementia)注释。坎
　　　特伯雷大主教沃勒姆逝世。

1533　克兰麦被委任为坎特伯雷大主教。11月1日,加尔文的挚友
　　　科普于万圣节在巴黎发表演说。加尔文逃离巴黎。

1534　10月18日,"标语事件"(Affair of the Placards)导致法兰西
　　　斯一世采取行动对付法兰西的福音派。加尔文定居在巴塞
　　　尔,撰写《基督教要义》。路德的德文圣经初版(包括新旧约)
　　　面世。重洗派占据了明斯特,在当地引起激烈的动乱。"继承
　　　法"、"至尊法"和"叛逆法"赋予亨利八世权力,凌驾在教会
　　　之上。

1536　3月,加尔文《基督教要义》初版面世。5月,布塞与路德在圣
　　　餐问题上达成共识。7月,法雷尔把加尔文留在日内瓦。亨
　　　利八世与德意志的信义宗信徒协商。加尔文介入洛桑辩论
　　　(Lausanne Disputation,10月),使他在日内瓦的权威提升。
　　　《日内瓦信条》出版。

1538　加尔文被逐出日内瓦,逃往斯特拉斯堡。

1539　加尔文的《基督教要义》第二版面世。路德作品全集的第一册

出版。《六条信纲》(Six Articles)在英格兰出版。

1540 黑塞的菲利普重婚。加尔文娶了寡妇伊蒂丽(Idelette de Bu-re)为妻。耶稣会正式成立。加尔文出版《复萨多雷托书》和《罗马书注释》。

1541 4 至 5 月,雷根斯堡对谈。加尔文的《基督教要义》法文版初版面世。9 月,加尔文回到日内瓦,建立其神权政体。

1545 12 月 13 日,特兰托公会议开始。

1546 2 月 18 日,路德逝世。施马加登战争爆发。特兰托公会议第四轮会议(4 月 8 日)。

1547 亨利八世逝世,由爱德华六世继位。特兰托公会议第六轮会议(1 月 13 日);第七轮会议(3 月 3 日);4 月 24 日,施马加登同盟大败于米尔贝格(Mühlberg)。《讲道集》出版。

1549 爱德华六世的第一本公祷书出版,由克兰麦撰写。

1552 爱德华六世的第二本公祷书出版,由克兰麦撰写。

1553 塞尔维特在日内瓦被判为异端处死。爱德华六世逝世,由玛丽·都铎继位。

307 1555 奥格斯堡的宗教和约承认,在神圣罗马帝国之中存在信奉信义宗和罗马天主教会的不同宗教区域。查理五世退位。

1556 克兰麦和其他人被处死刑。

1558 查理五世逝世。玛丽·都铎逝世,由伊丽莎白一世继位。

1559 加尔文的《基督教要义》1559 年版面世;建立日内瓦学院。法兰西的亨利二世逝世,以致法兰西宫廷由反对新教的吉斯(Guise)家族掌权。伊丽莎白作出宗教的定案。

1560 "昂布瓦斯阴谋"显示加尔文派在法兰西的影响力逐渐增强,结果造成张力。加尔文的《基督教要义》最后一个法文版本面世。

1562 法兰西宗教战争爆发。

1563 《海德堡教理问答》出版,显示加尔文派在德意志地区的影响力增加。特兰托公会议结束。《三十九条信纲》出版。

1564 加尔文逝世。

精选参考书目

宗教改革运动思潮现存最好的参考材料是 H. J. Hillerbrand（ed.），
The Oxford Encyclopaedia of the Reformation（4 vols；Oxford，1996）。
对于宗教改革各方面的研究，这部百科全书都是不可或缺的参考工具，而且
附有内容充实的书目。

本书目的不是为了提供详尽无遗的材料，而是列出英语现存有价值的
研究成果（译按：若有中文译本也会一并注明），以便本书读者可作深入探
讨。有关书目是以下列结构分类的：

1　宗教改革运动综览
2　中世纪后期思想的研究
　　2.1　经院哲学
　　2.2　人文主义
3　个别改教家的研究
　　3.1　路德
　　3.2　茨温利
　　3.3　加尔文
　　3.4　伊拉斯谟
　　3.5　其他
4　宗教改革运动思想各方面的研究
　　4.1　圣经权威与解释
　　4.2　称义与预定的教义
　　4.3　教会、事奉与圣礼

1　宗教改革运动综览

Bossy, J. , *Christianity in the West 1400—1700* (Oxford, 1987).

Cameron, E. , *The European Reformation* (Oxford, 1991).

318　Chadwick, O. , *Pelican History of the Church*, Vol. 3: *The Reformation* (London, 1972).

Elton, G. R. (ed.), *New Cambridge Modern History*, 2nd edn, Vol. 2: *The Reformation 1520—1559* (Cambridge, 1990).

George, T. , *The Theology of the Reformers* (Nashville, Tenn. , 1988).

Hillerbrand, H. J. , *The Protestant Reformation* (New York, 1968).

Léonard, E. G. , *A History of Protestantism* (2 vols; London, 1965—1967).

Noll, M. A. , *Confessions and Catechisms of the Reformation* (Grand Rapids, Mich. , 1991).

Ozment, S. E. , *The Age of Reform 1250—1550* (New Haven/London, 1973).

Pelikan, J. , *The Christian Tradition*, Vol. 4: *Reformation of Church and Dogma*, *1300—1700* (Chicago/London, 1984).

Reardon, B. M. G. , *Religious Thought in the Reformation* (London, 1981).

Rupp, G. , *Patterns of Reformation* (London, 1969).

Spitz, L. W, *The Protestant Reformation 1517—1559* (New York, 1986).

2　中世纪后期思想的研究

Bolton, B. , *The Medieval Reformation* (London/Baltimore, 1983).

Lambert, M. D. , *Medieval Heresy: Popular Movements from Bogomil to Hus* (London, 1977).

Leff, G. , *Heresy in the Later Middle Ages* (2 vols; Manchester, 1967).

Oakley, E, 'Religious and Ecclesiastical Life on the Eve of the Reformation,'in *Reformation Europe: A Guide to Research*, ed. Steven Ozment (St Louis, Mo. , 1982), 5-32.

Oberman, H. A. , 'Fourteenth Century Religious Thought: A Premature Profile,'in *The Dawn of the Reformation: Essays in Late Medieval and Early Reformation Thought* (Edinburgh, 1986), 1-17.

_____, 'The Shape of Late Medieval Thought,' in *The Dawn of the Reformation*, 18-38.

Ozment, S. E. , *The Age of Reform 1250—1550: An Intellectual and Religious History of Late Medieval and Reformation Europe* (New Haven, 1973).

Strauss, G. , *Manifestations of Discontent in Germany on the Eve of the Reformation* (Bloomington, Ind. , 1971).

2.1 经院哲学

Gilson, E. , *History of Christian Philosophy in the Middle Ages* (London, 1978).

_____, *The Spirit of Medieval Philosophy* (London, 1936).(中译本：吉尔松著,沈清松译,台湾"国立编译馆"主译:《中世纪哲学精神》,台北：商务印书馆,2001。)

Janz, D. R. , *Luther and Late Medieval Thomism* (Waterloo, Ont. , 1983).

Levi, A. H. T. , 'The Breakdown of Scholasticism and the Significance of Evangelical Humanism,'in *The Philosophical Assessment of Theology*, ed. G. R. Hughes (Georgetown, 1987), 101-128.

Nauert, C. G. , 'The Clash of Humanists and Scholastics: An Approach to Pre-Reformation Controversies,'*Sixteenth Century Journal* 4 (1973): 1-18.

Oberman, H. A. , *The Harvest of Medieval Theology* (Cambridge, Mass. , 1963).

_____, *Masters of the Reformation* (Cambridge, 1981).

Overfeld, J. , 'Scholastic Opposition to Humanism in Pre-Reformation Germany,'*Viator* 7 (1976): 391-420.

Pieper, J. , *Scholasticism* (London, 1961).

Steinmetz, D. C. , *Misericordia Dei*：*The Theology of Johannes von Staupitz in its Late Medieval Setting* (Leiden，1968).

2.2 人文主义

Boyle，M. O. , *Rhetoric and Reform*：*Erasmus' Civil Dispute with Luther* (Cambridge, Mass. , 1983).

Burckhardt，J. , *The Civilization of the Renaissance* (London，1944).(中译本：雅各布·布克哈特著，何新译：《意大利文艺复兴时期的文化》，北京：商务印书馆，1979。)

Burke，P. , *The Italian Renaissance*：*Culture and Society in Italy*，revised edn (Oxford，1986).

Dowling，M. , *Humanism in the Age of Henry Ⅷ* (London，1986).

Ferguson，W K. , *The Renaissance in Historical Thought* (New York，1948).

Grassi，E. , *Rhetoric as Philosophy*：*The Humanist Tradition* (University Park，Pa. , 1980).

Grossmann，M. , *Humanism at Wittenberg 1485—1517* (Nieuwkoop，1975).

Overfeld，J. H. , *Humanism and Scholasticism in Late Medieval Germany* (Princeton，1984).

Spitz，L. W, *The Religious Renaissance of the German Humanists* (Cambridge, Mass. , 1963).

Trinkaus，C. , *The Scope of Renaissance Humanism* (Ann Arbor，Mich. , 1983).

3　个别改教家的研究

3.1 路德

Althaus，P. , *The Theology of Martin Luther* (Philadelphia，1966).(中译本：保罗·阿尔托依兹著，段琦、孙善玲译：《马丁·路德的神学》，南京：译林出版社，1998。)

Bainton，R. H. , *Here I Stand*：*A Life of Martin Luther* (New York，1959).(中译本：罗伦·培登著，古乐人、陆中石译：《这是我的立场：改教先导马丁·路德传记》，南京：译林出版社，1993。)

Brendler，G. , *Martin Luther*：*Theology and Revolution* (New York，1991).

Ebeling，G. , *Luther*：*An Introduction to His Thought* (Philadelphia，1970).

Hendrix, S. H., *Luther and the Papacy* (Philadelphia, 1981).

Kittelson, J. M., *Luther the Reformer : The Story of the Man and his Career* (Leicester, 1989).

Loewenich, W von, *Martin Luther : The Man and his Work* (Minneapolis, 1986).

Lohse, B. , *Martin Luther : An Introduction to his Life and Writings* (Philadelphia, 1986).

McGrath, A. E. , *Luther's Theology of the Cross* (Oxford/New York, 1985).

McSorley, H. J. , *Luther – Right or Wrong?* (New York, 1969).

Oberman, H. A. , *Luther : Man between God and the Devil* (New Haven, 1989).

Rupp, E. G. , *The Righteousness of God* (London, 1953).

Steinmetz, D. C. , *Luther in Context* (Bloomington, Ind. , 1986).

Watson, P. S. , *Let God be God* (London, 1947).

3.2 茨温利

Courvoisier, J. , *Zwingli : A Reformed Theologian* (Richmond, Va. , 1963).

Farner, O. , *Zwingli the Reformer* (New York, 1952).

Furcha, E. J. , and Pipkin, H. W (eds), *Prophet, Pastor; Protestant: The Work of Huldrych Zwingli* (Allison Park, Pa. , 1984).

Gäbler, U. , *Huldrych Zwingli : His Life and Work* (Philadelphia, 1986).

Potter, G. R. , *Zwingli* (Cambridge, 1976).

Stephens, W P. , *The Theology of Huldrych Zwingli* (Oxford, 1986).

3.3 加尔文

320

Bouwsma, W. J. , *John Calvin : A Sixteenth Century Portrait* (Oxford, 1989).

Ganoczy, A. , *The Young Calvin* (Edinburgh, 1988).

George, T. (ed.), *John Calvin and the Church : A Prism of Reform* (Louisville, Ky. , 1990).

Leith, J. H. , *Calvin's Doctrine of the Christian Life* (Adanta, Ga. , 1989).

McGrath, A. E. , *A Life of John Calvin* (Oxford/Cambridge, Mass. , 1990).

Parker, T. H. L. , *John Calvin* (London, 1976).

Reid, W S. , *John Calvin : His Influence in the Western World* (Grand Rapids, Mich. , 1982).

Reist，B. A. ，*A Reading of Calvin's Institutes* （Louisville，Ky. ，1991）.

Selinger，S. ，*Calvin against Himself An Inquiry in Intellectual History* （Hamden，Conn. ，1984）.

Stauffer，R. ，'*Calvin*,'in *International Calvinism 1541—1715* , ed. M. Prestwich （Oxford，1985），15-38.

Wallace，R. S. ，*Calvin，Geneva and the Reformation* （Edinburgh，1988）.

Wendel，F. ，*Calvin：The Origins and Development of his Religious Thought* （London，1963）.

3.4 伊拉斯谟

Bainton，R. H. ，*Erasmus of Christendom* （New York，1969）.

McConica，J. K. ，*Erasmus* （Oxford，1991）.

Phillips，M. M. ，*Erasmus and the Northern Renaissance* （London，1949）.

Rummel，E. ，*Erasmus as Translator of the Classics* （Toronto，1985）.

Schoeck，R. J. ，*Erasmus of Europe：The Making of a Humanist 1467—1500* （Edinburgh，1990）.

3.5 其他

Baker，J. W，*Heinrich Bullinger and the Covenant：The Other Reformed Tradition* （Athens，Ohio，1980），55-140.

Fraenkel，P. ，*Testimonia Patrum：The Function of the Patristic Argument in the Theology of Philip Melanchthon* （Geneva，1961）.

———，'Bucer's *Memorandum* of 1541 and a 'lettera nicodemitica'of Capito's,' *BHR* 36 （1974）：575-587.

Hobbs，G. ，'Bartin Bucer on Psalm 22：A Study in the Application of Rabbinical Exegesis by a Christian Hebraist,' in *Etude de l' exégèse au XVIe siècle*. ed. O. Fatio and P. Fraenkel （Geneva，1978）：144-163.

Kittelson，J. M. ，*Wolfgang Capito：From Humanist to Reformer* （Leiden，1975）.

Maxcey，C. E. ，*Bona Opera：A Study in the Development of the Doctrine in Philip Melanchthon* （Nieuwkoop，1980）.

Quere，R. W. ，*Melanchthon's Christum cognoscere：Christ's Efficacious Presence in the Eucharistic Theology of Melanchthon* （Nieuwkoop，1977）.

Stephens，W. P.，*The Holy Spirit in the Theology of Martin Bucer*（Cambridge，1970）.

4　宗教改革运动思想各方面的研究

4.1　圣经权威与解释

The Cambridge History of the Bible，ed. P. R. Ackroyd et al.（3 vols；Cambridge，1963—1969）.

Bendey，J. H.，*Humanists and Holy Writ：New Testament Scholarship in the Renaissance*（Princeton，N. J.，1983）.

Bradshaw，B.，'The Christian Humanism of Erasmus,' *JThS* 33（1982）：411-447.

Evans，G. R.，*The Language and Logic of the Bible：The Road to Reformation*（Cambridge，1985）.

Gerrish，B. A.，'The Word of God and the Word of Scripture：Luther and Calvin on Biblical Authority,' in *The Old Protestantism and the New：Essays on the Reformation Heritage*（Edinburgh，1982），51-68.

Oberman，H. D.，'Quo vadis, Petre? Tradition from Irenaeus to *Humani Generis*,' in *The Dawn of the Reformation：Essays in Late Medieval and Early Reformation Thought*（Edinburgh，1986），269-296.

Tavard，G. H.，*Holy Writ or Holy Church? The Crisis of the Protestant Reformation*（London，1959）.

Tracy，J. D.，'*Ad Fontes*：The Humanist Understanding of Scripture as Nourishment for the Soul,' in *Christian Spirituality II：High Middle Ages and Reformation*，ed. Jill Raitt（New York，1988），252-267.

4.2　称义与预定的教义

Knox，D. B.，*Doctrine of Faith in the Reign of Henry Ⅷ*（London，1961）.

McGrath，A. E.，*Iustitia Dei：A History of the Christian Doctrine of Justification*，2nd edn（Cambridge，1998）.

_____，'Justification and the Reformation,' *ARG* 81（1990）：5-20.

Muller，R. A.，*Christ and the Decree：Christology and Predestination from Calvin to Perkins*（Grand Rapids，Mich.，1988）.

Penny，D. A.，*Freewill or Predestination? The Battle over Saving Grace in Mid-Tudor England* (London, 1990).

Santmire, P. H. , 'Justification in Calvin's 1540 Romans Commentary,' *Church History* 33 (1964): 294-313.

Wallace, D. D. , *Puritans and Predestination : Grace in English Protestant Theology , 1525—1695* (Chapel Hill, N. C. , 1982).

4.3 教会、事奉与圣礼

Avis, P. D. L. , *The Church in the Theology of the Reformers* (Basingstoke, 1980).

Brooks, P. N. , *Thomas Cranmer's Doctrine of the Eucharist* (London, 1965).

Clark, F. , *Eucharistic Sacrifice and the Reformation*, 2nd edn (Devon, 1981).

Eire, C. M. N. , *War against the Idols : The Reformation of Worship from Erasmus to Calvin* (Cambridge, 1986).

George, T. , 'The Presuppositions of Zwingli's Baptismal Theology,'in *Prophet, Pastor, Protestant : The Work of Huldrych Zwingli*, ed. E. J. Furcha and H. Pipkin (Allison Park, Pr . ,1984), 71-87.

Gerrish, B. A. , 'Gospel and Eucharist: John Calvin on the Lord's Supper,'in *The Old Protestantism and the New* (Edinburgh, 1982), 106-117.

Hall, B. , '*Hoc est corpus meum* : The Centrality of the Real Presence for Luther,'in *Luther: Theologian for Catholics and Protestants*, ed. George Yule (Edinburgh, 1985), 112-144.

322 McClelland, J. , *The Visible Words of God : An Exposition of the Sacramental Theology of Peter Martyr Vermigli* (London, 1957).

Steinmetz, D. C. , 'Scripture and the Lord's Supper in Luther's Theology,'in *Luther in Context* (Bloomington, Ind. , 1986), 72-84.

4.4 教会与社会

Cargill Thompson, W D. J. , 'The "Two Kingdoms" and the "Two Regiments": Some Problems of Luther's *Zwei-Reiche-Lehre*,'in *Studies in the Reformation : Luther to Hooker* (London, 1980), 42-59.

_____, *The Political Thought of Martin Luther* (Brighton, 1984).

Cranz, F. E. , *An Essay on the Development of Luther's Thought on Justice,*

Law and Society (Cambridge, Mass. , 1959).

Green, R. W. (ed.), *Protestantism and Capitalism: The Weber Thesis and Its Critics* (Boston, Mass. , 1959).

——— (ed.), *Protestantism, Capitalism and Social Science: The Weber Thesis Controversy* (Boston, Mass. , 1973).

Höpfl, H. , *The Christian Polity of John Calvin* (Cambridge, 1985).

——— (ed.), *Luther and Calvin on Secular Authority* (Cambridge, 1991).

Hunt, R. N. C. , 'Zwingli's Theory of Church and State,' *Church Quarterly Review* 112 (1931): 20-36.

Marshall, G. , *Presbyteries and Profits: Calvinism and the Development of Capitalism in Scotland , 1560—1707* (Oxford, 1980).

O'Donovan, J. L. , *Theology of Law and Authority in the English Reformation* (Atlanta, Ga. , 1991).

Skinner, Q. , *The Foundations of Modern Political Thought*, vol. 2 (Cambridge, 1978).

———, 'The Origins of the Calvinist Theory of Revolution,' in *After the Reformation*, ed. B. C. Malament (Philadelphia, 1980), 309-330.

Steinmetz, D. C. , 'Luther and the Two Kingdoms,' in *Luther in Context* (Bloomington, Ind. , 1986), 112-125.

Tonkin, J. , *The Church and Secular Order in Reformation Thought* (New York/London, 1971).

Torrance, T. E, *Kingdom and Church: A Study in the Theology of the Reformation* (Edinburgh, 1956).

Zaret, D. , *The Heavenly Contract: Ideology and Organization in Pre-Revolutionary Puritanism* (Chicago, 1985).

5　个别宗教改革运动的研究

5.1　信义宗思想

Burgess, J. A. , *The Role of the Augsburg Confession* (Philadelphia, 1980).

Elert, W. , *Structure of Lutheranism* (St Louis, Mo. , 1962).

Gritsch, E. W. , and Jenson, R. W, *Lutheranism: The Theological Movement and its Confessional Writings* (Philadelphia, 1976).

Maurer, W. , *A Historical Commentary on the Augsburg Confession* (Philadelphia，1976）.

323 5.2 加尔文主义

Armstrong，B. G.，*Calvinism and the Amyraut Heresy：Protestant Scholasticism and Humanism in Seventeenth Century France* (Madison，Wis.，1969).

Ball，B. W.，*A Great Expectation：Eschatological Thought in English Protestantism to 1660* (Leiden，1975).

Baron，H.，'Calvinist Republicanism and its Historical Roots,'*Church History* 7 (1939)：30-42.

Collinson，P.，'Calvinism with an Anglican Face,' in *Reform and Reformation：England and the Continent*, ed. D. Baker (Oxford，1979)，71-102.

Kendall，R. T.，*Calvin and English Calvinism to 1649* (Oxford，1980).

Klauber，M. I.，'Continuity and Discontinuity in Post-Reformation Reformed Theology,'*Journal of the Evangelical Theological Society* 33 (1990)：467-475.

Platt，J.，*Reformed Thought and Scholasticism：The Arguments for the Existence of God in Dutch Theology，1575—1670* (Leiden，1982).

Prestwich，M. (ed.)，*International Calvinism 1541—1715* (Oxford，1985).

Strehle，S.，*Calvinism，Federalism and Scholasticism：A Study of the Reformed Doctrine of Covenant* (Berne，1988).

5.3 极端的宗教改革运动

Blickle，P.，*The Revolution of 1525* (Baltimore/London，1981).

Clasen，C.-P.，*Anabaptism. A Social History 1525—1618* (Ithaca/London，1972).

Cohn，H. J.，'Anti-Clericalism in the German Peasants'War 1525,'*Past and Present* 83 (1979)：3-31.

Keeney，W. E.，*Dutch Anabaptist Thought and Practice，1539—1564* (Nieuwkoop，1968).

Littel，F. H.，*The Anabaptist View of the Church*，2nd edn (Boston，1958).

Scribner，R. W.，and Benecke，G. (eds)，*The German Peasant War 1525：New Perspectives* (London，1979).

Stayer，J. M.，*Anabaptists and the Sword*，2nd edn (Lawrence，1976).

———，*The German Peasants' War and Anabaptist Community of Goods* (Montreal，1991).

Yoder，J. H.，*The Legacy of Michael Sattler* (Scottdale，Pa.，1973).

5.4 天主教的改革运动

Dickens，A. G.，*The Counter Reformation* (New York，1979).

Evennett，H. O.，*The Spirit of the Counter Reformation* (Notre Dame，Ind.，1970).

Fenlon，D.，*Heresy and Obedience in Tridentine Italy：Cardinal Pole and the Counter Reformation* (Cambridge，1972).

Jedin，H.，*A History of the Council of Tent* (2 vols；London，1957—1961).

O'Connell，M. R.，*The Counter Reformation 1560—1610* (NewYork，1974).

5.5 英格兰的宗教改革运动

Clebsch，W A.，*England's Earliest Protestants 1520—1535* (New Haven，1964).

Dickens，A. G.，*The English Reformation*，revised edn (London：Batsford，1989).

Haigh，C. (ed.)，*The English Reformation Revised* (Cambridge，1987).

Hall，B.，'The Early Rise and Gradual Decline of Lutheranism in England (1520—1600),'in *Humanists and Protestants* (Edinburgh，1990)，208-236.

Hughes，P. E.，*The Theology of the English Reformers* (London，1965).

O'Day，R.，*The Debate on the English Reformation* (London，1986).

Rupp，E. G.，*Studies in the Making of the English Protestant Tradition* (Cambridge，1947).

Smeeton，D. D.，*Lollard Themes in the Theology of William Tyndale* (Kirksville，Mo.，1986).

324

中英对照索引

（条目后边的数字为英文原书页码，即中译本的边码）